北京大學《儒藏》編纂與研究中心 編

《儒藏》精華編選刊

儀禮鄭註句讀

〔清〕張爾岐 撰

張濤 校點

北京大學出版社
PEKING UNIVERSITY PRESS

圖書在版編目(CIP)數據

儀禮鄭註句讀 /（清）張爾岐撰；北京大學《儒藏》編纂與研究中心編. --北京：北京大學出版社，2025.4. --（《儒藏》精華編選刊）. --ISBN 978-7-301-35832-0

Ⅰ. K892.9

中國國家版本館CIP數據核字第202533RS61號

書　　名	儀禮鄭註句讀 YILI ZHENGZHU JUDOU
著作責任者	〔清〕張爾岐 撰 張濤 校點 北京大學《儒藏》編纂與研究中心 編
策劃統籌	馬辛民
責任編輯	王　應
標準書號	ISBN 978-7-301-35832-0
出版發行	北京大學出版社
地　　址	北京市海淀區成府路205號　100871
網　　址	http://www.pup.cn　　新浪微博：@北京大學出版社
電子郵箱	編輯部 dj@pup.cn　總編室 zpup@pup.cn
電　　話	郵購部 010-62752015　發行部 010-62750672 編輯部 010-62756449
印 刷 者	三河市北燕印裝有限公司
經 銷 者	新華書店
	650毫米×980毫米　16開本　30.75印張　345千字
	2025年4月第1版　2025年4月第1次印刷
定　　價	120.00元

目録

校點説明

元明以降，三《禮》衰微，治《禮經》者，代不數人。至清乾嘉中，復大顯於世，而當時諸儒尋本追源，咸推蒿菴處士爲先導。處士姓張，名爾岐，字稷若，蒿菴其號也，又號汗漫道人。明萬曆四十年（一六一二）生於山東濟陽，嘗爲諸生。崇禎中，父罹兵難，處士慟憤交集，讀《蓼莪》詩「匪莪伊蒿」之句，有動於心，遂顔所居曰「蒿菴」。自此堅卧不仕，摩挲墳典，著有《周易説略》、《夏小正傳註》、《蒿菴集》等書，而《儀禮鄭註句讀》最爲後人稱道。

處士生當鼎革之際，於故國衣冠留戀不能自已，又以居鄉少明禮者，故尤耽心禮學。大體以爲世運反覆，風俗丕變，君子行禮，當返諸二帝、三王、周公、孔子，而求其是。聖人之書，莫非禮也。禮者，道之所待以徵事者也。始之天命以著從來，極之倫彝典則以表大業，要之誠明以立本事，發而符節，以就於中。禮一而已，統論約説爲中庸，克己達人爲仁義，聖人之道，無以復加於禮。故處士特尊朱子，而斥象山、陽明，於時亦異數矣。

處士幼而受經，然時遭喪亂，未暇深造，不過從事舉業、泛濫雜學，兼以僻在鄉野，少有文籍，故年過三十始讀《儀禮》，至五十九歲《句讀》稿成，用功幾三十年，其間辛苦，備載於書前自序。自來學者多苦《儀禮》難讀，究其緣由，泰半在章句之不明。夫禮制茫昧，文字古奥，諸經皆然，至若《儀禮》一經，專記周人行事之節文，其辭質，其數繁，名物之紛雜，文脈之錯綜，更較他書爲甚，世易時移，人不能通，固其宜也。昔賢論讀之之法，倡以三事，曰分節，曰繪圖，曰釋例，而以分節爲先務，實有感焉。篇中苴絰尊俎諸物，非句讀不能辨其離合；進退揖讓、迎拜對答之儀，又非章句不能析其起訖。是以分節之法，漢師已具，而大備於賈疏。逮朱子創爲《經傳通解》，每節後施以標題，後來作者，咸踵其意。處士之學，猶遵漢宋遺規，而孜孜所求，尤在禮文之科段與鄭註之然否，原原本本，確爲禮學正途。今觀其書，全録鄭註，節取賈疏，詳標句讀，自《喪服》篇及若干記文外，悉爲分章，後列標題，章之下復設小節，可謂提綱挈領，目朗眉清；又旁及他家經解，間附己意，於元明浮詞雜説，均加刊落，亦清整可喜。朱子《通解》，處士雖未之見，然其節目往往相近，或係《禮經》嚴密，異代所見固有出乎同然者耶。晚出之《章句》、《集編》、《正義》，點讀、節目容有異同，然大體不脱蒿菴故步。處士又勘正監本、石本訛謬，其所論雖未必盡是，而清世校讎《儀禮》之風實由此開，金、盧、沈、顧、阮諸家繼起，遂得後出轉精。顧亭林不輕假人，獨於先生廣爲揚譽，許其能得山東三《禮》之傳，世人每以此多之。

然《禮經》向無善本。此書據明監本爲底本，底本既劣，事倍功半，處士雖頻加是正，然訛誤糾不勝糾，脱落亦無由校補，即鄭註一項，此本所闕已當以十數，豈非可惜。處士别采陳祥道、朱子、吴澄、陳澔、徐師曾、李之藻、張鳳翔、顧炎武之説與夫《大戴》、《家語》、《説文》、《五經文字》、《廣韻》、《字彙》諸書，凡十餘家，在鄉間亦屬難得，但究竟未廣，故所得不能弘深，其論説之當否，讀者自裁之可也。

《句讀》初名《節解》、《節釋》，清康熙十三年（一六七四）始改今名。越三年，歲杪，而處士歿矣，年六十有六。其手書遺囑謂：「《儀禮》欠一定本，若於一二年内能爲之，吾無所憾。」念兹在兹，令人感懷。東省賢達以處士一生精力所粹，屢欲梓之而未果，乃傳抄者衆，而大吏進呈京師者再。洎乾隆八年（一七四三），高氏和衷堂始付之剞劂，三十八年胡德琳復據此板增補重印，適朝廷徵書，遂登之天禄，而《四庫》乃謄入經部《儀禮》類。士林且傳刻不絶，今日存者有尚德堂刻本與晚清書局刻印之本多種，俱和衷堂本之支與流裔。

今以和衷堂所刊爲底本，新增胡氏印本新刻序跋二篇於後。又，《四庫全書薈要》（簡稱薈要本）與《文淵閣四庫全書》（簡稱文淵閣本）對刊本各有改正，遂取以參校。《句讀》所引原文，亦加比勘，苟非顯誤，不予校改。凡參校本文字異同，非關經義者不録。句讀以刊本爲準，與今日習慣不同，點校本於經註及鄭《目録》原文，則唯在句讀之處施以標點，以便讀者稍見蒿菴原意（書名號、引號除外；《句讀》有句有讀，今無能依仿其式矣）；至引疏及處士自言等類，則未盡依原本。偶遇經註句讀脱落處，如辭不能通，則增删標點，前後矛盾，一仍其舊。原書尚有于湜音字，標於字右，今變爲小字，列於所釋字右下；部分符號如四聲圈點等，難於保留，概行省略。校點者於彭林、楊天宇、陳戍國、王暉諸先生《儀禮》整理本多有借鑒，謹此致謝。

往者所見未廣，於《句讀》與《經傳通解》之關係，蓄疑者久之。比年頗治宋元明通禮書，漸知處士用力所自出，其不廢近人論著，經文分節亦有參酌當時通行俗書處，故竟能上接考亭意旨。乙巳春，於濟南經學會晤韓悦女史，得聞且有專論，可謂先獲我心。爰識於此。

校點者　張　濤

儀禮鄭註句讀序

國於天地，必有與立，禮是也。自秩宗有命，載在《虞書》，夏造殷因，以周爲盛。煌煌乎，周公之制作，萬世莫之能易也！韓宣子聘魯，觀書於太史氏，歎周禮在魯，知周之德，周之所以王。蓋是時列國已自爲風氣，舉典而忘其祖，固不獨一籍談矣。孔子夢想周公，問剡問聃，卒隆删定之業。至戰國而典籍彌缺，再經秦燄，漢儒搜索於煨燼之餘，僅有存者，則今之三《禮》是已。

《周禮》爲周公致治之書，而漢之劉氏、宋之王氏以誤用貽譏。《禮記》本二戴之遺，雜以《公孫尼子》、《吕覽》之文，難以盡信。惟《儀禮》爲高堂生所傳，與淹中古經合，《儀禮》即周儀也。有《周禮》以爲綱領，即有《儀禮》以詳其度數，而《禮記·郊特牲》《冠義》等篇，特其義疏焉耳。漢惟鄭註最顯，唐賈公彦兼採黄慶、李孟悊之説而爲之疏，然賈疏冗漫，往往略本文而敷别義，又傳世久遠，錯簡訛字，觸目生疑，學者苦其難讀。近代以經義取士，《儀禮》亦未列學官，於是幾成絶學。

濟陽張處士稷若，積學好古，不求聞達，取《儀禮》石經、監本互讎之，刊誤辨疑，章分節解，全録鄭註，精擇賈疏，而附以己意，勒成一書，題曰《儀禮鄭註句讀》。余昔承乏東省，獲見是書，亟加校訂，期繡諸梓。既以還朝不果，與彼都賢士大夫别，猶以是書未刻爲憾。癸亥夏，教諭高君走書都下，則以是書刻成，乞序於余，且曰「此公夙志也」。

余撫書而歎：竊惟制作之體，三代不相襲，而日用常行之準，必納民於軌物，而後能淑其性情。合萬物之性情，成一道同風之治，此非學古有獲，不能也。今天子方纂修三《禮》，又開館局校理經史，籤帙一新。是書前已進在上方，今復雕本行世，文治光昌，遺經畢顯，固運會使然乎？處士於是書，删煩就簡，劈理分肌，殫皓首窮經之業。乃觀其自序之意，不惟不欲以一家言增名山之藏，并不欲以賈、鄭功臣自居，而惟欲明於詁訓而不苦於難讀。今而後，開數千百年塵封之籍，家絃而户誦之，詳其節目而觀其會通，恍然見成周致治之隆，而即爲黼黻太平之助，庶幾無負處士嘉惠後學之苦心，與高君剞劂流傳之盛舉也夫！時乾隆癸亥十月既望，北平黄叔琳序。

儀禮鄭註句讀序

《記》曰：「優優大哉！禮儀三百，威儀三千。」禮者，本於人心之節文，以爲自治治人之具。是以孔子之聖，猶問禮於老聃，而其與弟子荅問之言，雖節目之微，無不備悉，語其子伯魚曰：「不學禮，無以立。」《鄉黨》一篇，皆動容周旋中禮之效。然則周公之所以爲治，孔子之所以爲教，舍禮其何以焉？劉康公有言：「民受天地之中以生，所謂命也。是以有動作禮義威儀之則以定命也。」

三代之禮，其存於後世而無疵者，獨有《儀禮》一經。漢鄭康成爲之註，魏、晉已下至唐、宋，通經之士無不講求於此。自熙寧中，王安石變亂舊制，始罷《儀禮》，不立學官，而此經遂廢。此新法之爲經害者一也。南渡已後，二陸起於金谿，其説以德性爲宗，學者便其簡易，群然趨之，而於制度文爲一切鄙爲末事，賴有朱子正言力辯，欲脩三《禮》之書，而卒不能勝夫空虚妙悟之學，此新説之爲經害者二也。沿至於今，有坐臯比，稱講師，門徒數百，自擬濂、雒，而終身未讀此經一徧者。若天下之書，皆出於國子監所頒，以爲定本，而此經誤文最多，或至脱一簡一句，非唐石經之尚存於關中，則後儒無繇以得之矣。

濟陽張處士稷若，篤志好學，不應科名，録《儀禮》鄭氏註，而采賈氏、吴氏之説，略以己意斷之，名曰《儀禮鄭註句讀》。又參定監本脱誤凡二百餘字，并考石經脱誤凡五十餘字，作《正誤》二篇，附於其後，藏諸家塾。時方多故，無能板行之者。後之君子，因句讀以辨其文，因文以識其義，因其義以通制作之原，則夫子所謂「以承天之道而治人之情」者，可以追三代之英，而禮亡之歎不發於伊川矣！如稷若者，其不爲後世太平之先倡乎？若乃據石經，刊監本，復立之學官，以習士子，而姑勸之以禄利，使毋失其傳，此又有天下者之責也。東吴顧炎武書。

儀禮鄭註句讀序

余讀《西漢書》至《河間獻王傳》，於「實事求是」一言，深服膺焉。蓋自惟材質庸鈍，不能博涉群書，故凡所校閱，必欲得確不可易者一究心，十三經內，獨於《儀禮》未嘗展卷，竊憾之。癸丑夏，於樂安李象先滕囊中見濟陽張稷若先生《蒿菴集》內有《儀禮鄭註節釋序》，急欲得觀，緣不識先生，無由也。因訪之歷下，乃識其人，未見其書，怏怏而返。

今夏，余門人于湜至濟上，得識先生，先生始以手録《儀禮》付之，易其名曰《儀禮鄭註句讀》，蓋以章句之儒自居謙也。且以書屬余參訂。余偕同人李君蓼園僭評數處，即標書上，又命湜音字發聲，凡三月乃卒業。大約其書於鄭註則録其全，於賈疏則間有去取，而時於段後附以己説，所見皆確不可易，且多前人所未發，誠昌黎所謂「味於衆人之所不味」者。朱子曰：「遭秦滅學，漢、晉諸儒悉力補緝，竟無全書，其頗存者，三《禮》而已。《周禮》固爲禮綱領，至其儀法度數，則《儀禮》乃其本經，而《禮記·郊特牲》《冠》《昏》《祭》《鄉射》等篇，乃其義疏耳。」觀此，則修學好古以求是者，舍是奚從哉！

吾鄉惟堂邑張蓬玄先生鳳翔有《禮經》一刻，今其書盛行。此書出，自與之並傳不朽，而實事求是處則且駕而上之矣。康熙甲寅陽月中浣，長山同學弟劉孔懷謹題。

儀禮鄭註句讀序

《周禮》、《儀禮》，元公治世之大經也，而大、小戴之記傳，則孔門撰述爲多。或謂：《周禮》六官，經也；《儀禮》十七篇，緯也；戴德、戴聖，則杼柚餘論也。是亦不然。蓋《周官》六典以統朝野貴賤者，總其綱；《儀禮》以詳於士庶者，提其紀；《戴記》又摭其零膏剩馥耳。在漢時，曲臺后蒼學有專家，然河間王以《考工》補綴《冬官》，識者以爲不類，是衛道而失於陋者也。而諸儒之議禮白虎觀，亦言人人殊。高堂生至今爲禮經師。及宋以來，鄭註、賈疏，束之高閣，視《儀禮》如古宫錦，無所用於世，以爲不急之務，學士家廢置不講久矣。惟南宋葉文康公萃薈三《禮》，作《禮經會元》百篇，其文奥博雄深，貫穿三《禮》，獨絶古今。然文章之體，而非註疏之體也。今博雅家猶傳其書。明盱江何司寇喬新及邱吉甫，有變亂《周禮》之書，蓋采五官之有類事典者，强隸之《冬官》，以代《考工》，是又獻王之罪人也。夫讀書不考古，考古不尊經，而妄逞臆説，蔑先儒而惑後世，及視古經爲難讀，皆淺學耳。以余所見，濟北張蒿菴先生《儀禮鄭註句讀》一書，憫學者無路問津，而示以寶筏，不辭下學離經章句之務，而潛心鄭、賈，務使註以釋經，疏以證註，註舉其全，疏摘其要；又取監本、石經，訂其差舛，明白洞達，展卷瞭然。後之學人受而讀之，髣髴見三代儀文之盛，而親揖讓折旋於其間也，豈非幸哉！則是編也，不祇爲鄭、賈之功臣，而實《禮經》之羽翼矣！長山李斯孚題。

儀禮鄭註句讀序

在昔周公制禮，用致太平，據當時施於朝廷、鄉國者，勒爲典籍，與天下共守之。其大體爲《周官》，其詳節備文則爲《儀禮》。

周德既衰，列國異政，典籍散亡，獨魯號秉禮，遺文尚在。孔子以大聖生乎其地，得其書而學焉，與門弟子脩其儀，定其文，無所失墜。子思曰：「仲尼祖述堯舜，憲章文武。」孔子亦自謂曰：「吾學周禮，今用之，吾從周」，「文王既没，文不在兹乎？」並謂此也。

秦氏任刑廢禮，此書遂熄。漢初，高堂生傳《儀禮》十七篇。武帝時，有李氏得《周官》五篇，河間獻王以《考工》補《冬官》，共成六篇奏之。後復得《古經》五十六篇於魯淹中，其中十七篇與高堂生所傳同，餘三十九篇無師説，後遂逸。《漢志》所載傳禮者十三家，其所發明，皆《周官》及此十七篇之旨也。十三家獨小戴大顯，近代列於經以取士，而二《禮》反日微。蓋先儒於《周官》疑信各半，而《儀禮》則苦其難讀故也。夫疑《周官》者，尚以新莽、荆國爲口實，《儀禮》則周公之所定，孔子之所述，當時聖君、賢相、士君子之所遵行，可斷然不疑者，而以難讀廢，可乎？

愚三十許時，以其周孔手澤，慕而欲讀之。讀莫能通，旁無師友可以質問，偶於衆中言及，或阻且笑之。聞有朱子《經傳通解》，無從得其傳本，坊刻《考註》、《解詁》之類，皆無所是正，且多謬誤，所守者唯鄭註、賈疏而已。註文古質，而疏説又漫衍，皆不易了，讀不數繙，輒罷去。至庚戌歲，愚年五十九矣，勉讀六閱月，乃克卒業焉。於是取經與註章分之，定其句讀，疏則節録其要，取足明註而止。或偶有一得，亦附於末，以便省覽。且欲公之同志，俾世之讀是書者或少省心目之力，不至如愚之屢讀屢止，久而始通也。因自歎曰：方愚之初讀之也，遥望光氣，以爲非周孔莫能爲已耳，莫測其所言者何等也。及其矻矻乎讀之，讀已又默存而心歷之，而後其俯仰揖遜之容如可睹也，忠厚藹惻之情如將遇也。周文郁郁，其斯爲郁郁矣！君子彬彬，其斯爲彬彬矣！雖不可施之行事，時一神往焉，彷彿戴弁垂紳，從事乎其間，忘其身之喬野鄙僿，無所肖似也。使當時遇難而止，止而竟止，不幾於望辟雝之威儀，而卻步不前者乎？噫，愚則幸矣！願世之讀是書者，勿徒憚其難也。

濟陽張爾岐撰。

長山劉孔懷友生　參訂
李斯孚蓼園
于　湜正夫　音字
濟陽後學高之玥又振　校字
高之璿蘊中

高廷樞識語❶

是書經註句讀以及字畫圈點，悉遵蒿菴先生手定原本，間有一二字「夏五」、「盟密」之疑，亦不敢妄爲參訂，姑存之，以俟名公質焉。予幼遵父訓，手録是書，時家君每曰：「蒿菴三十餘年精神命脈，畢萃於此。惜力緜不能代梓，爲一生憾事。命爾輩手録者，固欲爾粗知大義，亦藉之以衍其傳，不致湮没焉耳。」予每佩斯訓，有志未逮。癸亥二月適會城，過高苑學博單君雲谷、蓬萊學博王君任木，談及《儀禮句讀》。二君素知此書，深玉之授梓，且代製徵刻文啟，辭頗典麗。歸里，謀諸同人，僉曰：「素志也。」遂公議捐資，付之剞劂，群諉予董其事。乃偕同人，取艾大司寇家所藏蒿菴先生手定原本，與朱子《經傳通解》、鄭註、賈疏及曩日手抄舊本，參互考證，以定格式。其時三十餘工，齊集鄙舍，所需瑣碎繁雜之用，日不暇給，而詳細對閱，胥借力于男之玥、侄之璿，蓋若輩亦曾手録過也。既敷于板，又命侄之玫、之璐對勘，而後交工。每刻一頁，刷印數紙，玥、璿兩人對面唱答，一點一畫不許輕易放過。如是者，又三繙，乃敢云成。其難其慎，惟恐失先生苦心。是年炎熱甚於往歲，六月初旬，午夜篝燈，繙閱校對，蚊蠅趨附，汗流浹背，復值旱魃肆虐，物力維艱，幸賴同人不惜

❶ 此題原無，據文義擬。

資助，共勷厥事，克竣其工，集腋爲裘，不致虧於一簣也。庶足以酬良友之素志，亦可以仰副嚴君之夙願矣。書成，録其原委附焉。讀者鑒諸。乾隆八年桂月，濟陽後學高廷樞景桓謹識。

儀禮　鄭氏註

濟陽張爾岐句讀

士冠禮第一

鄭《目録》云：「童子任職居士位，年二十而冠。主人玄冠朝服，則是仕於諸侯。天子之士，朝服皮弁素積。古者四民世事，士之子，恒爲士。冠禮於五禮屬嘉禮。大、小戴及《别録》，此皆第一。」〇賈公彦《序》云：「《周禮》、《儀禮》，並是周公攝政太平之書。」疏云：「《周禮》是統心，《儀禮》是踐履，外内相因，首尾是一。」又云：「《儀禮》亦名《曲禮》。言儀者，見行事有威儀；言曲者，見行事有曲折。」士冠禮，是童子任職爲士，年及二十，其父兄爲加冠之禮。鄭引《齊語》，以證冠者與其父兄之皆士也。其云「仕於諸侯」，明非天子之士，實則天子之士，亦同此禮，惟主人冠服有異。疏又云：「天子諸侯，同十二而冠。自有天子諸侯冠禮，但《儀禮》之内亡耳。士既三加，爲大夫早冠者，亦依士禮三加。若天子諸侯則多，故《大戴禮·公冠》篇云：「公冠四加，緇布皮弁爵弁，後加玄冕。天子亦四加，後當加衮冕矣。天子之子，亦用士禮而冠。」案《家語·冠頌》云：「王大子之冠擬冠。」則天子元子，亦擬諸侯四加。若諸侯之子，不得四加，與士同三加可知。陳氏祥道云：「《玉藻》曰：『玄冠、朱組纓，天子之冠也；緇布冠、繢緌，諸侯之冠也。』鄭氏曰：『皆始冠之冠。』考之於《禮》，『始冠緇布冠，自諸侯下達』，所以異於大夫士者，繢緌耳。天子始冠，則不以緇布而以玄冠。」若然，則諸侯始加緇布冠、繢緌，次加皮弁，三加爵弁，四加玄冕。天子則始加玄冠朱組纓，次加皮弁，三加爵弁，四加玄冕，五加衮冕矣。疏又云：冠禮於五禮屬嘉禮者，據《周禮·大宗伯》所掌五禮「吉、凶、軍、賓、嘉」而言。《宗伯》「以嘉禮親萬民」下，云「以冠昏之禮親成男女」，❶是冠禮屬嘉禮也。鄭又云「大、小戴及《別録》此皆第一」者，戴德、戴聖所録與劉向所爲《別録》皆有此十七篇目，惟《別録》所載尊卑吉凶，次第倫叙，故鄭用之，於二戴則皆不從也。○愚案：篇目下語，與經註同出康成，必別之曰「鄭《目録》」云者，以其自爲一篇，疏者始分於各篇之首，故殊異於註也。又案：註疏於篇目下，繫「儀禮鄭氏註」五字，疏云：「『儀禮』者，一部之大名；『士冠』者，當篇之小號。退大名在下者，取配註之意也。」蓋鄭本以《目録》別爲一篇，註文正從「士冠禮筮于廟門」起，故每篇以「儀禮鄭氏註」冠之，謂之「配註」，誠是也。疏既散《目録》於每篇之首，乃以「儀禮」之名屈居其下，雖曰存舊，實未當理，故寧從近本。又唐石經有經無註，亦書「儀禮鄭氏註」五字於篇目下，皆前人之偶失也。

士冠禮：筮于廟門。 筮者，以蓍問日吉凶於《易》也。冠必筮日於廟門者，重以成人之禮成子孫也。廟，謂禰廟。不於堂者，嫌蓍之靈由廟神。○將冠，先筮日，次戒賓，至前期三日又筮賓，宿賓，前期一日又

---

❶ 「冠昏」，薈要本據《大宗伯》改「昏冠」，是。

爲期告賓。冠期前事，凡五節。○冠，古亂反。筮，市例反。禰，乃禮反。**主人玄冠、朝服、緇帶、素韠，即位于門東，西面。**主人，將冠者之父兄也。玄冠，委貌也。朝服者，十五升布衣而素裳也。衣不言色者，衣與冠同也。筮必朝服，尊蓍龜之道也。緇帶，黑繒帶也。士帶博二寸，再繚四寸，屈垂三尺。素韠，白韋韠也，長三尺，上廣一尺，下廣二尺，其頸五寸，肩革帶，博三寸。❶天子與其臣，玄冕以視朔，皮弁以日視朝。諸侯與其臣，皮弁以視朔，朝服以日視朝。凡染黑，五入爲緅，七入爲緇，玄則六入與？○主人欲筮日，先服此服，即位禰廟門外以待事。正行冠禮，服玄端、爵韠，此服朝服，故云尊蓍龜。朝服以朝，玄端以夕，是朝服尊於玄端也。玄端與朝服，衣同而裳異。「士帶博二寸」三句，《玉藻》文。再繚四寸，再繞之乃四寸也。○朝，直遥反。緇，側其反。韠音畢，蔽膝也。繒，自陵反。繚音了。長，直亮反。廣，古曠反。弁，皮彦反。緅，側留反。**有司如主人服，即位于西方，東面，北上。**有司，群吏有事者，謂主人之吏，所自辟除、府史以下也。今時卒吏及假吏，皆是也。○群吏與屬吏不同，屬吏，君命之士；群吏，則府史胥徒也。○辟，必亦反。卒，子忽反。假，古雅反。**筮、與席、所卦者，具饌于西塾。**筮所以問吉凶，謂蓍也。所卦者，所以畫地記爻。《易》曰：「六畫而成卦。」饌，陳也。具，俱也。西塾，門外西堂也。○廟門東西有四塾，内外各二。筮不正當門中，而在闑西西面，故將筮，而蓍與席與畫地記爻之木，俱陳于門外西堂也。○饌，直轉反。塾音孰。爻，户交反。**布席于門中，闑西、閾外，西面。**闑，門橛也。閾，閫也。古文「闑」爲「槷」，「閾」爲

❶「三」，薈要本改作「二」。

「蹙」。○布席，將坐以筮也。前具之西塾，至此乃布之。云「門中」者，以大分言之，闑西閾外，則布席處也。註云今文、古文者，今文，高堂生所傳；古文，魯恭王壞孔子宅所得也。鄭以今古字並較，擇義勝者著于經，其所不從者，疊見於註，或言古文某爲某，或言今文某爲某。○闑，魚列反。閾音域。橜，其月反。槷，魚列反。蹙，子六反。**筮人執筴，抽上韇，兼執之，進受命於主人。**筮人，有司主三易者也。韇，藏筴之器也。今時藏弓矢者，謂之韇丸也。兼，并也。進，前也。自西方而前受命者，當知所筮也。○筴即蓍，兼執之者，兼上韇與下韇而并執之。此時蓍尚在下韇，待筮時，乃取出以筮。三易，《連山》、《歸藏》、《周易》也。筮得一卦，而三人各據一易以占也。○筴，初革反。韇音獨。**宰自右少退，贊命。**宰，有司主政教者也。自，由也。贊，佐也。命，告也。佐主人告所以筮也。《少儀》曰：「贊幣自左，詔辭自右。」**筮人許諾，右還，即席坐，西面，卦者在左。**即，就也。東面受命，右還北行就席。卦者，有司主畫地識爻者也。○士蓍三尺，故坐筮。大夫蓍五尺，則立筮矣。卦者在左，亦西向。○還音旋。**卒筮，書卦，執以示主人。**卒，已也。書卦者，筮人以方寫所得之卦也。○先畫地識爻，至六爻畢，卦體成，筮人更以方寫之，以示主人。方，版也。**主人受眡，反之。**反，還也。○主人既知卦體，還之筮人，令占吉凶。**筮人還，東面，旅占，卒，進告吉。**旅，衆也。還與其屬共占之。古文「旅」作「臚」。**若不吉，則筮遠日，如初儀。**遠日，旬之外。○疏曰：「《曲禮》『吉事先近日』，此冠禮是吉事，故先筮近日，不吉，乃更筮遠日，是上旬不吉，乃更筮中旬，又不吉，乃更筮下旬。云『如初儀』者，自『筮於廟門』已下至『告吉』是也。」愚案：《少牢》云：「若不吉，則及遠日，又筮日如初。」此大夫諏日而筮，上旬不吉，必待上旬，乃更筮之。其云「如初」，乃自「筮於廟門」已下至「告吉」

也。此士冠禮，若筮上旬不吉，即筮中旬，不更待他日。其云「如初儀」，止從「進受命于主人」以下至「告吉」而已，不自「筮于廟門」也。**徹筮席。**徹，去也，斂也。**宗人告事畢。**宗人，有司主禮者也。

右筮日。

主人戒賓，賓禮辭，許。戒，警也，告也。賓，主人之僚友。古者，有吉事，則樂與賢者歡成之；有凶事，則欲與賢者哀戚之。今將冠子，故就告僚友使來。禮辭，一辭而許也。再辭而許，曰固辭。三辭曰終辭，不許也。○主人筮日訖，三日之前，廣戒僚友，使來觀禮。戒賓者，主人親至賓大門外，賓西面，主人東面戒之。其戒辭、對辭，並見後。**主人再拜，賓答拜。主人退，賓拜送。**退，去也，歸也。

右戒賓。

前期三日，筮賓，如求日之儀。前期三日，空二日也。筮賓，筮其可使冠子者。賢者恒吉。《冠義》曰：「古者冠禮，筮日、筮賓，所以敬冠事。敬冠事，所以重禮。重禮，所以爲國本。」○前者戒賓，汎及僚友，此又於僚友中專筮一人，使爲加冠之賓也。疏云：命筮之辭蓋云：「主人某，爲適子某加冠，筮某爲賓，庶幾從之。」若庶子，則云「庶子某」。愚意「主人」二字似未安，亦言其銜位可耳。

右筮賓。

乃宿賓。賓如主人服，出門左，西面再拜。主人東面答拜。宿，進也。宿者必先戒，戒不必宿。其不宿者爲衆賓，或悉來，或否。主人朝服。○既筮得吉，遂進之，使至冠日必來。擯者傳辭入告賓，賓如主人服，出與相見。**乃宿賓。賓許。主人再拜，賓答拜。主人退，賓拜送。**「乃宿賓」者，親相見，致其辭。○重言「乃宿賓」者，上文言主人往行此禮，此乃親致宿之之辭也。辭並見後。**宿贊冠者一人，亦如之。**贊冠者，佐賓爲冠事者，謂賓若他官之屬，中士若下士也。宿之以筮賓之明日。○「佐賓爲冠事」，即下文坐櫛、設纚、卒紘諸事。助賓成禮，故取其屬降於賓一等者爲之。

右宿賓、宿贊冠者。

厥明夕，爲期于廟門之外。主人立于門東。兄弟在其南，少退，西面，北上。有司皆如宿服，立于西方，東面，北上。厥，其也。宿服，朝服。○宿賓之明夕，冠前一日之夕也。爲期，猶言約期也。**擯者請期。宰告曰：「質明行事。」**擯者，有司佐禮者。在主人曰擯，在客曰介。質，正也。宰告曰：旦日正明行冠事。○擯，必刃反。**告兄弟及有司。**擯者告也。**告事畢。**宗人告也。**擯者告期于賓之家。**○前所戒賓皆告也。

右爲期。

夙興。設洗，直于東榮，南北以堂深，水在洗東。夙，早也。興，起也。洗，承盥洗者棄水器也，士用鐵。榮，屋翼也。周制，自卿大夫以下，其室爲夏屋。水器，尊卑皆用金罍，及大小異。○至期，先陳設冠服器物，主賓各就内外之位，主人迎賓及贊，冠者入，乃行三加之禮，加冠畢，賓醴冠者，冠者見于母，賓字冠者，凡九節而冠禮成，賓出矣。盥手、洗爵，皆一人挹水沃之，下有器承此漉六水。其器曰洗，堂下設洗，其東西當屋東翼，其南北則以堂爲淺深。以罍貯水，在洗之東。夏屋，兩下爲之，故有東西翼。天子諸侯則四阿。《釋文》曰：「凡度淺深曰深。」○深，申鴆反。**陳服于房中西墉下，東領，北上。**墉，墻。○所陳之服，即下文爵弁服、皮弁服、玄端三服也。房在堂上之東。北上者，爵弁服在北，皮弁服次南，玄端最南也。冠時先用卑服，北上便也。**爵弁服：纁裳、純衣、緇帶、靺韐。**此與君祭之服。《雜記》曰：「士弁而祭於公。」爵弁者，冕之次。其色赤而微黑，如爵頭然，或謂之緅，其布三十升。纁裳，淺絳裳。凡染絳，一入謂之縓，再入謂之赬，三入謂之纁，朱則四入與？純衣，絲衣也。餘衣皆用布，唯冕與爵弁服用絲耳。先裳後衣者，欲令下近緇，明衣與帶同色。靺韐，緼韍也。士緼韍而幽衡，合韋爲之，士染以茅蒐，因以名焉。今齊人名蒨爲靺韐。韍之制似韠，冠弁者，不與衣陳，而言於上，以冠名服耳。今文「纁」皆作「熏」。○此士助祭於公之服，服之尊者。云「爵弁者冕之次」者，謂諸冕之下即次數爵弁，亦言其尊也。疏云：「凡冕，以木爲體，長尺六寸，廣八寸，績麻三十升布，上以玄，下以纁，前後有旒。其爵弁制大同，唯無旒，又爲爵色，爲異。又名冕者，俛也，低前一寸二分，故得冕稱。其爵弁則前後平，故不得冕名。其尊卑次於冕，故云冕之次也。」又云：「陳服則於房，緇布冠、皮、爵弁在堂下，是冠弁不與服同陳。今以弁在服上並言之者，以冠弁表明其服耳，不謂同陳之也。」愚按：此服，第三加所服也。○纁，許云反。靺音妹。❶韐音閤。縓，七絹反。赬，丑貞反。緼音溫。韍音弗。蒨，七見反。**皮弁服：素積、緇帶、素韠。**此與君視朔之服也。皮弁者，以白鹿皮爲冠，象上古也。積，猶辟也，以素爲裳，辟蹙其要中。皮弁之衣，用布亦十五升，其色象焉。○此視朔時君臣同服之服，卑於爵弁，陳之在爵弁南，第二加所服。言裳不言衣者，用白布衣，與冠同色，故不言衣也。

❶「音」，原作「爲」，據薈要本、文淵閣本改。

○要，一遥反。**玄端：玄裳、黄裳、**❶**雜裳可也，緇帶，爵韠。**此莫夕於朝之服。玄端，即朝服之衣，易其裳耳。上士玄裳，中士黄裳，下士雜裳。雜裳者，前玄後黄，《易》曰：「夫玄黄者，天地之雜也。天玄而地黄。」士皆爵韋爲韠，其爵同。不以玄冠名服者，是爲緇布冠陳之。《玉藻》曰：「韠：君朱，大夫素，士爵韋。」○此士向暮之時，夕君之服，服之下，陳皮弁服南，初加緇布冠所服也。玄端與朝服同用緇色十五升布，正幅爲之，但朝服素韠，韠裳同色，此用三等裳爵韠，故異其名也。又此服平時皆著玄冠服之，當以玄冠名其服，今不言者，以加冠時以配緇布冠故也。**緇布冠缺項，青組纓，屬于缺；緇纚，廣終幅，長六尺；皮弁笄；爵弁笄；緇組紘，纁邊；同篋。**缺，讀如「有頍者弁」之「頍」。緇布冠無笄者，著頍，圍髮際，結項中，隅爲四綴，以固冠也。項中有縭，亦由固頍爲之耳。今未冠笄者著卷幘，頍象之所生也。滕、薛名蔮爲頍。屬，猶著。纚，今之幘梁也。終，充也。纚一幅，長六尺，足以韜髮而結之矣。笄，今之簪。有笄者，屈組爲紘，垂爲飾；無笄者，纓而結其絛。纁邊，組側赤也。同篋，謂此以上凡六物。隋方曰篋。○此所陳者，飾冠之物，非謂冠也。「缺項，青組纓，屬于缺」共一物；緇纚一物，並緇布冠所用；皮弁笄一物；爵弁笄一物；「緇組紘」，皮弁、爵弁各有一，共二物。凡六物，同篋貯之，待冠時，隨各冠致用也。註謂「缺，讀如『有頍者弁』之『頍』」，案《詩》自以頍爲弁之貌，非弁上之物也。陳氏祥道云：「鄭説缺項之制，蓋有所傳。讀缺爲頍，無所經見。」今註及疏所言缺項之制，蓋謂緇布冠制小，纔足容髮，又無笄，故別爲缺項，圍繞髮

---

❶ 原無句讀，今補。

際，上有綴以連冠，下有纓以結頤下。緇纚，韜髮之帛，加冠時，先以纚韜髮，結之乃加冠也。其緇組紘，則爲二弁有笄者而設，加弁，以笄橫貫之，以一條組於笄左頭繫定，遶頤下，自右向上仰屬於笄，屈繫之有餘，因垂爲飾，故註云「有笄者屈組爲紘」也。○缺，依註音頍，去蘂反。屬，章玉反。纚，山綺反。緇，紀屈反。卷，去圓反。蔮，古内反。簪，側金反。隋，他果反。**櫛實于簞。**簞，笥也。○櫛，理髮具也。○櫛，莊乙反。**蒲筵二。在南。**筵，席也。○一爲冠子，一爲醴子也。在南，在三服之南，通指缺項、纚、笄、組、櫛等，不專言蒲筵。疏云：「對下文『側尊一甒醴，在服北』也。」**側尊一甒醴，在服北。有篚實勺觶角柶。脯醢。南上。**側，猶特也。無偶曰側。置酒曰尊。側者，無玄酒。服北者，纁裳北也。篚，竹器如笭者。勺，尊升，所以㪺酒也。爵三升曰觶。柶狀如匕，以角爲之者，欲滑也。南上者，篚次尊，籩豆次篚。古文「甒」作「廡」。○側尊，單設也。尊字作虛字用。○甒音武。勺，上若反。觶，之豉反。柶音四。醢音海。笭，力呈反。㪺，九于反。廡音武。**爵弁、皮弁、緇布冠，各一匴，執以待于西坫南，南面，東上。賓升則東面。**爵弁者，制如冕，黑色，但無繅耳。《周禮》：「王之皮弁，會五采玉璂，象邸，玉笄。」諸侯及孤卿大夫之冕皮弁，各以其等爲之。」則士之皮弁，又無玉象邸飾。緇布冠，今小吏冠，其遺象也。匴，竹器名，今之冠箱也。執之者，有司也。坫在堂角。古文「匴」爲「篹」，「坫」爲「襜」。○有司三人，各執一冠，豫在西階西，以待冠事。賓未入，南面序立，賓升堂，則東面向賓也。○匴，素管反。繅音早。璂音其。篹，素管反。襜，以占反。

右冠日陳設。

主人玄端爵韠，立于阼階下，直東序，西面。玄端，士入廟之服也。阼，猶酢也，東階所以答酢賓客也。堂東西墻謂之序。○案《特牲》祭服用玄端，玄端是士自祭其先之服，與上所陳爲子加緇布冠之玄端一服也，但玄冠耳。主人服此服，立阼階下，以待賓至。其立處，與堂上東墻相直。○阼，才故反。酢，才各反。**兄弟畢袗玄，立于洗東，西面，北上。**兄弟，主人親戚也。畢，猶盡也。袗，同也。玄者，玄衣玄裳也。緇帶韠，位在洗東，退於主人。不爵韠者，降於主人也。古文「袗」爲「均」也。○袗訓同，同玄，衣、裳、帶、韠皆玄也。**擯者玄端，負東塾。**東塾，門内東堂。負之，北面。○擯者立此，以待傳命。疏謂別言玄端，不言如主人服，則與主人不同可知，當衣冠同而裳異也。下文贊者別言玄端，亦然。**將冠者，采衣，紒，在房中，南面。**采衣，未冠者所服。《玉藻》曰：「童子之飾也，❶緇布衣，錦緣，錦紳，并紐，錦束髮，皆朱錦也。」紒，結髮，古文「紒」爲「結」。○紒，音介，《字彙》曰：同結。緣，以絹反。紐，女九反。**賓如主人服，贊者玄端從之，立于外門之外。**外門，大門外。❷

右主人與賓各就内外位。

擯者告。告者，出請入告。**主人迎，出門左，西面再拜。賓答拜。**左，東也。出以東爲左，入以東爲右。**主人揖贊者。與賓揖，先入。**贊者賤，揖之而已。又與賓揖，先入道之。贊者隨賓。**每曲揖。**周

---

❶「飾」，薈要本據《禮記》改作「節」。

❷原無句讀，今補。

左宗廟。入外門，將東曲，揖；直廟，將北曲，又揖。○疏云：周左宗廟者，《祭義》與《小宗伯》俱有此文，對殷右宗廟也。言此，欲見入大門東向入廟。云「入外門將東曲揖」者，主人在南，賓在北，俱向東，是一曲，故一揖也；至廟南，主人在東，北面，賓在西，北面，是一曲，爲二揖；通下將入廟又揖，三也。**至于廟門，揖入。三揖，至于階，三讓。**入門，將右曲，揖；將北曲，揖；當碑，揖。○上文「每曲揖」，據入大門向廟時。既入廟，主人趨東階，賓趨西階，是主人將右，欲背賓，宜揖；既當階，主賓將北面趨階，與賓相見，又宜揖；廟中測影、麗牲之碑，在堂下，三分庭之一在北，是庭中之大節，至此又宜揖，皆因變伸敬以道賓也。**主人升，立于序端，西面。賓西序，東面。**主人賓俱升，立相鄉。○鄉，許亮反。**贊者盥于洗西，升，立于房中，西面，南上。**盥於洗西，由賓階升也。立于房中，近其事也。南上，尊於主人之贊者。古文「盥」皆作「浣」。○贊者止一人，云「南上」者，與主人之贊者爲序也。○盥音管。浣，户管反。

右迎賓及贊冠者入。

主人之贊者筵于東序，少北，西面。主人之贊者，其屬中士若下士。筵，布席也。東序，主人位也。適子冠於阼，少北，辟主人。○爲將冠者布席也。**將冠者出房，南面。**南面，立於房外之西，待賓命。**贊者奠纚笄櫛于筵南端。**贊者，賓之贊冠者也。奠，停也。古文「櫛」爲「節」。**賓揖將冠者。將冠者即筵坐。贊者坐，櫛，設纚。**即，就。設，施。○古人坐法，以膝著地，兩蹠向後，如今之跪。經凡言坐皆然。**賓降，主人降；賓辭，主人對。**主人降，爲賓將盥，不敢安位也。辭對之辭未聞。**賓盥卒，壹揖，壹讓，升。主人升，復初位。**揖讓皆壹者，降於初。古文「壹」皆作「一」。○復初位，東序端也。**賓筵前坐，正**

纚，興，降西階一等。執冠者升一等，東面授賓。正纚者，將加冠，宜親之。興，起也。降，下也。下一等，升一等，則中等相授。冠，緇布冠也。○疏云：「案《匠人》天子之堂九尺，賈、馬以爲傍九等爲階，則諸侯堂宜七尺，則七等階，大夫堂宜五尺，則五等階，士宜三尺，則三等階，故鄭以中等解之也。」**賓右手執項，左手執前，進容，乃祝。坐如初，乃冠。興，復位。贊者卒。**進容者，行翔而前，鶬焉。至則立祝。坐如初，坐筵前。興，起也。復位，西序東面。卒，謂設缺項，結纓也。○項，冠之後也，非缺項。○鶬，七良反。**冠者興，賓揖之。適房，服玄端爵韠。出房，南面。**復出房南面者，一加禮成，觀衆以容體。

右初加。

賓揖之，即筵坐，櫛，設笄。賓盥正纚如初，降二等，受皮弁，右執項，左執前，進祝，加之，如初。復位。贊者卒紘。如初，爲不見者言也。卒紘，謂繫屬之。○即筵坐櫛者，當再加皮弁，必脱去緇布冠，更櫛也。方櫛訖，即云設笄，疏以爲此紒内安髮之笄，非固冠之笄，其固冠之笄，則加冠時賓自設之。○屬音燭。**興，賓揖之。適房，服素積素韠，容，出房，南面。**容者，再加彌成，其儀益繁。○容者，整其威儀容觀也。方加緇布冠時，其出亦有容，至此益盛，乃言之耳。

右再加。

賓降三等，受爵弁，加之。服纁裳韎韐。其他如加皮弁之儀。降三等，下至地。他，謂卒紘、容出。

右三加。

徹皮弁、冠、櫛、筵，入于房。徹者，贊冠者、主人之贊者爲之。○將醴冠者，故徹去此等。冠，緇布冠也。冠者著爵弁以受醴，至見姑姊訖，乃易服。**筵于户西，南面。**筵，主人之贊者。户西，室户西。○席制：近北一架，西爲室，東爲房。室户之西，客位也。**贊者洗于房中，側酌醴，加柶，覆之，面葉。**洗，盥而洗爵者。《昏禮》曰：房中之洗，在北堂，直室東隅，篚在洗東，北面盥。側酌者，言無爲之薦者。面，前也。葉，柶大端。贊酌者，賓尊，不入房。古文「葉」爲「擖」。○註引《昏禮》，證房中别有洗，非在庭之洗也。側酌者，贊者自酌，還自薦也。柶，類今茶匙。葉即匙頭。贊者前其葉以授賓者，欲賓得前其柄以授冠者，冠者得之，乃前其葉以扱醴而祭也。柶用時仰之，贊者不自用，故覆之以授也。**賓揖，冠者就筵，筵西，南面。賓受醴于户東，**❶**加柶，面枋，筵前北面。**户東，室户東。今文「枋」爲「柄」。○酌醴者出房向西授賓，賓至室户東受之，筵前北面。致祝當在此時，祝辭見後。○枋，彼命反。**冠者筵西拜受觶，賓東面答拜。**筵西拜，南面拜也。賓還答拜於西序之位，東面者，明成人與爲禮，異於答主人。○冠者拜訖，進受觶。賓既授觶，乃復西序之位答之。賓答主人拜，當西階北面，此西序東面，故註云「異於答主人」。**薦脯醢。**贊冠者也。**冠者即筵坐，左執觶，右祭脯醢，以柶祭醴三，興；筵末坐，啐醴，捷柶，興；降筵，坐奠觶，拜，執觶興。賓答拜。**捷柶，扱柶於醴中。其拜皆如初。古文「啐」爲「呼」。○三祭，疏以爲一如《昏禮》，始扱一祭，又扱再祭也。○啐，七内反。捷，初洽反。扱音插。

---

❶「受」，原作「授」，據薈要本改。

右賓醴冠者。

冠者奠觶于薦東，降筵，北面坐取脯；降自西階，適東壁，北面見于母。薦東，薦左。凡奠爵，將舉者於右，不舉者於左。適東壁者，出闈門也。時母在闈門之外，婦人入廟由闈門。母拜受，子拜送，母又拜。婦人於丈夫，雖其子，猶俠拜。○俠，古洽反。

右冠者見于母。

賓降，直西序，東面。主人降，復初位。初位，初至階讓升之位。冠者立于西階東，南面。賓字之，冠者對。對，應也。其辭未聞。○字辭見後。疏云：「未字先見母，字訖乃見兄弟之等，急於母，緩於兄弟也。」

右賓字冠者。

賓出，主人送于廟門外。不出外門，將醴之。○此下冠禮既成賓出就次以後諸事。冠者見兄弟、見贊者、見姑姊爲一節，易服、見君、見鄉大夫先生爲一節，主人醴賓又一節，凡三節。請醴賓，賓禮辭，許。賓就次。此「醴」，當作「禮」。次，門外更衣處也，必帷幕簟席爲之。冠者見於兄弟，兄弟再拜，冠者答拜。見贊者，西面拜，亦如之。見贊者西面拜，則見兄弟東面拜。贊者後賓出。入見姑姊，如見母。入，入寢門也。廟在寢門外。如見母者，亦北面。姑與姊亦俠拜也。不見妹，妹卑。○疏云：「不見父與賓者，蓋冠畢則已見也。不言者，從可知也。」

右冠者見兄弟、贊者、姑姊。

乃易服，服玄冠玄端爵韠，奠摯見於君。遂以摯見於鄉大夫鄉先生。易服不朝服者，非朝事也。摯，雉也。鄉先生，鄉中老人，爲卿大夫致仕者。〇見君、見鄉大夫先生，非必是日，因見兄弟等，類言之耳。

右冠者見君與鄉大夫、先生。

乃醴賓，以壹獻之禮。壹獻者，主人獻賓，而已即燕。無亞獻者，獻、酢、酬，賓主人各兩爵而禮成。特牲、少牢饋食之禮獻尸，此其類也。士禮一獻，卿大夫三獻。賓醴不用柶者，泲其醴。《内則》曰：「飲，重醴清糟。」凡醴，事質者用糟，文者用清。〇註引《内則》者，明醴有清有糟，前醴子用糟，此醴賓其清者也。〇泲，子禮反。**主人酬賓，束帛儷皮。**飲賓客而從之以財貨，曰酬，所以申暢厚意也。束帛，十端也。儷皮，兩鹿皮也。古文「儷」爲「離」。〇酬賓，大夫用束帛乘馬，天子諸侯以玉將幣，士束帛儷皮，獻數多少不同。其酬幣，唯於奠酬之節一行之。〇儷音麗。飲，於鴆反。**贊者皆與，贊冠者爲介。**贊者，衆賓也。皆與，亦飲酒爲衆賓。介，賓之輔，以贊爲之，尊之。飲酒之禮，賢者爲賓，其次爲介。〇與音預。

右醴賓。

賓出，主人送于外門外，再拜，歸賓俎。一獻之禮，有薦有俎，其牲未聞。使人歸諸賓家也。

右送賓歸俎。

以上士冠禮正經，頗疑數事：冠於廟，重成人也。未冠不以告，既冠不以見，何也？見于母而不見於父，見贊者而不見賓，疏以爲冠畢已見，似矣，然醴畢即見于母，儀節相承，則見父見賓，當於何時？豈在酌醴定祥之前與？又言歸俎而不言載俎，其牲未聞，註已陳之，要皆文不具也。

若不醴，則醮用酒。若不醴，謂國有舊俗可行，聖人用焉不改者也。《曲禮》曰「君子行禮，不求變俗。祭祀之禮、居喪之服、哭泣之位，皆如其國之故，謹修其法而審行之」是也。酌而無酬酢曰醮，醴亦當爲禮。○疏曰：「自此以上，說周禮冠子之法；自此以下，至『取籩脯以降如初』，說夏殷冠子之法。」愚按：醴醮二法，其異者，醴側尊在房，醮兩尊于房户之間；醴用觶，醮用爵；醴篚從尊在房，醮篚從洗在庭；醴待三加畢乃一舉，醮每一加即一醮；醴薦用脯醢，醮每醮皆用脯醢，至三醮又有乾肉折俎；醴贊冠者酌授賓，賓不親酌，醮則賓自降取爵，升酌酒；醴者每加入房易服，出房立待賓命，醮則每醮訖，立筵西待賓命；醴者每加冠必祝，醴時又有醴辭，醮者加冠時不祝，至醮時有醮辭。其餘儀節並不異也。○醮，子召反。**尊于房户之間，兩甒，有禁，玄酒在西，加勺，南枋。**房户間者，❶房西，室户東也。禁，承尊之器也。名之爲禁者，因爲酒戒也。玄酒，新水也，雖今不用，猶設之，不忘古也。○兩甒，一酒尊，一玄酒尊也。**洗，有篚在西，南順。**洗，庭洗，當東榮，南北以堂深。篚，亦以盛勺觶，陳於洗西。南順，北爲上也。○盛音成。**始加，醮用脯醢。賓降取爵于篚，辭降如初。卒洗，升酌。**始加者，言一加一醮也。加冠於東序，醮之於户西，同耳。始醮亦薦脯醢。賓降者，爵在庭，酒在堂，將自酌也。辭降如初，如將冠時，降盥，辭主人降也。凡薦，出自東房。**冠者拜受，賓答拜，如初。**贊者筵于户西，賓升，揖冠者就筵，乃酌。冠者南面拜受，賓授爵，東面答拜，如醴禮也。於賓答拜，贊者則亦薦之。○賓亦筵前北面，釋醮辭訖，冠者乃南面拜受。**冠者升**

---

❶「户」，原作「中」，據薈要本改。

筵，坐，左執爵，右祭脯醢，祭酒，興。筵末坐，啐酒，降筵拜。賓答拜。冠者奠爵于薦東，立于筵西。冠者立俟賓命，賓揖之，則就東序之筵。○降筵、奠爵而後拜，執爵興，賓乃答拜。拜訖，冠者乃奠爵薦東，其節亦當與醴同。註云「就東序之筵」謂當更加皮弁也。**徹薦爵，筵尊不徹。**徹薦與爵者，辟後加也。不徹筵尊，三加可相因，由便也。**加皮弁，如初儀。再醮，攝酒，其他皆如初。**攝，猶整也。整酒謂撓之。今文「攝」爲「聶」。○撓，謂更益整頓之，示新也。**加爵弁，如初儀。三醮，有乾肉折俎，嚌之。其他如初。北面取脯，見于母。**乾肉，牲體之脯也。折其體以爲俎。嚌，嘗之。○《周禮・腊人》鄭註云：「大物解肆乾之，謂之乾肉。薄析曰脯，棰之而施薑桂曰腶脩。」乾肉與脯脩別言，蓋豚解而七體以乾之，及將升于俎，則節折爲二十一體，與燕禮同，故名乾肉折俎。嚌之，亦祭而後嚌也。再醮言攝酒，此三醮當亦攝酒，下文「卒醮取籩脯以降」，此取脯當亦取籩脯，皆不言者，互文見義也。○折，之設反。嚌，才計反。腶音鍛。**若殺，則特豚，載合升，離肺實于鼎，設扃鼏。**特豚，一豚也。凡牲皆用左胖。煑於鑊曰亨，在鼎曰升，在俎曰載。載合升者，明亨與載皆合左右胖。離，割也。割肺者，使可祭也，可嚌也。今文「扃」爲「鉉」，古文「鼏」爲「密」。○上醮子用乾肉，不殺牲，此下言其殺牲者，又醮法之不同者也。案《特牲》、《少牢》及《鄉飲酒》皆用右胖，此合升左右胖，或以嘉禮故異之與？註云「凡牲皆用左胖」，疏以爲「鄭據夏殷之法」，未知然否。扃，弆鼎；鼏，覆鼎者也。○扃，古螢反。鼏，亡歷反。胖，普半反。鑊，户郭反。亨，普庚反。**始醮，如初。**亦薦脯醢，徹薦爵，筵尊不徹矣。**再醮，兩豆，葵菹、蠃醢；兩籩，栗、脯。**蠃醢，䗂蝓醢。❶今文「蠃」

---

❶「䗂」，薈要本、文淵閣本改作「螔」。下同。

爲「蝸」。○羸，力禾反。蝺音移。蝓音俞。蝸，力禾反。**三醮，攝酒如再醮。加俎，嚌之，皆如初。嚌肺。**攝酒如再醮，則再醮亦攝之矣。加俎嚌之，嚌當爲祭，字之誤也。祭俎如初，如祭脯醢。○加俎者，不徹豆籩而加設此牲俎也。其祭，亦止祭俎肺，不復祭脯醢。鄭破「嚌之」爲「祭之」者，以先祭後嚌，此是定法，又不宜有二嚌，其所嚌即其所祭者也。**卒醮，取籩脯以降，如初。**○謂亦見于母。

右夏殷冠子之法。

若孤子，則父兄戒宿。父兄，諸父諸兄。○士之無父者加冠之法。戒宿，戒賓、宿賓也。**冠之日，主人紒而迎賓，拜，揖，讓，立于序端，皆如冠主；禮於阼。**冠主，冠者親父，若宗兄也。古文「紒」爲「結」。今文「禮」作「醴」。○有父加冠，則將冠者紒而俟于房中；孤子則紒而迎賓。拜、揖、讓、立，皆如爲子加冠之主人。有父加冠，則醴于室户西；孤子則醴于阼，此其異也。**凡拜，北面于阼階上，賓亦北面于西階上答拜。**○父在加冠：受醴户西，拜于筵西，南面；賓答拜于序端，東面。此則與賓各專階北面也。**若殺，則舉鼎陳于門外，直東塾，北面。**孤子得申禮，盛之；父在，有鼎不陳于門外。

右孤子冠法。

若庶子，則冠于房外，南面，遂醮焉。房外，謂尊東也。不於阼階，非代也。不醮於客位，成而不尊。○適子則冠于東序少北，西面。或醴或醮，皆于户西。疏云：「周公作經，於三代之下言之，則三代庶子冠禮皆於房外，同用醮矣。」又云：「周之庶子宜依適子，一醴用一醮；夏殷庶子，亦依三醮。」

右庶子冠法。

冠者母不在，則使人受脯于西階下。○母不在，謂有他故，非没也。使人受脯，當於後見之。

右見母權法。

戒賓，曰：「某有子某，將加布於其首，願吾子之教之也。」吾子，相親之辭。吾，我也。子，男子之美稱。古文「某」爲「謀」。○此下列言冠禮中戒、宿、祝、醮、醴、字之辭。疏云：「上某，主人名；下某，子之名。加布，初加緇布冠也。云『願吾子之教之也』者，即此加冠行禮爲教之也。」**賓對曰：「某不敏，恐不能共事，以病吾子。敢辭。」**病，猶辱也。古文「病」爲「秉」。○共音恭。**主人曰：「某猶願吾子之終教之也。」賓對曰：「吾子重有命，某敢不從。」**敢不從，許之辭。○重，直用反。**宿曰：「某將加布於某之首，吾子將莅之，敢宿。」賓對曰：「某敢不夙興。」**莅，臨也。今文無「對」。

右戒賓宿賓之辭。

始加，祝曰：「令月吉日，始加元服。令、吉，皆善也。元，首也。**棄爾幼志，順爾成德。壽考惟祺，介爾景福。」**爾，女也。既冠爲成德。祺，祥也。介、景，皆大也。因冠而戒，且勸之，女如是，則有壽考之祥，大女之大福也。○幼志，幼年戲弄之志也。棄，禁絶之也。順成德，安養其成人之德也，《冠義》云：既冠，將責以父子君臣長幼之禮，即所謂成德也。祝以有是德，即有是福，是勸之也。服，蒲北反；福，筆勤反，與德叶。**再加，曰：「吉月令辰，乃申爾服。**辰，子丑也。申，重也。**敬爾威儀，淑慎爾德。眉壽萬年，永受胡福。」**胡，猶遐也，遠也。遠，無窮。古文「眉」作「麋」。○「敬爾威儀」，正其外也。「淑慎爾德」，謹其内也。内外夾持，順成德者當如是。**三加，曰：「以歲之正，以月之令，咸加爾服。**正，猶善也。咸，皆也，皆加女之三服，謂緇布冠、皮弁、爵弁也。**兄弟具在，以成厥德。黄耇無疆，受天之慶。」**黄，黄髮也；耇，凍黎也，皆壽徵也。疆，竟。○「兄弟具在，以成厥德」，言成此冠禮，是成其德也。首三句爲一聯，服叶德，慶叶疆，音羌。正、令二句又自相叶。○耇音苟。竟音敬，又音景。

右加冠祝辭。

醴辭。曰：「甘醴惟厚，嘉薦令芳。嘉，善也。善薦，謂脯醢。芳，香也。**拜受祭之，以定爾祥。承天之休，壽考不忘。」**不忘，長有令名。○定祥、承休，與《易》「凝命」之旨相類，天人之理，微見於此。

右醴辭。

醮辭。曰：「旨酒既清，嘉薦亶時。亶，誠也。古文「亶」爲「癉」。○癉，丁但反。**始加元服，兄弟具來，孝友時格，永乃保之。」**善父母爲孝，善兄弟爲友。時，是也。格，至也。永，長也。保，安也。行此乃能保之。今文「格」爲「嘏」。凡醮者不祝。○「孝友時格」，孝友極其至也。教以盡孝友之道，乃可長保之也。註「凡醮者不祝」，謂用酒以醮者，每加冠畢，但用醮辭醮之，其方加冠時，不用祝辭也。詳醮辭「始加元服」等句，與祝辭相類，兼用之則複矣。疏以爲醮庶子不用祝辭，錯會註意。來，力之反，與時、之叶。○嘏，古雅反。**再醮，曰：「旨酒既湑，嘉薦伊脯。**湑，清也。伊，惟也。**乃申爾服，禮儀有序。祭此嘉爵，承天之祜。」**祜，福也。**三醮，曰：「旨酒令芳，籩豆有楚。**旨，美也。楚，陳列之貌。○疏云：「用再醮之籩豆，不增改之，故云有楚。」**咸加爾服，肴升折俎。**肴升折俎，亦謂豚。○乾肉折俎與殺牲體，皆謂折俎。**承天之慶，受福無疆。」**○亦兩句叶。

右醮辭。

字辭。曰：「禮儀既備，令月吉日，昭告爾字。爰字孔嘉，昭，明也。爰，於也。孔，甚也。**髦士攸宜。宜之于假，**髦，俊也。攸，所也。于，猶爲也。假，大也。宜之是爲大矣。○此孔嘉之字，實髦士之所宜，且宜之而至於大也。**永受保之。曰伯某甫。」仲、叔、季，唯其所當。**伯仲叔季，長幼之稱。甫，是丈夫之美稱，孔子爲尼甫，周大夫有家甫，宋大夫有孔甫，是其類。「甫」字或作「父」。○此辭，賓直西序東面，與子爲字時命之也。據《釋文》，備與日叶，爲一韻。字音滋，嘉叶居之反，爲一韻。假叶音古，與甫爲一韻。顧炎武云：「備與字一韻，嘉與宜一韻，假與甫一韻，古人文字錯綜，不必二句一韻也。」○甫音父。

右字辭。

屨，夏用葛。玄端黑屨，青絇繶純，純博寸。屨者，順裳色。玄端黑屨，以玄裳爲正也。絇之言拘也，以爲行戒，狀如刀衣鼻，在屨頭。繶，縫中紃也。純，緣也。三者皆青。博，廣也。○此下言三服之屨。不與上服同陳者，屨賤，故别言之。夏葛屨，冬皮屨，春秋熱則從夏，寒則從冬。此玄端黑屨，初加時所用。註云「以玄裳爲正」者，玄端兼有黄裳、雜裳，屨獨用黑，與玄同色，故云「以玄裳爲正也」。絇，在屨頭。繶，其牙底相接縫中之條。純，謂繞口緣邊。三者皆青色也。○絇，其于反。繶，於力反。純，章允反。縫，扶用反。紃音旬。❶ **素積白屨，以魁柎之，緇絇繶純，純博寸。**魁，蜃蛤。柎，注也。○此皮弁服之屨，再

❶ 「旬」，原作「甸」，據薈要本改。

加時所用。以魁蛤之灰注於上，使色白也。○魁，苦回反。柎，方夫反。蜃，上忍反。蛤音閣。**爵弁纁屨，黑絇繶純，純博寸。**爵弁屨，以黑爲飾。爵弁尊，其屨飾以繢次。○此三加所用之屨。疏云：「『爵弁尊其屨飾以繢次』者，案《冬官》『畫繢之事』云：『青與白相次，赤與黑相次，玄與黄相次』，繢以爲衣；『青與赤謂之文，赤與白謂之章，白與黑謂之黼，黑與青謂之黻』，繡以爲裳。是對方爲繢次，比方爲繡次。又鄭註《屨人》云：『複下曰舄，襌下曰屨』，『凡舄之飾如繢之次』，『凡屨之飾如繡之次』。」上文黑屨青飾、白屨黑飾，皆繡之次；此爵弁纁屨而黑飾，不取比方之色，而以對方黑色爲飾，是用繢次，與舄同，故云「爵弁尊」也。朱子曰：三屨，經不言所陳處，疑在房中。既冠而適房改服，并得易屨也。○繢，户内反。**冬，皮屨可也。不屨繐屨。**繐屨，喪屨也。縷不灰治曰繐。○疏云：「言此者，欲見大功未可以冠子，故於屨末因禁之也。」○繐音歲。

右三服之屨。

記：冠義：○周公作經，後賢復爲作記。疏云：「凡言記者，皆是記經不備，兼記經外遠古之言。案《喪服記》，子夏爲之作傳，記當在子夏前。」愚謂此記已有「孔子曰」，當在孔子後，不知定誰所録。「冠義」又記中小目，餘篇不復言某義者，或欲舉一例餘也。又《戴記》亦有《冠義》，又後儒所爲，故與此異也。

始冠，緇布之冠也。太古冠布，齊則緇之。其緌也，孔子曰：「吾未之聞也，冠而敝之可也。」太古，唐虞以上。緌，纓飾。未之聞，太古質無飾，重古，始冠冠其齊冠，白布冠，今之喪冠是也。○記者以經有緇布冠、皮弁、爵弁、玄冠，四等之冠，各記其所從來與古今因革之異。此節記緇布冠爲太古齊冠，本無緌，又始冠加之，以存古意，加後不復更著也。

適子冠於阼，以著代也。醮於客位，加有成也。三加彌尊，諭其志也。冠而字之，敬其名也。名者，質，所受於父母，冠成人，益文，故敬之。○著代，明其將代己也。加有成，加禮於有成德者也。諭其志，教諭之，使其志存修德，每進而上也。敬其名，敬其所受於父母之名，非君父之前不以呼也。此皆冠義之大者，故記者釋之。

委貌，周道也。章甫，殷道也。毋追，夏后氏之道也。或謂委貌爲玄冠。委，猶安也，言所以安正容貌。章，明也，殷質，言以表明丈夫也。甫，或爲「父」，今文爲「斧」。毋，發聲也。追，猶堆也。夏后氏質，以其形名之。三冠，皆所常服以行道也。其制之異同未之聞。○此因冠者冠畢，易服玄冠，故記之。道，猶制也，言三代冠制，此其同等者也。**周弁，殷冔，夏收。**弁名出於槃。槃，大也，言所以自光大也。冔名出於幠。幠，覆也，言所以自覆飾也。收，言所以收斂髮也。齊所服而祭也，其制之異未聞。○此因三加爵弁，而記其制之相等者，殷則冔，夏則收也。○冔，况甫反。槃，畔于反。幠，火吴反。**三王共皮弁素積。**質不變。○言三代再加所同用也，疑委貌以下節，當在適子節之前，與首節皆言冠制，當以類從。

無大夫冠禮，而有其昏禮。古者五十而后爵，何大夫冠禮之有？據時有未冠而命爲大夫者，周之初禮，年未五十而有賢才者，試以大夫之事，猶服士服，行士禮。二十而冠，急成人也。五十乃爵，重官人也。大夫或時改娶，有昏禮是也。○自此至末，皆明士冠禮可以上達之故。此言大夫無冠禮，如有未冠而爲大夫者，其冠亦從乎士而已。**公侯之有冠禮也，夏之末，造也。**造，作也。自夏初以上，諸侯雖父死子繼，年未滿五十者，亦服士服，行士禮，五十乃命也。至其衰末，上下相亂，篡弒所由生，故作公侯冠禮，以正君臣也。《坊記》曰：「君不與同姓同車，與異姓同車不同服，示民不嫌也。以此坊民，民猶得同姓以弒其君者。」〇此言不獨大夫無冠禮，雖公侯冠禮，亦夏末始作，非古也。據註訓造爲作，則「末」字當一讀。近徐師曾解《郊特牲》云「末造，猶言末世」，則二字連讀，制作義在末造之外，讀者酌之。**天子之元子，猶士也，天下無生而貴者也。**元子，世子也。無生而貴，皆由下升。〇天子之元子，猶用士禮，又不但公侯已也。天下固無生而貴者也。**繼世以立諸侯，象賢也。**象，法也。爲子孫能法先祖之賢，故使之繼世也。〇諸侯繼世而立，疑其生而貴矣，實以其象賢乃立之；天子元子，亦以象賢乃享天位，均非生而貴者也，故其冠皆用士禮也。**以官爵人，德之殺也。**殺，猶衰也。德大者爵以大官，德小者爵以小官。〇凡以官位爵人，皆以德爲等殺。爵以待有德，安得有生而貴者乎！**死而謚，今也；古者生無爵，死無謚。**今，謂周衰，記之時也。古謂殷。殷士生不爲爵，死不爲謚；周制以士爲爵，死猶不爲謚耳，下大夫也。今記之時，士死則謚之，非也。謚之由魯莊公始也。〇爵以德升，故冠從乎賤，用士禮。古者生不以士爲爵，死不爲之立謚，士固賤者也。

儀禮　鄭氏註

濟陽張爾岐句讀

士昏禮第二鄭《目録》云：「士娶妻之禮，以昏爲期，因而名焉。必以昏者，陽往而陰來。日入三商爲昏。昏禮於五禮屬嘉禮。大小戴及《别録》此皆第二。」○商，漏刻之名，三商即三刻也。

昏禮：下達。納采，用鴈。達，通達也。將欲與彼合昏姻，必先使媒氏下通其言，女氏許之，乃後使人納其采擇之禮。《詩》云：「取妻如之何？匪媒不得。」昏必由媒，交接設紹介，皆所以養廉耻。納采而用鴈爲摯者，取其順陰陽往來。○昏禮有六：納采、問名、納吉、納徵、請期、親迎是也。請期以上五禮，皆遣使者行之。《春秋》莊公二十二年《穀梁傳》曰：「納幣，大夫之事也。公之親納幣，非禮也。」○采，七在反。

主人筵于户西，西上，右几。主人，女父也。筵，爲神布席也。户西者，尊處。將以先祖之遺體許人，故受其禮於禰廟。席西上，右設几，神不統於人。席有首尾。○女家將受納采之禮，先設神坐，乃受之。西上，席首在西也。鄉射、燕禮等，設席皆東上，以近主人爲上，是「統於人」。今以神尊，不統於人，取「地道尊右」之義，故席西上、几在右也。**使者玄端至。**使者，夫家之屬，若群吏使往來者。玄端，士莫夕之服，又服以事其廟。有司緇裳。○使，所吏反。莫音暮。**擯者出請事，入告。**擯者，有司佐禮者。請，猶問也。禮不必事，雖知猶問之，重慎也。○前已有媒氏通言，今使者至門，當知有昏事，而猶問之，是重慎也。**主人如賓服，迎于門外，再拜；賓不答拜。揖入。**門外，大門外。不答拜者，奉使，不敢當其盛禮。○當亦如《士冠禮》主人迎賓，主人西面，賓東面。此時賓自執鴈。**至于廟門，揖入，三揖，至于階，三讓。**入三揖者，至内霤，將曲揖；既曲，北面，揖；當碑揖。**主人以賓升，西面。賓升西階，當阿，東面致命。主人阼階上北面再拜。**阿，棟也。入堂深，示親親。今文「阿」爲「庪」。○以賓升，與賓俱升也。疏云：「凡士之廟，五架爲之。中脊爲棟，棟北一楣，下有室户；棟南一架，爲前楣，楣前接簷爲庪。」《鄉飲酒》、《聘禮》皆云「當楣」，無當阿者，今使者當阿，是至中脊下近室處。故註云：「入堂深，示親親。」○庪，君委反。**授于楹間，南面。**授於楹間，明爲合好，其節同也。南面，並授也。○授，謂授鴈。楹間，兩楹之間。凡授受，敵者於楹間，不敵者不於楹間，「君行一，臣行二」是也。今使者不敵，而授於楹間，明爲合好，故其遠近之節同也。**賓降，出。主人降，授老鴈。**老，群吏之尊者。○納采禮畢，故賓降自西階，出廟門，將行後禮。主人降自阼階，授老鴈，立階下以待事。**擯者出請。**不必賓之事有無。**賓執鴈，請問名，主人許。賓入授，如初禮。**問名者，將歸卜其吉凶。古文「禮」爲「醴」。○問名，問女子之名，將加諸卜也。「如初禮」者，亦如納采升堂致命、授鴈而出也。按記「主人受鴈，還，西面對；賓受命，乃降」，是主人既受鴈，還復阼階之位，西面以女名對賓，賓乃降階出門也。此一使兼行二禮，既采，須卜，其事相因故也。**擯者出請，賓告事畢。入告，出請醴賓；**此「醴」亦當爲「禮」。禮賓者，欲厚之。**賓禮辭，許。**禮辭，一辭。**主人徹几，改**

筵，東上；側尊甒醴于房中。徹几改筵者，鄉爲神，今爲人。側尊，亦言無玄酒，側尊於房中，亦有篚，有籩豆，如冠禮之設。○徹去其几，後將授賓也。改筵，改西上而東上也。爲人設則東上者，統於主人也。**主人迎賓于廟門外，揖讓如初，升。主人北面再拜，賓西階上北面答拜。主人拂几授校，拜送；賓以几辟，北面設于坐，左之，西階上答拜。**拂，拭也。拭几者，尊賓，新之也。校，几足。辟，逡遁。古文「校」爲「枝」。○疏云：「『揖讓如初升』者，如納采時三揖三讓也。『主人北面再拜』者，拜賓至此堂飲之。『主人拂几』者，案《有司徹》『主人西面，左手執几，縮之，以右袂推拂几三。二手橫執几，進授於尸前』，凡敵者拂几皆若此，卑於尊者則内拂之。『授校』者，凡授几之法，卑者以兩手執几兩端，尊者則以兩手於几間執之，授設皆然。」又云：「受時或受其足，或受於手間，皆橫受之。及其設之，皆旋几縱執，乃設之于坐南、北面陳之位，爲神則右之，爲人則左之。不坐設之者，几輕故也。」愚謂此經「授校」是執其中間授之以其足，以使者是彼群吏，亦不敵者也。○校，胡飽反。辟，房益反。**贊者酌醴，加角柶，面葉，出于房。**贊，佐也，佐主人酌事也。贊者亦洗酌，加角柶，覆之，如冠禮矣。出房南面，待主人迎受。古文「葉」作「擖」。**主人受醴，面枋，筵前西北面。賓拜受醴，復位。主人阼階上拜送。**主人西北面疑立，待賓即筵也。賓復位於西階上北面，明相尊敬，此筵不主爲飲食起。○主人執醴，筵前西北面以待賓。賓拜于西階上，乃進筵前受醴；受訖，復西階北面之位。主人乃於阼階上拜送此醴。古人受爵、送爵相拜之法，率如此。**贊者薦脯醢。**薦，進。**賓即筵坐，左執觶，祭脯醢，以柶祭醴三；西階上北面坐啐醴；建柶興，坐奠觶，遂拜。主人答拜。**即，就也。左執觶，則祭以右手也。凡祭，於脯醢之豆間。必所爲祭者，謙敬，示有所先也。

啐，嘗也，嘗之者，成主人意。建，猶扱也。興，起也。奠，停也。○賓即筵坐而祭醴，南面坐也；啐醴則西階北面之位。奠觶遂拜，亦於西階，「遂拜」者，因事曰「遂」，坐奠觶，不起而遂拜也。○扱，初洽反。**賓即筵，奠于薦左；降筵，北面坐取脯。主人辭。**薦左，籩豆之東。降，下也。自取脯者，尊主人之賜，將歸執以反命。辭者，辭其親徹。○「即筵奠于薦左」，南面奠之，因祭酒之面也。**賓降，授人脯，出。主人送于門外，再拜。**人，謂使者從者。授於階下，西面，然後出去。○前「迎于門外」，是大門外，此送亦大門外。

右一使兼行納采、問名二禮及禮使者之儀。

納吉，用鴈，如納采禮。歸卜於廟，得吉兆，復使使者往告。婚姻之事於是定。○「如納采禮」，其揖讓升階、致命授鴈及主人醴賓、取脯出門之節，並如之。

右納吉。

納徵，玄纁束帛，儷皮，如納吉禮。徵，成也，使使者納幣以成昏禮。用玄纁者，象陰陽備也。束帛，十端也。《周禮》曰：「凡嫁子娶妻入幣，純帛無過五兩。」儷，兩也。執束帛以致命，兩皮爲庭實。皮，鹿皮。今文「纁」皆作「熏」。○疏云：「此納徵無鴈者，以有束帛爲贄故也。《周禮》『純帛』，緇帛也，是庶人用緇，無纁，士大夫乃以玄纁束帛，天子加以穀圭，諸侯加以大璋。《雜記》云：『納幣一束，束五兩，兩五尋。』然則每端二丈。『玄纁束帛』者，合言之，陽奇陰偶，三玄二纁也。」鄭註《周禮》以純爲緇，故疏以緇爲庶人之禮。陳氏祥道云：「《蘇秦傳》『錦繡千純』，裴駰註曰：『純，端名。』則《周禮》所云『純帛』者，匹帛也。鄭改純爲緇，誤矣。庶人亦用玄纁，但不必五兩耳。」○純，側其反。

右納徵。

請期，用鴈。主人辭；賓許，告期，如納徵禮。主人辭者，陽倡陰和，期日宜由夫家來也。夫家必先卜之得吉日，乃使使者往。辭即告之。○遞言三禮同節，皆如納采。

右請期。

期，初昏，陳三鼎于寢門外，東方，北面，北上。其實：特豚，合升，去蹄；舉肺脊二、祭肺二。魚十有四。腊一肫。髀不升。皆飪。設扃鼏。期，取妻之日。鼎三者，升豚魚腊也。寢，壻之室也。北面，鄉內也。特，猶一也。合升，合左右胖，升於鼎也。去蹄，蹄甲不用也。舉肺脊者，食時所先舉也。肺者，氣之主也，周人尚焉；脊者，體之正也。食時則祭之，飯必舉之，貴之也。每皆二者，夫婦各一耳。凡魚之正，十五而鼎，減一爲十四者，欲其敵偶也。腊，兔腊也。肫，或作「純」，純，❶全也。凡腊用全。髀不升者，近竅，賤也。飪，熟也。扃，所以扛鼎。鼏，覆之。古文「純」爲「鈞」，「髀」爲「脾」。今文「扃」作「鉉」，「鼏」皆作「密」。○此下言親迎之禮：先陳同牢之饌，乃乘車往迎，婦至成禮，共三節。舉肺脊，食時所祭之肺與脊也。祭肺，則未食時祭之。疏云：「祭時二肺俱有，生人唯有舉肺皆祭，今此得有祭肺者，《郊特牲》論娶婦『玄冕齋戒，鬼神陰陽也』，故與祭祀同二肺也。」魚十有四，夫婦各七，固取敵偶，亦合《公食大夫》一命七魚之數。凡他禮，牲體用一胖，腊則左右體、脅相配爲一，故得全名。唯大斂、士虞，皆用左胖，不全，反

---

❶「純」，原不重，據文淵閣本補。

吉故也。○去，起呂反。肫音純。髀，步米反。飪，而甚反。竅，苦弔反。扛音江。**設洗于阼階東南。**洗，所以承盥洗之器棄水者。**饌于房中，醯醬二豆，菹醢四豆，兼巾之；黍稷四敦，皆蓋。**醯醬者，以醯和醬，生人尚褻味。兼巾之者，六豆共巾也。巾爲禦塵，蓋爲尚溫。《周禮》曰：「食齊視春時。」○敦音對。齊，才計反。**大羹湆在爨。**大羹湆，煮肉汁也。大古之羹，無鹽菜。爨，火上。《周禮》曰：「羹齊視夏時。」今文「湆」皆作「汁」。○湆，去急反。**尊于室中北墉下，有禁；玄酒在西；綌冪，加勺，皆南枋。**墉，牆也。禁，所以庪甒者。玄酒，不忘古也。綌，粗葛。今文「枋」作「柄」。**尊于房户之東，無玄酒；篚在南，實四爵合巹。**無玄酒者，略之也。夫婦酌於内尊，其餘酌於外尊。合巹，破匏也。四爵、兩巹，凡六，爲夫婦各三酳。一升曰爵。○鼎陳寢門外，洗設阼階東南，豆敦饌於房中，羹在爨，内尊在室，外尊在房户東，爵巹篚在外尊南，此同牢饌設之次。○巹音謹。匏，自交反。酳，以刃反。

右將親迎，預陳饌。

主人爵弁纁裳緇袘，從者畢玄端；乘墨車，從車二乘，執燭前馬。主人，壻也，壻爲婦主。爵弁而纁裳，玄冕之次。大夫以上親迎，冕服。冕服迎者，鬼神之。鬼神之者，所以重之親之。纁裳者，衣緇衣，不言衣與帶而言袘者，空其文，明其與袘俱用緇。袘，謂緣，袘之言施，以緇緣裳，象陽氣下施。從者，有司也，乘貳車從行者也。畢，猶皆也。墨車，漆車。士而乘墨車，攝盛也。執燭前馬，使從役持炬火，居前炤道。○「主人，壻也」，下文女父稱主人，男稱壻，此未至女家，仍據男家而言，故云「主人」。一命大夫冕而無旒，士變冕爲爵弁，故云「冕之次」，士助祭於公用之，是士服之盛者，大夫以上親迎則皆冕服矣。疏以爲五等諸侯亦不過玄冕，天子親迎當衮冕，或然也。「大夫乘墨車，士乘棧車」，今親迎乘大夫之車，故云「攝盛」。案《巾車》註云「棧車不革鞔而漆之」，則士之棧車亦漆，但無革鞔爲異。○袘，以豉反。從，才用反。迎，魚正反。**婦車亦如之，有裧。**亦如之者，車同等。士妻之車，夫家共之；大夫以上嫁女，則自以車送之。裧，車裳幃，《周禮》謂之「容」，車有容，則固有蓋。○如之者，亦墨車及從車、執燭等也。○裧，昌占反。**至于門外。**婦家大門之外。**主人筵于户西，西上，右几。**主人，女父也。筵，爲神布席。**女次，純衣纁袡，立于房中，南面。**次，首飾也，今時髲也。《周禮·追師》：「掌爲副編次。」純衣，絲衣。女從者畢袗玄，則此衣亦玄矣。袡，亦緣也，袡之言任也，以纁緣其衣，象陰氣上任也。凡婦人不常施袡之衣，盛昏禮，爲此服。《喪大記》曰「復衣不以袡」，明非常。○疏云：「不言裳者，以婦人之服不殊裳。《周禮·追師》註云：『副之言覆，所以覆首，爲之飾，其遺象若今步摇。編，編列髮爲之，若今假紒。次，次第髮長短爲之，所謂髲髢。外内命婦衣鞠衣襢衣者服編，衣褖者服次。』其副，唯於三翟祭祀服之。士服爵弁助祭之服以迎，則士之妻亦服褖衣，助祭之服也。」又云：「此純衣即褖衣，是士妻助祭之服，尋常不用纁爲袡，今用之，故云『盛昏禮，爲此服』。」○袡，如占反。髲，皮義反。**姆纚笄宵衣，在其右。**姆，婦人年五十無子，出而不復嫁，能以婦道教人者，若今時乳母。纚，縚髮；笄，今時簪也。纚亦廣充幅長六尺。宵，讀爲《詩》「素衣朱綃」之「綃」，《魯詩》以綃爲綺屬也。姆亦玄衣，以綃爲領，因以爲名，且相别耳。姆在女右，當詔以婦禮。○姆，亡侯反。綃音消。**女從者畢袗玄，纚笄，被顈黼，在其後。**女從者，謂姪娣也。《詩》：「諸娣從之，祁祁如雲。」袗，同也。同玄者，上下皆玄也。顈，禪也。《詩》云：「素衣朱襮。」《爾雅》云：「黼領謂之襮。」《周禮》曰：「白與黑謂之黼。」天子諸侯后夫人狄衣，卿大夫之妻刺黼以爲領，如今偃領矣，士妻始嫁，施襌黼於領上，假盛飾耳。言被，明非常服。○陳氏云：「袗，設飾也。《説文》曰：『褧，蘔也，枲屬。』頴與褧、蘔通。袗玄，設飾以玄也。頴黼，以枲爲領而刺黼也。」○被，皮義反。頴，苦迥反。❶黼音甫。襮音博。刺，七亦反。**主人玄端迎于門外，西面再拜；賓東面答拜。**賓，壻。**主人揖入，賓執鴈從。至于廟門，揖入，三揖，至于階，三讓。主人升，西面。賓升，北面，奠鴈，再拜稽首；降，出。婦從，降自西階。主人不降送。**賓升奠鴈拜，主人不答，明主爲授女耳。主人不降送，禮不參。○疏云：「『賓升，北面，奠鴈，再拜稽首』，此時當在房外，當楣，北面。何休《公羊傳》註云：『夏后氏逆於庭，殷人逆於堂，周人逆於户。』『禮不參』者，禮賓主宜各一人。」**壻御婦車，授綏。姆辭不受。**壻御者，親而下之。綏，所以引升車者。《曲禮》曰：「僕人之禮，必授人綏。」**婦乘以几，姆加景，乃驅。御者代。**乘以几者，尚安舒也。景之制，蓋如明衣，加之，以爲行道禦塵，令衣鮮明也。景，亦明也。驅，行也。行，車輪三周，御者乃代壻。今文「景」作「憬」。○景與絅、褧，音相近，義正同。○令，力呈反。**壻乘其車，先，俟于門外。**壻車在大門外，乘之先者，道之也。男率女，女從男，夫婦剛柔之義，自此始也。俟，待也。門外，壻家大門外。

右親迎。

婦至，主人揖婦以入。及寢門，揖入，升自西階。媵布席于奥。夫入于室，即席；婦尊西，南

---

❶「苦」，原作「若」，據薈要本改。

面。媵御沃盥交。升自西階，道婦入也。媵，送也，謂女從者也。「御」當爲「訝」，訝，迎也，謂壻從者也。媵沃壻盥於南洗，御沃婦盥於北洗，夫婦始接，情有廉恥，媵御交道其志。○夫道婦入室，先自即席東面，婦尚在尊西，南面，須設饌訖，乃設對席，然後揖婦即坐，爲前後至之便故也。媵，即姪娣；御，夫家之女役。南洗在庭，北洗在北堂。○媵，以證反。御音訝。**贊者徹尊冪。舉者盥，出，除鼏，舉鼎入，陳于阼階南，西面，北上。匕俎從設，**執匕者、執俎者，從鼎而入設之。匕，所以別出牲體也。俎，所以載也。**北面載，執而俟。**執俎而立，俟豆先設。○執匕者南面別出牲體，執俎者北面承取，載之于俎，執之而俟豆設乃設也。**匕者逆退，復位于門東，北面，西上。**執匕者事畢，逆退，由便。至此乃著其位，略賤也。**贊者設醬于席前，菹醢在其北。俎入，設于豆東，魚次，腊特于俎北。**豆東，菹醢之東。○魚次者，又在俎東也。腊特設俎北，若復東，則饌不得方故也。**贊設黍于醬東，稷在其東，設湇于醬南。**饌要方也。○二豆並列醬北，二敦直列醬東，此爲夫設。下對設二豆、二敦，則爲婦。三俎夫婦共之。**設對醬于東，**對醬，婦醬也。設之當特俎。**菹醢在其南，北上。設黍于腊北，其西稷，設湇于醬北。御布對席。贊啓會，郤于敦南；對敦，于北。**啓，發也。今文「啓」作「開」，古文「郤」爲「綌」。○會，敦之蓋。郤，仰也。開敦蓋，各仰置敦右。○會，古外反。郤，去逆反。**贊告具，揖婦即對筵。皆坐，皆祭，祭薦黍稷肺。**贊者西面告饌具也。壻揖婦使即席。薦，菹醢。○其祭之序，由近及遠。肺，指祭肺，非舉肺也。**贊爾黍，授肺脊。皆食，以湇醬，皆祭舉，食舉也。**爾，移也，移置席上，便其食也。皆食，食黍也。以，用也。用者，謂用口啜湇，用指咂醬。古文「黍」作「稷」。○舉，即脊與肺也。○咂，子闔反。**三飯，卒食。**卒，已也。同牢示親，不主爲食起，三飯而成禮也。**贊洗爵，酌酳主人。主人拜受，贊户内北面答拜。酳婦，亦如之。皆祭。**酳，潄也。酳之言演也，安也。潄所以潔口，且演安其所食。酳，酌内尊。○内尊，尊于室中北墉下者也。疏云：「壻拜當東面，婦拜當南面，《少牢》『養答拜』註云『在東面席者東面拜，在西面席者南面拜』，故知婦拜南面。若贊答婦拜，亦於户内北面也。」○潄，所又反。**贊以肝從。皆振祭，嚌肝，皆實于菹豆。**肝，肝炙也。飲酒，宜有肴以安之。○從，猶繼也。振，猶舉也。**卒爵，皆拜。**婦拜，見上篇「見母」章、此篇「婦見奠菜」一章及《内則》。「女拜尚右手」。**贊答拜，受爵。再酳如初，無從。三酳用卺，亦如之。**亦無從也。○如初者，如自「贊洗爵」以下至「答拜受爵」，但無從爲異。無從，不以肝從也。三酳則並如再酳之無從。酳爵不襲，贊受爵，即返之於篚，別取爵再酳。三酳則用卺也。**贊洗爵，酌于户外尊；入户，西北面奠爵，拜。皆答拜。坐祭，卒爵，拜。皆答拜，興。**贊酌者，自酢也。**主人出，婦復位。**復尊西南面之位。**乃徹于房中，如設于室，尊否。**徹室中之饌，設于房中，爲媵御餕之。徹尊不設，有外尊也。**主人説服于房，媵受；婦説服于室，御受，姆授巾。**巾所以自潔清。今文「説」作「税」。○説，吐活反。**御衽于奥，媵衽良席在東，皆有枕，北止。**衽，卧席也。婦人稱夫曰「良」，《孟子》曰：「將瞯良人之所之。」止，足也。古文「止」作「趾」。○設衽曰衽，猶置尊曰尊、布筵曰筵也。上文媵受主人服，御受婦服，此御衽婦席，媵衽夫席，皆與「媵御沃盥交」義同。**主人入，親説婦之纓。**入者，從房還入室也。婦人十五許嫁，笄而禮之，因著纓，明有繫也。蓋以五采爲之，其制未聞。**燭出。**昏禮畢，將卧息。**媵餕主人之餘，御餕婦餘，贊酌外尊酳之。**外尊，房户外之東尊。**媵侍于户外，呼則聞。**爲尊者有所徵求。今文「侍」作

「待」。

右婦至成禮。

夙興，婦沐浴，纚笄宵衣以俟見。夙，早也，昏明日之晨。興，起也。俟，待也，待見於舅姑寢門之外。古者命士以上，年十五，父子異宫。○此下言昏之明日婦見舅姑，贊者於舅姑堂上醴婦，婦饋舅姑於室，舅姑饗婦，舅姑饗婦家送者，凡五節。**質明，贊見婦于舅姑。席于阼，舅即席；席于房外，南面，姑即席。**質，平也。房外，房户外之西。古文「舅」皆作「咎」。**婦執笲棗栗，自門入，升自西階，進拜，奠于席。**笲，竹器而衣者，其形蓋如今之筥、䇨籚矣。進拜者，進東面乃拜。奠之者，舅尊，不敢授也。○舅立阼階上，西面。婦自西階，進至舅前，東面拜，拜已，坐奠棗、栗于舅席。○笲音煩。衣，於既反。䇨，羌居反。**舅坐撫之，興，答拜。婦還，又拜。**「還又拜」者，還於先拜處拜。婦人與丈夫爲禮，則俠拜。○撫，撫棗栗笲也。撫之者，示受也。**降階，受笲腶脩，升，進，北面拜，奠于席。姑坐舉以興，拜，授人。**人，有司。姑執笲以起，答婦拜，授有司徹之。舅則宰徹之。○婦見舅訖，復自西階降，受腶脩以見姑。○腶，丁亂反。

右婦見舅姑。

贊醴婦。「醴」當爲「禮」。贊禮婦者，以其婦道新成，親厚之。○疏云：「案《司儀》註：『上於下曰禮，敵者曰儐。』」**席于户牖間，**室户西、牖東，南面位。**側尊甒醴于房中。婦疑立于席西。**疑，正立自定之貌。○疑，魚乙反。**贊者酌醴，加柶，面枋，出房，席前北面。婦東面拜受，贊西階上北面拜送，婦又拜。薦脯醢。**婦東面拜，贊北面答之，變于丈夫始冠成人之禮。**婦升席，左執觶，右祭脯醢，以柶祭醴**

三；降席，東面坐啐醴，建柶；興，拜。贊答拜。婦又拜。奠于薦東，北面坐取脯，降，出授人于門外。奠于薦東，升席奠之。取脯降出授人，親徹，且榮得禮。人，謂婦氏人。○祭醴南面，啐醴東面，奠觶又南面，取脯則北面。

右贊者醴婦。

舅姑入于室。婦盥饋，饋者，婦道既成，成以孝養。**特豚，合升，側載，無魚腊，無稷，並南上。其他如取女禮。**側載者，右胖載之舅俎，左胖載之姑俎，異尊卑。並南上者，舅姑共席于奥，其饌各以南爲上。其他，謂醬湆菹醢。女，謂婦也，如取婦禮，同牢時。「並」當作「併」。○自「側載」以下、「南上」以上，皆與取女同牢之禮異，至醬湆、菹醢、酒尊等，則與之同。**婦贊成祭，卒食，一酳，無從。**贊成祭者，授處之。今文無「成」也。○贊祭者，品授之，又處置之也。**席于北墉下。**室中北牆下。○疏曰：「此席將爲婦餕之位處也。」**婦徹，設席前如初，西上。婦餕，舅辭易醬。**婦餕者，即席將餕也。辭易醬者，嫌淬汙。**婦餕姑之饌，御贊祭豆、黍、肺、舉肺、脊，乃食，卒。姑酳之。婦拜受，姑拜送。坐祭，卒爵。姑受，奠之。**奠于篚。○舅姑之饌並設席前，婦所餕，則姑之饌。**婦徹于房中。媵御餕；姑酳之，雖無娣，媵先。於是與始飯之錯。**古者嫁女，必娣姪從之，謂之媵。姪，兄之子；娣，女弟也。娣尊，姪卑，若或無娣，猶先媵，客之也。始飯，謂舅姑。錯者，媵餕舅餘，御餕姑餘也。古文「始」爲「姑」。○媵御餕于房，姑亦酳之。其酳之次，先媵而後御。娣姪具者，媵固先；雖無娣，而以姪爲媵，媵猶先也。媵從婦而餕舅餘，御從夫而餕姑餘，是與舅姑始飯夫婦之位相交錯也。

右婦饋舅姑。

舅姑共饗婦以一獻之禮。舅洗于南洗，姑洗于北洗，奠酬。以酒食勞人曰饗。南洗在庭，北洗在北堂。設兩洗者，獻酬酢以潔清爲敬。奠酬者，明正禮成，不復舉。凡酬酒，皆奠于薦左，不舉，其燕，則更使人舉爵。〇疏云：「此饗婦之事，與上盥饋同日爲之。《昏義》云：『舅姑入室，婦以特豚饋，明婦順也。厥明，舅姑共饗婦。』鄭彼註云：『容大夫以上禮多，或異日。』故知此士同日可也。此與上事相因，亦於舅姑寢堂之上，與禮婦同在客位也。」又云：「案下記饗婦節註云『舅姑共饗婦，舅獻，姑薦脯醢』，但薦脯醢無盥洗之事，今云『姑洗於北洗』，洗者，洗爵，則是舅獻、姑酬，共成一獻，仍無妨姑薦脯醢也。」愚案註「其燕則更使人舉爵」者，汎言他經正獻後更舉爵行酬之事，非此經所有。**舅姑先降自西階，婦降自阼階。**授之室，使爲主，明代己。〇疏云：「《曲禮》云，子事父母，『升降不由阼階』，今舅姑降自西階，婦降自阼階，是授婦以室之事也。『授之室』，《昏義》文。」**歸婦俎于婦氏人。**言俎，則饗禮有牲矣。婦氏人，丈夫送婦者。使有司歸以婦俎，當以反命於女之父母，明其得禮。

右舅姑饗婦。

舅饗送者以一獻之禮，酬以束錦。送者，女家有司也。爵至酬賓，又從之以束錦，所以相厚。古文「錦」皆作「帛」。〇疏云：「尊無送卑之法，士無臣，故知有司送之也。」**姑饗婦人送者，酬以束錦。**婦人送者，隸子弟之妻妾。凡饗，速之。〇疏云：「凡速者，皆就館速之。」**若異邦，則贈丈夫送者以束錦。**贈，送也，就賓館。〇既於饗酬之，又就館贈之也。

右饗送者。

若舅姑既没，則婦入三月，乃奠菜。没，終也。奠菜者，以篚祭菜也，蓋用堇。○此下言舅姑既没者之禮。三月婦道既成，乃廟見，因禮婦，饗從者。疏云：若舅没姑存，則當時見姑，三月廟見舅；若舅存姑没，無廟可見，或更有繼室，自然如常禮也。**席于廟奥，東面，右几。席于北方，南面。**廟，考妣之廟。北方，墉下。○席于奥者，舅席也。席于北方者，姑席也。舅姑别席異面，象生時婦見之禮，與常祭同几者不同也。**祝盥，婦盥，于門外。婦執笲菜，祝帥婦以入。祝告，稱婦之姓曰：「某氏來婦，敢奠嘉菜于皇舅某子。」**帥，道也。入，入室也。某氏者，齊女則曰姜氏，魯女則曰姬氏。來婦，言來爲婦。嘉，美也。皇，君也。○疏云：盥于門外，此亦異于常祭。云某子者，言若張子、李子也。顧炎武云：「婦人内夫家，無稱其舅爲張子、李子者，『某子』云者，或謚、或字之稱。」愚謂疏之意，或以婦新入門，稱姓以告，故亦以姓稱其舅與？**婦拜，扱地，坐奠菜于几東席上；還，又拜如初。**扱地，手至地也。婦人扱地，猶男子稽首。○疏云：「婦人以肅拜爲正，今云『扱地』，則婦人之重拜也。男子稽首亦拜中之重，故以相況也。」愚案此席上，在奥之席。「又拜如初」，又扱地也。○扱，初洽反。**婦降堂，取笲菜，入。祝曰：「某氏來婦，敢告于皇姑某氏。」奠菜于席，如初禮。**降堂，階上也。室事交乎户，今降堂者，敬也。於姑言敢告，舅尊於姑。○此奠北坐之前以見姑也。「室事交乎户」，《禮器》文。**婦出，祝闔牖户。**凡廟，無事則閉之。**老醴婦于房中，南面，如舅姑醴婦之禮。**因於廟見，禮之。○亦象舅姑生時因婦來見遂禮之也。房中，廟之房中。嘗疑此老與前贊者並是男子，乃使與新婦爲禮，在前聖必自有説，非末學所可臆度矣。**壻饗婦送者丈夫婦**

人，如舅姑饗禮。

右舅姑没婦廟見及饗婦饗送者之禮。

記：

士昏禮，凡行事必用昏昕，受諸禰廟，辭無「不腆」，無「辱」。用昕，使者；用昏，壻也。壻，悉計反，從士，從胥，俗作「婿」，女之夫。腆，善也。賓不稱幣不善，主人不謝來辱。○昕，朝旦也。壻用昏，親迎時也。使者用昕，納采、問名、納吉、納徵、請期，使向女家時也。受諸禰廟，男家禮至，並於禰廟受之也。辭無「不腆」者，《郊特牲》云「告之以直信，信事人也，信婦德也」，註云「此二者所以教婦正直信也」。**摯不用死，皮帛必可制。**摯，鴈也。皮帛，儷皮束帛也。○摯必生鴈，皮帛必可制爲衣物。**腊必用鮮，魚用鮒，必殽全。**殽全者，不餒敗，不剥傷。○殽全指魚，其體肉完好也。此並據同牢時所用。○鮒音附。餒，奴罪反。

右記昏禮時地、辭命、用物。

女子許嫁，笄而醴之，稱字。許嫁，已受納徵禮也。笄女之禮，猶冠男也，使主婦女賓執其禮。○疏云：笄女，許嫁者用醴禮之，未許嫁者當用酒醮之。**祖廟未毁，教于公宫，三月。若祖廟已毁，則教于宗室。**祖廟，女高祖爲君者之廟也。以有緦麻之親，就尊者之宫，教以婦德婦言婦容婦功。宗室，大宗之家。○此謂諸侯同族之女將嫁之前教成之法。其與諸侯共高祖者是緦麻之親，教之於公宫；其共曾祖、共祖、共禰廟者，皆教於公宫，可知也。若與君絶服者，則於大宗之家教之。大宗之家，謂别子之世適長子，族人所宗事者也。

記笄女、教女之事。

問名：主人受鴈，還，西面對；賓受命乃降。受鴈于兩楹間，南面。還于阼階上，對賓以女名。

記問名對賓之節。

祭醴：始扱一祭，又扱再祭。賓右取脯，左奉之。乃歸，執以反命。反命，謂使者問名納吉納徵請期，還報于壻父。○凡祭醴之法，皆如此。其記於此者，以問名諸禮皆醴賓故也。

記祭醴法。

納徵：執皮，攝之，内文，兼執足，左首。隨入，西上，參分庭一，在南。攝，猶辟也。兼執足者，左手執前兩足，右手執後兩足。左首，象生，《曲禮》曰「執禽者左首」。隨入，爲門中阨狹。西上，中庭位併。○納徵之禮，賓執束帛入，别有二人執皮以爲庭實。其執之之法，襞攝之，使文在内，兩手兼執其四足，首向左，二人相隨入門，至庭則併立，以西爲上，三分庭之一而在其南。○阨，於賣反。**賓致命，釋外足，見文。主人受幣。士受皮者，自東出于後，自左受，遂坐攝皮，逆退，適東壁。**賓致命，主人受幣，庭實所用爲節。士，謂若中士下士不命者，以主人爲官長。自，由也。○賓堂上致命時，執皮者庭中釋皮外足，見文。主人堂上受命時，主人屬吏受皮者自東方出執皮者之後，至其左，北面受之。故註云：「賓致命，主人受幣，庭實所用爲節也。」既受皮，遂坐攝之，復使内文。逆退適東壁者，初二人相隨自東而西，及退反東壁，則後者在前也。

記納徵禮庭實之節。

父醴女而俟迎者，母南面于房外。女既次，純衣，父醴之于房中。南面，蓋母薦焉，重昏禮也。**女奠爵于薦東，立于位而俟壻。**壻至，父出，使擯者請事。母出，南面房外，示親授壻，且當戒女也。**女出于母左，父西面戒之，必有正焉。若衣，若笄，母戒諸西階上，不降。**必有正焉者，以託戒之，使不忘。○母在房户西，南面，女出房至母左時，父阼階上西面戒之；母送女至西階上，乃戒之也。父母不降送。庶母及門内，申父母之命。

記父母授女。

婦乘以几。從者二人坐持几，相對。持几者，重慎之。○疏云：「王后則履石。大夫諸侯亦應有物履之，但無文。今人猶用臺。」

記婦升車法。

婦入寢門，贊者徹尊冪，酌玄酒，三屬于尊，棄餘水于堂下階間，加勺。屬，注也。玄酒，涚水，貴新。昏禮又貴新，故事至乃取之，三注于尊中。○屬音燭。涚，舒説反，音睡。

記注玄酒之節。

笲，緇被纁裏，加于橋。舅答拜，宰徹笲。被，表也。笲有衣者，婦見舅姑，以飾爲敬。橋所以庪笲，其制未聞。今文「橋」爲「鎬」。○笲音煩。

記笲飾及受笲之節。

婦席薦，饌于房。醴婦饗婦之席薦也。**饗婦，姑薦焉。**舅姑共饗婦，舅獻爵，姑薦脯醢。**婦洗在北**

堂，直室東隅。篚在東，北面盥。洗在北堂，所謂「北洗」。北堂，房中半以北。洗南北直室東隅，東西直房户與隅間。○饗婦時姑洗于北洗。疏云：「房與室相連，謂之房，無北壁，故得北堂之名。」**婦酢舅，更爵，自薦；**更爵，男女不相因也。○婦得獻，卒爵，更爵酢舅，自薦脯醢，不以人贊也。**不敢辭洗，舅降，則辟于房，不敢拜洗。**不敢與尊者爲禮。○辭洗、拜洗，賓主敵者之禮，婦於舅則不敢也。舅饗婦，獻爵、酬爵，皆洗。**凡婦人相饗，無降。**姑饗婦人送者于房，無降者，以北洗篚在上。○疏云：「言『凡』者，欲見舅姑共饗婦及姑饗婦人送者皆然。」

記醴婦、饗婦饌具儀節。

婦入三月，然後祭行。入夫之室，三月之後，於祭乃行，謂助祭也。

記婦助祭之期。

庶婦，則使人醮之，婦不饋。庶婦，庶子之婦也。使人醮之，不饗也。酒不酬酢曰醮，亦有脯醢。適婦酌之以醴，尊之；庶婦酌之以酒，卑之。其儀則同。不饋者，共養統於適也。○亦昏之明日婦見舅姑時，因使人醮之於房外之西，如醴婦之儀。婦不饋，則舅姑亦不饗也。

記庶婦禮之不同於適婦者。

昏辭，曰：「吾子有惠，貺室某也。昏辭，擯者請事，告之辭。吾子，謂女父也。稱有惠，明下達。貺，賜也。室，猶妻也。某，壻名。○此下皆記昏禮中辭命。**某有先人之禮，使某也請納采。」**某，壻父名也。某也，使名也。**對曰：「某之子惷愚，又弗能教。吾子命之，某不敢辭。」**「對曰」者，擯出納賓之辭。某，女父名也。吾子，謂使者。古文「弗」爲「不」，無「能」字。○惷，失容反。**致命，曰：「敢納采。」**○當有對辭，文不具。愚意亦當與擯出納賓之辭不異。

納采之辭。

問名，曰：「某既受命，將加諸卜，敢請女爲誰氏？」某，使者名也。誰氏者，謙也，不必其主人之女。○疏以爲使者升堂致命之辭，愚意告擯者之辭，當亦不異。**對曰：「吾子有命，且以備數而擇之，某不敢辭。」**卒曰某氏，不記之者，明爲主人之女。○案前記問名節註云：「還于阼階上，❶對賓以女名。」

問名之辭。

醴，曰：「子爲事故，至於某之室。某有先人之禮，請醴從者。」言從者，謙，不敢斥也。今文「於」爲「于」。**對曰：「某既得將事矣，敢辭。」**將，行。**「先人之禮，敢固以請。」**主人辭。固，如故。**「某辭不得命，敢不從也。」**賓辭也。不得命者，不得辭己之命。❷

醴賓之辭。

納吉，曰：「吾子有貺命，某加諸卜，占曰『吉』。使某也敢告。」貺，賜也。賜命，謂許以女名也。某，壻父名。○疏於「貺」字截句。**對曰：「某之子不教，唯恐弗堪。子有吉，我與在。某不敢辭。」**與，

---

❶「上」，原作「土」，據薈要本改。

❷「辭」，文淵閣本同，薈要本改作「許」，意長。

猶兼也。古文「與」爲「豫」。○子既得吉，我兼在吉中，榮幸之言也。○與音預。

納吉之辭。

納徵，曰：「吾子有嘉命，貺室某也。某有先人之禮，儷皮束帛，使某也請納徵。」致命，曰：「某敢納徵。」對曰：「吾子順先典，貺某重禮，某不敢辭，敢不承命。」典，常也，法也。

納徵之辭。

請期，曰：「吾子有賜命，某既申受命矣。惟是三族之不虞，使某也請吉日。」三族，謂父昆弟、己昆弟、子昆弟。虞，度也。不億度，謂卒有死喪。此三族者，己及子皆爲服期，期服則踰年，欲及今之吉也。《雜記》曰：「大功之末，可以冠子嫁子。」○皆賓與主人面相往復之辭。申受命者，自納采以來，每度受命也。○億，於力反。卒，七忽反。對曰：「某既前受命矣，唯命是聽。」前受命者，申前事也。○主人以期當自壻家來，故辭之。曰：「某命某聽命于吾子。」「曰『某』」，壻父名也。○使者再請。對曰：「某固惟命是聽。」使者曰：「某使某受命，吾子不許，某敢不告期！」曰某日。某，吉日之甲乙。○使者來時本受吉期於壻父，初執謙請之，此乃因其固辭而告之也。對曰：「某敢不敬須。」須，待也。

請期之辭。

凡使者歸，反命，曰：「某既得將事矣，敢以禮告。」告禮，所執脯。○凡者，五禮使者皆然。主人曰：「聞命矣。」

使者反命之辭。

父醮子，子，壻也。○父爲子將迎婦，以酒醮之於寢。其儀當如冠子醮法。**命之，辭曰：「往迎爾相，承我宗事。**相，助也。宗事，宗廟之事。○相，息亮反。**勗帥以敬先妣之嗣。若則有常。」**勗，勉也。若，猶女也。勉帥婦道，以敬其爲先妣之嗣。女之行，則當有常，深戒之。《詩》云：「太姒嗣徽音。」○謂婦爲相，以其爲夫之助也。註以「勗帥以敬」八字爲句，愚謂當四字爲句，事、嗣叶，相、常首尾叶，若曰：「今往迎爾相，以承我宗事，當勉帥以敬，使其惟先妣是嗣。女之敬，必有常，不可敬始而怠終也。」末句申勸之。○勗，許玉反。**子曰：「諾！唯恐弗堪，不敢忘命。」**

父醮子辭。

賓至擯者請，對曰：「吾子命某，以兹初昏，使某將，請承命。」賓，壻也。命某「某」，壻父名。兹，此也。將，行也。使某行昏禮來迎。**對曰：「某固敬具以須。」**

親迎至門，告擯者辭。

父送女，命之曰：「戒之，敬之，夙夜毋違命。」夙，早也。早起夜卧。命，舅姑之教命。古文「毋」爲「無」。○即前記云「父西面戒之，必有正焉」之辭。**母施衿結帨，曰：「勉之，敬之，夙夜無違宮事。」**帨，佩巾。○即前記云「母戒諸西階上」之辭。衿，衣小帶，一云衣領。宮事，姑命婦之事。○衿，其鴆反。帨，舒鋭反。**庶母及門内，施鞶，申之以父母之命，命之曰：「敬恭聽，宗爾父母之言。夙夜無愆，視諸衿鞶。」**庶母，父之妾也。鞶，鞶囊也。男鞶革，女鞶絲，所以盛帨巾之屬，爲謹敬。申，重也。宗，尊也。愆，過也。諸，之也。示之以衿鞶，皆託戒，使識之也。不示之以衣笄者，尊者之戒，不嫌忘之。「視」乃正字，今文作「示」，俗誤行之。○鞶，大帶，其訓囊者，從糸不從革。視諸衿鞶者，教以見衿鞶即憶父母之言也。○鞶，步干反。

父母送女，戒命之辭。

壻授綏，姆辭曰：「未教，不足與爲禮也。」○此節監本脱，據石經及吴本補入，或當有鄭註，而今逸之矣。姆，教人者。

姆辭壻授綏之辭。

宗子，無父，母命之；親皆没，己躬命之。宗子者，適長子也。命之，命使者。母命之，在《春秋》，「紀裂繻來逆女」是也。躬，猶親也。親命之，則「宋公使公孫壽來納幣」是也。言宗子無父，是有有父者。禮，「七十老而傳」，「八十齊喪之事不及」，若是者，子代其父爲宗子，其取也，父命之。○此因請期以上五禮皆命使者行之，故言使命所出，必自其父。若無父者則母命之，母命之者，亦但命子之父兄師友，使之命使，不得稱母命以通使也。親者没，不得已乃親命之。所以養廉遠耻也。註引紀裂繻逆女事，見《春秋》隱二年《公羊傳》。公孫壽事，見成八年。其昏禮不稱主人、母命不得通使之義，並見彼傳及何休註。**支子，則稱其宗。**支子，庶昆弟也。稱其宗子命使者。**弟，則稱其兄。**弟，宗子母弟。○亦謂無父者。

記使命所自出。

若不親迎，則婦入三月，然後壻見，曰：「某以得爲外昏姻，請覿。」女氏稱昏，壻氏稱姻。覿，見也。○此下記不親迎者，婦入三月，壻見婦父母之辭命儀節。豈周公制禮，因其舊俗而爲之節文與？自此至「敢不從」，並是壻在婦家大門外與擯者請對傳致之辭。**主人對曰：「某以得爲外昏姻之數，某之子，未得濯溉於祭祀，是以未敢見。今吾子辱，請吾子之就宮，某將走見。」**主人，女父也。以白造緇曰辱。○擯傳主人之言。未得濯溉於祭祀，謂三月以前，婦未與祭也。辱，謂來至門，是自屈辱也。**對曰：「某以非他故，不足以辱命，請終賜見。」**非他故，彌親之辭。命，謂「將走見」之言。今文無「終賜」。○非他故，謂以非他人之故而來見。疏云「是爲壻而來見」，又似「他」、「故」二字連讀。**對曰：「某以得爲昏姻之故，不敢固辭，敢不從！」**不言「外」，亦彌親之辭。○唐石經作「某得以爲昏姻之故」。**主人出門左，西面。壻入門，東面，奠摯，再拜，出。**出門，出內門。入門，入大門。出內門不出大門者，異於賓客也，壻見於寢。奠摯者，壻有子道，不敢授也。摯，雉也。**擯者以摯出，請受。**欲使以賓客禮相見。**壻禮辭，許，受摯，入。主人再拜受。壻再拜送，出。**出，已見女父。○疏云：「擬出更與主婦相見也。」愚謂壻出，更以請見主婦告擯者，乃入見也。**見主婦。主婦闔扉，立于其內。**主婦，主人之婦也。見主婦者，兄弟之道，宜相親也。闔扉者，婦人無外事。扉，左扉。○扉即主人所出之內門扉也。註「兄弟之道」，謂昏姻家爲兄弟。○扉音非。**壻立于門外，東面。主婦一拜，壻答再拜，主婦又拜。壻出。**必先一拜者，婦人於丈夫，必俠拜。**主人請醴，及揖讓入，醴以一獻之禮。主婦薦，奠酬，無幣。**及，與也。無幣，異於賓客。○「醴」疑當作「禮」，若用「醴」，則無酢酬，俟質。**壻出，主人送，再拜。**

不親迎者見婦父母之禮。

儀禮　鄭氏註

濟陽張爾岐句讀

士相見禮第三鄭《目録》云：「士以職位相親，始承摯相見之禮。《雜記》會葬禮曰：『相見也，反哭而退。朋友，虞祔而退。』士相見於五禮屬賓禮。大小戴及《别録》皆第三。」○據經初言士相見禮，次言士見於大夫，又次言大夫相見，又次言士大夫見於君，末及見尊長諸儀，皆自士相見推之，故以士相見名篇。《目録》引《雜記》會葬禮，原文又有「相趨也，出宫而退。相揖也，哀次而退。相問也，既封而退」，鄭引之者，明相見者其恩誼較朋友爲疎，較相趨、相揖、相問者爲厚也。

士相見之禮：贄，冬用雉，夏用腒音渠**，左頭奉之。曰：「某也願見，無由達，某子以命命某見。」**贄，所執以至者，君子見於所尊敬，必執摯以將其厚意也。士摯用雉者，取其耿介，交有時，别有倫也。雉必用死者，爲其不可生服也。夏用腒，備腐臭也。左頭，頭，陽也。無由達，言久無因緣以自達也。某子，今所因緣之姓名也。以命者，稱述主人之意。今文「頭」爲「脰」。○士與士相見之禮，再請返，再辭摯，而後見。賓初以摯見，次請賓反見，次主人復還摯見賓而禮成。腒，乾雉也。某也願見，見，賢遍反。凡卑於尊曰見；敵而曰見，謙敬之辭。將見人，必先因所知以通誠意，主人許而後往，以其許見，故云「某子以主人之命命之見」也。○腒，其居反。奉，芳勇反。脰音豆。主人對曰：「某子命某，見吾子有辱，請吾子之就家也，某將走見。」有，又也。某子命某往見，今吾子又自辱來，序其意也。走，猶往也。今文無「走」。○某子，亦所因者之姓名，以其前來通意，故主人自謙言其曾命某往見也。某者，主人自名也。賓對曰：「某不足以辱命，請終賜見。」命，謂「請吾子之就家」。○命謂主人請就家之命。不足辱，不敢當也。主人對曰曰：「某不敢爲儀，固請吾子之就家也，某將走見。」不敢爲儀，言不敢外貌爲威儀，忠誠欲往也。固，如故也。今文「不」爲「非」。古文云「固以請」。○疏云：「固謂堅固，堅固則如故。」賓對曰：「某不敢爲儀，固以請。」言如固請終賜見也。今文「不」爲「非」。主人對曰：「某也固辭，不得命，將走見。聞吾子稱贄，敢辭贄。」不得命者，不得見許之命也。走，猶出也。稱，舉也。辭其贄，爲其大崇也。古文曰「某將走見」。賓對曰：「某不以贄，不敢見。」見於所尊敬而無贄，嫌大簡。主人對曰：「某不足以習禮，敢固辭。」言不足習禮者，不敢當其崇禮來見己。○不敢當其崇禮，變文言某愚陋不足與習禮也。賓對曰：「某也不依於贄，不敢見，固以請。」言依於贄，謙自卑也。主人對曰：「某也固辭，不得命，敢不敬從。」○始聽其以贄見。以上皆賓在門外，擯者傳言以相往復。出迎于門外，再拜；賓答再拜。主人揖，入門右；賓奉贄，入門左。主人再拜受；賓再拜送贄，出。右，就右也。左，就左也。受贄於庭，既拜受送，則出矣。不受贄於堂，下人君也。今文無「也」。○凡門，出則以西爲右，以東爲左；入則以東爲右，以西爲左。入送贄訖，賓敬已將，故出。人君受贄於堂，此受於庭，是自下於君，不敢與同也。「今文無也」，指上文

「某也固辭」句。**主人請見，賓反見，退。主人送于門外，再拜。**請見者，爲賓崇禮來，相接以矜莊，歡心未交也。賓反見，則燕矣，下云「凡燕見於君」至「凡侍坐於君子」，博記反見之燕義。臣初見於君，再拜奠贄而出。○賓既出，主人復請賓反入相見，將以展懽燕。註言「臣初見於君再拜奠贄而出」，亦謂既出，君亦當遣人留之燕也。以上賓見主人。**主人復見之，以其贄，曰：「曏者吾子辱使某見，請還贄於將命者。」**復見之者，禮尚往來也。以其贄，謂曏時所執來者也。曏，曩也。將，猶傳也。傳命者，謂擯相也。**主人對曰：「某也既得見矣，敢辭。」**讓其來答己也。○疏曰：「上言『主人』，此亦言『主人』者，上言『主人』者，據前爲主人而言；此云『主人』者，謂前賓今在己家而說也。」此下凡稱「主人」者即前賓，稱「賓」者即前主人。**賓對曰：「某也非敢求見，請還贄於將命者。」**言不敢求見，嫌褻主人，不敢當也。**主人對曰：「某也既得見矣，敢固辭。」**固，如故也。**賓對曰：「某不敢以聞，固以請於將命者。」**言「不敢以聞」，又益不敢當。○「不敢以聞」，謂不敢以還贄之事聞之主人，但固請於將命者而已，益自謙之辭。**主人對曰：「某也固辭，不得命，敢不從。」**許受之也。異日則出迎，同日則否。○此賓主之辭，亦皆擯者傳道。**賓奉贄入。主人再拜受。賓再拜送贄，出。主人送于門外，再拜。**○以上還贄。

右士相見禮。

士見於大夫，終辭其贄；於其入也，一拜其辱也；賓退，送再拜。終辭其贄，以將不親答也。凡不答而受其贄，唯君於臣耳。大夫於士，不出迎，入一拜，正禮也。送再拜，尊賓。**若嘗爲臣者，則禮辭其贄，曰：「某也辭，不得命，不敢固辭。」**禮辭，一辭其贄而許也。將不答而聽其以贄入，有臣道也。**賓入，**

奠贄，再拜；主人答壹拜。奠贄，尊卑異，不親授也。古文「壹」爲「一」。**賓出，使擯者還其贄于門外，曰：「某也使某還贄。」**還其贄者，辟正君也。**賓對曰：「某也既得見矣，敢辭。」**辭君還其贄也。今文無「也」。**擯者對曰：「某也命某：『某非敢爲儀也。』敢以請。」**還贄者請使受之。**賓對曰：「某也，夫子之賤私，不足以踐禮，敢固辭。」**家臣稱私。踐，行也。言：「某臣也，不足以行賓客禮。」賓客，所不答者，不受贄。**擯者對曰：「某也使某，不敢爲儀也。固以請。」**言「使某」，尊君也。或言「命某」，傳言耳。○擯者所稱「某也」，疏云「蓋主人之名」，賓言「某也」則自名也。**賓對曰：「某固辭，不得命，敢不從？」再拜受。**受其贄而去之。

右士見於大夫。

下大夫相見，以鴈，飾之以布，維之以索，如執雉。鴈，取知時，飛翔有行列也。飾之以布，謂裁縫衣其身也。維，謂繫聯其足。○國有三卿、五大夫，此下大夫，是五大夫也。索，繩也。如執雉，亦左頭奉之也。○索，悉各反。**上大夫相見，以羔，飾之以布，四維之，結于面，左頭，如麛，執之。**上大夫，卿也。羔，取其從帥，群而不黨也。面，前也。繫聯四足，交出背上，於胸前結之也。「如麛執之」者，秋獻麛，有成禮，如之。或曰：麛，孤之摯也。其禮蓋謂左執前足，右執後足。今文「頭」爲「脰」。○疏云：「凡以贄相見之法，唯有新升爲臣、及聘朝、及他國君來主國之臣見，皆執贄相見；常朝及餘會聚，皆執笏，無執贄之禮。又執摯者，或平敵，或以卑見尊，皆用摯；尊無執摯見卑之法。《檀弓》云哀公執摯見己臣周豐者，彼謂下賢，非正法也。」○麛，莫兮反。**如士相見之禮。**大夫雖摯異，其儀猶如士。○士與士相見，敵者之禮也。

兩大夫相見，亦敵者，故其儀如之。

右大夫相見。

始見于君，執摯至下，容彌蹙。下，謂君所也。蹙，猶促也，促，恭慤貌也。其爲恭，士大夫一也。**庶人見於君，不爲容，進退走。**容，謂趨翔。○庶人謂在官者，府、史、胥、徒是也。其見於君，不爲趨翔之容，進退唯疾走而已，即《曲禮》云「庶人僬僬」。**士大夫，則奠摯，再拜稽首，君答壹拜。**言君答士大夫一拜，則於庶人不答之。庶人之摯，鶩。古文「壹」作「一」。○案《曲禮》「君於士不答拜」，此得與大夫同答一拜者，新升爲士，故答拜，或新使反也。君答一拜，疏以爲當作空首，九拜中奇拜是也。○稽音啓。**若他邦之人，則使擯者還其摯，曰：「寡君使某還摯。」賓對曰：「君不有其外臣，臣不敢辭。」再拜稽首受。**○疏云：「賓不辭即受摯，以君所不臣，禮無受他臣摯法，賓如此法，不敢亢禮於他君，故不辭即受之也。臣無境外之交，今得以摯見他邦君者，謂他國之君來朝，此國之臣因見之，非特行也。」

右臣見於君。

凡燕見于君，必辯君之南面。若不得，則正方，不疑君。辯，猶正也。君南面，則臣見正北面君。或時不然，當正東面、若正西面，不得疑君所處，邪嚮之。此謂特見圖事，非立賓主之燕也。疑，度之。○經本言士與士相見，遞推至見大夫、大夫與大夫相見、士大夫見君，見禮已備。此下博言圖事、進言、侍坐、侍食、退辭、稱謂諸儀法，殆顛記文體例矣。註知此燕見是圖事，非立賓主之燕者，以燕禮君在阼階，以西面爲正也。**君在堂，升見無方階，辯君所在。**升見，升堂見於君也。君近東，則升東階；君近西，則升西階。

○升堂無一定之階，或東或西，以近君者爲便，亦謂特見圖事。若立賓主之燕，則君升自阼階，賓主人升自西階矣。疏以爲兼反見之燕，恐亦於事理不合。疏蓋太泥前「反見」註文也。

右燕見於君。

凡言，非對也，妥而後傳言。凡言，謂己爲君言事也。妥，安坐也。傳言，猶出言也。若君問，可對則對，不待安坐也。古文「妥」爲「綏」。○此下言進言之法。凡進言，唯承尊者之問而對，則不待安坐。苟非對也，則必安坐而後出言，《大傳》曰「易其心而後語」，亦此旨也。註專指爲君言，似泥。疏以妥爲君安坐，亦不可從。**與君言，言使臣。與大人言，言事君。與老者言，言使弟子。與幼者言，言孝弟於父兄。與衆言，言忠信慈祥。與居官者言，言忠信。**博陳燕見言語之儀也。言使臣者，使臣之禮也。大人，卿大夫也。言事君者，臣事君以忠也。祥，善也。居官，謂士以下。○所與言之人不同，則言亦各有所宜。言雖多端，大旨所主不離乎此。衆，謂衆庶。居官，謂凡有職位者。**凡與大人言，始視面，中視抱，卒視面，毋改。衆皆若是。**始視面，謂觀其顔色，可傳言未也。中視抱，容其思之，且爲敬也。卒視面，察其納己言否也。毋改，謂傳言見答應之間，當正容體以待之，毋自變動，爲嫌懈惰不虚心也。衆，謂諸卿大夫同在此者。皆若是，其視之儀無異也。古文「毋」作「無」。今文「衆」爲「終」。○毋音無。**若父，則遊目，毋上於面，毋下於帶。**子於父，主孝不主敬，所視廣也，因觀安否何如也。今文「父」爲「甫」。古文「毋」爲「無」。**若不言，立則視足，坐則視膝。**不言，則伺其行起而已。

右進言之法。

凡侍坐於君子，君子欠伸、問日之早晏、以食具告、改居，則請退可也。君子，謂卿大夫及國中賢者也。志倦則欠，體倦則伸。問日晏，近於久也。具，猶辯也。改居，謂自變動也。古文「伸」作「信」，「早」作「蚤」。○欠，引氣，伸，撟體，問日早晚，御者以食具告，主人自變動其居處，皆倦怠厭客之意，故請退可也。**夜侍坐，問夜、膳葷，請退可也。**問夜，問其時數也。膳葷，謂食之。葷，辛物，葱薤之屬，食之以止臥。古文「葷」作「薰」。○薤，户界反。

右侍坐於君子之法。

若君賜之食，則君祭，先飯，徧嘗膳，飲而俟；君命之食，然後食。君祭先飯，食其祭食，臣先飯，示爲君嘗食也。此謂君與之禮食。膳，謂進庶羞。既嘗庶羞，則飲，俟君之徧嘗也。今文「呫嘗膳」。○若侍坐而君賜之食，則君祭而臣先飯，徧嘗庶羞，啜飲而俟，必待君命之食然後食。疏以爲此膳宰不在，則侍食者自嘗己前食，非嘗君前食，與膳宰正嘗食有異，故云「示爲君嘗食也」。又云：此小小禮食法，非正禮食，正禮食則公食大夫是也。彼君前無食，此君臣俱有食，故與彼異也。○呫音貼，他篋反。**若有將食者，則俟君之食，然後食。**將食，猶進食，謂膳宰也。膳宰進食，則臣不嘗食。《周禮》：「膳夫授祭，品嘗食，王乃食。」**若君賜之爵，則下席再拜稽首受爵，升席祭，卒爵而俟；君卒爵，然後授虛爵。**受爵者，於尊所。至於授爵，坐授人耳。必俟君卒爵者，若欲其釂然也。今文曰「若賜之爵」，無「君」也。○此亦燕見賜爵法。若大燕飲禮，則君卒爵而後飲，案《燕禮》當無筭爵後得君賜爵，待君卒爵乃飲是也。**退，坐取屨，隱辟而後屨。君爲之興，則曰：「君無爲興，臣不敢辭。」君若降送之，則不敢顧辭，遂出。**謂君若食之飲之而退也。隱辟，俛而逡巡。興，起也。辭君興而不敢辭其降，於己太崇，不敢當也。○「君無爲興，臣不敢辭」，即臣辭興之語也。**大夫則辭退下，比及門，三辭。**下亦降也。○士卑，不敢辭降。大夫，臣中尊者，君爲己退而降，則辭矣。○比，毗志反。

右臣侍坐，賜食、賜飲及退去之儀。

若先生異爵者請見之，則辭；辭不得命，則曰：「某無以見，辭不得命，將走見。」先見之。先生，致仕者也。異爵，謂卿大夫也。辭，辭其自降而來。走，猶出也。先見之者，出先拜也。《曲禮》曰：「主人敬賓，則先拜賓。」○某無以見，言無故不敢輕見也。

右尊爵者來見士。

非以君命使，則不稱寡。大夫士，則曰「寡君之老」。謂擯贊者辭也。不稱「寡君」，不言「寡君之某」，言姓名而已。大夫卿士，其使，則皆曰「寡君之某」。《檀弓》曰：「仕而未有禄者，君有饋焉，曰『獻』；使焉，曰『寡君之老』。」○此經當有脱文，註引《檀弓》亦多「之老」二字。《玉藻》云「大夫私事，使私人擯，則稱名；公士擯，則曰『寡大夫』、『寡君之老』」，與此經相發明，謂非以君命而有事他國，則擯辭不得稱曰「寡君之某」，稱名而已；若以君命出聘，公士爲擯，下大夫則曰「寡大夫」，上大夫則曰「寡君之老」。**凡執幣者，不趨，容彌蹙以爲儀。**不趨，主慎也。以進而益恭爲威儀耳。今文無「容」。○疏曰：「案《小行人》『合六幣』，玉、馬、皮、圭、璧、帛皆稱幣，下文别云『執玉』，則此幣謂皮、馬、享幣及禽摯皆是。」又云：「不趨者，不爲疾趨。」**執玉者，則唯舒武，舉前曳踵。**唯舒者，重玉器，尤慎也。武，迹也。舉前曳踵，備蹪跲也。今文無「者」，❶古文「曳」作「枻」。○執玉本朝聘鄰國之事，因言執贄相見，遂兼及之。舒武，舒徐其足武，不敢疾趨也。鄭乃於「舒」字斷句。○躓音致。跆，其業反。枻，以制反。**凡自稱於君，士大夫則曰「下臣」；宅者，在邦則曰「市井之臣」，在野則曰「草茅之臣」；庶人，則曰「刺草之臣」；他國之人，則曰「外臣」。**宅者，謂致仕者。去官而居宅，或在國中，或在野，《周禮》載師之職：「以宅田任近郊之地。」今文「宅」或爲「託」。古文「茅」作「苗」。刺，猶剗除也。○與君言之時，其自稱有此數者之異。○刺，七亦反。

右博記稱謂與執贄之容。

---

❶「今」，原作「合」，據薈要本改。

儀禮　鄭氏註

濟陽張爾岐句讀

鄉飲酒禮第四鄭《目録》云：「諸侯之鄉大夫，三年大比，獻賢者能者於其君，以禮賓之，與之飲酒，於五禮屬嘉禮。大戴，此乃第十，小戴及《别録》，此皆第四。」○疏曰：「凡鄉飲酒之禮，其名有四：案此賓賢能謂之鄉飲酒，一也；又案《鄉飲酒義》云『六十者坐，五十者立侍』，是黨正飲酒亦謂之鄉飲酒，二也；《鄉射》州長春秋習射於州序，先行鄉飲酒，亦謂之鄉飲酒，三也；案《鄉飲酒義》又有鄉大夫、士飲國中賢者用鄉飲酒，四也。」疏言鄉飲有四，此篇所載三年大比，賓賢之禮也，常以正月行之；將射而飲，下篇所列是也，於春秋行之；黨正正齒位，於季冬蜡祭；鄉大夫飲國中賢者，則無常時。

鄉飲酒之禮：主人就先生而謀賓介。主人，謂諸侯之鄉大夫也。先生，鄉中致仕者。賓介，處士賢者。《周禮》大司徒之職：「以鄉三物教萬民而賓興之：一曰六德，知仁聖義忠和；二曰六行，孝友睦婣任恤；三曰六藝，禮樂射御書數。」鄉大夫以「正月之吉，受灋于司徒，退而頒之于其鄉吏，使各以教其所治，以考其德行，察其道藝，及三年大比，而興賢者能者。鄉老及鄉大夫，帥其吏，與其衆寡，以禮禮賓之。厥明，獻賢能之書於王」。是禮，乃三年正月而一行也。諸侯之鄉大夫，貢士於其君，蓋如此云。古者年七十而致仕，老於鄉里，大夫名曰「父師」，士名曰「少師」，而教學焉。恒知鄉人之賢者，是以大夫就而謀之。賢者爲賓，其次爲介，又其次爲衆賓，而與之飲酒，是亦將獻之，以禮禮賓之也。今郡國十月，行此飲酒禮，以《黨正》每歲「邦索鬼神而祭祀，則以禮屬民而飲酒于序，以正齒位」之説，然此篇無正齒位之事焉。凡鄉黨飲酒，必於民聚之時，欲其見化，知尚賢尊長也。《孟子》曰：「天下有達尊三：爵也，德也，齒也。」○案此飲酒禮有獻賓、有樂賓、有旅酬、有無筭爵樂，凡四大段而禮成。此下至「當楣北面答拜」，則將飲酒之始事：初謀賓、戒賓，次陳設，次速賓、迎賓、拜賓，凡三節。疏云：《周禮》所言是天子鄉大夫貢士法，諸侯鄉大夫貢士法亦如之。「若據鄉貢一人，其介與衆賓不貢，但輔賓行禮，待後年還以貢之耳。大國三鄉，次國二鄉，小國一鄉，鄉送一人至君所，其君簡訖，仍更行飲酒禮賓之於王。」○索，色白反。**主人戒賓。賓拜辱。主人答拜，乃請賓。賓禮辭，許。主人再拜。賓答拜。**戒，警也，告也。拜辱，出拜其自屈辱，至己門也。請告以其所爲來之事。不固辭者，素所有志。○主人戒賓，言主人往至賓門，欲相警告，非謂己戒之也。至請賓，方是發辭相戒耳。一辭而許者，德業既成，欲及時而試也。主人再拜，拜其許己也。**主人退。賓拜辱。**退，猶去也。去又拜辱者，以送謝之。**介亦如之。**如戒賓也。○如戒賓時拜辱、請、許諸儀也。疏云：「衆賓必當遣人戒速，但略而不言。」

右謀賓、戒賓。

乃席賓主人介。席，敷席也。夙興往戒，歸而敷席。賓席牖前，南面；主人席阼階上，西面；介席西階上，東面。○註言敷席面位，可訂近日鄉飲隅坐之失。**衆賓之席，皆不屬焉。**席衆賓於賓席之西。不屬者，不相續也，皆獨坐，明其德各特。○疏云：「雖不屬，猶統賓爲位，同南面也。」**尊兩壺于房户間，斯禁，有玄酒，在西。設篚于禁南，東肆。加二勺于兩壺。**斯禁，禁切地無足者。玄酒在西，上也。肆，陳也。○兩壺，酒與玄酒各一也。斯禁以承壺。玄酒在酒之西。設篚貯爵，在禁之南，向東陳之，其首在西。壺各有勺，以備挹酌。疏云：「士之棜禁、大夫之斯禁，名雖異，其形同。若天子、諸侯承尊之物，謂之豐，上有舟。」**設洗于阼階東南，南北以堂深，東西當東榮。水在洗東。篚在洗西，南肆。**榮，屋翼。○南北以堂深，謂以堂廉北至屋壁之遠近爲洗去堂之遠近也，疏云「假令堂深二丈，洗去堂亦二丈，以此爲度」是也。堂上設篚，此復設篚者，上篚所貯三爵，每一爵行畢即奠下篚，且貯餘觶也。

右陳設。

羹定。肉謂之羹。定，猶孰也。○疏云：言「羹定」者，「以與速賓時節爲限」。**主人速賓，賓拜辱，主人答拜，還，賓拜辱。**速，召也。還，猶退。**介亦如之。**如速賓也。**賓及衆賓皆從之。**從，猶隨也。言「及衆賓」，介亦在其中矣。○主人速賓而還，賓及衆賓後面隨至，非同行相隨也。**主人一相，迎于門外。再拜賓，賓答拜；拜介，介答拜；**相，主人之吏，擯贊傳命者。○主人於群吏中立一人以相禮，與之迎賓於庠門外。**揖衆賓。**差益卑也。拜介、揖衆賓，皆西南面。○疏云：賓、介、衆賓在門外，位以北爲上，主人與賓正東西相當，則介與衆賓差在南，東面。主人正西面拜賓，則側身向西南拜介、揖衆賓矣。」**主人揖，先**

入。揖，揖賓也。先入門而西面。○主人導賓先入，至内霤，西向以待。**賓厭介，入門左；介厭衆賓，入；衆賓皆入門左，北上。**皆入門西，東面。賓之屬相厭，變於主人也。推手曰揖，引手曰厭，今文皆作「揖」，又曰「衆賓皆入左」，無「門」。○疏云：「『引手曰厭』者，以手向身引之。」○厭，一涉反。**主人與賓，三揖，至于階，三讓。主人升，賓升。主人阼階上當楣北面再拜，賓西階上當楣北面答拜。**三揖者，將進揖、當陳揖、當碑揖。楣，前梁也。復拜，拜賓至此堂，尊之。○陳，堂塗也，東西兩向堂之塗也。主人與賓三揖至階，介與衆賓亦相隨至西階下。主人升，賓乃升，爲賓之道，進宜難也。當楣拜，拜至也。

右速賓、迎賓拜至。

主人坐取爵于篚，降洗。將獻賓也。○此下至以「爵降奠於篚」，言主人獻賓、介、衆賓之儀，凡六節。**賓降。**從主人也。**主人坐奠爵于階前，辭。**重以己事煩賓也。事同曰讓，事異曰辭。**賓對。**對，答也。賓主之辭未聞。**主人坐取爵，興，適洗，南面坐奠爵于篚下，盥洗。**已盥乃洗爵，致潔敬也。今文無「奠」。○篚下，當篚之下，非於篚也。盥洗者，盥訖，取爵擬洗，亦非謂遽已洗也。下文因賓辭，復置爵而對，對已，乃復取爵成洗。**賓進，東北面辭洗。**必進東行，示情。○賓降立當西序，至主人擬洗爵，乃進而東行，東北向主人辭洗。註云「示情」者，示謙下主人之情也。**主人坐奠爵于篚，興對；賓復位，當西序，東面。**言「復位」者，明始降時，位在此。**主人坐取爵。沃洗者西北面。**沃洗者，主人之群吏。○古人盥洗，並用人執器灌沃，下别有器承其棄水，故有沃洗者。**卒洗，主人壹揖，壹讓，升。**俱升。古文「壹」作「一」。**賓拜洗。主人坐奠爵，遂拜，降盥。**復盥，爲手坋汙。○因事曰「遂」，言「遂拜」者，主人坐奠爵，因不起而遂拜也。後凡言「遂」者，皆因上事。○坋，步困反。**賓降。主人辭。賓對，復位，當西序。卒盥，揖讓升。賓西階上疑立。**疑，讀爲「仡然從於趙盾」之「仡」，疑，正立自定之貌。○盾，徒本反。**主人坐取爵，實之，賓之席前，西北面獻賓。**獻，進也，進酒於賓。○主人取爵實酒獻賓，必西北面者，賓在西階，欲其就席受爵，故西北向之也。**賓西階上拜，主人少退。**少退，少避。**賓進受爵，以復位。主人阼階上拜送爵，賓少退。**復位，復西階上位。○賓進席前受爵，復持此爵還西階上位。**薦脯醢。**薦，進也。進之者，主人有司。○薦之席前。**賓升席，自西方。**升由下也。升必中席。○疏云：「案《曲禮》云：『席南鄉北鄉，以西方爲上。』今升席自西方，云『升由下』者，以賓統於主人，以東方爲上也。」**乃設折俎。**牲體枝解節折在俎。**主人阼階東疑立。賓坐，左執爵，祭脯醢；**坐，坐於席。祭脯醢者，以右手。**奠爵于薦西，興，右手取肺，卻左手執本，坐，弗繚，右絶末以祭，尚左手，嚌之，興，加于俎；**興，起也。肺，離之。本，端厚大者。繚，猶紾也。大夫以上，威儀多，紾絶之。尚左手者，明垂紾之，乃絶其末。嚌，嘗也。○《少儀》云「取俎進俎不坐」，是以取時奠爵興，至加于俎又興也。卻左手，仰其左手也。案《鄉射禮》取矢于楅，卻手與覆手對。弗繚者，直絶末以祭，不必繚也。繚祭，以手從肺本循之，至末乃絶之；絶祭，不循其本，但絶末而已。大夫以上威儀多，乃繚；士則否。經文言「弗繚」，以賓固士也。他事皆從士禮，註疏獨於此處解作繚祭，不敢從。○繚，音了。**坐挩手，遂祭酒；**挩，拭也。古文「挩」作「說」。○坐以帨巾拭手，遂執爵祭酒。○挩，始鋭反。**興，席末坐，啐酒；**啐，亦嘗也。○席末，謂席之尾。祭薦、祭酒、嚌肺皆於席中，唯啐酒於席末。**降席，坐奠爵，拜，告旨；執爵興。主人阼階上答拜。**降席，席西也。旨，美也。**賓**

西階上北面坐卒爵，興；坐奠爵，遂拜；執爵興。主人阼階上答拜。卒，盡也。於此盡酒者，明此席非專爲飲食起。❶

右主人獻賓。

賓降洗。將酢主人。**主人降。**亦從賓也。降，降立阼階東，西面。**賓坐奠爵，興辭。**西階前也。○疏云：「《鄉射》云：『賓西階前東面坐奠爵，興辭降。』此亦然。」**主人對。賓坐取爵，適洗南，北面。**○擬洗。**主人阼階東，南面辭洗。賓坐奠爵于篚，興對。主人復阼階東，西面。**○前獻賓，主人既盥而後辭洗，此則賓未盥而已辭洗。故主人奠爵，初在篚下，繼乃於篚，以初未聞賓命也。賓奠爵即于篚，以已聞主命也。**賓東北面盥，坐取爵。卒洗，揖讓如初，升。**○如獻賓時一揖一讓。**主人拜洗。賓答拜；興，降盥，如主人禮。**○如其從降辭對。**賓實爵，主人之席，前東南面酢主人。**○主人在阼階，賓自主席前向之，故東南面。**主人阼階上拜。賓少退。主人進受爵，復位。賓西階上拜送爵。薦脯醢，**○亦主人有司。**主人升席自北方，設折俎，祭如賓禮，**祭者，祭薦俎及酒，亦嚌啐。**不告旨，**酒己物也。**自席前適阼階上，北面坐卒爵，興；坐奠爵，遂拜；執爵興。賓西階上答拜。**自席前者，啐酒席末，因從北方降，由便也。○案《曲禮》：「席東鄉西鄉，以南方爲上；南鄉北鄉，以西方爲上。」凡升席由下，降席由上。今主人當降自南方，以啐酒於席末，遂因從席北頭降，由席前以適阼階，是由便也。**主人坐奠爵于序端，**

---

❶「食」，原作「酒」，據薈要本改。

阼階上北面再拜崇酒。賓西階上答拜。東西牆謂之序。崇，充也，言酒惡，相充實。○疏云：「『奠爵于序端』者，擬後酬賓訖，取此爵以獻介也。」李之藻云：崇，重也。謝賓崇重己酒，不嫌其惡也。

右賓酢主人。

主人坐取觶于篚，降洗。賓降。主人辭降。賓不辭洗，立當西序，東面。不辭洗者，以其將自飲。○酬酒先自飲乃酬賓，故註云「將自飲」。獻用爵，酬用觶，一升曰爵，三升曰觶。卒洗，揖讓升。賓西階上疑立。主人實觶酬賓，阼階上北面坐奠觶，遂拜；執觶興。賓西階上答拜。酬，勸酒也，酬之言周，忠信爲周。○先自飲，所以勸賓也。拜賓者，通其勸意也。答拜者，答其勸己也。坐祭，遂飲，卒觶，興；坐奠觶，遂拜；執觶興。賓西階上答拜。○主人導飲訖。主人降洗。賓降辭，如獻禮，升，不拜洗。不拜洗，殺於獻。○主人爲賓洗爵，故賓降，辭如獻時，但升堂不拜耳。賓西階上立。主人實觶，賓之席前，北面。賓西階上拜。主人少退。卒拜。進，坐奠觶于薦西。賓已拜，主人奠其觶。○奠觶西，欲賓舉此觶也。賓辭，坐取觶，復位。主人阼階上拜送。賓北面坐奠觶于薦東，復位。酬酒不舉，君子不盡人之歡，不竭人之忠，以全交也。○賓辭，疏以爲辭主人復親酌己，愚以主人方酌時不辭，殆非辭酌也，仍是辭其親奠，如《鄉射》「二人舉觶」時耳。

右主人酬賓。

主人揖降。賓降立于階西，當序，東面。主人將與介爲禮，賓謙，不敢居堂上。○「揖降」者，主人揖賓而自降，賓亦降辟階西，俟其與介爲禮也。主人以介揖讓升，拜如賓禮。主人坐取爵于東序端，降洗。介降。主人辭降。介辭洗，如賓禮，升不拜洗。介禮殺也。○主人與賓三揖至階之時，介與衆賓亦相隨至階下。今此云「以介揖讓升」，唯有升堂揖讓耳，無庭中三揖矣。拜如賓禮，謂亦拜至如賓也。介西階上立。不言「疑」者，省文。主人實爵，介之席前，西南面獻介。○介席東面，介立西階上，在席南，故主人西南面向之。介西階上北面拜。主人少退。介進，北面受爵，復位。主人介右北面拜送爵。介少退。主人拜于介右，降尊以就卑也。今文無「北面」。主人立于西階東。○在介右而又稍東，以設薦之時介方升祭，主人無事，故立於此。薦脯醢，介升席自北方，設折俎，祭如賓禮，不嚌肺，不啐酒，不告旨；自南方降席，北面坐，卒爵，興；坐奠爵，遂拜；執爵興。主人介右答拜。不嚌啐，下賓。○北面坐，西階上北面坐也。

右主人獻介。

介降洗。主人復阼階。降辭如初。如賓酢之時。○「降辭如初」者，介辭主人從己降，主人辭介爲己洗，一如賓酢時也。卒洗。主人盥。盥者，當爲介酌。○疏云：「主人自飲而盥者，尊介也。」介揖讓升，授主人爵于兩楹之間。就尊南授之。介不自酌，下賓。酒者賓主共之。○揖讓升，一揖一讓升也。介但授虛爵，不自酌者，介卑，不敢必主人爲己飲也。介西階上立。主人實爵，酢于西階上，介右坐奠爵，遂拜；執爵興。介答拜。主人坐祭，遂飲，卒爵，興；坐奠爵，遂拜；執爵興。介答拜。主人坐奠爵于西楹南，介右再拜崇酒。介答拜。奠爵西楹南以爵獻衆賓。

右介酢主人。

主人復阼階，揖降。介降立于賓南。○向來主人與介行禮西階上，事訖，故復阼階。揖降者，將與衆賓爲禮也。**主人西南面三拜衆賓。衆賓皆答壹拜。**三拜、一拜，示徧、不備禮也。不升拜，賤也。○主人在阼階下，衆賓在賓介之南，故主人西南面拜之。註「示徧」，解主人三拜；「不備禮」，解衆賓答一拜；「不升拜賤也」，言主人不升衆賓於堂而拜之，以其賤，故略之，與賓、介升堂拜至者異也。**主人揖升，坐取爵于西楹下，降洗；升實爵，于西階上獻衆賓。衆賓之長，升拜受者三人。**長，其老者。言「三人」，則衆賓多矣。○主人揖升，主人自升也，衆賓尚在堂下。至主人于西階上獻爵，衆賓始一一升受之耳。經文自明，疏以揖升爲揖衆賓升，非也。又記云「衆賓之長一人辭洗如賓」，當亦從堂下東行辭之，疏以爲降辭，亦未是。**主人拜送。**於衆賓右。**坐祭，立飲，不拜既爵；授主人爵，降復位。**既，卒也。卒爵不拜，立飲立授，賤者禮簡。○一人飲畢，授爵，降，次一人乃升拜受也。**衆賓獻，則不拜受爵，坐祭，立飲。**次三人以下也。不拜，禮彌簡。○亦升受，但不拜耳。**每一人獻，則薦諸其席。**謂三人也。○席次賓、介西，前經云「衆賓之席皆不屬焉」是也。**衆賓辯有脯醢。**亦每獻薦於其位，位在下。今文「辯」皆作「徧」。○疏云：「堂下立侍，不合有席，既不言席，知位在下。」○辯，與「遍」同。**主人以爵降，奠于篚。**不復用也。

右主人獻衆賓。自初獻賓至此，爲飲酒禮第一段。

揖讓升。賓厭介升，介厭衆賓升，衆賓序升，即席。序，次也。即，就也。今文「厭」皆爲「揖」。○此下言一人舉觶，待樂賓後，爲旅酬之端也。揖讓升，謂主人，蒙上「以爵降」之文也。衆賓序升，謂三賓堂上有席者。**一人洗，升，舉觶于賓；**一人，主人之吏。發酒端曰舉。**實觶，西階上坐奠觶，遂拜；執觶興。賓席末答拜。坐祭，遂飲，卒觶興；坐奠觶，遂拜；執觶興。賓答拜。降洗，升實觶，立于西階上。賓拜。**賓拜，拜將受觶。○疏曰：「云『賓席末答拜』者，謂於席西南面，非謂席上近西謂末，以其無席上拜灑也。已下賓拜皆然。」**進坐奠觶于薦西。賓辭，坐受以興。**舉觶不授，下主人也。言坐受者，❶明行事相接，若親受，謙也。○案主人酬賓亦奠觶而不親授，似酬法當然，註以爲「下主人」，恐宜再議。**舉觶者西階上拜送。賓坐奠觶于其所。**所，薦西也。○作樂後，立司正，賓取此觶以酬主人，以其將舉，故奠之於右。**舉觶者降。**事已。

右一人舉觶。

設席于堂廉，東上。爲工布席也。側邊曰廉。《燕禮》曰：「席工於西階上，少東。樂正先升，北面。」此言「樂正先升，立于西階東」，則工席在階東。○此下作樂樂賓，有歌，有笙，有間，有合，凡四節。疏云：「註引《燕禮》，欲證工席在西階東。據樂正於西階東而立，在工西，則知工席更在階東。此言近堂廉，亦在階東；彼云階東，亦近堂廉也。」**工四人，二瑟，瑟先。相者二人，皆左何瑟，後首，挎**音枯**越，內弦，右手相。**四人，大夫制也。二瑟，二人鼓瑟，則二人歌也。瑟先者，將入，序在前也。相，扶工也，衆賓之少者爲之。每工，一人，《鄉射禮》曰：「弟子相工如初入。」天子相工使視瞭者。凡工，瞽矇也，故有扶之者。師冕

---

❶「言」，原作「主」，據文淵閣本改。

見，及階，子曰「階也」；及席，子曰「席也」，固相師之道。後首者，變于君也。挎，持也。相瑟者，則爲之持瑟；其相歌者，徒相也。越，瑟下孔也。内弦，側擔之者。○《燕禮》「小臣左何瑟，面鼓」，謂可鼓者在前；此後首不面鼓，是「變於君」也。瑟底有孔，以指深入，謂之挎。内弦，弦向内也。○何，户可反。挎，口孤反。瞭音了。擔，丁甘反。**樂正先升，立于西階東。**正，長也。**工入，升自西階，北面坐。相者東面坐，遂授瑟，乃降。**降立于西方，近其事。**工歌《鹿鳴》、《四牡》、《皇皇者華》。**三者皆《小雅》篇也。《鹿鳴》，君與臣下及四方之賓燕，講道修政之樂歌也。此采其己有旨酒，以召嘉賓，嘉賓既來，示我以善道；又樂嘉賓有孔昭之明德，可則傚也。《四牡》，君勞使臣之來，樂歌也。此采其勤苦王事，念將父母，懷歸傷悲，忠孝之至，以勞賓也。《皇皇者華》，君遣使臣之樂歌也。此采其更是勞苦，自以爲不及，欲諮謀于賢知，而以自光明也。**卒歌，主人獻工。工左瑟，一人拜，不興，受爵。主人阼階上拜送爵。**一人，工之長也。凡工賤，不爲之洗。○工左瑟者，移瑟于左，身在瑟右，以便受爵也。**薦脯醢，使人相祭。**使人相者，相其祭酒祭薦。**工飲，不拜既爵，授主人爵。**坐授之。**衆工則不拜受爵，祭飲。辯有脯醢，不祭。**祭飲，獻酒重，無不祭也。今文「辯」爲「徧」。○祭飲，祭而後飲也。**大師，則爲之洗。賓介降。主人辭降。工不辭洗。**大夫，若君賜之樂，謂之大師，則爲之洗，尊之也。賓介降，從主人也。工，大師也。上既言獻工矣，乃言大師者，大師或瑟或歌也。其獻之，瑟則先，歌則後。○大師在瑟歌四人之内，通謂之工。獻之亦依瑟先歌後之序，但爲之洗爲不同。

右升歌三終及獻工。

笙入，堂下磬南，北面立；樂《南陔》、《白華》、《華黍》。笙，吹笙者也，以笙吹此詩以爲樂也。《南陔》、《白華》、《華黍》，《小雅》篇也，今亡，其義未聞。昔周之興也，周公制禮作樂，采時世之詩，以爲樂歌，所以通情，相風切也。其有此篇明矣。後世衰微，幽厲尤甚，禮樂之書，稍稍廢棄。孔子曰：「吾自衛反魯，然後樂正，《雅》《頌》各得其所。」謂當時在者而復重雜亂者也，惡能存其亡者乎？且正考父校商之名頌十二篇于周太師，歸以祀其先王，至孔子二百年之間，五篇而已，此其信也。○磬縣南面，其南當有擊磬者。此笙入磬南，北面，在磬者之南，北面也。《詩序》云：「《南陔》，孝子相戒以養也。《白華》，孝子之潔白也。《華黍》，時和歲豐，宜黍稷也。」疏謂鄭君註《禮》時尚未見《詩序》，故云「其義未聞」，先儒又以爲「有其義，亡其辭」，朱子則云「笙詩有聲無辭，古必有譜如魯鼓、薛鼓之類，而今亡矣」，爲得之。○陔，古才反。風，方鳳反。**主人獻之于西階上。一人拜，盡階，不升堂，受爵。主人拜送爵。階前坐祭立飲，不拜既爵，升授主人爵。**一人，笙之長者也。笙三人，和一人，凡四人。《鄉射禮》曰：「笙一人拜于下。」○一人拜，謂在地拜。《鄉射記》云「三笙一和而成聲」，《爾雅》云「笙小者謂之和」。前獻歌工，在阼階上，以工在西階東也；此獻笙，在西階上，以笙在階下也。**衆笙則不拜受爵，坐祭，立飲。辯有脯醢，不祭。**亦受爵于西階上，薦之皆於其位，磬南。今文「辯」爲「徧」。

右笙奏三終及獻笙。

乃間歌《魚麗》，笙《由庚》；歌《南有嘉魚》，笙《崇丘》；歌《南山有臺》，笙《由儀》。間，代也，謂一歌則一吹。六者，皆《小雅》篇也。《魚麗》，言太平年豐物多也；此采其物多酒旨，所以優賓也。《南有嘉魚》，言太平，君子有酒，樂與賢者共之也；此采其能以禮下賢者，賢者纍蔓而歸之，與之燕樂也。《南山有臺》，言太平之治，以賢者爲本；此采其愛友賢者，爲邦家之基、民之父母，既欲其身之壽考，又欲其明德之長也。《由庚》、《崇丘》、《由儀》，今亡，其義未聞。○間者，一歌畢，一笙繼之也，堂上歌《魚麗》方終，堂下笙即吹《由庚》，餘篇皆然。《詩序》云：「《由庚》，萬物得由其道也。《崇丘》，萬物得極其高大也。《由儀》，萬物之生，各得其宜也。」○麗，力知反。

右間歌三終。

乃合樂《周南》：《關雎》、《葛覃》、《卷耳》；《召南》：《鵲巢》、《采蘩》、《采蘋》。合樂，謂歌樂與衆聲俱作。《周南》、《召南》，《國風》篇也，王后國君夫人房中之樂歌也。《關雎》言后妃之德，《葛覃》言后妃之職，《卷耳》言后妃之志，《鵲巢》言國君夫人之德，《采蘩》言國君夫人不失職，《采蘋》言卿大夫之妻能循其法度。昔大王、王季，居于岐山之陽，躬行《召南》之教，以興王業。及文王，而行《周南》之教以受命。《大雅》云：「刑于寡妻，至于兄弟，以御于家邦。」謂此也。其始一國耳，文王作邑于豐，以故地爲卿士之采地，乃分爲二國。周，周公所食；召，召公所食。於時，文王三分天下有其二，德化被于南土，是以其詩有仁賢之風者，屬之《召南》焉；有聖人之風者，屬之《周南》焉。夫婦之道，生民之本，王政之端，此六篇者，其教之原也。故國君與其臣下及四方之賓燕，用之合樂也。鄉樂者，《風》也；《小雅》，爲諸侯之樂；《大雅》、《頌》，爲天子之樂。鄉飲酒升歌《小雅》，禮盛者可以進取也；燕合鄉樂，禮輕者可以逮下也。《春秋傳》曰：「《肆夏》、《繁遏》、《渠》，天子所以享元侯也；《文王》、《大明》、《緜》，兩君相見之樂也。」然則諸侯相與燕，升歌《大雅》，合《小雅》；天子與次國小國之君燕，亦如之，與大國之君燕，升歌《頌》，合《大雅》。其笙間之篇未聞。○案此合樂即《論語》所謂「《關雎》之亂」者也。○雎，七徐反。覃，大南反。卷，九轉反。召音邵。蘋，毗人反。**工告于樂正曰：「正歌備。」樂正告于賓，乃降。**樂正降者，以正歌備，無事也。降，立西階東，北面。○疏云：「鄭知『降立西階東北面』者，以其在堂上時，在西階之東北面，知降堂下亦然，在笙、磬之西，亦得監堂下之樂，故知位在此也。」

右合樂及告樂備。此作樂樂賓，是飲酒禮第二段，並上段，鄭氏以爲禮樂之正，是也。

主人降席自南方，不由北方，由便。○此下言旅酬之儀：立司正以監酒，司正安賓、表位，於是賓酬主人，主人酬介，介酬衆賓，衆賓以次皆偏焉。**側降。**賓介不從。○側，特也。降謂降階。主人獨降而賓、介不從者，禮殺故也。**作相爲司正；司正禮辭，許諾。主人拜，司正答拜。**作，使也。禮樂之正既成，將留賓，爲有懈惰，立司正以監之。拜，拜其許。○相，即前一相迎賓門外者，至此復使爲司正也。○監，古銜反。**主人升，復席。司正洗觶，升自西階；阼階上，北面受命于主人。主人曰：「請安于賓。」司正告于賓。賓禮辭，許。**爲賓欲去，留之。告賓於西階。**司正告于主人。主人阼階上再拜，賓西階上答拜。司正立于楹間，以相拜。皆揖，復席。**再拜，拜賓許也。司正既以賓許告主人，遂立楹間以相拜。賓主人既拜，揖就席。

右司正安賓。

司正實觶，降自西階，階間北面坐奠觶；退共，少立；階間北面，東西節也。其南北當中庭。共，拱手也。少立，自正，慎其位也。己帥而正，孰敢不正？《燕禮》曰：「右還北面。」○右還北面，謂降自西階，至中庭時，右還就位。○共，九勇反。**坐取觶，不祭，遂飲，卒觶興；坐奠觶，遂拜；執觶興，洗，北面坐奠觶于其所；退立于觶南。**洗觶奠之，示潔敬。立於其南以察衆。○疏云：「『執觶興，洗』，不云『盥』，俗本有『盥』者誤。」今案唐石經有此字。

右司正表位。

賓北面坐取俎西之觶，阼階上，北面酬主人。主人降席，立于賓東。初起旅酬也。凡旅酬者少長以齒，終於沃盥者皆弟長而無遺矣。○俎西之觶，謂作樂前一人舉觶奠于薦右者也，今爲旅酬而舉之。前主人酬賓奠于薦東之觶不舉，故言「俎西」以別之。主人降席不言自南自北，下記云「主人、介，凡升席自北方，降席自南方」，指此文也。註云「終于沃盥」，言酬爵之無不徧，實連無筭爵而言，下記云「主人之贊者，西面北上，不與；無筭爵，然後與」，其實旅酬時尚未及沃洗也。**賓坐奠觶，遂拜；執觶興。主人答拜。不祭。立飲，不拜，卒觶，不洗；實觶，東南面授主人。**賓立飲卒觶，因更酌以鄉主人，將授。**主人阼階上拜，賓少退。主人受觶，賓拜送于主人之西。**旅酬同階，禮殺。○疏曰：「決上正酬時不同階，今同階，故云『禮殺』也。」**賓揖，復席。**酬主人訖。

右賓酬主人。

主人西階上酬介；介降席自南方，立于主人之西，如賓酬主人之禮。主人揖，復席。其酌實觶，西南面授介。自此以下旅酬，酌者亦如之。○主人以所受于賓之觶往酬介，亦先拜介自飲，實觶授介，拜送於其東。註「自此以下旅酬酌者亦如之」，謂皆西南面授之也。

右主人酬介。

司正升相旅，曰：「某子受酬。」受酬者降席。旅，序也。於是介酬衆賓，衆賓又以次序相酬。某者，衆賓姓也。同姓則以伯仲別之，又同則以其字別之。○顧炎武云：「《鄉射禮》『某酬某子』註『某子者，氏云』。❶古人男子無稱姓者，從《鄉射禮》註爲得。如《左傳》叔孫穆子言叔仲子、❷子服子之類。」**司正退立于序端，東面。**辟受酬者，又便其贊上贊下也。始升相，西階西，北面。○疏曰：「司正初時在堂上西階西，北面命受酬者訖，退立于西序端東面者，一則案此下文『衆受酬者受自左』，即是司正立處，故須辟之；二則東面時贊上贊下便也。」**受酬者自介右，**由介東也，尊介，使不失故位。**衆受酬者受自左，**後將受酬者，皆由西，變於介也。今文無「衆」「酬」也。○衆賓首一人受介酬，自介右受之，第二人以下受其前一人酬，皆自其左受之也。凡授受之法，授由其右，受由其左，以尊介，故受由右。餘人自如常禮也。**拜，興，飲，皆如賓酬主人之禮。**嫌賓以下異也。**辯，卒受者以觶降，坐奠于篚。**辯，辯衆賓之在下者。《鄉射禮》曰：「辯，遂酬在下者，皆升受酬于西階上。」○辯，辯衆賓之在下者，謂既酬堂上，又及堂下，無不徧也。

---

❶「云」，據《日知録》及《儀禮》註當作「也」。

❷「叔孫穆子」下，原衍一「子」字，據《日知録》及《左傳》删。

引《鄉射禮》，證此與彼同。**司正降復位。**❶ 觶南之位。

右介酬衆賓、衆賓旅酬。此飲酒禮之第三段。

使二人舉觶于賓介，洗，升實觶；于西階上，皆坐奠觶，遂拜；執觶興。賓介席末答拜。皆坐祭，遂飲，卒觶興；坐奠觶，遂拜；執觶興。賓介席末答拜。二人，亦主人之吏，若有大夫，則舉觶于賓與大夫。《燕禮》曰：「媵爵者立于洗南，西面，北上，序進盥洗。」〇此下言無算爵，初使二人舉觶，次徹俎，次坐燕，飲酒之終禮也。賓、介席末答拜者，賓於席西南面答，介於席南東面答也。註引《燕禮》，證此二人將舉觶，其盥洗亦如之也。**逆降，洗，升實觶，皆立于西階上。賓介皆拜。**於席末拜。〇逆降者，二人先後之序與升時相反。**皆進，薦西奠之。賓辭。坐取觶以興。介則薦南奠之。介坐受以興。退，皆拜送，降。賓介奠于其所。**賓言「取」，介言「受」，尊卑異文。今文曰「賓受」。〇疏曰：「言『皆進』者，一人之賓所，奠觶于薦西；一人之介所，奠觶于薦南。」按此二人所舉之觶，待升坐後賓、介各舉以酬，爲無算爵者即此二觶。

右二人舉觶。

司正升自西階，受命于主人。主人曰：「請坐于賓。」賓辭以俎。至此，盛禮俱成，酒清肴乾，賓主百拜，强有力猶倦焉。張而不弛，弛而不張，非文武之道。請坐者，將以賓燕也。俎者，肴之貴者。辭之者，

❶ 原無句讀，今補。

不敢以禮殺當貴者。○前此皆立行禮，至此乃請坐燕。**主人請徹俎，賓許。**亦司正傳請告之。**司正降，階前命弟子俟徹俎。**西階前也。弟子，賓之少者。俎者，主人之吏設之，使弟子俟徹者，明徹俎，賓之義。**司正升，立于序端。**待事。**賓降席，北面。主人降席，阼階上北面。介降席，西階上北面。遵者降席，席東南面。**皆立，相須徹俎也。遵者，謂此鄉之人仕至大夫者也，今來助主人樂賓，主人所榮而遵灋者也，因以爲名。或有無，來不來，用時事耳。今文「遵」爲「僎」，或爲「全」。**賓取俎，還授司正；司正以降，賓從之。主人取俎，還授弟子；弟子以降自西階，主人降自阼階。介取俎，還授弟子；弟子以降，介從之。若有諸公大夫，則使人受俎，如賓禮。衆賓皆降。**取俎者，皆鄉其席，既授弟子，皆降復初入之位。○還音旋。向席取俎，轉身以授人。註云「復初入之位」者，東階、西階相讓之位也。

右徹俎。

說屨，揖讓如初，升，坐。說屨者，爲安燕當坐也。必說於下者，屨賤，不空居堂。說屨，主人先左，賓先右。今文「說」爲「稅」。**乃羞。**羞，進也。所進者，狗胾醢也。鄉設骨體，所以致敬也；今進羞，所以盡愛也，敬之愛之，所以厚賢也。○胾，壯吏反。**無筭爵。**筭，數也。賓主燕飲，爵行無數，醉而止也。《鄉射禮》曰「使二人舉觶于賓與大夫」，又曰「執觶者洗升實觶，反奠於賓與大夫」，皆是。○疏曰：「引《鄉射禮》者，證此無筭爵，從首至末，更從上至下，唯醉乃止。」**無筭樂。**燕樂亦無數，或間，或合，盡歡而止也。《春秋》襄二十九年「吳公子札來聘，請觀于周樂」，此國君之無筭。

右坐燕。此飲酒第四段，飲禮始畢。

賓出。奏《陔》。《陔》，《陔夏》也。陔之言戒也，終日燕飲，酒罷，以《陔》爲節，明無失禮也。《周禮》鍾師「以鍾鼓奏《九夏》」，是奏《陔夏》則有鍾鼓矣。鍾鼓者，天子、諸侯備用之，大夫士鼓而已。蓋建於阼階之西，南鼓。《鄉射禮》曰：「賓興，樂正命奏《陔》。賓降及階，《陔》作賓出，衆賓皆出。」**主人送于門外，再拜。**門東，西面拜也。賓介不答拜，禮有終也。

右賓出。

賓若有遵者，諸公大夫，則既一人舉觶，乃入。不干主人正禮也。遵者，諸公大夫也。謂之賓者，同從外來耳。大國有孤，四命，謂之公。○此下言諸公、大夫來助主人樂賓，主人與爲禮之儀。遵不必至，故曰「若有」。當一人舉觶畢、瑟笙將入之時，乃入，註云「不干主人正禮」，謂主人獻酢之禮也，樂作後，又後樂賓，故此時乃入。**席于賓東，公三重，大夫再重。**席此二者於賓東，尊之，不與鄉人齒也。天子之國，三命者不齒；於諸侯之國，爵爲大夫，則不齒矣。不言「遵者」，遵者亦卿大夫。○云「席于賓東」者，賓在户牖之間，酒尊在房户間，正在賓東，不容置席，則席遵者當又在其東，但繼賓而言耳，其實在酒尊東也。「不與鄉人齒」者，衆賓之席繼賓而西，是與相齒，此特爲位於酒尊東，不在衆人行列中，故云「不與齒」也。○重，直龍反。**公如大夫入，主人降，賓介降，衆賓皆降，復初位；主人迎，揖讓升。公升如賓禮，辭一席，使一人去之；**如，讀「若今」之「若」。主人迎之於門内也。辭一席，謙自同於大夫。○公若大夫入，言或公入，或大夫入，其降迎皆如下文所云也。如賓禮，謂拜至、獻爵、酢爵並如之也。○去，起呂反。**大夫則如介禮。有諸公，則辭加席，委于席端，主人不徹；無諸公，則大夫辭加席，主人對，不去加席。**加席，上席也。大夫席再重。○「如介禮」，其入門、升堂、獻酢等，皆如介之殺於賓也。

右遵者入之禮。

明日，賓服鄉服以拜賜。拜賜，謝恩惠。鄉服，昨日與鄉大夫飲酒之朝服也。不言「朝服」，未服以朝也。今文曰「賓服鄉服」。○此下至篇末，言鄉飲明日拜謝、勞息諸事。**主人如賓服以拜辱。**拜賓復自屈辱也。《鄉射禮》曰：「賓朝服以拜賜于門外，主人不見。如賓服，遂從之，拜辱於門外，乃退。」○引《鄉射禮》者，明此亦彼此賓主皆不相見，造門外拜謝而已。**主人釋服。**釋朝服，更服玄端也。古文「釋」作「舍」。**乃息司正。**息，勞也。勞賜昨日贊執事者。獨云司正，司正，庭長也。**無介，**勞禮略也。司正爲賓。**不殺，**市買，若因所有可也。不殺則無俎。○殺，所八反。**薦脯醢，**羞同也。**羞唯所有。**在有何物。**徵唯所欲，**徵，召也。**以告于先生君子可也，**告，請也。先生不以筋力爲禮，於是可以來。君子，國中有盛德者。可者，召不召唯所欲。**賓介不與。**禮瀆則褻。古文「與」爲「預」。○與音預。**鄉樂唯欲。**鄉樂，《周南》、《召南》，六篇之中，唯所欲作，不從次也。不歌《鹿鳴》、《魚麗》者，辟國君也。

記：

鄉，朝服而謀賓介，皆使能，不宿戒。鄉，鄉人，謂鄉大夫也。朝服，冠玄端，緇帶，素韠，白屨。今郡國行鄉飲酒之禮，玄冠而衣皮弁服，與禮異。再戒爲宿戒，禮將有事，先戒而復宿戒。❶○鄉，謂鄉飲酒之

---

❶「復」，原作「後」，據文淵閣本改。薈要本改作「又」。

禮，註指人，恐義不盡。謀，即經文「就先生而謀」之也。宿戒之者，恐其容有不能，令得肄習；今鄉飲賓、介皆使賢而能爲禮者，故不煩宿戒也。

記鄉服及解不宿戒。

蒲筵，緇布純。筵，席也。純，緣也。○純，章允反，又之門反。**尊，綌冪；賓至，徹之。**綌，葛也。冪，覆尊巾。**其牲，狗也，**狗，取擇人。**亨于堂東北。**祖陽氣之所始也。陽氣主養。《易》曰：「天地養萬物，聖人養賢以及萬民。」○亨，普庚反。**獻，用爵；其他，用觶。**爵尊，不褻用之。○其他，謂酬及旅酬。**薦脯，五挺，横祭于其上，出自左房。**挺，猶膱也。《鄉射禮》曰：「祭半膱，膱長尺有二寸。」在東，陽也，陽主養。房，饌陳處也。《冠禮》之饌，「脯醢南上」。《曲禮》曰：「以脯脩置者，左朐右末。」○薦脯用籩，其挺五，别有半挺横於上，以待祭。脯本横設人前，横祭者，於脯爲横，於人爲縮，陳之左房，至薦時乃出之。○挺，大頰反，本亦作「脡」，同。朐，其于反。**俎，由東壁，自西階升。**亨狗既孰，載之俎，饌於東方。○及其設之，由東壁適西階，升設筵前，不由阼階也。**賓俎：脊、脅、肩、肺。主人俎：脊、脅、臂、肺。介俎：脊、脅、肫、胳、肺。肺皆離。皆右體，進腠。**凡牲，前脛骨三，肩臂臑也；後脛骨二，膞胳也。尊者俎尊骨，卑者俎卑骨。《祭統》曰：「凡爲俎者，以骨爲上。骨有貴賤。」凡前貴後賤。離，猶挳也。腠，理也。進理，謂前其本也。今文「胳」作「骼」。○肫、胳，即註「膞胳」，後脛二骨也。賓主俎各三體，而介俎肫、胳並言者，以肩臂之下，留其貴者爲大夫俎。若有一大夫，則大夫用臑，而介用肫；若有二大夫，則大夫用臑與肫，而介用胳。用體無常，故肫、胳兩見也。○胳音格。腠，千豆反。脛，户定反。臑，乃報反，又奴刀切，音猱。

⿰扌奎，苦圭反，音奎。

記器具、牲羞之屬。

以爵拜者，不徒作。作，起也。言拜既爵者不徒起，起必酢主人。○不拜既爵者，則不酢也。**坐卒爵者，拜既爵。立卒爵者，不拜既爵。**隆殺各從其宜，不使相錯，唯工不從此禮。○工無目，故不使立卒爵，雖坐卒爵，不拜既爵，與立卒爵者同也。**凡奠者於左；**不飲者，不欲其妨。○主人酬賓之觶是也。**將舉，於右。**便也。○一人舉觶爲旅酬，使二人舉觶爲無筭爵，是也。**衆賓之長，一人辭洗，如賓禮。**於三人之中，復差有尊者，餘二人，雖爲之洗，不敢辭。其下，不洗。○主人統爲衆賓三長一洗，一人進與爲禮，餘二人不敢往參，非又爲二人各一洗也。又按經文「洗升實爵」後，始言「衆賓之長升拜受者三人」，此時三人尚未升堂，其辭洗亦自階下東行辭之。疏於前經以主人揖升爲揖衆賓升，以此辭洗爲降辭，皆誤。**立者，東面北上；若有北面者，則東上。**賢者衆寡無常也。或統於堂，或統於門。○立者，堂下衆賓也。東面北上，統於堂也。賓多，東面立不盡，即門西，北面東上，統於門也。**樂正、與立者，皆薦以齒。**謂其飲之次也。尊樂正，同於賓黨。不言飲而言薦，以明飲也，既飲，皆薦於其位。樂正位西階東，北面。○樂正本主人官屬，故以齒於賓黨爲尊之。○與音預。**凡舉爵，三作，而不徒爵。**謂獻賓、獻大夫、獻工，皆有薦。**樂作，大夫不入。**後樂賢者。○大夫本爲助主人樂賢來，時既後，則不入矣。**獻工與笙，取爵于上篚；既獻，奠于下篚。**明其異器，敬也。如是，則獻大夫亦然。上篚三爵。○獻賓、介、衆賓一爵，獻大夫一爵，獻工與笙又一爵，以異器示敬。**其笙，則獻諸西階上。**謂主人拜送爵也。於工，拜于阼階上者，以其坐於西階東也。古文無「上」。**磬，階間縮霤，北面鼓之。**縮，從也。霤以東西爲從。鼓，猶擊也。大夫而特縣，方賓鄉人之賢者，從士禮也。射則磬在東。古文「縮」爲「蹙」。○《周禮·春官·小胥》：「掌正樂縣之位，王宫縣，諸侯軒縣，卿大夫判縣，士特縣。凡縣鍾磬，半爲堵，全爲肆。」宫縣，四面皆縣，如宫有墻也；軒縣，去其南面；判縣，又去其北面；特縣，又去其西面，特立一面而已。鍾磬編縣之，十六枚在一簴，謂之堵；鍾一堵，磬一堵，謂之肆。諸侯之卿大夫，半天子之卿大夫，西縣鍾，東縣磬；士亦半天子之士，縣磬而已。此鄉飲酒，本諸侯卿大夫，合鍾磬俱有，而直有磬者，以方賓賢，俯從士禮也。○縮，所六反。霤，力又反。從，子容反。**主人、介，凡升席，自北方，降自南方。**席南上，升由下，降由上，由便。**司正，既舉觶，而薦諸其位。**司正，主人之屬也。無獻，因其舉觶而薦之。**凡旅，不洗。**敬禮殺也。**不洗者，不祭。**不甚潔也。**既旅，士不入。**後正禮也。既旅，則將燕矣。○士本爲觀禮來。**徹俎：賓介遵者之俎，受者以降，遂出授從者；**送之。○從者，從賓、介、遵者來者也。○從，才用反。**主人之俎，以東。**藏於東方。**樂正命奏《陔》。賓出，至于階，《陔》作。**○命，命擊鼓者。賓出至階，其節也。**若有諸公，則大夫於主人之北，西面。**其西面者，北上，統於公。○疏曰：「若無諸公，則大夫南面，西上，統於尊也。」❶**主人之贊者，西面北上，不與；**贊，佐也，謂主人之屬，佐助主人禮事，徹鼏、沃盥、設薦俎者。西面北上，統於堂也。與，及也。不及，謂不獻酒。○與音預。**無算爵，然後與。**燕乃及之。○以其主人之屬，故不與獻，至燕乃

❶「尊」，薈要本、文淵閣本改作「遵」。

得酒也。

記禮樂儀節、隆殺、面位、次序。

儀禮　鄭氏註

濟陽張爾岐句讀

鄉射禮第五鄭《目録》云：「州長春秋以禮會民而射於州序之禮謂之『鄉』者，州，鄉之屬，鄉大夫或在焉，不改其禮。射禮於五禮屬嘉禮。大戴十一，小戴及《别録》皆第五。」○據註，此州長射禮，而云「鄉射」者，《周禮》「五州爲鄉」，一鄉管五州，鄉大夫或宅居一州之内，來臨此射禮；又鄉大夫大比，興賢能訖，而以鄉射之禮五物詢衆庶，亦行此禮，故名「鄉射禮」也。

鄉射之禮：

主人戒賓。賓出迎，再拜。主人答再拜，乃請。主人，州長也。鄉大夫若在焉，則稱鄉大夫也。戒，猶警也，語也。出迎，出門也。請，告也，告賓以射事。不言「拜辱」，此爲習民以禮樂，不主爲賓己也。不謀賓者，時不獻賢能，事輕也。今郡國行此禮以季春。《周禮》：鄉老及鄉大夫，三年正月，「獻賢能之書於王，退而以鄉射之禮，五物詢衆庶」。諸侯之鄉大夫，既貢士於其君，亦用此禮，射而詢衆庶乎？○案此射禮先與賓飲酒，如鄉飲酒之儀，及立司正，將旅酬，乃暫止不旅而射，射已，更旅酬坐燕，並如鄉飲，凡賓至之前、賓退之後，其儀節並不殊也。此下言將射戒賓、陳設、速賓，凡三節，皆禮初事。註云「鄉大夫若在則稱鄉大夫」者，謂鄉大夫來臨此禮，則州長戒賓之時不自稱，而稱鄉大夫以戒之也。賓以州中處士賢者爲之，若大夫來爲遵，則易以公士。「五物詢衆庶」，《周禮・鄉大夫職》文，五物者，一曰和，六德之一也；二曰容，即六行之孝也，容爲孝者，人有孝行，則性行含容；三曰主皮，貫革也；四曰和容，行禮有容儀也；五曰興舞，比於樂節也。**賓禮辭，許。主人再拜，賓答再拜。主人退；賓送，再拜。**退，還射宮，省録射事。**無介。**雖先飲酒，主於射也，其序賓之禮略。

右戒賓。

乃席賓，南面，東上。不言「於户牖之間」者，此射於序。○鄉飲酒於庠，庠有室，故言「於户牖之間」；此射於序，序無室，無户牖可言，約其席處亦當户牖耳。**衆賓之席，繼而西。**言「繼」者，甫欲習衆庶，未有所殊別。○鄉飲酒，則衆賓之席不屬。**席主人於阼階上，西面。**阼階，東階。**尊於賓席之東，兩壺，斯禁，左玄酒，皆加勺。篚在其南，東肆。**斯禁，禁切地無足者也。設尊者北面，西曰左，尚之也。肆，陳也。○兩壺，酒與玄酒。篚，以貯爵觶，尊南東向陳之，首在西。**設洗於阼階東南，南北以堂深，東西當東榮。水在洗東。篚在洗西，南肆。**榮，屋翼也。○下篚亦以貯觶。○深，申鴆反。**縣於洗東北，西面。**此縣，謂磬也。縣於東方，辟射位也。但縣磬者，半天子之士，無鍾。○鍾磬，編縣之，十六枚在一簴，謂之堵。鍾一堵、磬一堵，謂之肆。天子之卿大夫判縣，東西各一肆；士特縣，唯東一肆。諸侯之卿大夫、士半於天子之卿大夫、士。卿大夫判縣者，分一肆於兩廂，東縣磬，西縣鍾；士特縣，分取磬而已。州長，諸侯之士，故但磬無鍾也。○縣音玄。**乃張侯，下綱不及地，武，**侯，謂所射布也。綱，持舌繩也。武，迹也。中人之迹，尺二寸。侯象人，綱即其足也，是以取數焉。○侯制，有中、有躬、有舌、有綱、有縜。中，其身也，方一丈。倍中以爲躬，中之上下，横接一幅，各二丈，謂之躬。倍躬爲左右舌，用布四丈接於躬上，左右各出一丈，爲舌；下舌半上舌，用布三丈接躬下，左右各出五尺也。其持舌之繩，謂之綱。維其綱於榦者，又謂之縜。上下各有綱，下綱去地之節，則尺二寸。**不繫左下綱，中掩束之。**事未至也。○侯向堂爲面，以西爲左。射事未至，故且不繫左下綱，並綱與舌向東掩束之，待司馬命張侯乃脱束繫綱也。○中，丁仲反。**乏，參侯道，居侯黨之一，西五步。**容，謂之乏，所以爲獲者御矢也。侯道五十步，此乏去侯，北十丈，西三丈。○乏狀類曲屏，以革爲之。唱獲者於此容身，故謂之容；矢力不及，故謂之乏。黨，旁也。三分侯道而居旁之一，偏西者五步，此設乏之節也。侯道五十步，步六尺，計三十丈。乏居三之一，西五步，故云「北十丈，西三丈」。必於此者，取可察中否，唱獲聲達堂上也。

右陳設。

羹定。肉，謂之羹；定，猶熟也，謂狗熟可食。○定，多佞反。**主人朝服，乃速賓。賓朝服出迎，再拜；主人答再拜，退。賓送再拜。**速，召也。射賓輕也。戒時玄端。今郡國行此鄉射禮，皮弁服，與禮爲異。**賓、及衆賓，遂從之。**

右速賓。

及門，主人一相，出迎于門外，再拜；賓答再拜。相，主人家臣，擯贊傳命者。○此下言飲賓之事：迎賓拜至，主人獻賓，賓酢主人，主人酬賓，主人獻衆賓，一人舉觶爲旅酬之端，遵入主人獻遵自酢，工笙合樂樂賓，主人獻工與笙，乃立司正以安賓察衆，凡十節，皆與鄉飲酒禮同。此爲射而飲，其後即詳射事。○相，息亮反。**揖衆賓。**差卑，禮宜異。○同是鄉人無爵者，唯據立爲賓者尊，故於衆賓云「差卑」。**主人以賓揖，先入。**以，猶與也。先入，入門右，西面。**賓厭衆賓，衆賓皆入門，左，東面北上。賓少進。**引手曰厭。少進，差在前也。今文皆曰「揖衆賓」。**主人以賓三揖，皆行。及階，三讓。主人升一等，賓升。**三讓而主人先升者，是主人先讓於賓。不俱升者，賓客之道，進宜難也。○疏云：「言『皆行』者，賓主既行，衆賓亦行。」**主人阼階上，當楣北面再拜；賓西階上，當楣北面答再拜。**主人拜賓至此堂。

右迎賓拜至。

主人坐取爵于上篚，以降。將獻賓也。**賓降。**從主人也。**主人阼階前西面坐奠爵，興辭降。**重以主人事煩賓也。今文無「阼階」。**賓對。**對，答。**主人坐取爵，興，適洗，南面坐奠爵于篚下，盥洗。**盥手又洗爵，飲潔敬也。❶古文「盥」皆作「浣」。**賓進，東北面辭洗。**必進者，方辭洗，宜違位也。言「東北面」，則位南於洗矣。○《鄉飲酒》此處註異，彼於「東」字句，此於「進」字句。**主人坐奠爵于篚，興對；賓反位。**反從降之位也。《鄉飲酒》曰：「當西序，東面。」**主人卒洗，壹揖，壹讓，以賓升。賓西階上北面拜洗；主人阼階上北面奠爵，遂答拜，乃降。**乃降，將更盥也。古文「壹」皆作「一」。**賓降。主人辭降。**

---

❶「飲」，薈要本改作「致」，是。

賓對。主人卒盥，壹揖壹讓升。賓升，西階上疑立。疑，止也，有矜莊之色。○疑，魚乙反。主人坐取爵，實之，賓席之前，西北面獻賓。進於賓也。凡進物曰獻。賓西階上北面拜。主人少退。少退，猶少辟也。賓進受爵于席前，復位。復位，西階上位。主人阼階上拜送爵，賓少退。薦脯醢。薦，進。賓升席，自西方。賓升降由下也。○疏云：「以主人在東，又於席西拜便，故升降由下。」乃設折俎。牲體枝解節折，以實俎也。主人阼階東疑立。賓坐，左執爵，右祭脯醢；奠爵于薦西，興取肺，坐絶祭，卻左手執本，右手絶末以祭也。肺離，上爲本，下爲末。○註「卻左手執本」用《鄉飲酒》文。尚左手，嚌之，嚌，嘗也。右手在下，絶以授，口嘗之。興加于俎；坐挩手，執爵，遂祭酒，興；席末坐啐酒；挩，拭也。啐，嘗也。古文「挩」作「説」。降席，坐奠爵，拜告旨；降席，席西也。旨，美也。○告主人曰：「旨酒！」執爵興。主人阼階上答拜。賓西階上北面坐卒爵，興；坐奠爵，遂拜；執爵興。卒，盡。主人阼階上答拜。

右主人獻賓。

賓以虚爵降。將洗以酢主人。主人降。從賓也。降立阼階東，西面，當東序。賓西階前東面坐奠爵，興，辭降。主人對。賓坐取爵，適洗，北面坐奠爵于篚下，興，盥洗。賓北面盥洗，自外來。主人阼階之東，南面辭洗。賓坐奠爵于篚，興對。主人反位。反位，從降之位也。主人辭洗，進也。賓卒洗。揖讓如初，升。○「如初」者，一揖一讓如獻賓時。主人拜洗；賓答拜，興，降盥，如主人之禮。賓升，賓爵，主人之席前，東南面酢主人。酢，報。主人阼階上拜。賓少退。主人進受爵，復位。賓西階上拜送爵。薦脯醢。主人升席，自北方。乃設折俎。祭如賓禮，祭薦俎、及酒，亦嚌啐。不告旨；酒己物。自席前，適阼階上，北面坐卒爵；興，坐奠爵，遂拜；執爵興。賓西階上北面答拜。自，由也。啐酒於席末，由前降，便也。主人坐奠爵于序端，阼階上再拜崇酒。賓西階上答再拜。序端，東序頭也。崇，充也，謝酒惡相充滿也。○奠爵序端，擬獻衆賓用之。

右賓酢主人。

主人坐取觶于篚，以降。將酬賓。賓降。主人奠觶辭降。賓對，東面立。主人坐取觶，洗。賓不辭洗。不辭洗，以其將自飲。卒洗。揖讓升。賓西階上疑立。主人實觶，酬之，阼階上北面坐奠觶，遂拜；執觶興。酬，勸酒。賓西階上北面答拜。主人坐祭，遂飲，卒觶；興，坐奠觶，遂拜；執觶興。賓西階上北面答拜。○主人先自飲，所以爲勸也。主人降洗。賓降辭，如獻禮。以將酌己。升，不拜洗。酬禮殺也。賓西階上立。主人實觶，賓之席前，北面。酬賓。賓西階上拜。主人坐奠觶于薦西。賓辭，坐取觶以興，反位。賓辭，辭主人復親酌己。主人阼階上拜送。賓北面坐奠觶于薦東，反位。酬酒不舉。

右主人酬賓。

主人揖降。賓降，東面立于西階西，當西序。主人將與衆賓爲禮，賓謙，不敢獨居堂。主人西南

面三拜衆賓。衆賓皆答壹拜。三拜，示徧也。壹拜，不備禮也。獻賓畢，乃與衆賓拜，敬不能並。**主人揖升，坐取爵于序端，降洗；升實爵，西階上獻衆賓。衆賓之長，升拜受者三人。**長，其老者。言「三人」，則衆賓多矣。國以多德行道藝爲榮，何常數之有乎？**主人拜送。**拜送爵於衆賓右。**坐祭，立飲，不拜既爵；授主人爵，降復位。**既，盡。○降復賓南東面位。**衆賓皆不拜，受爵，坐祭，立飲。**自第四以下。又不拜受爵，禮彌略。○亦升受，但不拜。**每一人獻，則薦諸其席。**諸，於。○此堂上三人有席者。**衆賓辯有脯醢。**薦於其位。○堂下之位。**主人以虚爵降，奠于篚。**不復用。

右主人獻衆賓。

揖讓升。賓厭衆賓升，衆賓皆升，就席。一人洗，舉觶于賓，一人，主人之吏。**升實觶，西階上坐奠觶，拜；執觶興。賓席末答拜。舉觶者坐祭，遂飲，卒觶；興，坐奠觶，拜；執觶興。賓答拜。降洗；升實之，西階上北面。**將進奠觶。**賓拜。**拜受觶。**舉觶者進坐奠觶于薦西。**不授，賤不敢也。**賓辭，坐取以興。**若親受然。**舉觶者西階上拜送。賓反奠于其所。舉觶者降。**○射後，賓將舉之爲旅酬，故奠于薦西。

右一人舉觶。

大夫若有遵者，則入門左。謂此鄉之人爲大夫者也。謂之遵者，方以禮樂化民，欲其遵法之也。其士也，於旅乃入；鄉大夫士非鄉人，禮亦然，主於鄉人耳。今文「遵」爲「僎」。○言「若有」者，或有或無，不定也。按《鄉飲酒》於篇末略言遵者之禮，此經乃著其詳，正所云「如介禮」者也。**主人降。**迎大夫於門内也。不出門，別於賓。**賓及衆賓皆降，復初位。**不敢居堂俟大夫入也。初位，門内東面。**主人揖讓，以大夫升。拜至。大夫答拜。主人以爵降。大夫降。主人辭降。大夫辭洗，如賓禮。席於尊東。**尊東，明與賓夾尊也。不言「東上」，統於尊也。○遵席西上。**升，不拜洗。主人實爵，席前獻于大夫。大夫西階上拜，進受爵，反位。主人大夫之右，拜送。大夫辭加席。主人對，不去加席。**辭之者，謙不以己尊加賢者也。不去者，大夫再重席，正也。賓一重席。○疏云：「公士爲賓，亦一重。」**乃薦脯醢。大夫升席。設折俎。祭如賓禮，不嚌肺，不啐酒，不告旨，西階上卒爵，拜。主人答拜。**凡所不者，殺於賓也。大夫升席由東方。**大夫降洗。**將酢主人也。大夫若衆，則辯獻，長乃酢。**主人復阼階。降辭如初，卒洗。主人盥。**盥者，雖將酌自飲，尊大夫，不敢褻。**揖讓升。大夫授主人爵于兩楹間，復位。主人實爵，以酢于西階上，坐奠爵，拜。大夫答拜。坐祭，卒爵，拜。大夫答拜。主人坐奠爵于西楹南，再拜崇酒。大夫答拜。主人復阼階，揖降。**將升賓。○奠爵楹南，擬旅時獻士用之。**大夫降，立于賓南。**雖尊，不奪人之正禮。○賓及衆賓自大夫升堂時已立西階下。**主人揖讓，以賓升；大夫及衆賓皆升，就席。**

右遵入獻酢之禮。

席工于西階上，少東。樂正先升，北面立于其西。言「少東」者，明樂正西側階，不欲大東，辟射位。○按《鄉飲酒》不射，席工亦與此同。此註云「辟射位」，恐非經意。或是欲其當賓席耳。**工四人：二瑟，瑟**

先。相者皆左何瑟，面鼓，執越，内弦，右手相，入，升自西階，北面，東上。工坐。相者坐授瑟，乃降。瑟先，賤者先就事也。相，扶工也。面，前也。鼓在前，變於君也。執越内弦右手相，由便也。越，瑟下孔，所以發越其聲也。前越言「執」者，内有弦結，手入之淺也。相者降，立西方。○面鼓者，瑟首在前也。鼓謂可鼓處，與《鄉飲酒》不同者，在鄉飲酒，欲其異於燕；在鄉射，欲其異於大射，皆爲變於君也。**笙入，立于縣中，西面。**堂下樂，相從也。縣中，磬東立，西面。○縣音玄。**乃合樂：《周南》，《關雎》、《葛覃》、《卷耳》；《召南》，《鵲巢》、《采蘩》、《采蘋》。**不歌，不笙，不間，志在射，略於樂也。不略合樂者，《周南》、《召南》之風，鄉樂也，不可略其正也。昔大王王季文王，始居岐山之陽，躬行以成王業，❶至三分天下，乃宣《周南》、《召南》之化，本其德之初，刑于寡妻，至于兄弟，以御于家邦，故謂之鄉樂，用之房中，以及朝廷饗燕、鄉射飲酒。此六篇，其風化之原也，是以合金石絲竹而歌之。**工不興，告于樂正，曰：「正歌備。」**不興者，瞽矇禮略也。**樂正告于賓，乃降。**樂正降者，堂上正樂畢也。降立西階東，北面。○疏云：「云『正樂』者，對後無算樂非正樂也。下射雖歌《騶虞》，亦是堂下，非堂上，故以堂上決之也。」

右合樂樂賓。

主人取爵于上篚，獻工。大師，則爲之洗。尊之也。君賜大夫樂，又從之以其人，謂之大師也。**賓降，主人辭降。**大夫不降，尊也。**工不辭洗。卒洗，升實爵。工不興，左瑟，一人拜受爵。**左瑟，辭主

❶「躬」，原作「射」，據薈要本改。

人授爵也。一人，無大師，則工之長者。○左瑟者，身在瑟右，向主人也。主人阼階上拜送爵。薦脯醢。使人相祭。人，相者。工飲，不拜既爵，授主人爵。衆工不拜，受爵，祭飲。辯有脯醢，不祭，祭飲不興受爵，坐祭坐飲。不洗。遂獻笙于西階上。不洗者，賤也。衆工而不洗矣，而衆笙不洗者，❶笙賤於衆工，正君賜之，猶不洗也。笙一人拜于下，盡階，不升堂，受爵。主人拜送爵。階前坐祭立飲，不拜既爵；升授主人爵。衆笙不拜，受爵，坐祭立飲。辯有脯醢，不祭。主人以爵降，奠于篚；反升，就席。亦揖讓以賓升，衆賓皆升。

右獻工與笙。

主人降席，自南方，禮殺，由便。側降；賓不從降。作相爲司正。司正禮辭，許諾。主人再拜。司正答拜。爵備樂畢，將留賓以事，爲有懈倦失禮，立司正以監之，察儀法也。詩云：「既立之監，或佐之史。」主人升就席。司正洗觶，升自西階；由楹內，適阼階上，北面受命于主人；洗觶者，當酌以表其位，顯其事也。楹內，楹北。○受命，受請安于賓之命。西階上，北面請安于賓。傳主人之命。賓禮辭，許。司正告于主人，遂立于楹間以相拜。相，謂贊主人及賓相拜之辭。主人阼階上再拜，賓西階上答再拜，皆揖就席。爲已安也。今文「揖」爲「升」。司正實觶，降自西階；中庭，北面坐奠觶；興，退，少立；奠觶，表其位也。少立，自修正，慎其位也。古文曰「少退立」。進，坐取觶；興，反坐，不祭，遂卒

---

❶「衆」，薈要本改作「著」。

觶；興，坐奠觶，拜；執觶興，洗，北面坐奠于其所；今文「坐取觶」無「進」，又曰「坐奠之拜」。**興，少退，北面立于觶南。**立觶南，亦其故擯位。**未旅。**旅，序也。未以次序相酬，以將射也。旅則禮終也。○《鄉飲酒》立司正即行旅酬，今此禮主於射，故且未旅，急在射也。

右立司正。

三耦俟于堂西，南面東上。司正既立，司射選弟子之中德行道藝之高者，以爲三耦，使俟事於此。○自此以下始言射事。射凡三番：第一番，三耦之射，獲而不釋獲；第二番，賓、主，大夫、衆賓耦射，釋獲，升飲；第三番，以樂節射。此下至「乃復求矢加于楅」，言三耦之射，司射請射于賓、命弟子納射器、比三耦、司馬命張侯又命倚旌、樂正遷樂器、三耦取弓矢、司射誘射、乃作三耦射、司馬命設楅取矢，凡九節，射之第一番也。**司射適堂西，袒決遂，取弓于階西，兼挾乘矢，升自西階，階上北面告于賓，曰：「弓矢既具，有司請射。」**司射，主人之吏也。於堂西袒決遂者，主人無次，隱蔽而已。袒，左免衣也。決，猶闓也，以象骨爲之，著右大擘指，以鉤弦。闓，體也。遂，射韝也，以韋爲之，所以遂弦者也。其非射時，則謂之拾，拾，斂也，所以蔽膚斂衣也。方持弦矢曰挾。乘矢，四矢也。《大射》曰：「挾乘矢於弓外，見鏃於弣南，巨指鉤弦。」古文「挾」皆作「接」。○袒，徒旱反。挾音協。乘，繩證反。闓音開。擘，補革反。韝，古侯反。鏃，七木反。弣，芳甫反。**賓對曰：「某不能。爲二三子許諾。」**言「某不能」，謙也。二三子，謂衆賓已下。○爲，于僞反。**司射適阼階上，東北面告于主人，曰：「請射于賓，賓許。」**

右司射請射。

司射降自西階，階前西面，命弟子納射器。弟子，賓黨之年少者也。納，内也。射器，弓矢決拾旌中籌楅豐也。賓黨東面，主人之吏西面。○楅音福。**乃納射器，皆在堂西。賓與大夫之弓，倚于西序，矢在弓下，北括。衆弓倚于堂西，矢在其上。**上，堂西廉。矢亦北括。○倚，於綺反。括，古活反。**主人之弓矢，在東序東。**亦倚于東序也。矢在其下，北括。

右弟子納射器。

司射不釋弓矢，遂以比三耦于堂西。三耦之南，北面，命上射曰：「某御於子。」命下射曰：「子與某子射。」比，選次其才相近者也。古文曰：「某從於子。」○御，進也，侍也。進而侍射於子，尊辭也。○比，毗志反。

右司射比三耦。

司正爲司馬。兼官，由便也。立司正，爲莅酒爾，今射，司正無事。**司馬命張侯。弟子説束，遂繫左下綱。**事至也。今文「説」皆作「税」。○説，土活反。**司馬又命獲者：「倚旌于侯中。」**爲當負侯也。獲者，亦弟子也，謂之「獲者」，以事名之。**獲者由西方，坐取旌，倚于侯中，乃退。**

右司馬命張侯倚旌。

樂正適西方，命弟子贊工，遷樂于下。當辟射也。贊，佐也。遷，徙也。**弟子相工，如初入，降自西階，阼階下之東南、堂前三笴，西面北上坐。**笴，矢幹也。今文無「南」。○相工如初入者，亦左何瑟，右手相也。矢幹長三尺，三笴者，去堂九尺也。○笴，古可反。**樂正北面立于其南。**北面，鄉堂。不與工序也。

右樂正遷樂。

司射猶挾乘矢，以命三耦：「各與其耦，讓取弓矢，拾。」猶，有故之辭。拾，更也。○「各與其耦讓取弓矢拾」，即司射之所以命三耦者。拾，其劫反。更，迭也。○拾，其劫反，除「決拾」之外，皆同。**三耦皆袒決遂。有司左執弣，右執弦，而授弓。**有司，弟子納射器者也。凡納射器者，皆執以俟事。**遂授矢。**受於納矢而授之。**三耦皆執弓，搢三而挾一个。**未違俟處也。搢，插也，插於帶右。**司射先立于所設中之西南，東面。**○中，謂鹿中。以釋獲者其設之之處，南當楅，西當西序，此時尚未設中，云「所設中之西南」者，擬將來設中之處也。**三耦皆進，由司射之西，立于其西南，東面北上而俟。**

右三耦取弓矢俟射。

司射東面立于三耦之北，搢三而挾一个；爲當誘射也。固東面矣，復言之者，明卻時還。○據註及疏，言司射本立于中之西南，今命三耦已，復還立此；經上文「先」字，非「先後」之「先」，乃「舊先」之「先」。愚詳經文，似當仍作「先後」字爲妥。此復言之者，欲言其將誘射，故復從立處説起耳。**揖進；當階，北面揖；及階，揖；升堂，揖；豫則鉤楹內，堂則由楹外；當左物，北面揖；**鉤楹，繞楹而東也。序無室，可以深也。周立四代之學於國，而又以有虞氏之庠爲鄉學，《鄉飲酒義》曰「主人迎賓於庠門外」是也。庠之制，有堂有室也。今言「豫」者，謂州學也，讀如「成周宣榭災」之「榭」，《周禮》作「序」。凡屋無室曰榭，宜從榭。州立榭者，下鄉也。左物，下物也。今文「豫」爲「序」，序乃夏后氏之學，亦非也。○射者升堂揖訖，東行向物。豫無室，物近北，故鉤楹北而東；序之堂有室，物近南，故由楹南而東也。物者，以丹若墨畫地作十字形，射者履之以射。左物，下射所履，故云「下物」也。〇豫音榭，出註。**及物，揖；左足履物，不方足，還，視侯中，俯正足；**方，猶併也。志在於射，左足至，右足還，併足則是立也。南面視侯之中，乃俯視併正其足。〇左足履物，不及併足，右足初旋，已南面視侯，乃俯正足而立，是其志在於射也。**不去旌，**以其不獲。**誘射，**誘，猶教也。**將乘矢；**將，行也。行四矢，象有事於四方。**執弓不挾，右執弦；**不挾，矢盡。**南面揖，揖如升射；降，出于其位南；適堂西，改取一个，挾之；**改，更也。不射而挾之，示有事也。今文曰「適序西」。〇司射位在所設中之西南，東面，今乃出其位南，北迴適堂西者，疏以爲教衆耦威儀之法故也。衆耦射畢，皆當自此適堂西釋弓、脱決拾也。**遂適階西，取扑，搢之，以反位。**扑，所以撻犯教者，《書》云：「扑作教刑。」〇反位，所設中之西南，東面也。

右司射誘射。

司馬命獲者執旌以負侯。欲令射者見侯與旌，深有志於中。〇上文命張侯、倚旌，疏云：「同是西階前。」至此未有他事，當亦西階前命之也。**獲者適侯，執旌負侯而俟。**俟，待也。今文「俟」爲「立」。**司射還，當上耦，西面作上耦射。**還，左還也。作，使也。〇三耦在司射之西南，東面，今欲西面命射，故知左還。**司射反位。上耦揖進，上射在左，並行；當階，北面揖；及階，揖。上射先升三等，下射從之，中等。**中，猶間也。**上射升堂，少左；下射升。上射揖。並行；**並，併也。併東行。〇升堂少左，辟下射升階也。**皆當其物，北面揖；及物，揖；皆左足履物，還，視侯中，合足而俟。**〇當物，上射當右物，下射當左物。履物還視侯中，皆倣誘射之儀。司馬適堂西，不決遂，袒執弓；不決遂，因不射，不備。出于司射之南，升自西階；鉤楹，由上射之後，西南面，立于物間；右執簫，南揚弓，命去侯。鉤楹，以當由上射者之後也。簫，弓末也。《大射》曰：「左執弣。」揚，猶舉也。獲者執旌許諾，聲不絕，以至于乏；坐，東面偃旌；興而俟。聲不絕，不以宮商，不絕而已，鄉射威儀省。偃，猶仆也。○仆音赴。司馬出于下射之南，還其後，降自西階；反由司射之南，適堂西，釋弓；襲，反位，立于司射之南。圍下射者，明爲二人命去侯。司射進，與司馬交于階前，相左；由堂下西階之東，北面視上射，命曰：「無射獲，無獵獲！」上射揖。司射退，反位。射獲，謂矢中人也。獵，矢從傍。○疏云：「相左之時，在西階之西，司馬由北而西行，司射由南而東行，各以左相近，故云『相左』也。」○「無射」之「射」，食亦反。乃射。上射既發，挾弓矢，而后下射射，拾發，以將乘矢。后，後也，當從后。○上射發第一矢，復挾二矢，下射乃發矢。如是更發，以至四矢畢。獲者坐而獲，射者中，則大言獲。獲，得也。射，講武、田之類，是以中爲獲也。舉旌以宮，偃旌以商，宮爲君，商爲臣，聲和律吕相生。獲而未釋獲。但大言獲，未釋其算。○釋算，所以識中之多寡。註上下文皆言「大言獲」，疏乃以宮爲大言獲，商爲小言獲，是一矢而再言獲，恐未是。或一聲漸殺，各有所合歟？卒射，皆執弓，不挾，南面揖，揖如升射。不挾，亦右執弦，如司射。上射降三等；下射少右，從之，中等。並行，上射於左。降下。○並行，既降階而並行。與升射者相左，交于階前，相揖。○相左者，降者由西，升者由東也。由司馬之南，適堂西，釋弓，説決拾；襲而俟于堂西，

南面東上。三耦卒射，亦如之。司射去扑，倚于西階之西；升堂，北面告于賓，曰：「三耦卒射。」去扑乃升，不敢佩刑器即尊者之側。**賓揖。**以揖然之。

右三耦射。

司射降，搢扑，反位。司馬適堂西，袒執弓；由其位南，進，與司射交于階前，相左，升自西階；鉤楹，自右物之後，立于物間；西南面，揖弓，命取矢。揖，推之也。**獲者執旌許諾，聲不絕，以旌負侯而俟。**俟弟子取矢，以旌指教之。**司馬出于左物之南，還其後，降自西階；遂適堂前，北面立于所設楅之南，命弟子設楅。**楅，猶幅也，所以承笴齊矢者。○所設楅，謂所擬以設楅之處。**乃設楅于中庭，南當洗，東肆。**東肆，統於尊。○疏云：「弟子設楅，司馬教之。」**司馬由司射之南，退，釋弓于堂西，襲，反位。弟子取矢，北面坐委于楅，北括，乃退。司馬襲進，當楅南，北面坐，左右撫矢而乘之。**撫，拊之也。就委矢，左右手撫，而四四數分之也。上既言襲矣，復言之者，嫌有事即袒也。凡事，升堂乃袒。○疏云：「若司射，不問堂上、堂下，有事即袒。」○拊，者甫反。❶數，所主反。**若矢不備，則司馬又袒執弓，如初，升命曰：「取矢不索。」**索，猶盡也。**弟子自西方，應曰：「諾！」乃復求矢，加于楅。**增故曰加。鄉獲者許諾，至此弟子曰「諾」，事同，互相明。

右取矢、委楅，第一番射事竟。

---

❶「者」，據《釋文》當作「芳」。

司射倚扑于階西，升，請射于賓，如初。賓許諾。賓、主人、大夫，若皆與射，則遂告于賓，適阼階上，告于主人，主人與賓爲耦；言「若」者，或射或否，在時欲耳。射者，繹己之志，君子務焉。大夫，遵者也。告賓曰：「主人御于子。」告主人曰：「子與賓射。」〇自此至「釋獲者少西辟薦反位」，言賓、主、大夫、衆賓耦射、釋獲、升飲之儀，射之第二番也。司射請射比耦、三耦取矢于楅、衆耦受弓矢序立、乃設中爲釋獲之射、三耦射、賓主人射、大夫射、衆賓射、司馬取矢乘矢、司射視釋獲者數獲、設豐飲不勝者、獻獲者、獻釋獲者，凡十三節。遂告于大夫，大夫雖衆，皆與士爲耦，以耦告于大夫曰：「某御于子。」大夫皆與士爲耦，謙也。來觀禮，同爵自相與耦，則嫌自尊別也。大夫爲下射，而云「御于子」，尊大夫也。士，謂衆賓之在下者及群士來觀禮者也。禮，一命已下，齒於鄉里。西階上，北面作衆賓射。作，使。司射降，搢扑，由司馬之南，適堂西，立比衆耦。衆耦，大夫耦，及衆賓也。命大夫之耦曰：「子與某子射。」其命衆耦，如三耦。衆賓將與射者，皆降，由司馬之南，適堂西，繼三耦而立，東上。大夫之耦爲上；若有東面者，則北上。言「若有」者，大夫士來觀禮、及衆賓，多無數也。〇司馬位在司射之南。「若有東面者」，或賓多，南面列不盡也。賓、主人、與大夫，皆未降。言「未降」者，見其志在射。〇三耦卒射，乃降就其耦，俱升射也。司射乃比衆耦，辯。衆賓射者降，比之，耦乃徧。

右司射請射，比耦。

遂命三耦拾取矢，司射反位。反位者，俟其袒決遂來。〇「遂命」者，承上比耦畢，遂命之也。三耦拾取矢，皆袒決遂，執弓，進立于司馬之西南。必袒決遂者，明將有射事。司射作上耦取矢。作之者，還當上耦，如作射。**司射反位。上耦揖進；當楅，北面揖；及楅，揖。**當楅，楅正南之東西。○上耦發位東行時，一南一北並行；及至楅南，北面向楅，亦一東一西相並也。**上射東面，下射西面。上射揖進，坐，橫弓，卻手自弓下取一个，兼諸弣，順羽，且興，執弦而左還，退反位，東面揖。**橫弓者，南踣弓也。卻手由弓下取矢者，以左手在弓表，右手從裏取之，便也。兼，并矢於弣，當順羽，既又當執弦也。順羽者，手放而下，備不整理也。不言「毋周」，在阼非君，周可也。○疏曰：「言『順羽且興』者，謂以右手順羽之時則興，故云『且興』也。言『左還』者，以左手向外而西回。『東面揖』者，揖下射，使取矢也。」註云「不言『毋周』」，對《大射禮》而言，彼有君在阼，周則背君故也。○弣，芳甫反。踣，蒲北反。**下射進，坐，橫弓，覆手自弓上取一个，興，其他如上射。**覆手由弓上取矢者，以左手在弓裏，右手從表取之，亦便。○亦南踣弓，左手執弓，仰而向上，故右手覆搭矢爲便也。**既拾取乘矢，揖，皆左還；南面揖，皆少進；當楅南，皆左還；北面，搢三，挾一个；**楅南，鄉當楅之位。○拾取乘矢，更遞而取，各得四矢也。楅南，前者進時北面揖之位也。今退至此，皆左還北面，搢三矢而挾一矢。**揖，皆左還，上射於右；**上射轉居右，便其反位也。下射左還，少南行，乃西面。○搢挾已而揖，皆左還，西面並行。前者進時，上射在北，是在左，今仍在北，是於右，取其反位，北上爲便也。**與進者相左，相揖，退反位。**相左，皆由進者之北。○進者自南東行，反位者自北西行，故得相左。**三耦拾取矢，亦如之。後者遂取誘射之矢，兼乘矢而取之，以授有司于西方，而后反位。**取誘射之矢，挾五个。弟子逆受於東面位之後。○「以授」者，以誘射之矢授也。

右三耦拾取矢。

衆賓未拾取矢，皆袒決遂，執弓，搢三挾一个；由堂西進，繼三耦之南而立，東面北上。大夫之耦爲上。未，猶不也。衆賓不拾者，未射，無楅上矢也。言此者，嫌衆賓三耦同倫，初時有射者，後乃射有拾取矢禮也。○衆賓初射，當於堂西受弓矢於有司，故不拾取矢。案三耦初射時，亦云「各與其耦讓取弓矢拾」，則衆賓不拾取矢又不僅以未射也。

右衆賓受弓矢，序立。

司射作射如初，一耦揖升如初。司馬命去侯，獲者許諾。司馬降，釋弓反位。司射猶挾一个，去扑；與司馬交于階前，升；請釋獲于賓。猶，有故之辭。司射既誘射，恒執弓挾矢，以掌射事，備尚未知，當教之也；今三耦卒射，衆足以知之矣，猶挾之者，君子不必也。**賓許。降，搢扑，西面立于所設中之東，北面命釋獲者設中，遂視之。**視之，當教之。○疏云：「教之，謂教其釋算、安置左右及數算告勝負之事。」**釋獲者執鹿中，一人執算以從之。**鹿中，謂射於榭也。於庠，當兕中。○中，形如伏獸，鑿其背以受八算。算，射籌也。**釋獲者坐設中，南當楅，西當西序，東面；興受算，坐實八算于中，橫委其餘于中西，南末；興，共而俟。**興還北面受算，反東面實之。○共，九勇反。**司射遂進，由堂下，北面命曰：「不貫不釋。」**貫，猶中也。不中正，不釋算也。古文「貫」作「關」。○貫，古亂反。**上射揖，司射退反位。釋獲者坐取中之八算，改實八算于中，興，執而俟。**執所取算。○八算者，人四矢，一耦八矢，一矢則一算。實八算，擬後來者用之。

右司射作射，請釋獲。

乃射。若中，則釋獲者坐而釋獲。每一个，釋一算。上射於右，下射於左。若有餘算，則反委之。委餘算，禮尚異也。委之，合於中西。○釋，猶舍也，以所執之算，坐而舍于地。中首東鄉，其南爲右，其北爲左，中西則其後也。○中，丁仲反。又取中之八算，改實八算于中，興，執而俟。三耦卒射。

右三耦釋獲而射。

賓主人大夫揖，皆由其階降，揖。主人堂東袒決遂，執弓，搢三挾一个；賓於堂西亦如之。皆由其階，階下揖，升堂揖。主人爲下射。皆當其物，北面揖，及物揖，乃射。卒，南面揖，皆由其階，階上揖，降階揖。賓序西，主人序東，皆釋弓，說決拾，襲，反位；升，及階揖，升堂揖，皆就席。或言堂，或言序，亦爲庠榭互言也。賓主人射，大夫止於堂西。

右賓、主人射。

大夫袒決遂，執弓，搢三挾一个，由堂西，出于司射之西，就其耦。大夫爲下射。揖進，耦少退，揖如三耦；及階，耦先升；卒射，揖如升射；耦先降，降階，耦少退；皆釋弓于堂西，襲；耦遂止于堂西，大夫升就席。耦於庭下不並行，尊大夫也。在堂如上射之儀，近其事，得申。

右大夫與耦射。

衆賓繼射，釋獲皆如初。司射所作，唯上耦。於是言「唯上耦」者，嫌賓主人射亦作之。大射，三耦卒射，司射請于公與賓。○疏云：「記云『賓主人射，則司射擯升降』，是雖不作，猶爲擯相之，但不請也。」卒射，釋獲者遂以所執餘獲，升自西階，盡階，不升堂，告于賓曰：「左右卒射。」降，反位，坐委餘獲于中西；興，共而俟。司射不告卒射者，釋獲者於是有事，宜終之也。餘獲，餘算也。無餘算，則空手耳。俟，俟數也。

右衆賓繼射，釋獲告卒射。

司馬袒決執弓，升命取矢，如初。獲者許諾，以旌負侯，如初。司馬降，釋弓，反位。弟子委矢，如初。大夫之矢，則兼束之以茅，上握焉。兼束大夫矢，優之，是以不拾也。束於握上，則兼取之，順羽便也。握，謂中央也。不束主人矢，不可以殊於賓也。言大夫之矢，則矢有題識也。「肅慎氏貢楛矢，銘其括。」今文「上」作「尚」。○楛音户。司馬乘矢如初。

右司馬命取矢、乘矢。

司射遂適西階西，釋弓，去扑，襲；進由中東，立于中南，北面視算。釋弓去扑，射事已。釋獲者東面于中西坐，先數右獲；固東面矣，復言之者，爲其少南就右獲。○右獲，上射之獲。二算爲純，純，猶全也。耦陰陽。一純以取，實于左手；十純，則縮而委之，縮，從也。於數者，東西爲從。古文「縮」皆爲「蹙」。每委，異之；易校數。有餘純，則横於下，又異之也。自近爲下。一算爲奇，奇則又縮諸純下。奇，猶虧也。又從之。興，自前適左，東面；起，由中東，就左獲，少北於故，東面鄉之。坐，兼斂算，實于左手；一純以委，十則異之，變於右。○於右獲，則自地而實於左手，數至十純則委之；於左獲，則自左手而委於地，數至十純則異之，是其變也。其從横之法則同。其餘如右獲。謂所縮所横。司射復位。釋獲者遂進取賢獲，執以升，自西階，盡階，不升堂，告于賓。賢獲，勝黨之算也。齊之而取其餘。○賢猶多也，賢獲，所多之算。**若右勝，則曰：「右賢於左。」若左勝，則曰：「左賢於右。」以純數告；若有奇者，亦曰奇。**賢，猶勝也。言「賢」者，射之以中爲儁也。假如右勝，告曰：「右賢於左，若于純，若于奇。」**若左右鈞，則左右皆執一算以告，曰：「左右鈞。」降復位，坐，兼斂算，實八算于中，委其餘于中西；興，共而俟。**○斂算或實或委，爲後射豫設也。

右數獲。

司射適堂西，命弟子設豐。將飲不勝者，設豐，所以承其爵也。豐形蓋似豆而卑。**弟子奉豐，升設于西楹之西，乃降。勝者之弟子，洗觶，升酌，南面坐奠于豐上；降，袒執弓，反位。**勝者之弟子，其少者也。耦不酌，下無能也。酌者不授爵，略之也。執弓反射位，不俟其黨，已酌，有事。**司射遂袒執弓，挾一个，搢扑，北面于三耦之南，命三耦及衆賓。勝者，皆袒決遂，執張弓；**執張弓，言能用之也。**不勝者，皆襲，説決拾，卻左手，右加弛弓于其上，遂以執弣。**固襲説決拾矣，復言之者，起勝者也。執弛弓，言不能用之也。兩手執弣，又不得執弦。○弛，尸紙反。**司射先反位。**居前，俟所命來。○所命，謂三耦、衆賓。**三耦及衆射者，皆與其耦進立于射位，北上。司射作升飲者，如作射。一耦進揖，如升射。及階，勝者先升堂，少右；**先升，尊賢也。少右，辟飲者也，亦相飲之位。○疏云：「相飲者皆北面於西階，授者在東，飲者在西。」**不勝者進，北面坐取豐上之觶，興，少退，立卒觶，進，坐奠于豐下，興，揖。**立卒觶，不祭不拜，受罰爵，不備禮也。右手執觶，左手執弓。**不勝者先降，**後升先

降，略之，不由次。與升飲者相左，交于階前，相揖；出于司馬之南，遂適堂西，釋弓，襲而俟。俟復射。**有執爵者。**主人使贊者代弟子酌也。於既升飲，而升自西階，立于序端。**執爵者坐取觶實之，反奠于豐上。升飲者如初。**每者輒酌，以至於徧。**三耦卒飲。賓主人大夫不勝，則不執弓。執爵者取觶降洗，升實之，以授于席前。**優尊也。**受觶，以適西階上，北面立飲；**受罰爵者，不宜自尊別。**卒觶，授執爵者，反就席。大夫飲，則耦不升；**以賓主人飲，耦在上，嫌其升。**若大夫之耦不勝，則亦執弛弓，特升飲。**尊者可以孤，無能對。**衆賓繼飲射爵者辯，乃徹豐與觶。**徹，猶除也。設豐者反豐於堂西，執爵者反觶於篚。

右飲不勝者。

司馬洗爵，升實之，以降，獻獲者于侯。鄉人獲者賤，明其主以侯爲功，得獻也。**薦脯醢，設折俎，俎與薦，皆三祭。**皆三祭，爲其將祭侯也。祭侯，三處也。〇皆三祭，脯之半脡、俎之離肺，皆三也。**獲者負侯，北面拜受爵。司馬西面拜送爵。**負侯，負侯中也。拜送爵不同面者，辟正主也。其設薦俎，西面錯，以南爲上，爲受爵于侯，薦之於位。古文曰「再拜受爵」。〇「負侯北面拜受爵」是「受爵於侯」，下云「左个之西北三步，東面設薦」是「薦之於位」。經言「東面」，註云「西面錯」者，據設人而言。**獲者執爵，使人執其薦與俎從之，適右个，設薦俎。**獲者，以侯爲功，是以獻焉。人，謂主人贊者，上設薦俎者也。爲設籩在東，豆在西，俎當其北也。言使設，新之。〇侯東方幹爲右个，以北面爲正也。〇个音幹。**獲者南面坐，左執爵，祭脯醢；執爵興，取肺，坐祭，遂祭酒；**爲侯祭也。亦二手祭酒，反注，如大射。**興，適左个；中，**

亦如之。先祭左个，後中者，以外即之至中，若神在中也。左个之西北三步，東面設薦俎。獲者薦右東面立飲，不拜既爵。不就乏者，明其享侯之餘也。立飲薦右，近司馬，於是司馬北面。司馬受爵，奠于篚，復位。獲者執其薦，使人執俎從之，辟設于乏南。還設薦俎就乏，明己所得禮也。言「辟之」者，不使當位，辟舉旌偃旌也。設于南，右之也。凡他薦俎，皆當其位之前。○辟，扶益反。獲者負侯而俟。○俟後復射也。

右司馬獻獲者。

司射適階西，釋弓矢，去扑，説決拾，襲；適洗，洗爵；升實之，以降，獻釋獲者于其位，少南。薦脯醢折俎，有祭。不當其位，辟中。釋獲者薦右東面拜受爵，司射北面拜送爵。釋獲者就其薦，坐，左執爵，祭脯醢；興，取肺，坐祭，遂祭酒；興，司射之西，北面立飲，不拜既爵。司射受爵，奠于篚。釋獲者少西辟薦，反位。辟薦少西之者，爲復射，妨司射視算也，亦辟俎。

右司射獻釋獲者，第二番射事竟。

司射適堂西，袒決遂，取弓于階西，挾一个，搢扑，以反位。爲將復射。○司射獻釋獲者，事畢反位。自此下至「退中與算而俟」，言以樂節射之儀。司射又請射命耦，三耦、賓、主人、大夫、衆賓皆拾取矢，司射作上射升射請以樂爲節，三耦、賓、主人、大夫、衆賓卒射，又命取矢乘矢，又視算數獲，又設豐飲不勝者，又拾取矢授有司，乃説侯綱、退旌、退楅、退中與算，共九節，射之第三番也。司射去扑，倚于階西，升請射于賓，如初。賓許。司射降，搢扑，由司馬之南，適堂西，命三耦及衆賓：「皆袒決遂執弓就位。」位，射位也。不言「射」者，以當序取矢。○位，司馬之西南，東面位也。司射先反位。言先三耦及衆賓也。既命之，即反位，不俟之也。曏不言先三耦，未有拾取矢位，無所先。○初，三耦在司射西南，及司馬立司射之南，三耦拾取矢，移位於司馬之西南，是拾取矢時射位始定，故註云「未有拾取矢位，無所先」也。又射者堂下凡三位：堂西南面，比耦之位；司射西南東面，三耦初射之位；司馬西南東面，則拾取矢以後至終射之位也。○先，悉薦反，下同。三耦及衆賓，皆袒決遂，執弓，各以其耦，進，反于射位。以，猶與也。今文「以」爲「與」。

右司射又請射，命耦反射位。

司射作拾取矢。三耦拾取矢如初，反位。賓主人大夫降揖如初。主人堂東，賓堂西，皆袒決遂執弓，皆進階前揖，南面相俟而揖行也。及楅揖，拾取矢如三耦。及楅，當楅東西也。主人西面，賓東面，相揖拾取矢。不北面揖，由便也。卒，北面搢三挾一个，亦於三耦爲之位。○與三耦搢三挾一之處同也。揖退。皆已揖左還，各由其塗反位。賓堂西，主人堂東，皆釋弓矢，襲；及階揖，升堂揖，就席。將袒，先言主人；將襲，先言賓，尊賓也。大夫袒決遂，執弓，就其耦；降袒決遂於堂西，就其耦於射位，與之拾取矢。揖皆進，如三耦。耦東面，大夫西面。大夫進，坐說矢束，說矢束者，下耦，以將拾取。興反位。而后耦揖進，坐兼取乘矢，順羽而興，反位，揖。「兼取乘矢」者，尊大夫，不敢與之拾也。相下相尊，君子之所以相接也。大夫進坐，亦兼取乘矢，如其耦。北面搢三挾一个，亦於三耦爲之位。揖退。耦反位。大夫遂適序西，釋弓矢，襲；升即席。大夫不序於下，尊也。衆賓繼拾取矢，皆如三耦，以

反位。

右三耦、賓、主人、大夫、衆賓皆拾取矢。

司射猶挾一个以進，❶**作上射如初。一耦揖升如初。**進，前也。曏言「還當上耦西面」，是言「進」，終始互相明也。今文或言「作升射」。**司馬升，命去侯。獲者許諾。司馬降，釋弓反位。司射與司馬交于階前，去扑，襲；升請以樂樂于賓。賓許諾。司射降，搢扑，東面命樂正，曰：「請以樂樂于賓，賓許。」**東面，於西階之前也。不就樂正命之者，傳尊者之命於賤者，遥號命之可也。樂正亦許諾，猶北面不還，以賓在堂。○「樂樂」，下字音洛。**司射遂適階間，堂下北面命曰：「不鼓不釋。」**不與鼓節相應，不釋算也。鄉射之鼓五節，歌五終，所以將八矢。一節之間，當拾發，四節四拾，其一節先以聽也。**上射揖。司射退反位。樂正東面命大師，曰：「奏《騶虞》，間若一。」**「東面」者，進還鄉大師也。《騶虞》，《國風·召南》之詩篇也。《射義》曰：「《騶虞》者，樂官備也。」其詩有「一發五豝、五豵，于嗟騶虞」之言，樂得賢者衆多，歎思至仁之人，以充其官。此天子之射節也，而用之者，方有樂賢之志，取其宜也。其他賓客、鄉大夫則歌《采蘋》。「間若一」者，重節。○疏云：「云『間若一者重節』者，謂五節之間，長短、希數皆如一，則是重樂節也。」**大師不興，許諾。樂正退反位。**

右司射請以樂節射。

---

❶「射」，原作「正」，據文淵閣本改。

乃奏《騶虞》以射。三耦卒射。賓主人、大夫、衆賓，繼射。釋獲如初。卒射，降。皆應鼓與歌之節，乃釋算。降者，衆賓。○賓、主人、大夫，卒射皆升堂。**釋獲者執餘獲，升告左右卒射，如初。**卒，已也。今文曰「告于賓」。

右三耦、賓、主人、大夫、衆賓以樂射。

司馬升，命取矢。獲者許諾。司馬降，釋弓反位。弟子委矢，司馬乘之，皆如初。

右樂射取矢、數矢。

司射釋弓視算，如初。算，獲算也。今文曰「視數」也。**釋獲者以賢獲與鈞，告，如初；降復位。**

右樂射視算、告獲。

司射命設豐。設豐實觶，如初。遂命勝者執張弓，不勝者執弛弓，升飲，如初。

右樂射飲不勝者。

司射猶袒決遂，左執弓，右執一个，兼諸弦，面鏃；適堂西，以命拾取矢，如初。側持弦矢曰執。面，猶尚也。并矢於弦，尚其鏃，將止，變於射也。○方持弦矢曰挾者，矢横弦上而持之；側持弦矢曰執者，矢順并於弦而持之。尚其鏃者，鏃向上也。**司射反位。三耦、及賓主人大夫衆賓，皆袒決遂，拾取矢，如初；矢不挾，兼諸弦弣以退，不反位，遂授有司于堂西。**不挾，亦皆執之如司射也。不以反射位，授有司者，射禮畢。○「兼諸弦弣」，疏以爲一矢并於弦，三矢并於弣。**辯拾取矢，揖，皆升就席。**謂賓大夫及衆賓也。相俟堂西，進立于西階之前，主人以賓揖升。大夫及衆賓從升，立時，少退于大夫。三耦及弟子，自若留下。○衆賓，謂堂上三賓。

右拾取矢授有司。

司射乃適堂西，釋弓，去扑，説決拾，襲，反位。○司射扑在階西，今於堂西釋弓，亦去扑，以不復射也。**司馬命弟子説侯之左下綱而釋之，**説，解也。釋之，不復射，奄束之。**命獲者以旌退，命弟子退楅。司射命釋獲者退中與算，而俟。**諸所退，皆俟堂西，備復射也。旌言「以」者，旌恒執也。獲者、釋獲者，亦退其薦俎。○註云「備復射」者，旅酬後容欲燕射也。

右退諸射器，射事竟。

司馬反爲司正，退復觶南而立。當監旅酬。○此下言射訖飲酒之事：旅酬、二人舉觶、徹俎、坐燕、送賓，以至明日拜賜、息司正諸儀，並同鄉飲酒禮。「觶南」者，司正北面監衆之位。**樂正命弟子贊工即位。弟子相工，如其降也，升自西階，反坐。**贊工，遷樂也。降時如初入。**樂正反自西階東，北面。**○「西階東北面」，樂正告樂備後降立之位。遷樂于下，則立阼階東南北面，今當命弟子，又復來此也。遷工反位，爲旅酬後將有無算樂也。**賓北面坐取俎西之觶興，阼階上北面酬主人。主人降席，立于賓東。賓坐奠觶，拜；執觶興。主人答拜。賓不祭，卒觶，不拜，不洗；實之，進東南面。**所不者，酬而禮殺也。賓立飲。○俎西之觶，將射前，一人舉觶于賓，賓奠于薦西者也。**主人阼階上北面拜。賓少退。**少退，少逡遁也。**主人進受觶。賓主人之西，北面拜送。**旅酬而同階，禮殺也。**賓揖就席。主人以觶適西階上酬大夫；大夫降席，立于主人之西，如賓酬主人之禮。**其既實觶，進西南面，立鄉所酬。**主人**

揖就席。若無大夫，則長受酬，亦如之。長，謂以長幼之次酬衆賓。○註「衆賓」，謂堂上三賓。司正升自西階相旅，作受酬者曰：「某酬某子。」某者，字也。某子者，氏也。稱酬者之字，受酬者曰某子，旅酬下爲上，尊之也。《春秋傳》曰：「字不若子。」此言「某酬某子」者，射禮略於飲酒，飲酒言「某子受酬」，以飲酒爲主。受酬者降席。司正退立于西序端，東面。退立，俟後酬者也。始升相，立階西北面。衆受酬者，拜興飲，皆如賓酬主人之禮。辯，遂酬在下者，皆升受酬于西階上。在下，謂賓黨也。《鄉飲酒記》曰：「主人之贊者，西面北上，不與；無算爵然後與。」此異於賓。○疏云：「引《鄉飲酒記》者，欲見主黨不與酬之義。」卒受者以觶降，奠于篚。

右旅酬。

司正降復位，使二人舉觶于賓與大夫。二人，主人之贊者。○以起無算爵。舉觶者皆洗觶，升實之；西階上北面，皆坐奠觶，拜；執觶興。賓與大夫皆席末答拜。舉觶者皆坐祭，遂飲，卒觶，興；坐奠觶，拜；執觶興。賓與大夫皆答拜。舉觶者逆降，洗；升實觶，皆立于西階上，北面東上。賓與大夫拜。舉觶者皆進，坐奠于薦右。坐奠之，不敢授。賓與大夫辭，坐受觶以興。辭，辭其坐奠觶。舉觶者退反位，皆拜送，乃降。賓與大夫坐，反奠于其所，興。不舉者，盛禮已崇。古文曰「反坐」。○退反位，反西階上北面飲酬之位。若無大夫，則唯賓。長一人舉觶，如《燕禮》「媵爵」之爲。

右司正使二人舉觶。

司正升自西階，阼階上受命于主人；適西階上北面請坐于賓。請坐，欲與賓燕，盡殷勤也。至

此，盛禮已成，酒清肴乾，强有力者猶倦焉。賓辭以俎。俎者，肴之貴者也。辭之者，不敢以燕坐褻貴肴。**反命于主人。主人曰：「請徹俎。」賓許。司正降自西階，階前命弟子俟徹俎。**弟子，賓黨也。俎者，主人贊者設之，今賓辭之，使其黨俟徹，順賓意也。上言「請坐于賓」，此言「主人曰」，互相備耳。**司正升立于序端。賓降席，北面。主人降席自南方，阼階上北面。大夫降席，席東南面。**俟弟子升受俎。**賓取俎，還授司正。司正以降，自西階。賓從之降，遂立于階西，東面。司正以俎出，授從者。**授賓家從來者也。古者與人飲食，必歸其盛者，所以厚禮之。**主人取俎，還授弟子。弟子受俎，降自西階，以東。主人降自阼階，西面立。**以東，授主人侍者。**大夫取俎，還授弟子。弟子以降，自西階，遂出授從者。大夫從之，降立于賓南。**凡言「還」者，明取俎各自鄉其席。**衆賓皆降，立于大夫之南，少退，北上。**從降，亦爲將燕。

右請坐燕，因徹俎。

主人以賓揖讓，説屨，乃升。大夫及衆賓，皆説屨，升，坐。「説屨」者，將坐，空屨褻賤，不宜在堂也。説屨則摳衣，爲其被地。○疏云：「尊卑在室，則尊者説屨在户内，其餘説屨於户外；尊卑在堂，則亦尊者一人説屨在堂，其餘説堂下。是以《燕禮》、《大射》，臣皆説屨階下，公不見説屨之文，明公舄在堂。此《鄉飲酒》賓主人行敵禮，故皆説屨堂下也。」**乃羞。**羞，進也。所進者，狗胾醢也。燕設啗具，所以案酒。○啗，徒覽反。**無算爵。使二人舉觶。賓與大夫不興，取奠觶飲，卒觶不拜。**二人，謂鄉者二人也。使之升立于西階上，賓與大夫，將旅，當執觶也。卒觶者固不拜矣，著之者，嫌坐卒爵者拜既爵，此坐于席，禮既殺，不復崇。**執觶者受觶，遂實之。賓觶，以之主人；大夫之觶，長受，**長，衆賓長。**而錯，皆不拜。**錯者，賓主人之觶，以之次賓也。實賓長之觶，以之次大夫。其或多者，迭飲於坐而已。皆不拜受，禮又殺也。○大夫與衆賓等，則得交相酬。或大夫多於賓，或賓多於大夫，則多者無所酬，自與其黨迭飲也。**辯，卒受者興，以旅在下者，于西階上。**衆賓之末，飲而酬主人之贊者；大夫之末，飲而酬賓黨，亦錯焉。不使執觶者酌，以其將旅酬，不以己尊於人也。其末若皆衆賓，則先酬主人之贊者。若皆大夫，則先酬賓黨而已。執觶者酌在上辯，降復位。**長受酬，酬者不拜，乃飲，卒觶，以實之，**言「酬者不拜」者，嫌酬堂下，異位，當拜也。古文曰「受酬者不拜」。**受酬者不拜受。**禮殺，雖受尊者之酬，猶不拜。**辯旅，皆不拜。**主人之贊者，於此始旅，嫌有拜。**執觶者皆與旅。**嫌已飲，不復飲也。上使之勸人耳，非逮下之惠也，亦自以齒與於旅也。**卒受者以虛觶降奠于篚。執觶者洗升實觶，反奠于賓與大夫。**復奠之者，燕以飲酒爲歡，醉乃止，主人之意也。今文無「執觶」，及賓「觶」大夫之「觶」，皆爲「爵」，實觶，觶爲之。○旅於西階上，故卒受者降奠觶。復奠于賓、大夫者，當復相酬以徧，所謂「無算爵」也。**無算樂。**合鄉樂，無次數。

右坐燕，無算爵、無算樂，射後飲酒禮竟。

賓興，樂正命奏《陔》。《陔》，《陔夏》，其詩亡。《周禮》：「賓醉而出，奏《陔夏》。」《陔夏》者，天子、諸侯以鍾鼓，大夫、士鼓而已。**賓降及階，《陔》作。賓出，衆賓皆出，主人送于門外，再拜。**拜送賓于門東，西面。賓不答拜，禮有終。

右賓出，送賓。

明日，賓朝服以拜賜于門外。拜賜，謝恩惠也。**主人不見，如賓服。遂從之，拜辱于門外，乃退。**不見，不褻禮也。拜辱，謝其自屈辱。

右明日拜賜。

主人釋服，乃息司正。釋服，說朝服，服玄端也。息，猶勞也。勞司正，謂賓之，與之飲酒，以其昨日尤勞倦也。《月令》曰：「勞農以休息之。」**無介。**勞禮略，貶於飲酒也。此已下皆記禮之異者。**不殺。**無俎故也。**使人速。**速，召賓。**迎于門外，不拜。入升，不拜至，不拜洗。薦脯醢，無俎。賓酢主人，主人不崇酒，不拜衆賓。既獻衆賓，一人舉觶，遂無筭爵。**言「遂」者，明其間闕也。賓坐奠觶于其所，擯者遂受命于主人，請坐于賓，賓降説屨升坐矣。不言「遂請坐」者，請坐主于無筭爵。**無司正。**使擯者而已，不立之。**賓不與。**昨日至尊不可褻也。古文「與」作「豫」。**徵唯所欲。**徵，召也。謂所欲請呼。**以告于鄉先生君子可也。**告，請也。鄉先生，鄉大夫致仕者也。君子，有大德行不仕者。**羞唯所有。**用時見物。**鄉樂唯欲。**不歌《雅》、《頌》，取《周》、《召》之詩，在所好。

右息司正。

記：

大夫與，則公士爲賓。不敢使鄉人加尊於大夫也。公士，在官之士。鄉賓主用處士。**使能，不宿戒。**能者敏於事，不待宿戒而習之。

其牲，狗也。狗取擇人。**亨于堂東北。**《鄉飲酒義》曰：「祖陽氣之所發也。」

尊，綌冪。賓至，徹之。以綌爲冪，取其堅潔。

蒲筵，緇布純。筵，席也。純，緣。**西序之席，北上。**衆賓統於賓。○堂上自正賓外，衆賓三人而已。今乃有西序東面之席，豈三人非定法歟？疏以爲大夫多，尊東不受，則於尊西，賓近於西，則三賓東面。未知然否。要之爲地狹不容者擬設耳。

獻用爵，其他用觶。爵尊，不可褻也。**以爵拜者，不徒作。**以爵拜，謂拜既爵。徒，猶空也。作，起也。不空起，言起必酢主人。

薦：脯用籩，五膱，祭半膱，横于上；醢以豆，出自東房。膱長尺二寸。脯用籩，籩宜乾物也。醢以豆，豆宜濡物也。膱，猶脡也，爲記者異耳。祭横于上，殊之也，於人爲縮。膱廣狹未聞也。古文「膱」爲「胾」，今文或作「植」。○《曲禮》云：「以脯修置者，左朐右末。」是横設人前，祭半脡横其上，於脯爲横，於人則爲縮也。○膱音職。

俎由東壁，自西階升。狗既亨，載于東方。**賓俎，脊脅肩肺；主人俎，脊脅臂肺，肺皆離，皆右體也。進腠。**以骨名肉，貴骨也。賓俎用肩，主人用臂，尊賓也。離，猶捾也。腠，膚理也。進理，謂前其本。右體，周所貴也。若有尊者，則俎其餘體也。○註「尊者」當作「遵者」，經云「大夫若有遵者」，此所指正大夫也。餘體，謂臑若膊若胳也。

凡舉爵三作，而不徒爵。謂獻賓、獻大夫、獻工，皆有薦。

凡奠者於左。不飲，不欲其妨。**將舉者於右。**便其舉也。

衆賓之長，一人辭洗，如賓禮。尊之於其黨。○疏云：「獻三賓之時，主人唯爲長者一人洗爵。」愚謂此爲衆賓統一洗，但辭之者一人耳。

若有諸公，則如賓禮，大夫如介禮。無諸公，則大夫如賓禮。尊卑之差。諸公，大國之孤也。○鄉射無介，此以飲酒禮中之賓、介，明其差等也。**樂作，大夫不入。**後樂賢也。

樂正與立者齒。謂其飲之次也。尊樂正，同於賓黨。《鄉飲酒·記》曰：「與立者，皆薦以齒。」

三笙一和而成聲。三人吹笙，一人吹和，凡四人也。《爾雅》曰：「笙小者謂之和。」○和，户卧反。

獻工與笙，取爵于上篚。既獻，奠于下篚。其笙，則獻諸西階上。奠爵于下篚，不復用也。今文無「與笙」。

立者，東面北上。賓黨。○疏云：「此謂來觀禮者，與堂下衆賓齒。」

司正既舉觶，而薦諸其位。薦於觶南。

三耦者，使弟子，司射前戒之。弟子，賓黨之少者也。前戒，謂先射請，戒之。○請射于賓之前即戒之也。

司射之弓矢與扑，倚于西階之西。便其事也。○扑，普卜反。

司射既袒決遂而升，司馬階前命張侯，遂命倚旌。著並行也。古文曰「遂命獲者倚旌」。○司射升堂告賓請射之時，司馬階前即命張侯倚旌。❶經文序司射事訖，乃及司馬，故記著其行事相並也。

---

❶「司馬階前」以下，文淵閣本有「司馬即階令倚旌，此皆同時，故鄭云『著並行事也』」凡十九字。

凡侯，天子熊侯，白質；諸侯麋侯，赤質；大夫布侯，畫以虎豹；士布侯，畫以鹿豕。此所謂獸侯也，燕射則張之。鄉射及賓射，當張采侯二正，而記此者，天子諸侯之燕射，各以其鄉射之禮而張此侯，則經獸侯是也。由是云焉，白質赤質，皆謂采其地，其地不采者，白布也。熊麋虎豹鹿豕，皆正面畫其頭，象於正鵠之處耳。君畫一，臣畫二，陽奇陰耦之數也。燕射射熊虎豹，不忘上下相犯；射麋鹿豕，志在君臣相養。其畫之，皆毛物之。○侯制有三，大射、賓射、燕射。大射之侯用皮，王三等，虎、熊、豹；諸侯二等，熊、豹；卿大夫用麋，所謂「棲皮之鵠」，《梓人》云「張皮侯而棲鵠，則春以功」是也。賓射之侯用布，畫以爲正，王五正，中朱、次白、次蒼、次黄，而玄在外；諸侯三正，損玄、黄；大夫、士二正，去白、蒼，畫朱、緑，所謂「畫布曰正」，《梓人》云「張五采之侯，則遠國屬」是也。燕射之侯，畫獸以象正鵠，此記所言是也，《梓人》亦云「張獸侯以息燕」也。此鄉射當張采侯二正，而記燕射之侯者，以燕射亦用此鄉射之禮，但張侯爲異耳。疏云：「據大射之侯若賓射之侯，則三分其侯，正居一焉。若燕射之侯，則獸居一焉，故云『象其正鵠之處』。」**凡畫者，丹質。**賓射之侯、燕射之侯，皆畫雲氣於側以爲飾，必先以丹采其地。丹淺於赤。

射自楹間。物長如笴，其間容弓，距隨長武。自楹間者，謂射於庠也。楹間，中央，東西之節也。物，謂射時所立處也，謂之物者，物猶事也，君子所有事也。長如笴者，謂從畫之長短也。笴，矢幹也，長三尺，與跬相應，射者進退之節也。間容弓者，上下射相去六尺也。距隨者，物横畫也。始前足至東頭，爲距；後足來合而南面，爲隨。武，跡也，尺二寸。○榭鉤楹内，堂由楹外，雖不同，皆當以楹中央爲東西之節。註云「謂射於庠」，恐未是。**序則物當棟，堂則物當楣。**是制五架之屋也。正中曰棟，次曰楣，前曰庋。○序無室，堂有室，故物深淺異設。此物南北之節也。

命負侯者，由其位。於賤者禮略。○司馬自在己位，遥命之。

凡適堂西，皆出入于司馬之南。唯賓與大夫，降階，遂西取弓矢。尊者宜逸，由便也。

旌，各以其物。旌，總名也。雜帛爲物，大夫士之所建也。言「各」者，鄉射或於庠，或於榭。○疏云：「《周禮·司常》云『九旗，通帛爲旜，雜帛爲物，全羽爲旞，析羽爲旌』，各别。今名物爲旌者，散文通，故云『旌，總名也』。『通帛』者，通體並是絳帛。『雜帛』者，中絳，緣邊白也。大夫、士同建物，而云『各』者，大夫五仞，士三仞，不同也。」旌，射時獲者所執，各用平時所建，故云「各以其物」也。**無物，則以白羽與朱羽糅，杠長三仞，以鴻脰韜上，二尋。**無物者，謂小國之州長也。其鄉大夫一命，其州長士不命。不命者無物。此翿旌也。翿亦所以進退衆者。糅者，雜也。杠，橦也。七尺曰仞。鴻，鳥之長脰者也。八尺曰尋。今文「糅」爲「縮」，「韜」爲「翿」。○不命之士不得用物，則以赤白雜羽爲翿旌以射。其杠三仞，又以鴻脰韜杠之上，長二尋。鴻脰之制，註疏皆不言，疑亦縫帛爲之，其圓長若鴻項然也。○糅，女又反。杠音江。脰音豆。韜，吐刀反。翿，徒刀反。橦，直江反。

凡挾矢，於二指之間，横之。二指，謂左右手之第二指，此以食指將指挾之。○將，子匠反。

司射在司馬之北。司馬無事，不執弓。以不主射故也。

始射，獲而未釋獲；復釋獲；復用樂行之。君子取人以漸。

上射於右。於右物射。

楅，長如笴，博三寸，厚寸有半，龍首，其中蛇交，韋當。博，廣也。兩端爲龍首，中央爲蛇身相交也。蛇龍，君子之類也。交者，象君子取矢於楅上也。直心背之衣曰當，以丹韋爲之。司馬左右撫矢而乘之，分委於當。○「韋當」者，以韋束楅之中央，如人心背之衣也。**楅，髤，横而奉之，南面坐而奠之，南北當洗。**髤，赤黑漆也。○楅用漆爲飾。設之者横而奉之，南面坐奠中庭，其南北與洗相直。○髤，虚求反。

射者有過則撻之。過，謂矢揚中人。凡射時，矢中人，當刑之。今鄉會衆賢，以禮樂勸民，而射者中人，本意在侯，去傷害之心遠，是以輕之，以扑撻於中庭而已。《書》曰：「扑作教刑。」

衆賓不與射者，不降。不以無事亂有事。古文「與」爲「豫」。

取誘射之矢者，既拾取矢，而后兼誘射之乘矢而取之。謂反位已，禮成，乃更進取之，不相因也。○疏曰：「云『不相因』者，既自拾取己之乘矢，反位，東西望訖，上射乃更向前兼取誘射之矢。禮以變爲敬，故不相因。」註所謂「反位已」者，非司馬西南東面之位，乃楅東西取矢之位，前經所云「上射東面，下射西面」者也。但彼處疏云是下射取之，此乃云上射，未審何者爲是。

賓主人射，則司射擯升降，卒射即席，而反位卒事。擯賓、主人升降者，皆尊之也。不使司馬擯其升降，主於射。○司馬本是司正，不主射事。

鹿中，髤，前足跪，鑿背容八算。釋獲者奉之，先首。前足跪者，象教擾之獸，受負也。○先首，首向前也。

大夫降，立于堂西，以俟射。尊大夫，不使久列於射位。○賓、主人、大夫同時降，賓主先射，大夫且立于堂西，其耦在射位，侯當射，大夫乃就其耦升射。**大夫與士射，袒纁襦。**不肉袒，殊於耦。○襦，如朱反。**耦少退于物。**下大夫也。既發則然。

司射，釋弓矢視算，與獻釋獲者釋弓矢。惟此二事，休武主文，釋弓矢耳。然則擯升降不釋。

禮射不主皮。主皮之射者，勝者又射，不勝者降。禮射，謂以禮樂射也，大射、賓射、燕射，是矣。不主皮者，貴其容體比於禮，其節比於樂，不得中爲雋也。言「不勝者降」，則不復升射也。主皮者，無侯，張獸皮而射之，主於獲也。《尚書傳》曰：「戰鬭不可不習，故於蒐狩以閑之也。閑之者，貫之也。貫之者，習之也。凡祭，取餘獲陳於澤，然後卿大夫相與射也。中者，雖不中也取；不中者，雖中也不取。何以然？所以貴揖讓之取也，而賤勇力之取。鄉之取也於囿中，勇力之取；今之取也於澤宮，揖讓之取也。」澤，習禮之處，非所於行禮，其射又主中，此主皮之射與？」天子大射張皮侯，賓射張五采之侯，燕射張獸侯。○「不主皮」，當依《論語》作「主於中而不主於貫革」爲確。貫革之射，習戰之射也。其射當亦三番，故勝者又射，不勝者則不復射也。

主人亦飲于西階上。就射爵而飲也。己無俊才，不可以辭罰。○疏云：「此謂主人在不勝之黨受罰爵之時也。」

獲者之俎：折脊脅肺臑。臑，若膊胳觳之折，以大夫之餘體。○註言「臑若膊胳觳之折」者，見科取其一不定，有臑則用臑，無臑則三者皆可用之，唯視大夫之有無、多寡，取其餘體而已。○臑，奴報反。

東方謂之右个。侯以鄉堂爲面也。

釋獲者之俎：折脊脅肺。皆有祭。皆，皆獲者也。祭，祭肺也。以言肺，謂刌肺不離，嫌無祭肺。○獲者、釋獲者之俎，切肺之外，皆别有祭肺。○刌，寸本反，寸上聲，割也。

大夫説矢束，坐説之。明不自尊别也。○謂拾取矢時。

歌《騶虞》、若《采蘋》，皆五終。射無算。謂衆賓繼射者，衆賓無數也。每一耦射，歌五終也。

古者，於旅也語。禮成樂備，乃可以言語，先王禮樂之道也。疾今人慢於禮樂之盛，言語無節，故追道古也。**凡旅，不洗。**敬殺。**不洗者，不祭。**不盛。**既旅，士不入。**從正禮也。既旅，則將燕矣。士入，齒於鄉人。○「從正禮」當是「後正禮」。

大夫後出。下鄉人，不干其賓主之禮。**主人送于門外，再拜。**拜送大夫，尊之也。主人送賓還，入門，揖，大夫乃出，拜送之。

鄉侯，上个五尋。上个，爲最上幅也。八尺曰尋。上幅用布四丈。○横長之數。**中十尺。**方者也，用布五丈。❶ 今官布，幅廣二尺二寸，旁削一寸。《考工記》曰「梓人爲侯，廣與崇方」，謂中也。○中，即正也。廣崇皆十尺，布幅廣二尺，故用布五丈。**侯道五十弓，弓二寸，以爲侯中。**言侯中所取數也。量侯道以貍步，而云弓者，侯之所取數，宜用射器也。正二寸者，骹中之博也。今文改「弓」爲「肱」也。○侯之遠近五十弓，每弓取二寸以爲侯中之數，故中十尺也。骹中之博，謂弓弣把中側骨之處博二寸。○骹，苦交反。

---

❶ 「丈」，原作「尺」，據薈要本、文淵閣本改。

倍中以爲躬。躬，身也，謂中之上下幅也。用布各二丈。○中上、中下，各橫接一幅，長二丈。**倍躬以爲左右舌。**謂上个也。居兩旁，謂之个；左右出，謂之舌。○即最上四丈之橫幅，隨所目而異名。左右出各一丈。**下舌半上舌。**半者，半其出於躬者也。用布三丈。所以半上舌者，侯，人之形類也，上个象臂，下个象足，中人張臂八尺，張足六尺，五八四十，五六三十，以此爲衰也。凡鄉侯用布十六丈，數起侯道五十弓，以計，道七十弓之侯，用布二十五丈二尺；道九十弓之侯，用布三十六丈。○用布三丈，橫綴下躬之下，左右出於躬各五尺。

箭籌八十。箭，篠也。籌，算也。籌八十者，略以十耦爲正，貴全數。其時衆寡從賓。○箭，竹也，以竹爲籌，釋獲者所執之算也。人四矢，耦八籌也。○篠，息小反。**長尺有握，握素。**握，本所持處也。素，謂刊之也。「握」本一作「膚」。○握，四指，即四寸。算長尺四寸，其四寸，則刊之使白也。

楚扑長如笴。刊本尺。刊其可持處。○刊，削之也。○刊，苦干反。

君射，則爲下射。上射退于物，一笴。既發，則答君而俟。答，對也。此以下，雜記也。今文「君射則爲下」。**君，樂作而后就物。君，袒朱襦以射。**君尊。**小臣以巾執矢以授。**君尊，不搢矢，不挾矢。授之，稍屬。**若飲君，如燕，則夾爵。**謂君在不勝之黨也。賓飲君，如燕，賓媵觚于公之禮，則夾爵。夾爵者，君既卒爵，復自酌。**君，國中射，則皮樹中，以翿旌獲，白羽與朱羽糅；**國中，城中也，謂燕射也。

皮樹，獸名。以翿旌獲，尚文德也。今文「皮樹」爲「繁豎」，「糅」爲「縚」。❶古文無「以」。○知城中是燕射者，燕在寢故也。賓射、大射，則不在國中，以其燕主歡心，故旌從不命之士。**於郊，則閭中，以旌獲；**於郊，謂大射也。大射於大學，《王制》曰：「小學在公宮之左，大學在郊。」閭，獸名，如驢，一角；或曰：如驢岐蹄。❷《周書》曰：「北唐以閭。」析羽爲旌。○疏云：「云『大射於大學』者，據諸侯而言也。天子大射則虞庠小學，以天子大學在國中，小學在郊。」**於竟，則虎中，龍旜。**於竟，謂與鄰國君射也。畫龍於旜，尚文章也。通帛爲旜。○與鄰國君射，則賓射也。**大夫，兕中，各以其物獲。**兕，獸名，似牛，一角。○大國、小國，大夫命數不同，故云「各以其物」。**士，鹿中，翿旌以獲。唯君有射于國中，其餘否。**臣不習武事於君側也。古文「有」作「又」。今文無「其餘否」。**君在，大夫射，則肉袒。**不袒纁襦，厭於君也。今文無「射」。

---

❶ 「糅」，原作「𥝉」，據薈要本、文淵閣本改。

❷ 「驢」，原作「閭」，據薈要本、文淵閣本改。

儀禮　鄭氏註

濟陽張爾岐句讀

燕禮第六鄭《目録》云：「諸侯無事，若卿大夫有勤勞之功，與群臣燕飲以樂之。燕禮於五禮屬嘉禮。大戴第十二，小戴及《别録》皆第六。」○疏曰：「案上下經註，燕有四等。《目録》云『諸侯無事』而燕，一也；卿大夫有王事之勞，二也；卿大夫有聘而來還，與之燕，三也；四方聘客，與之燕，四也。」

燕禮：小臣戒與者。小臣相君燕飲之法。戒與者，謂留群臣也。君以燕禮勞使臣，若臣有功，故與群臣樂之。小臣則警戒告語焉。飲酒以合會爲歡也。○自此至「公升就席」，皆燕初戒備之事。有戒與設具，有納諸臣立於其位，有命大夫爲賓，有請命執役，有納賓，凡五節。疏云：「《周禮·太僕》職云『王燕飲則相其法』，《小臣》職云『凡大事佐太僕』，則王燕飲，太僕相，小臣佐之。此諸侯禮，降於天子，故宜使小臣相。下文『小臣師一人在東堂下』，師，長也。」諸侯小臣之長，猶天子之有太僕，正君之服位者也。**膳宰具官饌于寢東。**膳宰，天子曰「膳夫」，掌君飲食膳羞者也。具官饌，具其官之所饌，謂酒也、牲也、脯醢也。

寢，路寢。**樂人縣**。縣，鍾磬也。國君無故不撤縣，言「縣」者，爲燕新之。**設洗篚于阼階東南，當東霤；罍水在東；篚在洗西，南肆**。**設膳篚在其北，西面**。設此不言其官，賤也。當東霤者，人君爲殿屋也，亦南北以堂深。肆，陳也。膳篚者，君象觚所饌也，亦南陳。言「西面」，尊之異其文。○疏云：「漢時殿屋，四向流水，故舉漢以況周。言『東霤』，明亦有西霤。」**司宮尊于東楹之西，兩方壺，左玄酒，南上。公尊瓦大兩，有豐，冪用綌**音隙**若錫，在尊南，南上。尊士旅食于門西，兩圜壺**。司宮，天子曰「小宰」，聽酒人之成要者也。尊方壺，爲卿大夫士也，臣道直方。於東楹之西，予君專此酒也。《玉藻》曰：「唯君面尊。」玄酒在南，順君之面也。瓦大，有虞氏之尊也。《禮器》曰：「君尊瓦甒。」豐形似豆，卑而大。冪用綌若錫，冬夏異也。在尊南，在方壺之南也。尊士旅食者用圜壺，變於卿大夫也。旅，衆也。士衆食，謂未得正禄，所謂「庶人在官者」也。今文「錫」爲「緆」音昔。○諸侯之司宮與天子之小宰所掌同。公席，阼階上西向，尊在東楹之西，南北並列，尊面向君設之，與《鄉飲酒》賓主共之者不同，故註云「予君專此酒也」。「在尊南」，註云「在方壺之南」，謂瓦大在方壺南，疏以爲其冪，未是。「南上」，亦玄酒在左也。圜壺無玄酒。○大音泰。綌，去逆反。錫，悉歷反。圜音圓。甒，亡甫反。緆，悉歷反。**司宮筵賓于户西，東上，無加席也**。筵，席也。席用蒲筵緇布純，無加席，燕私禮，臣屈也。諸侯之官，無司几筵也。○諸侯兼官，使司宮設尊並設席。○純，之閏反，又章允反。**射人告具**。告事具於君。射人主此禮，以其或射也。○《周禮》射人「掌三公孤卿大夫之位」，又「以射法治射儀」。

右告戒，設具。

小臣設公席于阼階上，西鄉，設加席。公升，即位于席，西鄉。《周禮》：「諸侯昨席，莞音官筵紛純，加繅席畫純。」後設公席者，凡禮，卑者先即事，尊者後也。○註引《周禮·司几筵》文。昨，音義如「酢」。酢席，祭祀受酢之席也。引之者，欲見燕席與酢席同。○莞音官。**小臣納卿大夫，卿大夫皆入門右，北面東上。士立于西方，東面北上。祝史立于門東，北面東上。小臣師一人在東堂下，南面。士旅食者立于門西，東上。**納者，以公命引而入也。自士以下，從而入即位耳。師，長也。小臣之長一人，猶天子大僕，正君之服位者也。凡入門而右，由闑東；左則由闑西。○疏云：「『卿大夫入門右，北面東上』，此是擬君揖位，君爾之，始就庭位。『士立于西方，東面北上』，此士之定位，士賤，不待君揖即就定位也。」又云：「註『凡入門而右，由闑東』者，臣朝君之法；『左則由闑西』者，聘賓入門之法。」**公降立于阼階之東南，南鄉爾卿，卿西面北上；爾大夫，大夫皆少進。**爾，近也，移也，揖而移之近之也。大夫猶北面，少前。

右君臣各就位次。

射人請賓。命當由君出也。○疏云：「其君南面，射人北面請可知。」**公曰：「命某爲賓。」**某，大夫也。**射人命賓，賓少進，禮辭。**命賓者，東面南顧。禮辭，辭不敏也。**反命。**射人以賓之辭告於君。**又命之，賓再拜稽首許諾。**又，復。**射人反命。**告賓許。**賓出，立于門外，東面。**當更以賓禮入。**公揖卿大夫，乃升就席。**揖之，人之也。

右命賓。

小臣自阼階下，北面請執冪者、與羞膳者。執冪者，執瓦大之冪也。方圜壺無冪。羞膳，羞於公，謂庶羞。**乃命執冪者。執冪者升自西階，立于尊南，北面東上。**以公命，於西階前命之也。東上，玄酒之冪爲上也。羞膳者，從而東，由堂東升自北階，房中西面南上。不言之者，不升堂，略之也。**膳宰請羞于諸公卿者。**小臣不請而使膳宰，於卑者彌略也。禮以異爲敬。

右請命執役者。

射人納賓。射人，爲擯者也。今文曰「擯者」。**賓入，及庭，公降一等揖之。**及，至也。至庭，謂既入而左，北面時。**公升就席。**以其將與主人爲禮，❶不參之也。

右納賓。

賓升自西階。主人亦升自西階，賓右北面至再拜。賓答再拜。主人，宰夫也。宰夫，太宰之屬，掌賓客之獻飲食者也。其位在洗北西面。君於其臣，雖爲賓，不親獻，以其尊莫敢伉禮也。「至再拜」者，拜賓來至也。天子膳夫爲獻主。〇「主人亦升自西階」者，代君爲獻主，不敢由阼階也。自此至「以虚爵降奠于篚」，主人獻賓、賓酢主人、主人獻公、主人受公酢、主人酬賓、二人媵觶于公、公取媵觶酬賓遂旅酬，凡七

❶ 「將」，原脱，據薈要本、文淵閣本補。

節。此初燕之盛禮也。**主人降洗，洗南西北面。**賓將從降，鄉之。**賓降，階西，東面。主人辭降。賓對。**對，答。**主人北面盥，坐取觚洗。賓少進辭洗。主人坐奠觚于篚，興對。賓反位。**「賓少進」者，又辭，宜違其位也。獻不以爵，辟正主也。古文「觚」皆爲「觶」。○凡觴，一升曰爵，二升曰觚，三升曰觶，四升曰角，五升曰散。**主人卒洗。賓揖，乃升。**賓每先升，尊也。**主人升。賓拜洗。主人賓右奠觚答拜，降盥。**主人復盥。爲拜，手坋塵也。○坋，步困反。**賓降。主人辭。賓對。卒盥。賓揖升。主人升，坐取觚。**取觚，將就瓦大酌膳。**執冪者舉冪。主人酌膳。執冪者反冪。**君物曰膳，膳之言善也。酌君尊者，尊賓也。**主人筵前獻賓。賓西階上拜，筵前受爵，反位。主人賓右拜送爵。**賓既拜，前受觚，退復位。**膳宰薦脯醢。賓升筵。膳宰設折俎。**折俎，牲體骨也。《鄉飲酒記》曰：「賓俎，脊脅肩肺。」○引《鄉飲酒記》，明此亦同也。**賓坐，左執爵，右祭脯醢，奠爵于薦右；興取肺，坐絕祭，嚌之；興加于俎，坐挩手，執爵，遂祭酒；興，席末坐啐酒；降席，坐奠爵，拜，告旨；執爵興。主人答拜。**降席，席西也。旨，美也。○疏云：「『降席，坐奠爵，拜』，鄭云『降席，席西』，不言面。案前例，降席席西拜者，皆南面，拜訖則告旨。」**賓西階上北面坐卒爵；興，坐奠爵，遂拜。主人答拜。**遂拜，拜既爵也。

右主人獻賓。

賓以虛爵降。將酢主人。**主人降。賓洗南坐奠觚，少進辭降。主人東面對。**上既言爵矣，復言觚者，嫌易之也。《大射禮》曰：「主人西階西東面少進對。」今文從此以下，「觚」皆爲「爵」。**賓坐取觚，奠**

于篚下，盥洗。篚下，篚南。主人辭洗。謙也。今文無「洗」。賓坐奠觚于篚，興對；卒洗；及階，揖升。主人升，拜洗如賓禮。賓降盥。主人降。賓辭降，卒盥，揖升；酌膳、執冪如初，以酢主人于西階上。主人北面拜受爵。賓主人之左拜送爵。賓既南面授爵，乃之左。主人坐祭，不啐酒，辟正主也。未薦者，臣也。○正主人皆有啐酒，唯不告旨。賓獻訖即薦脯醢，此主人是臣，故酢時不薦，至獻大夫後，乃薦于洗北。不拜酒，不告旨，主人之義。遂卒爵；興，坐奠爵，拜；執爵興。賓答拜。主人不崇酒，以虛爵降奠于篚。崇，充也。不以酒惡謝賓，甘美君物也。

右賓酢主人。

賓降，立于西階西。既受獻矣，不敢安盛。射人升賓。賓升立于序内，東面。東西墻謂之序。《大射禮》曰：「擯者以命升賓。」主人盥，洗象觚，升實之，東北面獻于公。象觚，觚有象骨飾也。取象觚者東面。公拜受爵。主人降自西階，阼階下北面拜送爵。士薦脯醢，膳宰設折俎，升自西階。薦，進也。《大射禮》曰：「宰胥薦脯醢，由左房。」○疏云：「凡此篇内公應先拜者，皆後拜之，尊公故也。此公先拜受爵者，受獻，禮重也。」又云：「引《大射禮》者，證此脯醢從左房來。天子、諸侯有左右房，故言左房。大夫、士無右房，故言東房。」公祭如賓禮。膳宰贊授肺。不拜酒，立卒爵；坐奠爵，拜；執爵興。凡異者，君尊，變於賓也。主人答拜，升受爵以降，奠于膳篚。

右主人獻公。

更爵，洗，升酌膳酒，以降；酢于阼階下，北面坐奠爵，再拜稽首。公答再拜。更爵者，不敢襲至尊也。古文「更」爲「受」。○疏云：「獻君、自酢，同用觚，必更之者，不敢因君之爵。」**主人坐祭，遂卒爵，再拜稽首。公答再拜。主人奠爵于篚。**

右主人自酢于公。

主人盥洗，升媵觚于賓，酌散，西階上坐奠爵，拜賓。賓降筵，北面答拜。媵，送也，讀或謂揚，揚，舉也。酌散者，酌方壺酒也。於膳爲散。今文「媵」皆作「騰」。○疏云：案賓前受獻訖，「立于序内」以來，未有升筵之事，且《鄉飲酒》、《大射》酬前，賓皆無逆在席者，此言「降筵」，蓋誤。○媵，以證反。散，思旦反。**主人坐祭，遂飲。賓辭。卒爵拜。賓答拜。**辭者，辭其代君行酒，不立飲也，此降於正主酬也。**主人降洗。賓降。主人辭降。賓辭洗。卒洗，揖升。不拜洗。**不拜洗，酬而禮殺。**主人酌膳。賓西階上拜，**拜者，拜其酌也。❶**受爵于筵前，反位。主人拜送爵。賓升席，坐祭酒，遂奠于薦東。**遂者，因坐而奠，不北面也。奠之者，酬不舉也。○疏曰：「案《鄉飲酒》、《鄉射》主人酬賓，皆主人實觶，席前北面，賓始西階上拜；此及《大射》，主人始酌膳時賓已西階上拜者，以其《燕禮》、《大射》皆是主人代君勸酒，其賓是臣，急承君勸，不敢安暇，故先拜也。」**主人降復位。賓降筵西，東南面立。**賓不立於序内，位彌尊也。

---

❶ 「也」，薈要本改作「己」。

位彌尊者，其禮彌卑，記所謂「一張一弛」者，是之類與？○疏云：賓初得獻，立序內；此酬訖，立席西，漸近賓筵，是「位彌尊」。酬禮漸殺，故云「禮彌卑」也。

右主人酬賓。

小臣自阼階下請媵爵者。公命長。命長，使選卿大夫之中長幼可使者。○「媵爵者」，舉爵于公，以爲旅酬之端也。「長幼可使」，當云「年長而可使者」。**小臣作下大夫二人媵爵。**作，使也。卿爲上大夫，不使之者，爲其尊。**媵爵者阼階下皆北面再拜稽首。公答再拜。**再拜稽首，拜君命也。**媵爵者立于洗南，西面北上，序進盥洗角觶；升自西階，序進酌散；交于楹北，降，阼階下皆奠觶再拜稽首；執觶興。公答再拜。**序，次第也，猶代也。楹北，西楹之北也。交而相待於西階上，既酌，右還而反，往來以右爲上。○疏云：「西面北上，未盥相待之位。序進盥，則北面向洗。」又云：二大夫，先升者由西楹之北向散尊酌訖，右還復由西楹之北，向西階上北面相待；後升者亦由西楹之北進向尊所，酌訖，右還而反。二人往來相遇于楹之北，先酌者待後酌者至，乃次第而降，故註云「交而相待於西階上」。**媵爵者皆坐祭，遂卒觶；興，坐奠觶，再拜稽首；執觶興。公答再拜。媵爵者執觶待于洗南。**待君命也。❶**小臣請致者。**請使一人與？二人與？優君也。○或皆致，或一人致，取君進止。**若君命皆致，則序進奠觶于篚，阼**

❶「君命」二字，原互倒，據鄭注改。

階下皆再拜稽首。公答再拜。媵爵者洗象觶，升實之；序進，坐奠于薦南，北上；降，阼階下皆再拜稽首送觶。公答再拜。序進，往來由尊北，交於東楹之北。奠于薦南，不敢必君舉也。《大射禮》曰：「媵爵者皆退反位。」○疏云：前二人酌酒，降自西階，故交於西楹之北；此酌酒，奠於君所，故交於東楹之北。先酌者東面酌訖，由尊北，又楹北，往君所奠訖，右還而反；後酌者亦於尊北，又於楹北，與反者相交。先者於南西過，後者於北東行，奠訖，亦右還而反，相隨降自西階。凡奠爵，將舉者於右，今媵爵於公，爲將舉旅，當奠薦右，而奠於薦左是，不敢必君之舉也。引《大射禮》者，見此二人阼階下拜訖，亦反門右北面位也。

右二人媵爵於公。

公坐取大夫所媵觶，興以酬賓。賓降，西階下再拜稽首。公命小臣辭。賓升成拜。興以酬賓，就其階而酬之也。升成拜，復再拜稽首也。先時君辭之，於禮若未成然。**公坐奠觶，答再拜；執觶興，立卒觶。賓下拜。小臣辭。賓升再拜稽首。**不言「成拜」者，爲拜故下，實未拜也。下不輒拜，禮殺也。此賓拜于君之左，不言之者，不敢敵偶於君。**公坐奠觶，答再拜；執觶興。賓進受虛爵，降奠于篚，易觶洗。**君尊不酌故也。凡爵不相襲者，於尊者言「更」，自敵以下言「易」，更作新，易有故之辭。進受虛爵，尊君也。不言「公酬賓於西階上」及「公反位」者，亦尊君，空其文也。○愚謂「易」猶「更」也，不敢襲用君爵，尊君也。註於「更」、「易」二義，太生分別，疏家援證雖多，亦未見確據。**公有命，則不易不洗，反升酌膳觶，**

下拜。小臣辭。賓升，再拜稽首。下拜，下亦未拜。凡下未拜有二，或禮殺，或君親辭。君親辭，則聞命即升，升乃拜，是以不言「成拜」。**公答再拜。**拜於阼階上也。於是賓請旅侍臣。**賓以旅酬於西階上。**旅，序也。以次序勸卿大夫飲酒。**射人作大夫，長升受旅。**言「作大夫」，則卿存矣。長者，尊先而卑後。○卿稱上大夫，旅三卿徧，次至五大夫。**賓，大夫之右坐奠觶拜，執觶興。大夫答拜。**賓在右者，相飲之位。○疏云：賓在西階上酬卿，賓與卿並北面，賓在東，卿在西，是賓在大夫之右。賓位合在西，而今在東者，相飲之位也。**賓坐祭立飲，卒觶不拜。**酬而禮殺。○對酢之時，坐卒爵、拜既爵，是禮盛也。**若膳觶也，則降更觶洗，升實散，大夫拜受，賓拜送。**言「更觶」，卿尊也。○膳觶本非臣所可襲，以君命故，得一用。至酌他人，則必更矣。註釋「更」字義，亦未可信。**大夫辯受酬，如受賓酬之禮，不祭。卒受者以虛觶降奠于篚。**卒，猶後也。《大射禮》曰：「奠于篚，復位。」今文「辯」皆作「徧」。○辯受酬，皆拜受拜送。但賓初酬有坐祭，後酬者則不祭，爲異。云「大夫辯受酬」，不及於士也。註引《大射禮》奠觶復位，復門右北面之位。

右公舉媵爵酬賓，遂旅酬，初燕盛禮成。

主人洗，升，實散，獻卿于西階上。酬而後獻卿，別尊卑也。飲酒成於酬也。○成於酬，謂成於旅酬。自此至「降奠于篚」，主人獻卿、又二大夫媵觶於公、公又舉媵酬賓若長遂旅酬，凡三節。此獻卿而酬，燕禮之稍殺也。**司宮兼卷重席，設于賓左，東上。**言「兼卷」，則每卿異席也。重席，重蒲筵緇布純也。卿坐東上，統於君也。席自房來。○重席，但一種席，重設之，故註云「重蒲筵緇布純也」。加席，則於席上設異席，如《公食大夫記》云「司宮具几，與蒲筵常，緇布純；加萑席尋，玄帛純」是也。○卷，居遠反。重，直容反。**卿升，拜受觚。主人拜送觚。卿辭重席。司宮徹之。**徹，猶去也。重席雖非加，猶爲其重累去之，辟君也。○以君有加席兩重，此雖蒲筵一種重設，嫌其兩重，與君同也。**乃薦脯醢。卿升席坐，左執爵，右祭脯醢，遂祭酒，不啐酒；降席，西階上北面坐卒爵；興，坐奠爵，拜；執爵興。主人答拜，受爵。卿降復位。**不酢，辟君也。卿無俎者，燕主於羞。○獻公，主人酢于阼階下，此不酢者，嫌與獻公同也。**辯獻卿。主人以虚爵降，奠于篚。**今文無「奠于篚」。**射人乃升卿。卿皆升就席。若有諸公，則先卿獻之，如獻卿之禮；**諸公者，謂大國之孤也。孤一人，言「諸」者，容牧有三監。○鄭司農註《典命》云：「上公得置孤卿一人。」後鄭從之，是孤卿本一人也。《王制》云：「天子使其大夫爲三監，監於方伯之國，國三人。」是方伯之國或有三公，故云「諸公」也。疏又云：立三監，是殷法；周使伯佐牧，不置監，其有監者，因殷不改者也，故鄭云「容」，容有異代之法也。**席于阼階西，北面東上，無加席。**席孤北面，爲其大尊，屈之也。亦因阼階西位近君，近君則屈。親寵苟敬私昵之坐。

右主人獻卿或獻孤。

小臣又請媵爵者。二大夫媵爵如初。又，復。○二大夫媵爵，自「阼階下皆北面再拜稽首」至「執觶待于洗南」，皆與前「二人媵爵」者同也。**請致者。若命長致，則媵爵者奠觶于篚，一人待于洗南。長**

致，致者阼階下再拜稽首。公答再拜。命長致者，公或時未能舉，自優暇也。○前媵爵云「若命皆致」，此媵爵云「若命長致」，皆不定之辭，非謂前必二人，後必一人也，欲互見其儀耳。**洗象觶，升實之，坐奠于薦南；降，與立于洗南者二人皆再拜稽首送觶。公答再拜。**奠于薦南者，於公所用酬賓觶之處。二人俱拜，以其共勸君。○前二人媵觶，奠二觶於薦南，公取上觶爲賓舉旅，下觶仍在。今又媵一觶，奠于薦南，知其在公所用酬賓觶之空處也。

右再請二大夫媵觶。

公又行一爵，若賓、若長，唯公所酬。一爵，先媵者之下觶也。若賓若長，則賓禮殺矣。長，公卿之尊者也。賓則以酬長，長則以酬賓。**以旅于西階上，如初。大夫卒受者以虛觶降，奠于篚。**○疏曰：「言『如初』者，一如上爲賓舉旅之節。」

右公又行爵爲卿舉旅，燕禮之再成。

主人洗升，獻大夫于西階上。大夫升，拜受觚。主人拜送觚。大夫坐祭，立卒爵，不拜既爵。主人受爵。大夫降復位。既，盡也。不拜之者，禮又殺。○前獻卿不酢，已是禮殺，今獻大夫，不但不酢，又不拜既爵，故云「禮又殺」。自此下至樂正告公，主人獻大夫，未及旅而樂作，獻工後乃舉旅，旅已，奏笙，間歌，合樂，爵樂更作以成三旅，禮又殺而樂大備，所以致和樂之情也。**胥薦主人于洗北，西面，脯醢，無脀。**胥，膳宰之吏也。主人，大夫之下，先大夫薦之，尊之也。不於上者，上無其位也。脀俎實。○此主人是宰夫，代君爲獻主。君在阼階上，則己不得干正主之位，而薦之堂下，故註云「上無其位也」。○胥，之承反。**辯獻大夫，遂薦之，繼賓以西，東上。**偏獻之乃薦，略賤也。亦獻而后布席也。**卒，射人乃升大夫。大夫皆升就席。**

右主人獻大夫，兼有胥薦主人之事。

席工于西階上，少東。樂正先升，北面立于其西。工，瞽矇歌諷誦詩者也。凡執技藝者稱工。《少牢饋食禮》曰：「皇尸命工祝。」《樂記》：「師乙曰：『乙賤工也。』」樂正，于天子，樂師也，凡樂，掌其序事，樂成則告備。**小臣納工。工四人，二瑟。小臣左何瑟，面鼓，執越，内弦；右手相。入，升自西階，北面東上，坐。小臣坐授瑟，乃降。**工四人者，燕禮輕，從大夫制也。面鼓者，燕尚樂，可鼓者在前也。越，瑟下孔也。内弦，弦爲主也。相，扶工也。後二人徒相，天子大僕二人也。小臣四人，❶祭僕六人，御僕十二人，皆同官。**工歌《鹿鳴》、《四牡》、《皇皇者華》。**三者，皆《小雅》篇也。《鹿鳴》，君與臣下及四方之賓宴，講道修政之樂歌也；此采其已有旨酒，以召嘉賓，嘉賓既來，示我以善道，又樂嘉賓有孔昭之明德，可則傚也。《四牡》，君勞使臣之來樂歌也；此采其勤苦王事，念將父母，懷歸傷悲，忠孝之至，以勞賓也。《皇皇者華》，君遣使臣之樂歌也；此采其更是勞苦，自以爲不及，欲諮謀於賢知，而以自光明也。

---

❶「四」，原作「二」，據薈要本、文淵閣本改。

右升歌。

卒歌。主人洗升獻工。工不興，左瑟，一人拜受爵。主人西階上拜送爵。工，歌乃獻之，賤者先就事也。左瑟，便其右。一人，工之長者也。工拜於席。**薦脯醢。**輒薦之，變於大夫也。○大夫徧獻乃薦，此獻一人即薦，禮尚異，故「變於大夫也」。**使人相祭。**使扶工者，相其祭薦祭酒。**卒爵不拜。**賤不備禮。**主人受爵。**將復獻衆工也。**衆工不拜受爵，坐祭，遂卒爵。辯有脯醢，不祭。主人受爵，降奠于篚。**遂，猶因也。古文曰「卒爵不拜」。

右獻工。

公又舉奠觶，唯公所賜。以旅于西階上，如初。言「賜」者，君又彌尊，賓長彌卑。○奠觶，媵爵者奠於薦南之觶也。公舉之，爲大夫旅酬也。如初，如爲賓、爲卿舉旅之節也。

右公三舉旅，以成獻大夫之禮。

卒，旅畢也。**笙入，立于縣中，奏《南陔》、《白華》、《華黍》。**以笙播此三篇之詩。縣中，縣中央也，《鄉飲酒禮》曰：「磬南，北面。」奏《南陔》、《白華》、《華黍》，皆《小雅》篇也，今亡，其義未聞。昔周之興也，周公制禮作樂，采時世之詩，以爲樂歌，所以通情，相風切也。其有此篇明矣。後世衰微，幽、厲尤甚，禮樂之書，稍稍廢棄。孔子曰：「吾自衛反魯，然後樂正，《雅》《頌》各得其所。」謂當時在者而復重雜亂者也，惡能存其亡者乎？宜正考父校商之名《頌》十二篇于周大師，❶歸以祀其先王，至孔子二百年之間，五篇而已，

---

❶「宜」，薈要本改作「且」。

此其信也。○諸侯軒縣，故笙入奏縣中，軒縣止闕南面。

右奏笙。

主人洗升，獻笙于西階上。一人拜，盡階不升堂，受爵降。主人拜送爵。階前坐祭，立卒爵，不拜既爵；升授主人。一人，笙之長者也。《鄉射禮》曰：「笙一人拜于下。」衆笙不拜，受爵，降；坐祭，立卒爵。辯有脯醢，不祭。

右獻笙。

乃間歌《魚麗》，笙《由庚》；歌《南有嘉魚》，笙《崇丘》；歌《南山有臺》，笙《由儀》。間，代也，謂一歌則一吹也。六者皆《小雅》篇也。《魚麗》，言太平年豐物多也；此采其物多酒旨，所以優賓也。《南有嘉魚》，言太平君子有酒，樂與賢者共之也；此采其能以禮下賢者，賢者纍蔓而歸之，與之宴樂也。《南山有臺》，言太平之治，以賢者爲本也；此采其愛友賢者爲邦家之基，民之父母，既欲其身之壽考，又欲其名德之長也。《由庚》、《崇丘》、《由儀》，今亡，其義未聞。遂歌鄉樂：《周南·關雎》《葛覃》《卷耳》；《召南·鵲巢》《采蘩》《采蘋》。《周南》、《召南》，《國風》篇也，王后國君夫人房中之樂歌也。《關雎》，言后妃之德。《葛覃》，言后妃之職。《卷耳》，言后妃之志。《鵲巢》，言國君夫人之德。《采蘩》，言國君夫人不失職也。《采蘋》，言卿大夫之妻，能修其法度也。昔太王王季，居於岐山之陽，躬行《召南》之教，以興王業。及文王，而行《周南》之教，以受命。《大雅》云「刑于寡妻，至于兄弟，以御于家邦」，謂此也。其始一國爾，文王作邑于豐，以故地爲卿士之采地，乃分爲二國：周，周公所食也；召，召公所食也。於時文王三分天下有其二，德化被于西土，是以其詩有仁賢之風者，屬之《召南》焉；有聖人之風者，屬之《周南》焉。夫婦之道者，生民之本，王政之端，此六篇者，其教之原也。故國君與其臣下及四方之賓燕，用之合樂也。鄉樂者《風》也，《小雅》爲諸侯之樂，《大雅》、《頌》爲天子之樂。鄉飲酒升歌《小雅》，禮盛者可以進取；燕合鄉樂者，禮輕者可以逮下也。《春秋傳》曰：「《肆夏》、《繁遏》、《渠》，天子所以享元侯也。《文王》、《大明》、《緜》，兩君相見之樂也。」然則諸侯之相與燕，升歌《大雅》，合《小雅》也。天子與次國小國之君燕亦如之；與大國之君燕，升歌《頌》，合《大雅》。其笙間之篇未聞。○鄉樂者，大夫士所用之樂也。《鄉飲酒禮》云「合樂《周南》、《召南》」，謂歌與衆聲俱作；此歌鄉樂，當亦然也。**大師告于樂正曰：「正歌備。」**大師，上工也，掌合陰陽之聲，教六師以六律爲之音者也。子貢問師乙曰：「吾聞聲歌各有宜也，如賜者宜何歌也？」是明其掌而知之也。正歌者，升歌及笙各三終，間歌三終，合樂三終，爲一備，備亦成也。○六師，《周禮》磬、鍾、笙、鎛、韎、籥等六師也。**樂正由楹内，東楹之東，告于公，乃降復位。**言「由楹内」者，以其立於堂廉也。復位，位在東縣之北。○初，樂正與工俱在堂廉；今告樂備，復降在東縣北，北面也。

右歌笙間作，遂合鄉樂而告樂備。

射人自阼階下請立司正，公許。射人遂爲司正。君許其請，因命用爲司正。君三舉爵，樂備作矣。將留賓飲酒，更立司正以監之，察儀法也。射人俱相禮，其事同。○自此至「無算樂」，皆坐燕盡歡之事：既立司正安賓，次主人獻士及旅食，次或射以樂賓，次賓媵觶于公、爲士舉旅酬，次主人獻庶子以下諸臣，乃行無算爵、無算樂，凡六節，而燕禮備。**司正洗角觶，南面坐奠于中庭；升，東楹之東受命；西階上北**

面命卿大夫：「君曰『以我安』。」卿大夫皆對曰：「諾，敢不安？」洗奠角觶于中庭，明其事以自表，威儀多也。君意殷勤，欲留賓飲酒，命卿大夫以我故安。或亦其實不主意於賓也。○司正述君之言以命卿大夫。我者，君自我也。言我欲留賓，當爲我安坐以留之也。**司正降自西階，南面坐取觶，升酌散；降，南面坐奠觶，右還，北面少立，坐取觶；興，坐不祭，卒觶，奠之；興，再拜稽首；**右還，將適觶南，先西面也。必從觶西，爲君之在東也。少立者，自嚴正慎其位也。**左還，南面坐取觶，洗，南面反奠于其所；**反奠虛觶，不空位也。○司正奠觶、取觶，皆南面，明將監堂下酒儀也。北面拜者，明監酒出君命也。**升自西階，東楹之東請徹俎，降。公許。告于賓。賓北面取俎以出。膳宰徹公俎，降自阼階以東。**膳宰降自阼階，以賓親徹，若君親徹然。**卿大夫皆降，東面北上。**以將坐，降待賓反也。**賓反入，及卿大夫皆説屨，升就席。公以賓及卿大夫皆坐，乃安。**凡燕坐必説屨，屨賤，不在堂也。禮者尚敬，敬多則不親；燕安坐，相親之心也。**羞庶羞。**謂䐑肝膋狗胾醢也。骨體所以致敬也，庶羞所以盡愛也，敬之愛之，厚賢之道。**大夫祭薦。**燕乃祭薦，不敢於盛成禮也。**司正升受命，皆命：「君曰『無不醉！』」賓及卿大夫皆興，對曰：「諾！敢不醉！」皆反坐。**皆命者，命賓命卿大夫也。起對必降席。司正退立西序端。

右立司正，命安賓。

主人洗，升，獻士于西階上。士長升，拜受觶。主人拜送觶。獻士用觶，士賤也。今文「觶」作「觚」。**士坐祭立飲，不拜既爵；其他不拜，坐祭立飲。**他，謂衆士也，亦升受爵，不拜。**乃薦司正，與射**

人一人、司士一人、執冪二人，立于觶南東上。天子射人司士，皆下大夫二人；諸侯則上士，其人數亦如之。司正爲上。〇疏云：「此等皆士而先薦者，以其皆有事，故先薦。司士掌群士爵祿廢置之事，士中之尊，故亦先薦。」又云：「士位在西，有事者别在觶南，北面東上也。」四者皆士，意亦於此時獻之而後薦。**辯獻士。士既獻者，立于東方，西面北上。乃薦士。**每已獻而即位于東方，蓋尊之。畢獻，薦於其位。〇疏云「庭中之位，卿東方西面，大夫北面，士西方東面，是東方尊。今卿大夫得獻升堂，位空，士得獻，即東方卿位，是尊之」也。**祝史、小臣師，亦就其位而薦之。**次士獻之，已，不變位，位自在東方。〇上設位之時，祝史在門東，小臣在東堂下，是在東方也。**主人就旅食之尊而獻之。旅食不拜，受爵，坐祭立飲。**北面酌，南鄉獻於尊南。不洗者，以其賤，略之也。亦畢獻乃薦之。主人執虛爵奠于篚，復位。

右主人辯獻士及旅食。

若射，則大射正爲司射，如鄉射之禮。大射正，射人之長者也。如鄉射之禮者，燕爲樂卿大夫，宜從其禮也。「如」者，如其「告弓矢既具」至「退中與算」也。納射器而張侯，其告請先于君，乃以命賓及卿大夫。其爲司正者，亦爲司馬。君與賓爲耦。《鄉射記》曰，自「君射」至「龍旜」，亦其異者也。薦旅食乃射者，是燕射主於飲酒。〇經云「若射」，不定之辭，或射，或否，唯君所命。若不射，則主人獻旅食後，賓即媵觶舉酬。註云「薦旅食乃射，是燕射主於飲酒」，以大射主於射，未爲大夫舉旅即射也。

右因燕而射以樂賓。

賓降洗，升媵觚于公，酌散，下拜。公降一等。小臣辭，賓升，再拜稽首。公答再拜。此當言

「媵觶」。酬之禮，皆用觶，言「觚」者，字之誤也。古者「觶」字或作「角」旁「氏」，由此誤爾。○陸氏：觚，依註音觶。**賓坐祭，卒爵，再拜稽首。公答再拜。賓降洗象觶，升酌膳，坐奠于薦南，降拜。小臣辭。賓升成拜。公答再拜。賓反位。**反位，反席也。今文曰「洗象觚」。**公坐取賓所媵觶興，唯公所賜。**至此又言「興」者，明公崇禮不倦也。今文「觶」又爲「觚」。**受者如初受酬之禮，**○如其自「賓降」至「進受虚爵」也。**降，更爵洗，升酌膳，下拜。小臣辭。升成拜。公答拜。乃就席坐行之。**坐行之，若今坐相勸酒。**有執爵者。**士有盥升主酌授之者。○前三舉旅皆酬者，自酌授人，至此乃有代酌授之者。**唯受于公者拜。**公所賜者也。其餘則否。**司正命「執爵者爵辯，卒受者興以酬士」。**欲令惠均。○前三舉旅皆止於大夫，今爲士舉旅，故命之。相旅，固司正職也。「執爵者爵辯，卒受者興以酬士」，即其命之之辭。**大夫卒受者以爵興，西階上酬士。士升。大夫奠爵拜。士答拜。**興酬士者，士立堂下，無坐位。**大夫立卒爵，不拜，實之。士拜受。大夫拜送。士旅于西階上，辯。**祝史、小臣，旅食，皆及焉。**士旅酌。**旅，序也。士以次序自酌相酬，無執爵者。**卒。**

右賓媵觶于公，公爲士舉旅酬。

主人洗，升自西階，獻庶子于阼階上，如獻士之禮，辯；降洗，遂獻左右正，與內小臣，皆于阼階上，如獻庶子之禮。庶子，掌正六牲之體、及舞位，使國子修德學道，世子之官也，而與膳宰樂正聯事。樂正亦教國子以舞。左右正，謂樂正僕人正也。小樂正立于西縣之北。僕人正、僕人師、僕人士立于其北，北上。大樂正立于東縣之北。若射，則僕人正、僕人士陪于工後。內小臣、奄人，掌君陰事陰令，后夫人之官也。皆獻于阼階上，别於外内臣也。獻正，下及内小臣，則磬人鍾人鑮人鼓人僕人之屬，盡獻可知也。凡獻，皆薦也。○諸侯之庶子，即天子之諸子，皆世子之官也。左右正，據庭中之位而言，大樂正在東縣北，故曰「左正」；僕人正在西縣北，故曰「右正」。「别於外内臣」者，在鄉遂采地者爲外臣，在朝廷者爲内臣，庶子以下皆人君近習，故云「别於外内臣也」。

右主人獻庶子以下于阼階。

無算爵。算，數也。爵行無次無數，唯意所勸，醉而止。**士也，有執膳爵者，有執散爵者。執膳爵者，酌以進公；公不拜受。執散爵者，酌以之公；命所賜。所賜者興受爵，降席下，奠爵，再拜稽首；公答拜。**席下，席西也。古文曰「公答再拜」。○疏云：「旅酬以前，受公爵皆降階下拜，至此不復降拜者，禮殺故也。」又云：「賓與卿大夫席皆南面，統於君，皆以東爲上，故知席下爲席西也。」**受賜爵者，以爵就席坐，公卒爵，然後飲。**不敢先虛爵，明此勸惠從尊者來也。**執膳爵者，受公爵，酌，反奠之。**宴歡在於飲酒，成其意。**受賜爵者，興授執散爵，執散爵者乃酌行之。**予其所勸者。○坐而勸，坐而受。**唯受爵於公者拜。卒受爵者，興，以酬士于西階上。士升。大夫不拜乃飲，實爵。**乃，猶「而」也。○此實爵，當是大夫自酌與之，不使人代。**士不拜受爵。大夫就席。士旅酌，亦如之。**○亦旅於階上而不拜也。**公有命徹冪，則卿大夫皆降，西階下北面東上，再拜稽首。公命小臣辭。公答再拜。大夫皆辟，**命徹冪者，公意殷勤，必盡酒也。小臣辭，不升成拜，明雖醉，正臣禮也。不言賓，賓彌臣也。君答拜於上，示不虛受也。**遂升，反坐。士終旅於上，如初。**卿大夫降而爵止，於其反席，卒之。○士方酌旅，以卿

大夫降而遂止，及其拜訖反席，士復終旅於西階上。無算樂。升歌閒合無數也，取歡而已。其樂章亦然。

右燕末無算爵、無算樂。

宵，則庶子執燭於阼階上，司宮執燭於西階上，甸人執大燭於庭，閽人爲大燭於門外。宵，夜也。燭，燋也。甸人，掌共薪蒸者。庭大燭，爲位廣也。閽人，門人也。爲，作也。作大燭，以俟賓客出。**賓醉，北面坐取其薦脯以降。**取脯，重得君賜。**奏《陔》。**《陔》，《陔夏》，樂章也。賓出奏《陔夏》，以爲行節也。凡《夏》，以鐘鼓奏之。**賓所執脯，以賜鐘人於門内霤，遂出。**必賜鐘人，鐘人掌以鐘鼓奏《九夏》，今奏《陔》以節己，用賜脯以報之，明雖醉不忘禮。古文「賜」作「錫」。**卿大夫皆出。**隨賓出也。**公不送。**賓禮訖，是臣也。

右燕畢賓出。

公與客燕。謂四方之使者。○此下言國君將與異國臣燕，使卿大夫就館戒客及客應對之辭。其儀節與燕本國諸臣同，唯戒賓爲異，故於禮末見之。**曰：「寡君有不腆之酒，以請吾子之與寡君須臾焉。使某也以請。」**君使人戒客辭也。禮，使人各以其爵。寡，鮮也，猶言少德，謙也。腆，善也。上介出請入告。古文「腆」皆作「殄」。今文皆曰「不腆酒」，無「之」。**對曰：「寡君，君之私也。君無所辱賜于使臣，臣敢辭。」**上介出答主國使者辭也。私，謂獨受恩厚也。君無所爲辱賜於使臣，謙不敢當也。敢者，怖懼用勢決之辭。**「寡君固曰『不腆』，使某固以請。」寡君，君之私也。「君無所辱賜于使臣，臣敢固辭。」**重傳命。

固，如故。○使者重傳命戒客，客重使上介致辭。**「寡君固曰『不腆』，使某固以請。」「某固辭不得命，敢不從？」**許之也。於是出見主國使者，辭以見許爲得命。今文無「使某」。○使者三請，而客許之。**致命曰：「寡君使某，有不腆之酒，以請吾子之與寡君須臾焉。」**親相見致君命辭也。**「君貺寡君多矣，又辱賜于使臣，臣敢拜賜命！」**貺，賜也，猶愛也。敢拜賜命，從使者拜君之賜命，猶謙不必辭也。

記：

燕，朝服，於寢。朝服者，諸侯與其群臣日視朝之服也，謂冠玄端、緇帶、素韠、白屨也。燕於路寢，相親昵也。今辟雍十月行此燕禮，玄冠而衣皮弁服，與禮異也。

其牲，狗也。狗，取擇人也。明非其人不與爲禮也。**亨于門外東方。**亨於門外，臣所掌也。

若與四方之賓燕，則公迎之于大門内，揖讓升。四方之賓，謂來聘者也。自「戒」至於「拜至」皆如《公食》。亦告饌具而後公即席，小臣請執冪請羞者乃迎賓也。○告饌具、請執冪等，又《公食》所無。**賓爲苟敬，席于阼階之西，北面；有脀，不嚌肺，不啐酒。其介爲賓。**苟，且也，假也。主國君饗時，親進醴于賓；今燕，又且獻焉，人臣不敢褻煩尊者，至此升堂而辭讓，欲以臣禮燕，爲恭敬也，於是席之如獻諸公之位。言「苟敬」者，賓實主國所宜敬也。脀，折俎也。不嚌啐，似若尊者然也。介門西北面西上。公降迎上介以爲賓，揖讓升，如初禮。主人獻賓，獻公，既獻苟敬，乃媵觚，群臣即位，如燕也。○苟敬者，坐近君側，而簡於禮儀，疑於苟矣，實則敬之，故立以爲名。**無膳尊，無膳爵。**降尊以就卑也。○欲敬異國之賓，故不自殊異也。

與卿燕，則大夫爲賓。與大夫燕，亦大夫爲賓。不以所與燕者爲賓者，燕爲序歡心，賓主敬也。「公父文伯飲南宮敬叔酒，以路堵父爲客」，此之謂也。君但以大夫爲賓者，大夫卑，雖尊之，猶遠于君。今文無「則」，下無「燕」。○此謂與己臣子燕法也。

羞膳者，與執冪者，皆士也。尊君也。膳宰卑於士。**羞卿者，小膳宰也。**膳宰之佐也。○以經不辨其人，故記者指言之。

若以樂納賓，則賓及庭，奏《肆夏》；賓拜酒，主人答拜而樂闋；公拜受爵而奏《肆夏》；公卒爵，主人升受爵以下而樂闋。《肆夏》，樂章也，今亡，以鐘鎛播之，鼓磬應之，所謂「金奏」也。《記》曰「入門而縣興」，「示易以敬也」。卿大夫有王事之勞，則奏此樂焉。○闋，苦穴反。**升歌《鹿鳴》，下管《新宮》，笙入三成，**《新宮》，《小雅》逸篇也。管之入三成謂三終也。**遂合鄉樂。**鄉樂，《周南》、《召南》六篇。言「遂」者，不間也。**若舞，則《勺》。**《勺》，《頌》篇，告成大武之樂歌也。其詩曰：「於鑠王師，遵養時晦。」又曰：「實維爾公允師。」既合鄉樂，萬舞而奏之，所以美王侯，勸有功也。○升歌不盡《鹿鳴》以下三篇，而但歌《鹿鳴》；下管不奏《南陔》、《白華》、《華黍》，而管《新宮》；不用間歌，笙入三終而遂合鄉樂；又或爲之舞，而歌《勺》以爲節，皆與常燕異。初既以樂納之，及作正樂，又有此異節，以其有王事之勞，故特異之也。○勺音灼。

唯公與賓有俎。主於燕，其餘可以無俎。

獻公，曰：「臣敢奏爵以聽命。」授公，釋此辭，不敢必受之。○謂主人獻公及賓媵爵，皆釋此辭。

凡公所辭，皆栗階。栗，蹙也，謂越等急趨君命也。○辭者，辭其拜下，命之升也。**凡栗階，不過二**

等。其始升，猶聚足連步，越二等，左右足各一發而升堂。○疏云：「栗階不過二等，據上等而言，故鄭云『其始升，猶聚足連步』也。聚足，謂前足躡一等，後足從之併。連步，謂足相隨不相過，即聚足也。」至近上二等，左右足各一發而升堂也。

凡公所酬，既拜，請旅侍臣。既拜，謂自酌升拜時也。擯者阼階下告于公，還西階下告公許。旅，行也，請行酒于群臣。必請者，不專惠也。○賓受公虛爵，自酌升拜，公答拜，於是時請之。

凡薦與羞者，小膳宰也。謂於卿大夫以下也。上特言「羞卿者小膳宰」，欲絶於賓，羞賓者亦士。**有内羞。**謂羞豆之實，酏食，糝食；羞籩之實，糗餌，粉餈。○酏，以支反。糝，素感反。餌音二。餈，才私反。

君與射，則爲下射，袒朱襦，樂作而后就物。君尊。**小臣以巾授矢，稍屬。**君尊，不搢矢。○發一矢，復授一矢。**不以樂志。**辟不敏也。○不以樂爲節也。**既發，則小臣受弓，以授弓人。**俟復發也。不使大射正，燕射輕。**上射退于物一笴，既發，則答君而俟。**○答，對也，面鄉君也。○笴，工但反，又弓老反。**若飲君，燕，則夾爵。**謂君在不勝之黨，賓飲之，如燕媵觚，則又夾爵。○夾爵者，將飲君，先自飲；及君飲訖，又自飲也。**君在，大夫射，則肉袒。**不纏襦，厭於君。○《鄉射》：大夫與士射，則袒纏襦。○厭，一涉反。

若與四方之賓燕，媵爵，曰：「臣受賜矣，臣請贊執爵者。」受賜，謂公鄉者酌之。至燕，主人事賓之禮殺，賓降洗，升媵觶于公，答恩惠也。○賓媵爵在坐燕之後，故註云「事賓之禮殺」。**相者對曰：「吾子**

無自辱焉。」辭之也。對，答也，亦告公，以公命答之也。

有房中之樂。弦歌《周南》、《召南》之詩，而不用鐘磬之節也。謂之「房中」者，后夫人之所諷誦，以事其君子。○疏云承上文「與四方之賓燕」乃有之，愚謂常燕有無算樂，恐亦未必不有也。

儀禮　鄭氏註

濟陽張爾岐句讀

大射儀第七鄭《目録》云：「名曰『大射』者，諸侯將有祭祀之事，與其群臣射，以觀其禮，數中者得與於祭，不數中者不得與於祭。射義於五禮屬嘉禮，大戴此第十三，小戴及《別録》皆第七。」

大射之儀：君有命戒射。將有祭祀之事，當射，宰告於君，君乃命之。言「君有命」，政教宜由尊者。○自此至「羹定」，皆射前戒備之事：戒諸官、張射侯、設樂縣、陳燕具，凡四節。**宰戒百官有事於射者。**宰，於天子，冢宰，治官卿也。作大事，則掌以君命戒於百官。○諸侯無冢宰，立司徒以兼之。此言「宰」，即司徒也。其掌誓戒百官，與天子冢宰同。**射人戒諸公卿大夫射。司士戒士射，與贊者。**射人掌以射法治射儀。司士掌國中之士治。凡其戒令，皆司馬之屬也。殊戒公卿大夫與士，辨貴賤也。贊，佐也，謂士佐執事、不射者。○上文宰承君命，既總戒之，此射人、司士，又分別戒之也。

右戒百官。

前射三日，宰夫戒宰、及司馬。射人宿視滌。宰夫，冢宰之屬，掌百官之徵令者。司馬，於天子，政官之卿。凡大射，則合其六耦。滌，謂溉器、掃除射宮。○前者宰已戒百官，至此宰夫又以射期將至來告于宰，上下交飭也。又及司馬者，此日量道張侯，司馬職也。射人宿視滌，掃除濯溉，又在前射三日之前一夕，故云「宿」。**司馬命量人量侯道，與所設乏，以貍步：大侯九十，參七十，干五十；設乏，各去其侯西十北十。**量人，司馬之屬，掌量道巷塗數者。侯，謂所射布也；尊者射之以威不寧侯，卑者射之以求爲侯。量侯道，謂去堂遠近也。容，謂之乏，所以爲獲者之禦矢。貍之伺物，每舉足者，止視遠近，爲發必中也，是以量侯道取象焉。《鄉射・記》曰：「侯道五十弓。」《考工記》曰：「弓之下制六尺。」則此貍步六尺明矣。大侯，熊侯，謂之「大」者，與天子熊侯同。參，讀爲糝，糝雜也，雜侯者，豹鵠而麋飾，下天子大夫也。干，讀爲豻，豻侯者，豻鵠豻飾也。大夫將祭於己，射麋侯。士無臣，祭不射。○三侯皆以布爲之，而以皮爲鵠，旁又飾以皮。王大射，用虎侯、熊侯、豹侯；畿内諸侯二侯，以熊侯爲首；畿外諸侯得用三侯，熊侯、糝侯、豻侯，以熊侯同於天子，故云「大侯」。三侯共道，遞近，以二十步爲率，尊者射遠，卑者射近，侯遠則鵠大，侯近則鵠小。○參，依註音糝，素感反。干，依註音豻，五旦反。**遂命量人巾車張三侯：大侯之崇，見鵠於參；參見鵠於干；干不及地武。不繫左下綱。設乏，西十北十。凡乏，用革。**巾車，於天子，宗伯之屬；掌裝衣車者，亦使張侯。侯，巾類。崇，高也。高必見鵠，鵠，所射之主。《射義》曰：「爲人君者，以爲君鵠；爲人臣者，以爲臣鵠；爲人父者，以爲父鵠；爲人子者，以爲子鵠。」言射中此，乃能任己位也。鵠之言較，較直也，射者所以直己志。或曰：鵠，鳥名，射之難中，中之爲俊，是以所射於侯取名也。《淮南子》曰：「鳱鵠知來。」然則所云正者正也，亦鳥名，齊魯之間，名題肩爲正。正、鵠，皆鳥之捷黠者。《考工記》曰：「梓人爲侯，廣與崇方，參分其廣而鵠居一焉。」則大侯之鵠方六尺，糝侯之鵠方四尺六寸大半寸，豻侯之鵠方三尺三寸少半寸。及，至也。武，迹也。中人之足，長尺二寸。以豻侯計之，糝侯去地一丈五寸少半寸，大侯去地二丈二尺五寸少半寸。凡侯北面，西方謂之左。前射三日，張侯設乏，欲使有事者豫志焉。○大侯之鵠，見參侯之上；參侯之鵠，見干侯之上；干侯下綱則去地一尺二寸，此三侯高下之法也。註知三侯之鵠廣狹之數者，以侯之廣狹取則於侯道之遠近，每弓取二寸，九十弓者十八尺，七十弓者十四尺，五十弓者十尺；每侯之鵠，又各取其侯三分之一，故推知之也。「設乏西十北十」，西與北各去侯六丈也。云「凡乏」，三侯各有乏也。

右前射三日，戒宰，視滌，量道，張侯。

樂人宿縣于阼階東，笙磬西面，其南笙鐘，其南鑮，皆南陳。笙猶生也，東爲陽中，萬物以生。《春秋傳》曰：「太簇所以金奏，贊陽出滯。姑洗所以修絜百物，考神納賓。」是以東方鐘磬謂之笙，皆編而縣之。《周禮》曰：「凡縣鐘磬，半爲堵，全爲肆。」有鐘有磬爲全。鑮如鐘而大，奏樂以鼓鑮爲節。○諸侯軒縣，三面各有一肆，此其東一肆也。笙磬、笙鐘，先儒以爲聲與笙協應，故名笙。○鑮音博。**建鼓在阼階西，南鼓。應鼙在其東，南鼓。**建，猶樹也，以木貫而載之，樹之跗也。南鼓，謂所伐面也。應鼙，應朔鼙也。先擊朔鼙，應鼙應之。鼙，小鼓也。在東，便其先擊小後擊大也。鼓不在東縣南，爲君也。○此鼓本在東縣之南，與磬、鐘、鑮共爲一肆，移來在此者，鄭以爲爲君，以君在阼階上，近君設之，故云「爲君也」。下「建鼓」言「一」，此不言「一」，❶因移，並言之。**西階之西，頌磬東面，其南鐘，其南鑮，皆南陳。一建鼓在其南，東**

❶「言一」，原誤倒，據薈要本、文淵閣本改。

鼓，朔鼙在其北。言成功曰頌。西爲陰中，萬物之所成。《春秋傳》曰：「夷則所以詠歌九則，平民無忒。無射所以宣布哲人之令德，示民軌義。」是以西方鐘磬謂之頌。朔，始也。奏樂先擊西鼙，樂爲賓，所由來也。鐘不言頌，鼙不言東鼓，義同，省文也。古文「頌」爲「庸」。○此西一肆也。頌鐘、頌磬，先儒以爲歌頌則奏之，故名頌。○頌音容。**一建鼓在西階之東，南面。**言「面」者，國君於其群臣，備三面爾，無鐘磬，有鼓而已。其爲諸侯，則軒縣。○軒縣，三面皆縣，北面合有一肆，以其與群臣射，故闕之以辟射位。猶設一建鼓者，姑備三面耳。故言「南面」，與笙磬、頌磬同例，而與上文建鼓之自東縣移來者異文也。**簜在建鼓之間。**簜，竹也，謂笙簫之屬，倚於堂。**鼗倚于頌磬西紘。**鼗如鼓而小，有柄，賓至，摇之以奏樂也。紘，編磬繩也。設鼗在磬西，倚于紘也。《王制》曰：「天子賜諸侯樂，則以柷將之。賜伯子男樂，則以鼗將之。」○紘音宏。

右射前一日設樂縣。

厥明，司宫尊于東楹之西，兩方壺，膳尊兩甒在南，有豐。冪用錫若絺，綴諸箭。蓋冪，加勺，又反之。皆玄尊。酒在北。膳尊，君尊也。後陳之，尊之也。豐，以承尊也，説者以爲若井鹿盧，其爲字從豆，曲聲，近似豆，大而卑矣。冪，覆尊巾也。錫，細布也。絺，細葛也。箭，篠也。爲冪，蓋卷辟綴於篠，横之也。又反之，爲覆勺也。皆玄尊，二者皆有玄酒之尊，重本也。酒在北，尊統於君，南爲上也。唯君面尊，言專惠也。今文「錫」或作「緆」音昔，「絺」或作「綌」。古文「箭」作「晉」。○諸侯將射，先行燕禮，故此下皆陳燕具。「綴諸箭」者，綴錫若絺於箭而張之，以覆也。「蓋冪，加勺，又反之」，此覆尊之法，勺加冪上，復撩冪之垂者以覆勺。尊士旅食于西鑮之南，北面，兩圜壺。旅，衆也。士衆食未得正禄，謂庶人在官者。圜壺，變於方也。賤無玄酒。又尊于大侯之乏東北，兩壺獻酒。爲隸僕人巾車糝侯豻侯之獲者。獻，讀爲沙，沙酒濁，特泲之，必摩沙者也。兩壺皆沙酒。《郊特牲》曰：「汁獻涚于醆酒。」服不之尊，俟時而陳于南，統于侯，皆東面。〇註引《郊特牲》，以證沙酒之義。涚，泲也。泲沙酒者，和以醆酒而摩挲之，以出鬱鬯之汁也。以其祭侯，故用鬱鬯。設服不之尊，在飲不勝者以後，故註云「俟時」，明此尊不爲服不氏設也。〇獻，素何反。泲，子禮反。涚，始鋭反。設洗于阼階東南，罍水在東，篚在洗西，南陳。設膳篚在其北，西面。或言「南陳」，或言「西面」，異其文也。又設洗于獲者之尊西北，水在洗北，篚在南，東陳。亦統於侯也。無爵，因服不也。有篚，爲奠虛爵也。服不之洗，亦俟時而陳於其南。〇此篚中不設爵，將因獻服不之爵而用之也。小臣設公席于阼階上，西鄉。司宮設賓席于户西，南面，有加席。卿席賓東，東上。小卿賓西，東上。大夫繼而東上。若有東面者，則北上。席工于西階之東，東上。諸公阼階西，北面，東上。唯賓及公席布之也，其餘樹之於位後耳。小卿，命於其君者也，席于賓西，射禮辨貴賤也。諸公，大國有孤卿一人，與君論道，亦不典職，如公矣。官饌。百官各饌其所當共之物。羹定。亨肉熟也。《射義》曰：「諸侯之射也，必先行燕禮。」燕禮牲用狗。

右射日陳燕、具席位。

射人告具于公。公升即位于席，西鄉。小臣師納諸公卿大夫。諸公卿大夫皆入門右，北面東上。士西方，東面北上。大史在干侯之東北，北面東上。士旅食者在士南，北面東上。小臣師從者

在東堂下，南面西上。大史在干侯東北，士旅食者在士南，爲有侯，故入庭深也。小臣師，正之佐也。正相君，出入君之大命。○自此至「南面反奠于其所北面立」，皆將射先燕之事，公命賓、納賓以來，主人獻賓、賓酢主人、主人獻公、主人受公酢、主人酬賓、二人舉觶、公取觶酬賓遂旅酬、主人獻卿、二人再舉觶、公爲卿舉旅酬、主人獻大夫、工入奏樂，凡十二節，皆與燕禮同，容有小異，主於射故也。**公降，立于阼階之東南，南鄉。小臣師詔揖諸公卿大夫，諸公卿大夫西面，北上；揖大夫，大夫皆少進。**詔，告也。變「爾」言「揖」，亦以其入庭深也。上言「大夫」，誤衍耳。**大射正擯。**大射正，射人之長。**擯者請賓。公曰「命某爲賓」。**某，大夫名。**擯者命賓。賓少進，禮辭。**命賓者，東面南顧。辭，辭以不敏。**反命，**以賓之辭告於君。**又命之。賓再拜稽首受命。**又，復。**擯者反命。賓出，立于門外，北面。公揖卿大夫，升就席。小臣自阼階下北面請執冪者、與羞膳者。**請士可使執君兩甒之冪、及羞脯醢庶羞於君者。方圜壺，獻，無冪。**乃命執冪者。執冪者升自西階，立于尊南，北面東上。**命者於西階前，以公命命之。東上，執玄尊之冪爲上。**羞膳者從而東，由堂東，升自北階，立于房中，西面南上。**不言「命」者，不升堂，略之。**膳宰請羞于諸公卿者。**膳宰請者，異於君也。**擯者納賓。賓及庭。公降一等揖賓。賓辟。**及，至也。辟，逡遁，不敢當盛。**公升，即席。**以賓將與主人爲禮，不參之。

右命賓、納賓。

奏《肆夏》。《肆夏》，樂章名，今亡。吕叔玉云：《肆夏》、《時邁》也。《時邁》者，太平巡守祭山川之樂歌，其詩曰：「明昭有周，式序在位。」又曰：「我求懿德，肆于《時夏》。」奏此以延賓，其著宣王德勸賢與。《周禮》曰：「賓出入，奏《肆夏》。」**賓升自西階。主人從之，賓右北面至再拜。賓答再拜。**主人，宰夫也，又掌賓客之獻飲食。君於臣，雖爲賓，不親獻，以其莫敢亢禮。**主人降洗，洗南西北面。**賓將從降，鄉之。不於洗北，辟正主。**賓降階西，東面。主人辭，降。賓對。**對，答。**主人北面盥，坐取觚洗。賓少進，辭洗。主人坐奠觚于篚，興對。賓反位。**賓少進者，所辭異，宜違其位也。獻不用爵，辟正主。**主人卒洗。賓揖，乃升。**賓每先升，揖之。**主人升。賓拜洗。主人賓右奠觚答拜，降盥。賓降。主人辭降。賓對。卒盥。賓揖升。主人升，坐取觚。**取觚，將就瓦甒酌膳。**執冪者舉冪。主人酌膳。執冪者蓋冪，酌者加勺，又反之。**反之，覆勺。**筵前獻賓。賓西階上拜，受爵于筵前，反位。主人賓右拜送爵。**賓既拜，於筵前受爵，退復位。**宰胥薦脯醢。**宰胥，宰官之吏也。不使膳宰薦，不主於飲酒，變於燕。**賓升筵。庶子設折俎。**庶子，司馬之屬，掌正六牲之體者也。《鄉射・記》曰：「賓俎脊脅肩肺。」不使膳宰設俎，爲射變於燕。**賓坐，左執觚，右祭脯醢，奠爵于薦右；興取肺，坐絶祭，嚌之；興加于俎，坐挩手，執爵，遂祭酒；興，席末坐啐酒；降席，坐奠爵，拜，告旨；執爵興。主人答拜。**降席，席西也。旨，美也。**樂闋。**闋，止也。樂止者，尊賓之禮，盛於上也。○唯盛，得有樂也。《燕禮・記》云賓及庭而奏《肆夏》，賓拜酒主人答拜而樂闋，亦謂啐酒告旨時，此燕己臣子法。《郊特牲》云「賓入大門而奏《肆夏》，卒爵而樂闋」，彼燕朝聘之賓法也。**賓西階上北面坐卒爵；興，坐奠爵，拜；執爵興。主人答拜。**

右主人獻賓。

賓以虛爵降。既卒爵，將酢也。主人降。賓洗南西北面坐奠觚，少進，辭降。主人西階西東面少進對。賓坐取觚，奠于篚下，盥洗。篚下，篚南。主人辭洗。賓坐奠觚于篚，興對；卒洗；及階，揖升。主人升，拜洗如賓禮。賓降盥。主人降。賓辭降，卒盥，揖升；酌膳，執冪如初，以酢主人于西階上。主人北面拜受爵。賓主人之左拜送爵。賓南面授爵，乃於左拜。凡授爵鄉所受者。主人坐祭，不啐酒，辟正主也。未薦者，臣也。不拜酒，主人之義。《燕禮》曰：「不拜酒，不告旨。」遂卒爵；興，坐奠爵，拜；執爵興。賓答拜。主人不崇酒，以虛爵降，奠于篚。不崇酒，辟正君也。崇，充也，謂謝酒惡相充實。賓降，立于西階西，東面。既受獻矣，不敢安盛。擯者以命升賓。賓升，立于西序，東面。命，公命也。東西牆謂之序。

右賓酢主人。

主人盥，洗象觚，升酌膳，東北面獻于公。象觚，觚有象骨飾也。取象觚東面，不言「實之」，變於燕。公拜受爵，乃奏《肆夏》。言「乃」者，其節異於賓。○賓及庭奏，君受爵乃奏也。主人降自西階，阼階下，北面拜送爵。宰胥薦脯醢，由左房。庶子設折俎，升自西階。自，由也。左房，東房也，人君左右房。《鄉射·記》曰：「主人俎脊脅臂肺」也。公祭，如賓禮。庶子贊授肺。不拜酒，立卒爵；坐奠爵，拜；執爵興。凡異者，君尊，變於賓。主人答拜。樂闋。升受爵，降奠于篚。

右主人獻公。

更爵洗，升酌散以降；酢于阼階下，北面坐奠爵，再拜稽首。公答拜。更，易也。易爵，不敢襲至尊。古文「更」爲「受」。主人坐祭，遂卒爵；興，坐奠爵，再拜稽首。公答拜。主人奠爵于篚。

右主人受公酢。

主人盥洗，升媵觚于賓，酌散，西階上坐奠爵，拜。賓西階上北面答拜。媵，送也。散，方壺之酒也。古文「媵」皆作「騰」。主人坐祭，遂飲。賓辭。卒爵興，坐奠爵，拜；執爵興。賓答拜。辭者，辭其代君行酒不立飲也，比於正主酬也。主人降洗。賓降。主人辭降。賓辭洗。卒洗。賓揖升，不拜洗。不拜洗，酬而禮殺也。主人酌膳。賓西階上拜，受爵于筵前，反位。主人拜送爵。賓升席，坐祭酒，遂奠于薦東。遂者，因坐而奠之，不北面也。奠之者，酬不舉也。主人降，復位。賓降筵西，東南面立。賓不立於序內，位彌尊。

右主人酬賓。

小臣自阼階下請媵爵者。公命長。命之使選於長幼之中也。卿則尊，士則卑。小臣作下大夫二人媵爵。作，使。媵爵者阼階下皆北面再拜稽首。公答拜。再拜稽首，拜君命。媵爵者立于洗南，西面北上；序進盥洗角觶；升自西階，序進酌散；交于楹北，降，適阼階下，皆奠觶，再拜稽首；執觶興。公答拜。序，次第也，猶代也。先者既酌，右還而反，與後酌者交於西楹北，相左，俟於西階上，乃降，往來以右爲上。古文曰「降造阼階下」。媵爵者皆坐祭，遂卒觶；興，坐奠觶，再拜稽首；執觶興。公答再拜。媵爵者執觶待于洗南。待，待君命。小臣請致者。請君使一人與？二人與？不必君命。若命皆致，則序進，奠觶于篚，阼階下皆北面再拜稽首。公答拜。媵爵者洗象觶；升，實之，序進，

坐奠于薦南，北上；降，適阼階下，皆再拜稽首送觶。公答拜。既酌而代進，往來由尊北，交於東楹北，亦相左。奠於薦南，不敢必君舉。**媵爵者皆退反位。**反門右北面位。

右二人媵觶，將爲賓舉旅酬。

公坐取大夫所媵觶，興以酬賓。賓降，西階下再拜稽首。小臣正辭。賓升成拜。公起酬賓於西階，降尊以就卑也。正，長也。小臣長辭，變於燕。升成拜，復再拜稽首，先時君辭之，於禮若未成然。**公坐奠觶，答拜；執觶興。公卒觶。賓下拜。小臣正辭。賓升再拜稽首。**不言「成拜」者，爲拜故下，實未拜也。下不就拜，❶禮也。下亦降也，發端言「降拜」，因上事言「下拜」。**公坐奠觶，答拜；執觶興。賓進受虚觶，降，奠于篚，易觶興洗。**賓進以臣道就君受虚爵，❷君不親酌。凡爵不相襲者，於尊者言「更」，自敵以下言「易」，更作新，易有故之辭也。不言「公酬賓於西階上」及「公反位」者，尊君，空其文也。○公授賓爵，即反位。**公有命，則不易不洗，反升酌膳，下拜。小臣正辭。賓升再拜稽首。公答拜。**不易，君義也。不洗，臣禮也。○公答拜於阼階上。**賓告于擯者，請旅諸臣。擯者告于公，公許。**旅，序也。賓欲以次序勸諸臣酒。**賓以旅大夫于西階上。擯者作大夫長，升受旅。**作，使也。使之以長幼之次，先孤。**賓，大夫之右坐奠觶，拜；執觶興。大夫答拜。賓坐祭，立卒觶，不拜。若膳觶也，則降更觶**

---

❶「就」，薈要本改作「輒」。

❷「就」，文淵閣本作「也」。

洗，升實散。大夫拜受。賓拜送，遂就席。大夫辯受酬，如受賓酬之禮，不祭酒。卒受者以虛觶降，奠于篚，復位。

右公取媵觶酬賓，遂旅酬。

主人洗觚，升實散，獻卿于西階上。司宮兼卷重席，設于賓左，東上。卿升，拜受觚。主人拜送觚。卿辭重席。司宮徹之。徹，猶去也。重席雖非加，猶爲其重累辭之，辟君。乃薦脯醢。卿升席。庶子設折俎。卿折俎未聞，蓋用脊脅臑折肺。卿有俎者，射禮尊。卿坐，左執爵，右祭脯醢，奠爵于薦右；興取肺，坐絶祭，不嚌肺；興加于俎，坐挩手，取爵，遂祭酒；執爵興，降席，西階上北面坐卒爵；興，坐奠爵，拜；執爵興。陳酒肴，君之惠也。不嚌肺，亦自貶於君。主人答拜，受爵。卿降復位。復西面位。不酢，辟君。辯獻卿。主人以虛爵降，奠于篚。擯者升卿。卿皆升就席。若有諸公，則先卿獻之，如獻卿之禮；席于阼階西，北面東上，無加席。公，孤也。席之北面，爲大尊，屈之也。亦因阼階上近君，近君，則親寵苟敬私昵之坐。

右主人獻卿。

小臣又請媵爵者。二大夫媵爵如初。請致者。若命長致，則媵爵者奠觶于篚，命長致者，使長者一人致也。公或時未能舉，自優暇。一人待于洗南。不致者。長致者阼階下再拜稽首。公答拜。再拜稽首，拜君命。洗象觶，升實之，坐奠于薦南；降，與立于洗南者，二人皆再拜稽首送觶。公答拜。奠於薦南，先媵者上觶之處也。二人皆拜如初，共勸君飲之。

右二人再媵觶。

公又行一爵，若賓、若長，唯公所賜。一爵，先媵者之下觶也。若賓若長，禮殺也。長，孤卿之尊者也。於是言「賜」，射禮明尊卑。**以旅于西階上，如初。**賜賓則以酬長，賜長則以酬賓。大夫長，升受旅，以辯。**大夫卒受者以虛觶降，奠于篚。**

右公又行一觶，爲卿舉旅。

主人洗觚升，獻大夫于西階上。大夫升，拜受觚。主人拜送觚。大夫坐祭，立卒爵，不拜既爵。主人受爵。大夫降復位。既，盡也。大夫卒爵不拜，賤不備禮。**胥薦主人于洗北，西面，脯醢，無胥。**胥，宰官之吏。主人，下大夫也，先大夫薦之，尊之也。不薦于上，辟正主。胥，俎實。**辯獻大夫，遂薦之，繼賓以西，東上。若有東面者，則北上。卒，擯者升大夫。大夫皆升就席。**辯獻乃薦，略賤也。亦獻後布席也。○每獻一人訖，降階。獻徧，擯者乃總升之就席。就席訖，乃薦之。

右主人獻大夫。

乃席工于西階上，少東。小臣納工。工六人，四瑟。工，謂瞽矇善歌諷誦詩者也。六人，大師少師各一人，上工四人。四瑟者，禮大樂衆也。**僕人正徒相大師，僕人師相少師，僕人士相上工。**徒，空手也。僕人正，僕人之長；師，其佐也；士，其吏也。天子視瞭相工，諸侯兼官，是以僕人掌之。大師、少師，工之長也，凡國之瞽矇正焉。杜蒯曰：「曠也，大師也。」於是分別工及相者，射禮明貴賤。○蒯，苦怪反。**相者皆左何瑟，後首，内弦，挎越；右手相。**謂相上工者。後首，主於射，略於此樂也。内弦挎越，以右手相工，由便也。越，瑟下孔，所以發越其聲者也。古文「後首」爲「後手」。**後者徒相入。**謂相大師少師者也。上列官之尊卑，此言先後之位，亦所以明貴賤。凡相者以工出入。**小樂正從之。**從大師也。後升者，變於燕也。小樂正，於天子樂師也。**升自西階，北面東上，**工六人。**坐授瑟，乃降。**相者也。降立於西縣之北。**小樂正立于西階東。**不統於工，明工雖衆，位猶在此。○燕禮工四人，樂正升立于工之西，在西階東；此工六人，數衆，疑位移近西，乃樂正猶立西階東不變，是統於階而不統於工也。**乃歌《鹿鳴》三終。**《鹿鳴》，《小雅》篇也，人君與臣下及四方之賓燕，講道修政之樂歌也。言已有旨酒以召嘉賓與之飲者，樂嘉賓之來示我以善道，又樂嘉賓有孔昭之明德可則傚也。歌《鹿鳴》三終，而不歌《四牡》、《皇皇者華》，主於講道，略於勞苦與諮事。**主人洗升，實爵，獻工。工不興，左瑟，**工歌而獻之，以事報之也。洗爵獻工，辟正主也。獻不用觚，工賤，異之也。工不興，不能備禮。左瑟，便其右。大師無瑟，於是言「左瑟」者，節也。**一人拜受爵。**謂太師也。言「一人」者，工賤，同之也。工拜於席。**主人西階上拜送爵。薦脯醢。**輒薦之，變於大夫。**使人相祭。**使人相者，相其祭薦祭酒。**卒爵，不拜。主人受虚爵。衆工不拜受爵，坐祭，遂卒爵。辯有脯醢，不祭。**相者，相其祭酒而已。**主人受爵降奠于篚，復位。大師、及少師、上工，皆降，立于鼓北。群工陪于後。**鼓北，西縣之北也，言「鼓北」者，與鼓齊面，餘長在後也。群工陪于後，三人爲列也。於是時，小樂正亦降立于其南，北面。工立，僕人立于其側，坐則在後。《考工記》曰：「鼓人爲皐陶，長六尺有六寸。」○註「鼓北西縣之北也」句可疑。**乃管《新宮》三終。**管，謂吹簜以播《新宮》之樂，其篇亡，其義未聞。笙從工而入，既管不獻，略下樂也。立于東縣之中。○註「立于東縣之中」句可疑。愚案：

《燕禮》：「笙入，立于縣中。」註云：「縣中，縣中央也。《鄉飲酒禮》曰：『磬南，北面。』」疏云：諸侯軒縣，闕南面而已，故得言「縣中」，鄉飲酒唯以磬縣而已，不得言「縣中」，而云「磬南」，註引《鄉飲酒》者，欲見此雖軒縣，近北面縣之南也。此經初設樂，無北面縣，但移東縣建鼓在阼階西，又設一建鼓在西階東，正當北面一縣之處，簜在建鼓之間，註云「簜謂笙簫之屬，倚于堂」，又與燕禮笙入所立之位同，疑設之在此者，亦奏之于此。至此管新宮三終，註乃云「立于東縣之中」，不知於經何據？若云「辟射位」，射事未至，無可辟也。且上文大師等立于鼓北，亦當是此建鼓之北，註以爲「西縣之北」，不知西縣何以單名爲鼓？竊疑大師等立此，或亦以將奏管故臨之，非徒立也。至下管三終，乃相率而東耳。既從工而入，工升堂，笙即立堂下，亦其宜也。姑存此疑，以質知者。**卒管，大師及少師上工，皆東坫之東南，西面北上坐。**不言「縣北」，統於堂也。於是時，大樂正還北面立于其南。

右作樂娛賓，射前燕禮備。

擯者自阼階下請立司正。三爵既備，上下樂作，君將留群臣而射，宜更立司正以監之，察儀法也。**公許，擯者遂爲司正。**君許其請，因命用之。不易之者，俱相禮，其事同也。**司正適洗，洗角觶，南面坐奠于中庭；**奠觶者，著其位，以顯其事，威儀多也。**升，東楹之東受命于公；西階上北面命賓諸公卿大夫，公曰：「以我安。」賓諸公卿大夫皆對曰：「諾，敢不安！」**「以我安」者，君意殷勤，欲留之，以我故安也。○「公曰以我安」，即司正命衆之辭，言公有命如此也。**司正降自西階，南面坐取觶，升酌散；降，南面坐奠觶；**奠於中庭故處。**興，右還，北面少立，坐取觶；興，坐，不祭，卒觶，奠之；興，再拜稽首，左**

還，南面坐取觶，洗，南面反奠于其所，北面立。皆所以自昭明於衆也。將於觶南北面，則右還；於觶北南面，則左還，如是得從觶西往來也。必從觶西往來者，爲君在阼，不背之也。○還音旋，後同。

右將射，立司正安賓察儀。

司射適次，袒、決、遂，執弓，挾乘矢，於弓外見鏃於弣，右巨指鉤弦。司射，射人也。次，若今時更衣處，帳幃席爲之。❶耦次在洗東南。袒，左免衣也。決，猶闓也，以象骨爲之，著右巨指，所以鉤弦而闓之。遂，射韝也，以朱韋爲之，著左臂，所以遂弦也。方持弦矢曰挾。乘矢，四矢。弣，弓把也，見鏃焉，順其射也。右巨指，右手大擘，以鉤弦，弦在旁，挾由便也。古文「挾」皆作「接」。○此下方及射事，有三耦不釋獲之射，有三耦、衆耦釋獲之射，有以樂射，共三番射，亦略如鄉射之節。自此至「左右撫之興反位」，皆言三耦不釋獲之射：司射納器、比耦，司射誘射，三耦乃射，射已取矢，凡四節。**自阼階前曰：「爲政請射。」**爲政，謂司馬也。司馬政官，主射禮。○司射請于君，曰：「爲政之官請行射禮。」**遂告曰：「大夫與大夫。士御於大夫。」**因告選三耦於君。御，由侍也。大夫與大夫爲耦，不足，則士侍於大夫，與爲耦也。今文「於」爲「于」。○既請射得命，遂告君以比耦也。**遂適西階前，東面右顧，命有司納射器。**納，內也。○有司，士佐執事不射者也。士在西階南，東面，故於西階前右顧命之。必東面者，君在阼，宜向之也。**射器皆入。君之弓矢，適東堂；賓之弓矢，與中、籌、豐，皆止于西堂下；衆弓矢不挾。總衆弓矢、楅，皆適次而**

❶「帳」，薈要本改作「張」。

侯。中，閭中，算器也。籌，算也。豐，可奠射爵者。衆弓矢，三耦及卿大夫以下弓矢也。司射矢亦止西堂下。衆弓矢不挾，則納公與賓弓矢者挾之。楅，承矢器。今文「侯」作「待」。**工人士與梓人升自北階，兩楹之間，疏數容弓，若丹、若墨，度尺而午。射正莅之。**工人士、梓人，皆司空之屬，能正方圜者。一從一横曰午，謂畫物也。射正，司射之長。○左爲下物，右爲上物。**卒畫，自北階下。司宫埽所畫物，自北階下。**埽物，重射事也。工人士、梓人、司宫，位在北堂下。○既畫復埽之，取略辨縱横而已。**太史俟于所設中之西，東面以聽政。**中未設也。太史俟焉，將有事也。《鄉射禮》曰：「設中，南當楅，西當西序，東面。」○中尚未設而云「所設中之西」，謂其擬設中之地之西也。《周禮·春官》太史職云：「凡射事，飾中舍算，執其禮事。」**司射西面誓之曰：「公射大侯，大夫射參，士射干。射者非其侯，中之不獲。卑者與尊者爲耦，不異侯。」太史許諾。**誓猶告也。古文「異」作「辭」。○侯以尊卑異，同耦，則卑者得與尊者共侯也。**遂比三耦。**比，選次之也。不言「面」者，大夫在門右北面，士西方東面。○疏云：「天子大射、賓射，六耦三侯；畿内諸侯，二侯四耦；畿外諸侯，三侯三耦。若燕射，則天子、諸侯，同三耦一侯而已。卿大夫、士，例同一侯三耦。」**三耦俟于次北，西面北上。**未知其耦。今文「俟」爲「立」。○但知爲三耦，未知孰與孰耦也。**司射命上射，曰「某御於子」；命下射，曰「子與某子射」。卒，遂命三耦取弓矢于次。**取弓矢不拾者，次中隱蔽處。○鄉射堂西取矢，則拾取。拾取，更迭而取也。

右請射、納器、誓射、比耦。

司射入于次，搢三，挾一个；出于次，西面揖，當階北面揖，及階揖，升堂揖，當物北面揖，及物

揖；由下物少退，誘射：搢，扱也。挾一个，挾於弦也。个，猶枚也。由下物而少退，謙也。誘，猶教也，「夫子循循然善誘人」。射三侯，將乘矢，始射干，又射參，大侯再發；將，行也。行四矢，象有事於四方，《詩》云：「四矢反兮，以御亂兮。」卒射，北面揖；揖於當物之處。不南面者，爲不背卿。及階，揖降，如升射之儀；遂適堂西，改取一个挾之；改，更也。不射而挾矢，示有事也。遂取扑搢之，以立于所設中之西南，東面。扑，所以撻犯教者也。於是言「立」，著其位也。《鄉射・記》曰：「司射之弓矢與扑，倚于西階之西。」

右司射誘射。

司馬師命負侯者執旌以負侯。司馬師，正之佐也。欲令射者見侯與旌，深志於侯中也。負侯，獲者也。天子服不氏，「下士一人，徒四人，掌以旌居乏待獲」。析羽爲旌。負侯者皆適侯，執旌負侯而俟。司射適次，作上耦射。作，使也。司射反位。上耦出次，西面揖進，上射在左，並行；當階北面揖，及階揖，上射先升三等，下射從之，中等；上射在左，便射位也。中，猶間也。○發位、並行及升，上射皆居左，履物南面，上射乃在右，右物爲上也。上射升堂，少左，下射升，上射揖，並行；並，併也，併東行。皆當其物北面揖，及物揖；皆左足履物，還，視侯中，合足而俟。視侯中，各視其侯之中。大夫耦則視參中，參中十四尺。士耦則視干中，干中十尺。司馬正適次，袒決遂，執弓，右挾之，出；升自西階，適下物，立于物間；左執弣，右執簫，南揚弓，命去侯。司馬正，政官之屬。簫，弓末。揚弓者，執下末。揚，猶舉也。適下物，由上射後東過也。命去侯者，將射當獲也。《鄉射禮》曰：「西南面。立於物間。」**負侯皆許諾，以宮趨，直西；及乏南，又諾以商；至乏，聲止。**宮爲君，商爲臣，其聲和，相生也。《鄉射禮》曰：「獲者執旌許諾。」古文「聲」爲「磬」。**授獲者，退立于西方。獲者興，共而俟。**大侯服不氏負侯，徒一人居乏，相代而獲。參侯，干侯，徒負侯居乏不相代。《鄉射禮》曰：「獲者執旌許諾，聲不絕，以至於乏；坐，東面偃旌；興而俟。」古文「獲」皆作「護」，非也。○授獲者，謂以旌授代己而獲之人，指大侯也，餘二侯則負侯、獲者本一人，但偃旌而俟，如《鄉射禮》所云也。**司馬正出于下射之南，還其後，降自西階；遂適次，釋弓，説决拾，襲，反位。**拾，遂也。《鄉射禮》曰：「司馬反位，立于司射之南。」**司射進，與司馬正交于階前，相左，由堂下，西階之東，北面視上射，命曰：「毋射獲！毋獵獲！」上射揖。司射退，反位。**射獲，矢中乏也。從旁爲獵。○司射位，在所設中之西南，東面。**乃射。上射既發，挾矢，而后下射射，拾發以將乘矢。**拾，更也。將，行也。**獲者坐而獲，**坐言獲也。**舉旌以宮，偃旌以商。**等言獲也。**獲而未釋獲。**但言獲，未釋算。古文「釋」爲「舍」。**卒射，右挾之，北面揖，揖如升射；**右挾之，右手挾弦。**上射降三等，下射少右，從之，中等；並行，上射於左；與升射者相左，交于階前，相揖；適次，釋弓，説决拾，襲，反位。**上射於左，由下射階上少右，乃降待之。言「襲」者，凡射皆袒。**三耦卒射亦如之。司射去扑，倚于階西，適阼階下，北面告于公，曰「三耦卒射」，反，搢扑，反位。**

右三耦射。

司馬正袒决遂，執弓，右挾之，出；與司射交于階前，相左；出，出于次也。袒時亦適次。○疏曰：「凡袒襲，皆於隱處。」升自西階，自右物之後，立于物間，西南面，揖弓，命取矢。揖，推之。負侯許諾，如初去侯，皆執旌以負其侯而俟。俟小臣取矢，以旌指教之。〇「負侯許諾，如初去侯」，如去侯時之諾以宫又諾以商也。司馬正降自西階，北面命設楅。此出于下射之南，還其後而降之。小臣師設楅。司馬正東面，以弓爲畢。畢，所以教助執事者。《鄉射·記》曰：「乃設楅于中庭，南當洗，東肆。」〇以弓爲畢，❶謂以弓指授，如載鼎之用畢然。引《鄉射·記》文，證此設楅之處也。既設楅，司馬正適次，釋弓，説決拾，襲，反位。小臣坐委矢于楅，北括。司馬師坐乘之，卒。乘，四四數之。若矢不備，則司馬正又袒執弓，升命取矢如初，曰「取矢不索」，乃復求矢，加于楅。卒，司馬正進坐，左右撫之，興，反位。左右撫，分上下射。此坐皆北面。

右三耦射後取矢，射禮第一番竟。

司射適西階西，倚扑；升自西階，東面請射于公。倚扑者，將即君前，不敢佩刑器也。升堂者，欲諸公卿大夫辯聞也。〇此下言三耦、衆耦釋獲之射。其在方射時者，有命耦，有三耦取矢于楅，有三耦再射釋獲，有公與賓射，有卿大夫、士皆射，凡五節；其在射以後者，有取矢，有數獲，有飲不勝者，有獻服不及隸僕、巾車、獲者，有獻釋獲者，亦五節，射之第二番也。公許。遂適西階上，命賓御于公；諸公卿，則以耦告于上；大夫，則降即位而後告。告諸公卿於堂上，尊之也。司射自西階上，北面告于大夫，曰「請

❶「爲」，原作「謂」，據薈要本、文淵閣本改。

降」。司射先降，搢扑，反位。大夫從之降，適次，立于三耦之南，西面北上。適次，由次前而北，西面立。〇疏曰：「上云司射等適次，謂入次中；此適次，大夫降自西階，東行適次所，過向堂東，西面立，因過次爲適次，非入次也。」**司射東面于大夫之西，比耦。大夫與大夫，命上射曰：「某御於子。」命下射曰：「子與某子射。」卒，遂比衆耦。**衆耦，士也。**衆耦立于大夫之南，西面北上。若有士與大夫爲耦，則以大夫之耦爲上。**爲上，居群士之上。〇「爲上」，指立位而言。**命大夫之耦曰：「子與某子射。」告於大夫曰：「某御於子。」**士雖爲上射，其辭猶尊大夫。**命衆耦，如命三耦之辭。諸公卿皆未降。**言「未降」者，見其志在射。

右將射命耦。

遂命三耦各與其耦拾取矢，皆袒決遂，執弓，右挾之。此命入次之事也。司射既命而反位，不言之者，上射出，當作取矢，事未訖。**一耦出，西面揖，當楅北面揖，及楅揖；**三耦同入次，其出也一。上射出，西面立，司射作之，乃揖行也。當楅，楅正南之東西。**上射東面，下射西面。上射揖進，坐，横弓；卻手自弓下取一个，兼諸弣；興，順羽，且左還，毋周，反面揖。**横弓者，南踣弓也。卻手自弓下取矢者，以左手在弓表，右手從裏取之，便也。兼，并也。并矢於弣，當順羽，既，又當執弦。順羽者，手放而下，備不整理也。左還，反其位。毋周，右還而反東面也。君在阼，還周，則下射將背之。古文「且」爲「阻」。〇踣，步北反。**下射進，坐，横弓；覆手自弓上取一个，兼諸弣；興，順羽，且左還，毋周，反面揖。**横弓，亦南踣弓也。人東西鄉，以南北爲横。覆手自弓上取矢，以左手在弓裏，右手從表取之，便也。**既拾取矢，梱**

之，梱，齊等之也。古文「梱」作「魁」。○「梱」，疑當作「捆」，《孟子》注：「捆，猶叩㧻也。」叩㧻有取齊之義，若梱則門橛耳。**兼挾乘矢；皆内還，南面揖；**内還者，上射左，下射右。不皆左還，亦以君在阼，嫌下射故左還而背之也。上以陽爲内，下以陰爲内，因其宜可也。**適楅南，皆左還，北面揖，搢三挾一个；**楅南，鄉當楅之位也。**揖，以耦左還，上射於左；**以，猶與也。言「以」者，耦之事成於此，意相人耦也。上射轉居左，便其反位也。上射少北乃東面。**退者與進者相左，相揖；退釋弓矢于次，説决拾，襲，反位。二耦拾取矢，亦如之。後者遂取誘射之矢，兼乘矢而取之，以授有司于次中，皆襲，反位。**有司納射器，因留，主授受之。○三耦反位，反次北西面北上之位。

右三耦拾取矢于楅。

司射作射如初。一耦揖升如初。司馬命去侯負侯許諾如初。司馬降，釋弓，反位。司射猶挾一个，去扑；與司馬交于階前；適阼階下，北面請釋獲于公。猶，守故之辭。於此言之者，司射既誘射，恒執弓挾矢以掌射事，備尚未知，當教之也。今三耦卒射，衆以知之矣，猶挾之者，君子不必也。**公許。反搢扑，遂命釋獲者設中，以弓爲畢，北面。**北面立于所設中之南，當視之也。《鄉射禮》曰：「設中，南當楅，西當西序。」**大史釋獲。小臣師執中，先首，坐設之；東面，退。大史實八算于中，横委其餘于中西；興，共而俟。**先，猶前也。命大史而小臣師設之，國君官多也。小臣師退，反東堂下位。《鄉射禮》曰：「横委其餘于中西，南末。」○中形爲伏獸，竅其背以置獲籌，執之則前其首，設之則東其面，面、首一也。**司射西面命曰：「中離維綱、揚觸、梱復，公則釋獲，衆則不與。**離猶過也，獵也。侯有上下綱，其邪制躬舌之角者爲維，或曰：維當爲絹，絹，綱耳。揚觸者，謂矢中他物，揚而觸侯也。梱復，爲矢至侯，不著而還復，復，反也。公則釋獲，優君也。衆當中鵠而著。古文「梱」作「魁」。**唯公所中，中三侯皆獲。」**值中一侯，則釋獲。**釋獲者命小史，小史命獲者。**傳告服不，使知此司射所命。**司射遂進由堂下，北面視上射，命曰：「不貫不釋。」上射揖。司射退，反位。**貫，猶中也。射不中鵠，不釋算。古文「貫」作「關」。**釋獲者坐取中之八算，改實八算；興，執而俟。**執所取算。**乃射。若中，則釋獲者每一个釋一算，上射於右，下射於左，若有餘算，則反委之；**委餘算，禮貴異。**又取中之八算，改實八算于中；興，執而俟。三耦卒射。**

右三耦再射，釋獲。

賓降，取弓矢于堂西。不敢與君並俟告。取之以升，俟君事畢。○君待告，乃取弓矢。**諸公卿則適次，繼三耦以南。**言「繼三耦」，明在大夫北。○此「適次」，亦過次前，至堂東，三耦之南西面立也。**公將射，則司馬師命負侯，皆執其旌以負其侯而俟。**君尊，若始焉。**司馬師反位。隸僕人埽侯道。**新之。**司射去扑，適阼階下，告射于公。公許。適西階東，告于賓；**告當射也。今文曰「阼階下」，無「適」。**遂搢扑，反位。小射正一人，取公之決拾于東坫上，一小射正授弓拂弓，皆以俟于東堂。**授弓，當授大射正。拂弓，去塵。**公將射，則賓降，適堂西，袒決遂，執弓，搢三挾一个；升自西階，先待于物北，北一笴，東面立。**不敢與君併。笴，矢幹。東面立，鄉君也。**司馬升，命去侯如初；還右，乃降，釋弓，反**

位。還右，還君之右也，猶出下射之南，還其後也。今文曰「右還」。**公就物。小射正奉决拾以笥，大射正執弓，皆以從於物。**笥，萑葦器。大射正舍司正，親其職。○大射正，初爲擯者，復自擯者立爲司正，至此又舍司正來執弓也。**小射正坐奠笥于物南，遂拂以巾，取决；興，贊設决、朱極三。**極，猶放也，所以韜指，利放弦也。以朱韋爲之。三者，食指將指無名指。無極，放弦契於此指，多則痛。小指短，不用。**小臣正贊袒。公袒朱襦。卒袒，小臣正退俟于東堂。小射正又坐取拾興；贊設拾，以笥退奠于坫上，復位。**既袒，乃設拾，拾當以韝襦上。**大射正執弓，以袂順左右隈，上再下壹，左執弣，右執簫，以授公。公親揉之。**順，放之也。隈，弓淵也。揉，宛之，觀其安危也。今文「順」爲「循」。古文「揉」爲「紐」。○隈，烏回反。❶揉，而九反。**小臣師以巾內拂矢，而授矢于公，稍屬。**內拂，恐塵及君也。稍屬，不搢矢。○稍屬者，發一矢，乃復授一矢，接續而授也。○屬，之玉反。**大射正立于公後，以矢行告于公，**若不中，使君當知而改其度。**下曰「留」，上曰「揚」，左右曰「方」。**留，不至也。揚，過去也。方，出旁也。**公既發。大射正受弓而俟，拾發以將乘矢。**公下射也，而先發，不留尊也。**公卒射。小臣師以巾退，反位。大射正受弓。**受弓，以授有司於東堂。**小射正以笥受决拾，退奠于坫上，復位。大射正退，反司正之位。小臣正贊襲。公還而后賓降，釋弓于堂西，反位于階西東面。**階西東面，賓降位。**公即席。司正以命升賓。賓升復筵。而后卿大夫繼射。**

❶「烏」，原作「鳥」，據薈要本、文淵閣本改。

右君與賓耦射。

諸公卿取弓矢于次中，袒決遂，執弓，搢三挾一个，出；西面揖，揖如三耦，升射；卒射，降如三耦；適次，釋弓，説決拾，襲，反位。衆皆繼射，釋獲皆如初。諸公卿言「取弓矢」，衆言「釋獲」，互言也。卒射。釋獲者遂以所執餘獲，適阼階下，北面告于公，曰「左右卒射」；司射不言告者，釋獲者於是有事，宜終之也。餘獲，餘算也。無餘算，則無所執。古文曰「餘算」。反位，坐委餘獲于中西；興，共而俟。

右公卿大夫及衆耦皆射。

司馬袒執弓，升命取矢如初。負侯許諾，以旌負侯如初。司馬降釋弓如初。小臣委矢于楅如初。司馬，司馬正。於是司馬師亦坐乘矢。賓、諸公卿大夫之矢，皆異束之以茅，卒，正坐左右撫之，進束，反位；異束大夫矢，尊殊之也。正，司馬正也。進，前也。又言「束」，整結之，示親也。賓之矢，則以授矢人于西堂下。是言矢人，則納射器之有司，各以其器名官職。不言君矢，小臣以授矢人于東堂下，可知。司馬釋弓反位。而后卿大夫升就席。此言其升，前小臣委矢于楅。○方司馬釋弓反位，卿大夫即升就席，是其升在小臣委矢之前，以上文類言「如初」諸事，故至此始特言之。

右射訖取矢。

司射適階西，釋弓，去扑，襲；進由中東，立于中南，北面視算。釋弓去扑，射事已也。釋獲者東面于中西坐，先數右獲，固東面矣，復言之者，少南就右獲。二算爲純，純猶全也，耦陰陽也。一純以取，實于左手，十純，則縮而委之，縮，從也。於數者東西爲從。古文「縮」皆作「蹙」。每委異之；易校數。

有餘純，則横諸下，又異之也。自近爲下。**一算爲奇，奇則又縮諸純下。**又從之。**興，自前適左，**從中前北也。更端故起。**東面坐，**少北於故。**坐兼斂算，實于左手，一純以委，十則異之，**變於右也。**其餘如右獲。**謂所縮所横者。○按釋獲者在中西東面而釋獲，其右獲之算在中南，左獲之算在中北，故此數右獲，則註云「少南就右獲」；數左獲，則註云「從中前北」，又云「少北於故」也。**司射復位。釋獲者遂進，取賢獲執之，由阼階下，北面告于公。**賢獲，勝黨之算也。執之者，齊而取其餘。**若右勝，則曰「右賢於左」；若左勝，則曰「左賢於右」；以純數告，若有奇者，亦曰「奇」；**告曰：「某賢於某，若干純，若干奇。」**若左右鈞，則左右各執一算以告，曰「左右鈞」。還復位，坐兼斂算，實八算于中，委其餘于中西；興，共而俟。**

右數左右獲算多少。

司射命設豐。當飲不勝者射爵。**司宮士奉豐，由西階升，北面坐設于西楹西，降復位。勝者之弟子洗觶，升酌散，南面坐奠于豐上，降反位。**弟子，其少者也。不授者，射爵猶罰爵，略之。**司射遂袒執弓，挾一个，搢扑，東面于三耦之西，命三耦及衆射者。勝者皆袒決遂，執張弓；**執張弓，言能用之也。右手挾弦。**不勝者皆襲，説決拾，卻左手，右加弛弓于其上，遂以執弣。**固襲説決拾矣，復言之者，起勝者也。不勝者執弛弓，言不能用之也。兩手執弣，❶無所挾也。**司射先反位。**居前，俟所命入次而來

❶「手」，原作「言」，據鄭注改。

飲。**三耦及衆射者，皆升飲射爵于西階上。**不勝之黨，無不飲。○疏曰：「大射者，所以擇士以助祭。今若在於不勝之黨，雖數中，亦受罰，及其助祭，雖飲射爵，亦得助祭；但在勝黨，雖不飲罰爵，若不數中，亦不得助祭。飲罰據一黨而言，助祭取一身之藝，義固不同也。」**小射正作升飲射爵者，如作射。一耦出，揖如升射；及階，勝者先升，升堂少右。**先升，尊賢也。少右，辟飲者，亦因相飲之禮然。○獻酬之禮，獻者在右也。**不勝者進，北面坐取豐上之觶；興，少退，立卒觶，進，坐奠于豐下；興，揖。**立卒觶，不祭不拜，受罰不備禮也。右手執觶，左手執弓。**不勝者先降；**後升先降，略之，不由次也。降而少右，復並行。**與升飲者相左，交于階前，相揖；適次，釋弓，襲，反位。僕人師繼酌射爵，取觶實之，反奠于豐上，退俟于序端。**僕人師酌者，君使之代弟子也。自此以下，辯爲之酌。**升飲者如初。三耦卒飲。**

若賓諸公卿大夫不勝，則不降，不執弓，耦不升。此耦，謂士也。諸公卿或闕，士爲之耦者，不升。其諸公卿大夫相爲耦者，不降席，重恥尊也。**僕人師洗升實觶以授。賓諸公卿大夫受觶于席，以降，適西階上，北面立飲，卒觶；授執爵者，反就席。**雖尊，亦西階上立飲，不可以己尊枉正罰也。授爵而不奠豐，尊大夫也。

若飲公，則侍射者降洗角觶，升酌散，降拜。侍射，賓也。飲君，則不敢以爲罰，從致爵之禮也。○角觶，疏以爲以兕角爲之，對下文飲君象觶而言，仍是三升之觶，非「四升曰角」之「角」也。**公降一等。小臣正辭。賓升，再拜稽首。公答再拜。賓坐祭卒爵，再拜稽首。公答再拜。賓降，洗象觶，升酌膳以致，下拜。小臣正辭。升，再拜稽首。公答再拜。公卒觶。賓進受觶，降洗散觶，升實散，下拜。**

小臣正辭。升再拜稽首。公答再拜。賓復酌自飲者，夾爵也。但如致爵，則無以異於燕也。夾爵，亦所以恥公也。所謂「若飲君，燕，則夾爵」。○註末引《鄉射》文，若云：若飲君，用燕禮致爵之法，其異者，夾爵耳。**賓坐，不祭，卒觶；降奠于篚，階西東面立。**不祭，象射爵。**擯者以命升賓。賓升就席。**擯者，司正也。今文「席」爲「筵」。

若諸公卿大夫之耦不勝，則亦執弛弓，特升飲。此耦亦謂士也。特猶獨也，以尊爲耦而又不勝，使之獨飲，若無倫匹，孤賤也。**衆皆繼飲射爵，如三耦。射爵辯，乃徹豐與觶。**徹，除也。

右飲不勝者。

司宮尊侯于服不之東北，兩獻酒，東面南上，皆加勺。設洗于尊西北，篚在南，東肆，實一散于篚。爲大侯獲者設尊也。言「尊侯」者，獲者之功，由侯也。不於初設之者，不敢必君射也。君不射則不獻大侯之獲者。散，爵名，容五升。○獻，素何反。**司馬正洗散，遂實爵，獻服不。**言「服不」者，著其官，尊大侯也。服不，司馬之屬，掌養猛獸而教擾之者。洗，酌，皆西面。○服不，即獲者也。前此皆言「獲者」，以其事名之，至此乃著其官，是尊大侯也。**服不侯西北三步，北面拜受爵。**近其所爲獻。○服不得獻，以侯之故，則侯是其所爲獻也，故近侯而不近乏。**司馬正西面拜送爵，反位。**不俟卒爵，略賤也。此終言之，獻服不之徒乃反位。○此段鄭註可疑，當以經文爲正。服不之徒，或在司馬師所獻之中耳。**宰夫有司薦。庶子設折俎。**宰夫有司，宰夫之吏也。《鄉射記》曰：「獲者之俎，折脊脅肺。」**卒錯，獲者適右个，薦俎從之。**不言「服不」，言「獲者」，國君大侯，服不負侯，其徒居乏待獲，變其文，容二人也。司馬正皆獻之。薦俎已錯，乃適右个，明此獻已，已歸功於侯也。適右个，由侯內。《鄉射記》曰：「東方謂之右个。」〇信如註言，司馬正並獻二人，當用二爵。經文明言「實一散于篚」，安得有二爵乎？司馬正所獻決是服不氏一人，其徒則司馬師獻隸僕、巾車後乃獻之。服不本下士，其徒庶人在官者，故可後也。〇《圖解》：錯音厝，个音幹。**獲者左執爵，右祭薦俎，二手祭酒；**祭俎不奠爵，不備禮也。二手祭酒者，獲者南面於俎北，當爲侯祭於豆間，爵反注，爲一手不能正也。此薦俎之設，如於北面人焉。天子祝侯曰：「唯若寧侯。無或若女不寧侯，不屬於王所，故抗而射女，彊飲彊食，貽女曾孫諸侯百福。」諸侯以下祝辭未聞。〇祝，之又反。**適左个，祭如右个。中亦如之。**先祭个後中者，以外即之至中，若神在中。《鄉射禮》曰：「獻獲者，俎與薦皆三祭。」**卒祭，左个之西北三步，東面，**北鄉受獻之位也。不北面者，嫌爲侯卒爵。**設薦俎，立卒爵。**不言「不拜既爵」，司馬正已反位，不拜可知也。《鄉射禮》曰：「獲者薦右東面立飲。」**司馬師受虛爵，洗獻隸僕人、與巾車、獲者，皆如大侯之禮。**隸僕人埽侯道，巾車張大侯，及參侯干侯之獲者，其受獻之禮，如服不也。隸僕人、巾車，於服不之位受之，功成於大侯也。不言量人者，此自後以及先可知。**卒，司馬師受虛爵，奠于篚。**獲者之篚。**獲者皆執其薦，庶子執俎從之，設于乏少南。**少南，爲復射妨旌也。隸僕人、巾車、量人，自服不而南。**服不復負侯而俟。**

右獻獲者。

司射適階西去扑，適堂西釋弓，說決拾，襲；適洗，洗觚，升實之；降，獻釋獲者于其位，少南。獻釋獲者，與獲者異，文武不同也。去扑者，扑不升堂也。少南，辨中。〇釋獲者，太史也。「少南辨中」者，獻釋獲者於其位之南，欲其稍遠乎中，與獻獲者近侯有異也。**薦脯醢折俎，皆有祭。**俎與服不同，唯祭一爲異。○服不之俎與薦，皆有三祭，以其祭侯，三處各用其一也。**釋獲者薦右東面拜受爵。司射北面拜送爵。釋獲者就其薦坐，左執爵，右祭脯醢；興，取肺，坐祭，遂祭酒；**祭俎不奠爵，亦賤不備禮。**興，司射之西，北面立卒爵，不拜既爵。司射受虚爵，奠于篚。釋獲者少西辟薦，反位。**辟薦少西之者，爲復射妨司射視算，亦辟俎也。**司射適堂西袒決遂，取弓，挾一个；適階西搢扑，以反位。**爲將復射。

右獻釋獲者，第二番射事竟。

司射倚扑于階西，適阼階下北面請射于公，如初；不升堂，賓諸公卿大夫既射矣，聞之可知。○此下言第三番射以樂爲節之儀。射前，有諸公卿大夫拾取矢；正射，不鼓不釋；射後，三耦及衆射者又拾取矢。此三事爲異，其餘並如釋獲之射。**及搢扑，適次，命三耦皆袒決遂，執弓，序出取矢。**鄭言「拾」，是言「序」，互言耳。**司射先反位。**言「先」，先三耦也。司射既命三耦以入次之事，即反位。三耦入次，袒決遂執弓挾矢，乃出反次外西面位。鄭不言「司射先反位」，三耦未有次外位，無所先也。○註「挾矢」字衍。**三耦拾取矢如初。小射正作取矢如初。**小射正，司射之佐。作取矢，禮殺，代之。**三耦既拾取矢，諸公卿大夫皆降，如初位；與耦入於次，皆袒決遂執弓，皆進當楅，進坐説矢束。上射東面，下射西面，拾取矢如三耦。**皆進當楅，進三耦揖之位也。凡繼射，命耦而已，不作射，不作取矢，從初。○「降如初位」，三耦南之位也。註「繼射」，謂繼三耦而射；「從初」，謂從三耦之法。繼射者，皆從耦法，故不再命之也。**若士與大夫爲耦，士東面，大夫西面。大夫進坐説矢束，退反位。**説矢束，自同於三耦，謙也。○

欲與其耦拾取也。**耦揖進，坐兼取乘矢；興，順羽，且左還，毋周，反面揖。**兼取乘矢，不敢與大夫拾。**大夫進坐，亦兼取乘矢，如其耦；北面搢三挾一个，揖進。大夫與其耦皆適次，釋弓，説決拾，襲，反位。諸公卿升就席。**大夫反位，諸公卿乃升就席，大夫與己上下位。○諸公卿大夫自爲耦者，拾取矢在前；大夫與士耦者，取矢在後。前取矢者，待于三耦之南，至大夫與耦取矢反位，乃與之同升就席，以爵同，故相待也。**衆射者繼拾取矢，皆如三耦；遂入于次，釋弓矢，説決拾，襲，反位。**

右將以樂射，射者拾取矢。

司射猶挾一个以作射，如初。一耦揖升，如初。司馬升，命去侯。負侯許諾。司馬降，釋弓反位。司射與司馬交于階前，倚扑于階西，適阼階下，北面請以樂于公。公許。請奏樂以爲節也。始射，獲而未釋獲；復，釋獲；復，用樂行之。君子之於事，始取苟能，中課有功，終用成法，教化之漸也。射用應樂爲難，孔子曰：「射者何以聽？循聲而發，發而不失正鵠者，其唯賢者乎？」**司射反搢扑，東面命樂正，曰「命用樂」。**言君有命，用樂射也。樂正在工南，北面。○疏曰：「此時工在洗東西面，樂正在工南北面，司射在西階下東面。經云『命樂正』者，東面遥命之。」**樂正曰「諾」。司射遂適堂下，北面眡上射，命曰：「不鼓不釋！」**不與鼓節相應，不釋算也。鼓亦樂之節。《學記》曰：「鼓無當於五聲，五聲不得不和。」凡射之鼓節，投壺其存者也。《周禮》射節：天子九，諸侯七，卿大夫以下五。**上射揖。司射退反位。樂正命大師曰：「奏《貍首》，間若一。」**樂正西面受命，左還，東面，命大師以大射之樂章，使奏之也。《貍首》，逸詩《曾孫》也。貍之言不來也。其詩有「射諸侯首不朝者」之言，因以名篇。後世失之，謂之《曾孫》。

「曾孫」者，其章頭也，《射義》所載詩曰「曾孫侯氏」是也。以爲諸侯射節者，采其既有弧矢之威，又言「小大莫處，御於君所，以燕以射，則燕則譽」，有樂以時會君事之志也。間若一者，調其聲之疏數，重節。○聲之疏數，必使勻適如一，以射禮所重，在於能循此節也。○《圖解》：貍，里之反。大師不興，許諾。樂正反位。奏《貍首》以射。三耦卒射。賓待于物如初。公樂作而后就物，稍屬，不以樂志。其他如初儀。不以樂志，君之射儀，遲速從心，其發不必應樂，辟不敏也。志，意所擬度也。《春秋傳》曰：「吾志其目。」○云「如初」者，皆如上第二番射法，唯作樂爲異耳。卒射如初。賓就席。諸公卿大夫衆射者，皆繼射，釋獲如初；卒射，降反位。釋獲者執餘獲進告左右卒射，如初。

右以樂節射。

司馬升，命取矢。負侯許諾。司馬降，釋弓反位。小臣委矢，司馬師乘之，皆如初。司射釋弓視算，如初。釋獲者以賢獲與鈞告，如初。復位。

右樂射後，取矢數獲。

司射命設豐實觶，如初。遂命勝者執張弓，不勝者執弛弓，升飲，如初。卒，退豐與觶，如初。

右樂射後，飲不勝者。

司射猶袒決遂，左執弓，右執一个，兼諸弦，面鏃；適次命拾取矢，如初。側持弦矢曰執。面猶尚也。兼矢於弦尚鏃，將止，變於射也。司射反位。三耦、及諸公卿大夫、衆射者，皆袒決遂以拾取矢，如初，矢不挾，兼諸弦，面鏃；退適次，皆授有司弓矢，襲，反位。不挾，亦謂執之如司射。卿大夫升就席。

右樂射後，拾取矢。

司射適次，釋弓，説决拾，去扑，襲，反位。司馬正命退楅解綱。小臣師退楅，巾車量人解左下綱。司馬師命獲者以旌與薦俎退。解猶釋也。今文「司馬師」無「司馬」。司射命釋獲者退中與算，而俟。諸所退射器皆俟，備君復射。釋獲者亦退其薦俎。

右三番射竟，退諸射器，將坐燕以終禮。

公又舉奠觶，唯公所賜，若賓、若長，以旅于西階上，如初。大夫卒受者，以虚觶降奠于篚，反位。

右爲大夫舉旅酬。

司馬正升自西階，東楹之東，北面告于公，請徹俎。公許。射事既畢，禮殺人倦，宜徹俎燕坐。遂適西階上，北面告于賓。賓北面取俎以出。諸公卿取俎如賓禮。遂出，授從者于門外。自其從者。大夫降復位。門東北面位。○疏云：大夫降者，大夫雖無俎，以賓、公卿皆送俎，不可獨立於堂，故降復位。云「門東北面位」，初小臣納卿大夫門東北面揖位也。下文「賓、諸公卿皆入門，東面北上」，謂在西階下。知大夫不在西階下者，以其西階下舊無位，此云「復位」，故知非西階下也。公卿入西階下，以將燕，亦因從賓，此時公卿未入，大夫無可從，不可獨居西階，故在門東北面也。庶子正徹公俎，降自阼階以東。降自阼階，若親徹也。以東，去藏。賓諸公卿皆入門，東面北上。諸公卿不入門而右，以將燕，亦因從賓。

司正升賓。賓諸公卿大夫皆説屨，升就席。公以賓及卿大夫皆坐，乃安。歸命「以我安」，臣於君尚猶踧踖，至此乃敢安。**羞庶羞。**羞，進也。庶，衆也。所進衆羞，謂膷肝膋、狗胾醢也。或有炮鱉、膾鯉、雉、兔、鶉、鴽。**大夫祭薦。**燕乃祭薦，不敢於盛成禮。○賓與卿皆於獻時祭薦。**司正升受命，皆命：「公曰：『衆無不醉！』」賓及諸公卿大夫皆興，對曰：「諾，敢不醉！」皆反位坐。**皆命者，命賓、命諸公、命卿大夫，皆鄉其位也。興對必降席，敬也。司正退，立西序端。○疏云：「經直云興，不言降席，鄭知降席者，以爲反坐，故知降席也。知『司正退立西序端』者，案司正監酒，此將獻士，事未訖，亦如鄉飲酒監旅時，立于西序端也。」

右徹俎安坐。

主人洗酌，獻士于西階上。士長升，拜受觶。主人拜送。獻士用觶，士賤也。今文「觶」作「觚」。**士坐祭，立飲，不拜既爵；其他，不拜，坐祭，立飲。**其他，謂衆士也。升不拜受爵。**乃薦司正與射人于觶南，北面東上，司正爲上。**司正、射人，士也，以齒受獻，既乃薦之也。司正，大射正也。射人，小射正。略其佐。○疏曰：「案《燕禮》『薦司正與射人一人、司士一人、執冪二人』，此不言其數，又不言司士與執冪，文不具。」**辯獻士。士既獻者，立于東方，西面北上。乃薦士。**士既獻易位者，以卿大夫在堂，臣位尊東也。畢獻薦之，略賤。**祝史、小臣師，亦就其位而薦之。**「亦」者，亦士也。辯獻乃薦也。祝史門東北面東上。**主人就士旅食之尊而獻之。旅食不拜，受爵，坐祭，立飲。**主人既酌，西面。士旅食北面受之。不洗者，於賤略之也。**主人執虛爵奠于篚，復位。**

右主人獻士及旅食。

賓降洗，升媵觶于公，酌散，下拜。公降一等。小臣正辭。賓升再拜稽首。公答再拜。賓受公賜多矣，禮將終，宜勸公，序厚意也。今文「觶」爲「觚」。公答拜無再拜。賓坐祭，卒爵，再拜稽首。公答再拜。賓降洗象觚，升酌膳，坐奠于薦南，降拜。小臣正辭。賓升成拜。公答拜。賓反位。反位，反席也。此觚當爲觶。○疏云：「户牖之間，位則有席，凡旅酬，皆用觶，故知觚當爲觶。」公坐取賓所媵觚，興。唯公所賜。受者如初受酬之禮，降，更爵洗；升酌膳，下，再拜稽首。小臣正辭。升成拜。公答拜。乃就席，坐行之。坐行之，若今坐相勸酒。有執爵者。士有盥升，主酌授之。唯受于公者拜。公所賜者拜，其餘則否。司正命「執爵者爵辯，卒受者，興以酬士」。欲令惠均。○司正以酬士命大夫。下文方言酬節，此其命之辭也。大夫卒受者，以爵興，西階上酬士。士升。大夫奠爵拜。士答拜。興酬士者，士立堂下，與上坐者異。大夫立卒爵，不拜，實之。士拜受。大夫拜送。士旅于西階上，辯。祝史、小臣師、旅食皆及焉。士旅酌。旅，序也。士以次自酌相酬，無執爵者。

右賓舉爵，爲士旅酬。

若命曰「復射」，則不獻庶子。獻庶子，則正禮畢，後無事。○士旅酬後，當獻庶子等，如下節所陳；若復射，則暫止，俟射畢乃獻。司射命射，唯欲。司射命賓及諸公卿大夫射，欲者則射，不欲者則止。可否之事，從人心也。卿大夫皆降，再拜稽首。公答拜。拜君樂與臣下執事無已。不言賓，賓從群臣禮在上。**壹發，中三侯皆獲。**其功一也，而和者益多，尚歡樂也。矢揚觸，或有參中者。○卿大夫主射參侯，士主射豻侯，矢或揚觸，容中別侯，皆得釋獲。禮殺尚歡，故優假之也。

右坐燕時，或復射。

主人洗，升自西階，獻庶子于阼階上，如獻士之禮。辯獻。降洗，遂獻左右正、與內小臣，皆於阼階上，如獻庶子之禮。庶子既掌正六牲之體，又正舞位，授舞器，與膳宰樂正聯事；又掌國子戒令教治，世子之官也。左右正，謂樂正、僕人正也。位在中庭之左右。小樂正在頌磬之北，右也。工在西，即北面。工遷於東，則東面。大樂正在笙磬之北，左也。工在西，則西面。工遷於東，則北面。僕人正相大師，工升堂，與其師士降立于小樂正之北，北上。工遷於東，則陪其工後。國君無故不釋縣。二正君之近官也。內小臣，奄人，掌君陰事陰令，后夫人之官也。獻三官於阼階，別內外臣也。同獻更洗，以時事不聯也。獻正下及內小臣，則磬人、鐘人、鎛人、鼓人、僕人師、僕人士，盡獻可知也。庶子、內小臣，位在小臣師之東，少退，西上。

右主人獻庶子等，獻禮之終也。

無算爵。算，數也。爵行無次數，唯意所歡，醉而止。**士也，有執膳爵者，有執散爵者。執膳爵者，酌以進公；公不拜，受。執散爵者，酌以之公；命所賜。所賜者興受爵，降席下，奠爵，再拜稽首。公答再拜。**席下，席西。**受賜爵者，以爵就席坐，公卒爵，然後飲。**酬之禮，爵代舉。今爵並行，嫌不代也。並行猶代者，明勸惠從尊者來。**執膳爵者，受公爵，酌，反奠之。**燕之歡在飲酒，成其意也。**受賜**

者，興授執散爵者。執散爵者，乃酌行之。與其所歡者。唯受于公者拜。卒爵者，興以酬士于西階上。士升。大夫不拜乃飲，實爵。乃猶而也。士不拜受爵。大夫就席。士旅酌，亦如之。○亦如大夫之不拜而飲，飲畢遂實爵也。公有命徹冪，則賓及諸公卿大夫皆降，西階下北面東上，再拜稽首。命徹冪者，公意殷勤，欲盡酒。公命小臣正辭。公答拜。大夫皆辟，升反位。升不成拜，於將醉，正臣禮。士終旅於上，如初。卿大夫降而爵止，於其反席卒之。無算樂。升歌、間、合，無次數，唯意所樂。

右燕末盡歡。

宵，則庶子執燭於阼階上，司宮執燭於西階上，甸人執大燭於庭，閽人爲燭於門外。宵，夜也。燭，燋也。甸人，掌共薪蒸者。庭大燭，爲其位廣也。爲，作也。作燭候賓出。賓醉，北面坐取其薦脯以降。取脯，重得君之賜。奏《陔》。《陔夏》，樂章也。其歌，《頌》類也。以鐘鼓奏之，其篇今亡。賓所執脯，以賜鐘人于門內霤，遂出。必賜鐘人，鐘人以鐘鼓奏《陔夏》，賜之脯，明雖醉，志禮不忘樂。卿大夫皆出。從賓出。公不送。臣也，與之安燕交歡，嫌亢禮也。公入，《驁》。《驁夏》，亦樂章也。以鐘鼓奏之，其詩今亡。此公出而言入者，射宮在郊，以將還爲入。燕不《驁》者，於路寢無出入也。○諸侯大學在郊，是其大射之所。○驁音鰲。

右賓出公入。

儀禮　鄭氏註

濟陽張爾岐句讀

聘禮第八鄭《目録》云：「大問曰聘，諸侯相於久無事，使卿相問之禮。小聘使大夫。《周禮》曰：『凡諸侯之邦交，歲相問也，殷相聘也，世相朝也。』於五禮屬賓禮。大戴第十四，小戴第十五，《別録》第八。」○疏云：「事謂盟會之屬，若有事，事上相見，故鄭據『久無事』而言。」又云：「《大行人》云：上公九介，侯伯七介，子男五介；諸侯之卿，各下其君二等，上公七介，侯伯五介，子男三介；若小聘使大夫，又下其卿二等。此聘禮是侯伯之卿大聘，以其經云五介，又及竟張旝，孤卿建旝，據侯伯之卿之聘也。」「殷相聘」，三年一大聘也。

聘禮：君與卿圖事，圖，謀也。謀聘故、及可使者。謀事者必因朝，其位：君南面，卿西面，大夫北面，士東面。○自此至「不辭」，言命使人之事。疏云：「《儀禮》之內，見諸侯三朝：燕朝，《燕禮》是也；射朝，《大射》是也；不見路門外正朝，當與二朝面位同。《燕禮》、《大射》皆云：卿西面、大夫北面、士東面，公降階南面揖之，是以知正朝面位然也。」○聘，匹正反。**遂命使者。**遂猶因也。既謀其人，因命之。聘使卿。○

使，所吏反。**使者再拜稽首辭；**辭以不敏。**君不許，乃退。**退，反位也。受命者必進。○不許者，不許其辭也。**既圖事，戒上介，亦如之。**既，已也。戒，猶命也。已謀事，乃命上介。難於使者易於介。○亦如其「再拜辭；不許，乃退」也。**宰命司馬戒衆介。衆介皆逆命，不辭。**宰，上卿，貳君事者也。諸侯謂司徒爲宰。衆介者，士也。士屬司馬，《周禮》司馬之屬：《司士》：「掌作士，適四方，使爲介。」逆，猶受也。○疏云：天子有六卿。諸侯兼官而有三卿：立地官司徒，兼冢宰；立夏官司馬，兼春官；立冬官司空，兼秋官，故諸侯謂司徒爲宰也。衆介不辭，副使賤，不敢辭。

右命使。

宰書幣，書聘所用幣多少也。宰又掌制國之用。○自此至「所受書以行」，言授幣。**命宰夫官具。**宰夫，宰之屬也。命之使衆官具幣、及所宜齎。○命之者，宰也。宰既書用幣之數，遂命宰夫使官具之。《周禮・宰夫》：「掌百官府之徵令。」**及期，夕幣。**及，猶至也。夕幣，先行之日夕，陳幣而視之，重聘也。**使者朝服，帥衆介夕。**視其事也。古文「帥」皆作「率」。**管人布幕于寢門外。**管，猶館也。館人，謂掌次舍帷幕者也。布幕以承幣。寢門外，朝也。古文「管」作「官」。今文「布」作「敷」。○鄭註「布幕以承幣」，此幕非在上之幕，乃布之地以爲藉者。**官陳幣：皮，北首西上，加其奉於左皮上；馬，則北面，奠幣于其前。**奉，所奉以致命，謂束帛及玄纁也。馬言「則」者，此享主用皮，或時用馬。馬入，則在幕南。皮馬皆乘。古文「奉」爲「卷」。今文無「則」。**使者北面，衆介立于其左，東上。**既受行，同位也。位在幕南。○未受命行已前，卿西面、大夫北面、士東面，面位各異。**卿大夫在幕東，西面，北上。**大夫西面，辟使者。○疏曰：「此謂處者，大夫常北面，今與卿同西面，故云『辟使者』。」**宰入告具于君。君朝服出門左，南鄉。**入告，入路門而告。**史讀書展幣。**展，猶校録也。史幕東西面讀書，賈人坐撫其幣，每者曰「在」。必西面者，欲君與使者俱見之也。○疏云：「賈人當在幕西，東面撫之。」○賈音嫁。**宰執書，告備具于君，授使者。使者受書，授上介。**史展幣畢，以書還授宰。宰既告備，以授使者。其受授皆北面。○疏曰：「云『其授受皆北面』者，當宰以書授使者之時，宰來至使者之東，北面授使者，使者北面授介，三者皆北面，向君故也。」**公揖入。**揖，禮群臣。**官載其幣，舍于朝。**待旦行也。○官謂官人從賓行者。舍止于朝，須守幣也。**上介視載者，**監其安處之，畢乃出。**所受書，以行。**爲當復展。○上介所受之書，則將之以行，爲至彼國竟上，當復展也。

右授幣。

厥明，賓朝服釋幣于禰。告爲君使也。賓，使者，謂之賓，尊之也。天子諸侯將出，告群廟；大夫告禰而已。凡釋幣，設洗盥如祭。○自此至「亦如之」，言使者與上介將行告禰。告無牲，直用幣而已。執幣須潔，當有洗以盥手，其設洗如祭時。**有司筵几于室中。祝先入，主人從入。主人在右，再拜；祝告，又再拜。**更云「主人」者，廟中之稱也。祝告，告以主人將行也。○主人，亦謂使者。**釋幣，制玄纁束，奠于几下，出。**祝釋之也。凡物，十曰束。玄纁之率，玄居三，纁居二。《朝貢禮》云：純，四只；制，丈八尺。○「制玄纁束」，丈八尺之玄纁，其數十卷也。疏云：「純謂幅之廣狹，制謂舒之長短。」○率音律。只音紙。**主人立于户東。祝立于牖西，**少頃之間，示有俟於神。**又入，取幣，降；卷幣，實于笲，埋于西階東；**

又入者，祝也。埋幣必盛以器，若藏之然。○笲音煩。**又釋幣于行。**告將行也。行者之先，其古人之名未聞。天子諸侯有常祀在冬，大夫三祀：曰門、曰行、曰厲。喪禮有毀宗躐行，出于大門，則行神之位，在廟門外西方。不言埋幣，可知也。今時民春秋祭祀有行神，古之遺禮乎？**遂受命。**賓須介來，乃受命也。言「遂」者，明自是出，不復入。**上介釋幣亦如之。**如其於禰與行。

右將行告禰與行。

上介及衆介，俟于使者之門外。俟，待也，待於門外，東面北上。○自此至「斂旜」，言賓介向君朝受命即行。**使者載旜，帥以受命于朝。**旜，旌旗屬也。載之者，所以表識其事也。《周禮》曰：「通帛爲旜。」又曰：「孤卿建旜。」至于朝門，使者北面東上。古文「旜」皆爲「膳」。○疏云：「凡諸侯三門：皐、應、路，路門外有常朝位。下文君臣皆朝，列位，乃『使卿進使者』，使者乃入至朝，即此朝門者，皐門外矣。」○旜，之然反。**君朝服南鄉。卿大夫西面北上。君使卿進使者。**進之者，使者謙，不敢必君之終使己。**使者入，及衆介隨入，北面東上。君揖使者進之；上介立于其左，接聞命。**進之者，有命，宜相近也。接，猶續也。○「接聞命」者，上介所立之位近于使者，使者述命，可接續而聞也。**賈人西面坐啓櫝，取圭，垂繅，不起而授宰。**賈人，在官知物賈者。繅，所以藉圭也。其或拜，則奠于其上。今文「繅」作「璪」。○疏謂繅有二種，一者以木爲中幹，以韋衣之，其或拜，則以藉圭。一者以絢組爲之，所以繫玉於韋版，此云「垂繅」、

「屈繅」，則絢組之繅也。愚謂據疏所言，仍是一物。韋版、絢組，相待爲用，何得言二也！❶ **宰執圭，屈繅，自公左授使者。**屈繅者，斂之，禮以相變爲敬也。自公左，贊幣之義。○《少儀》云：「詔辭自右，贊幣自左。」**使者受圭，同面，垂繅以受命。**同面者，宰就使者北面並授之。既授之而君出命矣。凡授受者，授由其右，受由其左。**既述命，同面授上介。**述命者，循君之言，重失誤。○使者受命。又重述之。以告上介，故上文云「接聞命」也。**上介受圭，屈繅，出授賈人。衆介不從。**賈人將行者，在門外北面。○對上賈人是留者。**受享束帛加璧，受夫人之聘璋，享玄纁束帛加琮，皆如初。**享，獻也。既聘又獻，所以厚恩惠也。帛，今之璧色繒也。夫人亦有聘享者，以其與己同體，爲國小君也。其聘用璋，取其半圭也。君享用璧，夫人用琮，天地配合之象也。圭璋特達，瑞也。璧琮有加，往德也。《周禮》曰：「瑑圭璋璧琮以覜聘。」○束帛玄纁，前授幣時已授矣，此復言者，以方授璧琮，取其相配之物兼言之，如云享時束帛上所加之璧、玄纁束帛上所加之琮耳。《周禮》曰「瑑圭璋璧琮以覜聘」，出聘之玉以瑑爲文，非君所執之圭與璧也。「如初」者，如受圭之儀也。○瑑，大轉反，音篆。**遂行，舍於郊，**於此脱舍衣服，乃即道也。《曲禮》曰：「凡爲君使，已受命，君言不宿於家。」**斂旜。**此行道耳，未有事也。斂，藏也。

右受命遂行。

若過邦，至于竟，使次介假道。束帛將命于朝，曰：「請帥。」奠幣。至竟而假道，諸侯以國爲家，

❶ 「二」，原作「一」，據薈要本、文淵閣本改。

不敢直徑也。將，猶奉也。帥，猶道也。請道己道路所當由。○自此至「執筴立于其後」，言過他邦假道之禮。**下大夫取以入告；出許，遂受幣。**言「遂」者，明受其幣，非爲許故也，容其辭讓不得命也。**餼之以其禮：上賓大牢，積唯芻禾；介皆有餼。**凡賜人以牲生曰餼，餼，猶稟也、給也。以其禮者，尊卑有常差也。常差者，上賓、上介，牲用太牢，群介用少牢；米皆百筥。牲陳于門内之西，北面。米設于中庭。上賓上介，致之以束帛；群介，則牽羊焉。上賓有禾十車、芻二十車，禾以秣馬。○「積唯芻禾」，謂所致之積，唯芻與禾，無米車也。介但有餼，無積。○餼，許氣反。積，子賜反。秣音末。**士帥，没其竟。**没，盡。**誓于其竟：賓南面，上介西面，衆介北面東上，史讀書，司馬執筴，立于其後。**此使次介假道，止而誓也。賓南面，專威信也。史於衆介之前，北面讀書，以敕告士衆，爲其犯禮暴掠也。禮：「君行師從，卿行旅從。」司馬，主軍法者，執策示罰。○疏云：「此誓當在使次介假道之時止而誓，因上説彼國禮法訖，乃更却本而言之，不謂此士帥没竟後。」

右過他邦假道。

未入竟，壹肆。謂於所聘之國竟也。肆，習也。習聘之威儀，重失誤。○自此至「不習私事」，言將至，豫習威儀。**爲壝壇，畫階，帷其北，無宫。**壝土象壇也。帷其北，宜有所鄉依也。無宫，不壝土，畫外垣也。○疏曰：「案《覲禮》與《司儀》同爲壇三成、宫方三百步，此則無外宫，其壇壝土爲之，無成，又無尺數，象之而已。」愚案《廣韻》：「壝，埒也，壇也。」蓋壇之形埒也，壇須築土高厚，有階級，壝則略除地聚土，令有形埒而已。此壝、壇兼言，壝亦有壇名也。○壝，以垂反。**朝服，無主，無執也。**不立主人，主人尊也。不執玉，不敢褻也。徒習其威儀而已。**介皆與，北面西上。**入門左之位也。古文「與」作「豫」。**習享，士執庭實；**士，士介也。庭實必執之者，皮則有攝張之節。**習夫人之聘享，亦如之。習公事，不習私事。**公事，致命者也。○公事，謂君聘享、夫人聘享及問卿大夫，皆致君命行之者。私事，謂私覿於君、私面於卿大夫之事。

右豫習威儀。

及竟，張旜，誓。及，至也。張旜，明事在此國也。張旜，謂使人維之。○自此至「遂以入竟」，言賓至竟謁關迎入之事。誓，亦警戒從人，使勿犯禮。**乃謁關人。**謁，告也。古者竟上爲關，以譏異服，識異言。○《周禮・司關》職云：「凡四方之賓客叩關，則爲之告。」**關人問：「從者幾人？」**欲知聘問，且爲有司當共委積之具。○疏曰：「不問使人而問從者，關人卑者，不敢輕問尊者，故問從者。」又云：「問得從者，即知使者是大聘，是小聘。卿行旅從，大夫小聘，當百人從也。」○幾，居豈反。**以介對。**以所與受命者對，謙也。聘禮，上公之使者七介，侯伯之使者五介，子男之使者三介，以其代君交於列國，是以貴之。《周禮》曰：「凡諸侯之卿，其禮各下其君二等。」○上公介九人，諸侯介七人，子男介五人，卿下其君二等，大夫又各下卿二等。不以從者對而以介對，註云「謙也」，固是，亦以知介數，即爲聘爲問可知，其從者多少亦可知也。**君使士請事，遂以入竟。**請，猶問也，問所爲來之故也。遂以入，因道之。○賓向來猶停關外，君使士請事訖，因道以入。本使士迎之，而必先請事者，君子不必入也。

右至竟迎入。

入竟，斂旜，乃展。復校録幣，重其事。斂旜，變於始入。○自此至「賈人之館」，言入竟三度展幣之事。**布幕，賓朝服立于幕東，西面；介皆北面，東上；賈人北面，坐拭圭，**拭，清也。側幕而坐，乃開櫝。**遂執展之。**持之而立，告在。**上介北面視之，退復位。**言「退復位」，則視圭進違位。**退圭。**圭璋尊，不陳之。**陳皮，北首西上；又拭璧展之，會諸其幣，加于左皮上。上介視之，退。**會，合也。諸，於也。古文曰「陳幣北首」。○疏曰：「璧言合諸幣者；享時當合，故今亦合而陳之。」**馬，則幕南北面，奠幣于其前。**前，當前，幕上。**展夫人之聘享，亦如之。賈人告于上介，上介告于賓。**展夫人聘享，上介不視，貶於君也。賈人既拭璋琮，南面告于上介，上介於是乃東面以告賓，亦所謂「放而文」之類。**有司展群幣，以告。**群幣，私覿、及大夫者。有司，載幣者，自展自告。**及郊，又展，如初。**郊，遠郊也。周制，天子畿内千里，遠郊百里。以此差之，遠郊上公五十里，侯伯三十里，子男十里也。近郊各半之。**及館，展幣於賈人之館，如初。**館，舍也。遠郊之内有侯館，可以小休止沐浴。展幣不于賓館者，爲主國之人，有勞問己者，就焉，便疾也。

右入竟展幣。

賓至于近郊，張旜。君使下大夫請行，反。君使卿朝服用束帛勞。請行，問所之也。雖知之，謙不必也。士請事、大夫請行、卿勞，彌尊賓也，其服皆朝服。○自此至「遂以賓入」，言賓至近郊，君與夫人使人勞賓。**上介出請，入告。賓禮辭，迎于舍門之外，再拜。**出請，出門西面請所以來事也。入告，入北面告賓也。每所及至，皆有舍，其有來者與，皆出請入告。于此言之者，賓彌尊，事彌録。**勞者不答拜。**凡爲人使，不當其禮。**賓揖，先入，受于舍門内。**不受于堂，此主於侯伯之臣也。公之臣，受勞於堂。○疏曰：「知公之臣受勞於堂者，案《司儀》云『諸公之臣，相爲國客』，及大夫郊勞，『三辭，拜辱，三讓，登，聽命』，是公之臣受勞於堂之事。」**勞者奉幣入，東面致命。**東面，鄉賓。○疏曰：「賓在館如主人，當入門西面，故勞者東面向之也。」**賓北面聽命，還少退，再拜稽首，受幣。勞者出。**北面聽命，若君南面然。少退，象降拜。**授老幣。**老，賓之臣。**出迎勞者。**欲儐之。○《司儀》註云：「上於下曰禮，敵者曰儐。」此言「儐」者，欲見賓以禮禮使者。**勞者禮辭。賓揖，先入，勞者從之。乘皮設。**設於門内也。物四曰乘。皮，麋鹿皮也。○設乘皮以儐勞者，每皮一人執之。**賓用束錦儐勞者。**言「儐」者，賓在公館，如家之義，亦以來者爲賓。○儐，必刃反。**勞者再拜稽首受。**稽首，尊國賓也。**賓再拜稽首送幣。**受、送，拜皆北面，象階上。○疏云：「案歸饔餼賓儐大夫時，賓楹間北面授幣，大夫西面受。此賓亦宜與彼同，北面授，還北面拜送。若然，云『受送拜皆北面』者誤，當云『授送拜皆北面』，並據賓而言也。」愚謂如疏言，則拜字不得連下讀，當云「授拜送」，不當作「送拜」。**勞者揖皮出，乃退。賓送再拜。**揖皮出，東面揖執皮者而出。○疏云：「執皮者在門内當門，勞者在執皮之西，故知東面揖皮，揖之若親受之。」又執皮是賓之使者，執皮者得揖從出，勞者從人當訝受之。」**夫人使下大夫勞以二竹簠方，玄被纁裏，有蓋。**竹簠方者，器名也，以竹爲之，狀如簠而方，❶如今寒具筥。筥者圜，此方耳。○簠音甫。**其實：棗蒸栗擇，兼執之以進。**兼，猶兩

❶「狀」，原作「伏」，據薈要本改。

也。右手執棗，左手執栗。**賓受棗，大夫二手授栗。**受授不游手，慎之也。○疏云：「初兩手俱用，既授棗，而不兩手共授栗，則是游暇一手，不慎也。」**賓之受，如初禮；**如卿勞之儀。○如其北面再拜也。**儐之如初。下大夫勞者，遂以賓入。**出以束錦授從者，因東面釋辭，請導之以入，然則賓送不拜。

右郊勞。

至于朝，主人曰：「不腆先君之祧，既拚埽席前曰「拚」。**以俟矣。」**賓至外門，下大夫入告，出釋此辭。主人者，公也。不言公而言主人，主人，接賓之辭，明至欲受之，不敢稽賓也。腆，猶善也。遷主所在曰祧。《周禮》：天子七廟，文武爲祧，諸侯五廟。則祧始祖也，是亦廟也。言「祧」者，祧尊而廟親，待賓客者，上尊者。○自此至「皆少牢」，言賓初至，不即行禮，主國致館設飧之事。○拚，方問反，❶音僨。**賓曰：「俟閒。」**賓之意，不欲奄卒主人也。且以道路悠遠，欲沐浴齋戒。俟閒，未敢聞命。○「俟閒」者，俟君燕閒，乃敢進見也。○卒，寸忽反。齋，側皆反。**大夫帥至于館。卿致館，**致，至也。賓至此館，主人以上卿禮致之，所以安之也。○「以上卿禮致之」，謂使上卿以束帛之禮致之也。《周禮·司儀職》云：「諸公之臣，相爲國客，致館，如初之儀。」鄭註云：「如郊勞也，不儐耳。」郊勞用束帛，則此致館亦用束帛可知也。**賓迎再拜。卿致命，賓再拜稽首。卿退，賓送再拜。**卿不俟設飧之畢，以不用束帛致故也。不用束帛致之者，明爲新至，非大禮也。○註「不用束帛致之」，指設飧而言也。設飧禮輕，故可略也。致館有束帛，致飧空以辭致君

---

❶「問」，原作「門」，據薈要本改。

命，無束帛。○飧音孫。**宰夫朝服設飧：**食不備禮曰飧，《詩》云「不素飧兮」、《春秋傳》曰「方食魚飧」皆謂是。**飪一牢，在西，鼎九，羞鼎三；腥一牢，在東，鼎七。**中庭之饌也。飪，熟也。熟在西，腥在東，象春秋也。鼎西九東七，凡其鼎實，與其陳，如陳饔餼。羞鼎則陪鼎也，以其實言之則曰「羞」，以其陳言之則曰「陪」。○疏曰：「云『中庭之饌也』者，對下文是堂上及門外之饌也。云『鼎西九東七』者，九謂正鼎九，牛、羊、豕、魚、腊、腸胃、膚、鮮魚、鮮腊；東七者，腥鼎無鮮魚、鮮腊，故七。陪鼎三，則下云膷、臐、膮是也。」**堂上之饌八，西夾六。**「八」、「六」者，豆數也。凡饌以豆爲本。堂上八豆八簋六鉶兩簠八壺，西夾六豆六簋四鉶兩簠六壺，其實與其陳，亦如饔餼。**門外，米禾皆二十車，**禾，槀實并刈者也。諸侯之禮，車米視生牢，禾視死牢，牢十車。大夫之禮，皆視死牢而已。雖有生牢，不取數焉。米陳門東，禾陳門西。○刈，魚廢反。**薪芻倍禾。**各四十車。凡此之陳，亦如饔餼。**上介：飪一牢，在西，鼎七，羞鼎三；堂上之饌六。門外米禾皆十車，薪芻倍禾。**西鼎七，無鮮魚鮮腊。**衆介皆少牢。**亦飪，在西，鼎五：羊、豕、腸胃、魚、腊，新至尚熟。堂上之饌：四豆、四簋、兩鉶、四壺，無簠。

右致館設飧。

厥明，訝賓于館。此訝，下大夫也。以君命迎賓，謂之訝，訝，迎也。亦皮弁。○自此至「賓不顧」，皆主國廟中所行之禮。其爲公禮者有五：聘一，享一，聘夫人一，享夫人一，若有言者又一，於是主君禮賓；其爲私禮者有二：賓私覿一，介私覿一。公乃送賓出。又有問君、問大夫之儀，此聘之正禮也，分爲四節。**賓皮弁聘，至于朝。賓入于次，**服皮弁者，朝聘主相尊敬也。諸侯視朔，皮弁服。入于次者，俟辦也。次在大門外之西，以帷爲之。○下記云：「宗人授次，次以帷，少退于君之次。」○辦，蒲莧反。**乃陳幣。**有司入于主國廟門外，以布幕陳幣，如展幣焉。圭璋，賈人執櫝而俟。**卿爲上擯，大夫爲承擯，士爲紹擯。擯者出請事。**擯，爲主國之君所使出接賓者也。紹，繼也，其位相承繼而出也。主君公也，則擯者五人；侯伯也，則擯者四人；子男也，則擯者三人。《聘義》曰：「介紹而傳命。君子於其所尊，不敢質，敬之至也。」既知其所爲來之事，復請之者，賓來當與主君爲禮，爲其謙不敢斥尊者，啓發以進之。於是時，賓出次，直闑西，北面；上擯在闑東閾外，西面。其相去也，公之使者七十步，侯伯之使者五十步，子男之使者三十步。此旅擯耳，不傳命。上介在賓西北，東面，承擯在上擯東南，西面，各自次序而下。末介，末擯旁相去三丈六尺。上擯之請事，進南面揖賓俱前，賓至末介、上擯至末擯，亦相去三丈六尺。止，揖而請事，還入告于公。天子、諸侯朝覲，乃命介紹傳命耳。其儀，各鄉本受命，反面傳而下，及末，則鄉受之，反面傳而上，又受命傳而下，亦如之。此三丈六尺者，門容二徹參个，旁加各一步也。今文無「擯」。○註云「此旅擯耳不傳命」者，謂卿大夫聘問。上擯受公命出門，南面遥揖賓使前，上擯漸南行，賓至末介北，東面，上擯至末擯南，西面，東西立定，乃揖而請所爲來之事。賓對訖，上擯入告公，上擯與賓親自問對，是旅擯不傳命也。若諸侯朝天子，受享於廟，或諸侯自相朝，則擯受命而出，遞傳於介，介傳於賓，介又受賓之辭，遞傳於擯，擯又傳而入，謂之「交擯」，此介紹傳命法也。註云「門容二轍參个」者，車轍廣八尺，天子之門容二十四尺，是爲八尺者三，又加二步一十二尺，爲三丈六尺。**公皮弁迎賓于大門内。大夫納賓，**公不出大門，降于待其君也。大夫上擯也，謂之大夫者，上序可知，從大夫總，無所別也。於是賓主人皆裼。○裼，西歷反。**賓入門左。**

内賓位也。衆介隨入，北面西上少退。擯者亦入門而右，北面東上。上擯進相君。**公再拜；**南面拜迎。**賓辟，不答拜。**辟位逡遁，不敢當其禮。**公揖入，每門每曲揖。**每門輒揖者，以相人偶爲敬也。凡君與賓入門，賓必後君。介及擯者隨之，並而鴈行。既入，則或左或右，相去如初。《玉藻》曰：「君入門，介拂闑，大夫中棖與闑之間，士介拂棖。賓入不中門，不履閾。」此賓，謂聘卿大夫也。門中，門之正也。不敢與君並由之，敬也。介與擯者鴈行，卑不踰尊者之迹，亦敬也。賓之介，猶主人之擯。〇棖，直庚反。**及廟門，公揖入，立于中庭；**公揖先入，省内事也。既則立於中庭以俟賓，不復出，如此得君行一臣行二，於禮可矣。公迎賓大門内，卿大夫以下，入廟門即位而俟之。〇方君在大門内時，卿大夫當於廟中在位矣。**賓立接西塾。**接，猶近也。門側之堂謂之塾。立近塾者，已與主君交禮，將有出命，俟之於此。介在幣南，北面西上。上擯亦隨公入門東，東上，少進於士。**几筵既設，擯者出請命。**有几筵者，以其廟受宜依神也。賓至廟門，司宫乃于依前設之，神尊不豫事也。席西上，上擯待而出請受賓所以來之命，重停賓也。至此言命，事彌至，言彌信也。《周禮》：「諸侯祭祀，席蒲筵，繢純，右彫几。」〇「依前」之「依」，於豈反，本又作「扆」。《爾雅·釋宫》「牖户之間謂之扆」，但天子以屏風設於扆，諸侯無屏風爲異。**賈人東面坐啓櫝，取圭，垂繅，不起而授上介。**賈人鄉入陳幣，東面俟。於此言之，就有事也。授圭不起，賤不與爲禮也。不言裼襲者，賤不裼也。繅，有組繫也。**上介不襲，執圭，屈繅，授賓。**上介北面受圭，進西面授賓。不襲者，以盛禮不在於己也。屈繅，并持之也。《曲禮》曰：「執玉，其有藉者則裼，無藉者則襲。」〇疏以屈繅爲無藉、垂繅爲有藉，《曲禮》陳氏註以圭璋特達爲無藉、琮璧有束帛爲有藉，陳説得之，詳見記中。**賓襲，執圭。**執圭盛禮，而又盡飾，爲其相蔽敬也。《玉藻》曰：「服之襲也，充美也。」是故尸襲，執玉龜襲也。○觀此註，知疏以垂繅屈繅爲有藉無藉，誠誤也。○盡，津忍反。**擯者入告，出辭玉。**擯者，上擯也。入告公以賓執圭將致其聘命。圭，贄之重者，辭之，亦所以致尊讓也。○疏云：「『致尊讓』，《鄉飲酒義》文。案文公十二年《左氏傳》云秦伯使西乞術來聘，襄仲辭玉，賓對曰：『不腆敝器，不足辭也。』」**納賓，賓入門左。**公事自闑西。○《玉藻》云「公事自闑西」，註云「聘享也」；又云「私事自闑東」，註云「覿面也」。**介皆入門左，北面西上。**隨賓入也。介無事，止於此。今文無「門」。○此後唯擯者得入相君禮，介則止於此也。**三揖；**君與賓也。入門，將曲，揖；既曲，北面又揖；當碑揖。○疏云：「公先在庭，南面，賓入門將曲，揖，既曲，賓又揖，二者主君皆向賓揖之。再揖訖，主君亦東面向堂塗北行，當碑，賓主又相向揖。是『君行一臣行二』，非謂賓入門時主君更向内霤相近而揖也。」**至于階，三讓。**讓升。**公升二等。**先賓升二等，亦欲「君行一臣行二」。**賓升，西楹西東面。**與主君相鄉。**擯者退中庭。**鄉公所立處退者，以公宜親受賓命，不用擯相也。**賓致命。**致其君之命也。**公左還北鄉。**當拜。**擯者進。**進阼階西，釋辭於賓，相公拜也。**公當楣再拜；**拜貺也。貺，惠賜也。楣，謂之梁。**賓三退，負序。**三退，三逡遁也。不言辟者，以執圭將進授之。**公側襲，受玉于中堂與東楹之間。**側，猶獨也，言「獨」，見其尊賓也。他日公有事，必有贊爲之者。凡襲，于隱者，公序坫之間可知也。中堂，南北之中也。入堂深，尊賓事也。東楹之間，亦以君行一臣行二。○兩楹之間，爲賓主處中；今於東楹之間，更侵東半間，故云「君行一、臣行二」。**擯者退，負東塾而立。**反其等位，無事。**賓降，介逆出。**逆出，由便。**賓出。**聘事畢。**公側授宰玉，**使藏之。授於序端。**裼，降立。**裼者，免上衣，見「裼衣」。凡當盛禮者以充美爲敬，非盛禮者以見美爲敬，禮尚相變也。《玉藻》曰：「裘之裼也，見美也。」又曰：「麛裘、青豻褎，絞衣以裼之。」《論語》曰：「素衣麛裘。」皮弁時，或素衣，其裘同，可知也。裘者爲温，表之爲其褻也。寒暑之服，冬則裘，夏則葛。凡襢裼者左。降立，俟享也，亦於中庭。古文「裼」皆作「賜」。○以上聘禮。○褎，詳又反。豻，五旦反。絞，户交反。**擯者出請。**不必賓事之有無。**賓裼，奉束帛加璧享。擯者入告，出許。**許受之。**庭實：皮，則攝之，毛在内，内攝之，入設也。**皮，虎豹之皮。攝之者，右手并執前足，左手并執後足，毛在内，不欲文之豫見也。内攝之者，兩手相鄉也。入設，亦參分庭一在南。言「則」者，或以馬。凡君於臣、臣於君，麋鹿皮可也。**賓入門左，揖讓如初，升致命。張皮。**張者，釋外足，見文也。○當賓於堂上致命之時，庭實即張之見文，相應爲節也。**公再拜受幣。士受皮者，自後右客。**自，由也。從東方來，由客後西，居其左受皮也。執皮者既授，亦自前西而出。○當公於堂上受幣，士亦於堂下受皮。**賓出，當之坐攝之。**象受于賓。○士初受皮，仍如前張之；及賓出，降至庭，乃對賓坐而攝之。當，對也。**公側授宰幣，皮如入，右首而東。**如入，左在前。皮右首者，變于生也。○執皮者初入時，行在前者立在左。此受皮者東行，亦立在左者行在前，故云「如入」也。《曲禮》云：「執禽者左首。」此右首，是變於生。○以上享禮。**聘于夫人，用璋，享用琮，如初禮。**如公立于中庭以下。○此約言聘享夫人之禮，亦公受之。**若有言，則以束帛，如享禮。**有言，有所告請、若有所問也。記曰：「有故，則束帛加書以將命。」《春秋》「臧孫辰告糴于齊」、「公子遂如楚乞師」、「晉侯使韓穿來言汶陽之田」皆是也。無庭實也。○此容有告請之禮。**擯者出請事，賓告事畢。**公事畢。

右聘享。

賓奉束錦以請覿。覿，見也。鄉將公事，是欲交其歡敬也。不用羔，因使而見，非特來。○自此至「訝受馬」，言賓請私覿，主君不許，而先禮賓。**擯者入告，出辭。**客有大禮，未有以待之。**請禮賓；賓禮辭，聽命。擯者入告。**告賓許也。**宰夫徹几改筵。**宰夫，又主酒食者也。將禮賓，徹神几，改神席，更布也，賓席東上。《公食大夫禮》曰「蒲筵常，緇布純，加萑席尋，玄帛純」，此筵上下大夫也。《周禮》曰「筵國賓于牖前，莞筵，紛純，加繅席畫純，左彤几」者，則是筵孤也。孤彤几，卿大夫其漆几與？○莞音官。**公出迎賓以入，揖讓如初。**公出迎者，己之禮更端也。**公升，側受几于序端。**漆几也。今文無「升」。**宰夫内拂几三，奉兩端以進。**内拂几，不欲塵坋尊者。以進，自東箱來授君。○坋，蒲悶反。**公東南鄉，外拂几三，卒，振袂中，攝之，進西鄉。**進，就賓也。**擯者告。**告賓以公授几。**賓進訝受几于筵前，東面俟。**未設也。今文「訝」爲「梧」。○梧，五故反。**公壹拜送；**公尊也。古文「壹」作「一」。**賓以几辟，**辟位，逡遁。**北面設几，不降，階上答再拜稽首。**不降，以主人禮未成也。啐酒則禮成。凡賓左几。○云「凡賓左几」者，對神右几也。**宰夫實觶以醴，加柶于觶，面枋。**酌以授君也。君不自酌，尊也。宰夫亦洗升實觶，以醴自東箱來，不面擸，不訝受也。○公西面向賓，宰夫以醴自東箱來公旁，並授與公。公不訝受，故面枋不面擸也。**公側受醴。**將以飲賓。**賓不降，壹拜，進筵前受醴，復位；公拜送醴。**賓壹拜者，醴質，以少爲貴。**宰夫薦籩豆脯醢，賓升筵。擯者退負東塾。**事未畢，擯者不退中庭，以有宰夫也。○事未畢當在中庭，今負東塾者，以有宰夫陳飲食也。**賓祭脯醢，以柶祭醴三。庭實設。**庭實，乘馬。**降筵，北面，以**

柶兼諸觶，尚擸，坐啐醴。降筵，就階上。○擸音獵，又音拉，折也，又持也，於義並難通。案《冠禮》、《昏禮》「面葉」，葉，柶大端也，古文「葉」作「擖」，擖音葉，箕舌也，與匙頭相類，可以借用。擸字或擖字之譌，「尚擸」即「尚葉」也。「尚葉」者，仰柶端向上也。○擸，以涉反。**公用束帛。**致幣也。言「用」，尊于下也。亦受之于序端。**建柶，北面奠于薦東。**糟醴不啐。○「啐」字誤。**擯者進相幣。**贊以辭。**賓降辭幣，**不敢當公禮也。**公降一等辭。**辭賓降也。**栗階升，聽命，**栗階，趨君命尚疾，不連步。○聽命，聽致幣之命。既命，又降拜以受也。**降拜；**拜受。**公辭。**不降一等，殺也。**升，再拜稽首，受幣，當東楹，北面，**亦訝受而北面者，禮主於己，己臣也。○疏云：「前行聘享時，賓東面，主君西面，訝授受。但以奉君命，故不北面。此以主君禮己，己，臣也，故北面。受，異於聘享時也。」**退，東面俟。**俟君拜也。不北面者，謙若不敢當階然。**公壹拜，賓降也。公再拜。**不俟公再拜者，不敢當公之盛也。公再拜者，事畢，成禮。**賓執左馬以出。**受尊者禮，宜親之也。效馬者，并左右靮授之。餘三馬，主人牽者從出也。○靮，丁歷反。**上介受賓幣，從者訝受馬。**從者，士介。

右主君禮賓。

賓覿，奉束錦，總乘馬。二人贊。入門右，北面奠幣，再拜稽首。不請不辭，鄉時已請也。覿用束錦，辟享幣也。總者，總八轡牽之。贊者，居馬間扣馬也。❶入門而右，私事自闑右。奠幣再拜，以臣禮見

---

❶「間」，原訛「門」，據薈要本改。

也。贊者，賈人之屬。介特覿也。○自此至「序從之」，言私覿之事。不升堂入幣，是以臣禮見也。不以介從，故贊者止是賈人之屬，以其介將各自特覿也。**擯者辭**，辭其臣。**賓出**。事畢。**擯者坐取幣出，有司二人牽馬以從，出門，西面于東塾南**。將還之也。贊者、有司受馬乃出。凡取幣于庭，北面。**擯者請受**；請以客禮受之。**賓禮辭，聽命**。賓受其幣，贊者受馬。**牽馬，右之，入設**。庭實先設，客禮也。右之，欲人居馬左，任右手便也。於是牽馬者四人，事得申也。《曲禮》曰：「效馬效羊者右牽之。」**賓奉幣入門左。介皆入門左，西上**。以客禮入，可從介。**公揖讓如初，升。公北面再拜**。公再拜者，以其初以臣禮見，新之也。**賓三退，反還負序**，反還者，不敢與授圭同。**振幣進授，當東楹，北面**。不言君受，略之也。**士受馬者，自前還牽者後，適其右，受**。自，由也。適牽者之右而受之也。此亦並授者，不自前左，由便也，便其已授而去也。受馬自前，變於受皮。○牽馬者四人，各在馬西，右手牽馬，北面立。士受馬者，從東方來，由馬前各適牽馬者之後，在人東馬西而受之。牽馬者自前西行而出。此受馬，亦視堂上受幣以爲節也。○還，户患反。**牽馬者自前西，乃出**。自，由也。**賓降，階東拜送；君辭**。拜送幣于階東，以君在堂，鄉之。○疏云：「賓拜送幣，私覿己物故也；前享幣不拜送，致君命，非己物也。」**拜也，君降一等辭**。君乃辭之而賓由拜，敬也。**擯者曰：「寡君從子，雖將拜，起也。」**此禮固多有辭矣，未有著之者，是其志而焕乎？未敢明説。**栗階升。公西鄉。賓階上再拜稽首**，成拜。**公少退**。爲敬。**賓降出。公側授宰幣。馬出**。廟中宜清。**公降立**。○以上賓覿。**擯者出請。上介奉束錦，士介四人皆奉玉錦束，請覿**。玉錦，錦之文纖縟者也。禮有以少文爲貴者。後言「束」，辭之便也。○縟音辱。**擯者入告，出許**。

上介奉幣，儷皮，二人贊，儷，猶兩也。上介用皮，變於賓也。皮，麋鹿皮。**皆入門右，東上，奠幣，皆再拜稽首。**皆者，皆衆介也。贊者奠皮出。**擯者辭，**亦辭其臣。**介逆出。**亦事畢也。**擯者執上幣，士執衆幣，有司二人舉皮，從其幣。出請受。**此請受，請于上介也。擯者先即西面位請之，釋辭之時，衆執幣者隨立門中而俟。**委皮南面，**擯者既釋辭，執衆幣者進即位，有司乃得委之。南面，便其復入也。委皮當門。**執幣者西面北上，擯者請受。**請于上介也。上言其次，此言其位，互約文也。○疏云：「以理推之，上當言：『擯者執幣；士四人北面，東上，坐取幣從；有司二人坐舉皮，從其幣出，隨立於門中。擯者出門，西面于東塾南請受；士執幣者進立擯南，西面北上；執皮者南面委皮於門中，北上。』如是乃爲文備也。」**介禮辭，聽命，皆進，訝受其幣。**此言皆訝受者，嫌擯者一一受之。**上介奉幣，皮先，入門左，奠皮。**皮先者，介隨執皮者而入也。入門左，介至揖位而立。執皮者奠皮，以有不敢授之義。古文重「入」。○註「入門左，介至揖位而立」，「揖位」即門左北面之位，賓至此待揖而後進，故云「揖位」。享禮，庭實使人執之以授主人有司，此奠之於地，介出後，有司二人坐舉皮，是不敢授也。**公再拜。**拜中庭也。不受于堂，介賤也。**介振幣自皮西進，北面授幣，退復位，再拜稽首送幣。**進者，北行，參分庭一而東行，當君，乃復北行也。**介出。宰自公左受幣。**不側受，介禮輕。**有司二人坐舉皮以東。**○上介覿禮竟。**擯者又納士介。**納者，出道入也。**士介入門右，奠幣，再拜稽首。**終不敢以客禮見。**擯者辭，介逆出。擯者執上幣以出，禮請受；賓固辭。**「禮請受」者，一請受而聽之也。賓爲之辭。士介賤，不敢以言通於主君。「固」衍字，當如面大夫也。**公答再拜。擯者出，立于門中以相拜。**擯者以賓辭入告，還立門中闔外，西面。公乃遥答拜也。相者，贊告之。**士介皆辟。**辟，於其東面位逡遁也。**士三人，東上，坐取幣，立。**俟擯者執上幣來也。○士介之幣，奠者四，擯者執其上幣出請，故别用士三人執其餘幣，俟擯者入而同授之宰也。**擯者進。**就公所也。○疏曰：「以公在庭，故擯者自門外來，進向公左，授幣與宰也。」**宰夫受幣于中庭，以東。**使宰夫受于士，士介幣輕也。受之于公左。賓幣，公側授宰；上介幣，宰受于公左；士介幣，宰夫受于士：敬之差。○註云「使宰夫受于士」，實則宰夫止受擯者所執，❶其餘則執幣者執以從之而東，經文自明。**執幣者序從之。**序從者，以宰夫當一一受之。○以上衆介覿。

右私覿。

擯者出請，賓告事畢。賓既告事畢，衆介逆道賓而出也。**擯者入告，公出送賓。**公出，衆擯亦逆道，紹擯及賓並行，間亦六步。**及大門内，公問君。**鄉以公禮將事，無由問也。賓至始入門之位，北面，將揖而出。衆介亦在其右，少退，西上。於此可以問君居處何如，序殷勤也。時承擯、紹擯，亦於門東北面東上，上擯往來傳君命，南面。蘧伯玉使人於孔子，孔子問曰：「夫子何爲？」此公問君之類也。**賓對，公再拜。**拜其無恙。公拜，賓亦辟。**公問大夫，賓對。公勞賓，賓再拜稽首，公答拜。**勞以道路之勤。**公勞介，介皆再拜稽首，公答拜。賓出，公再拜送，賓不顧。**公既拜，客趨辟，君命上擯送賓出，反告賓不顧。於此，君可以反路寢矣。《論語》説孔子之行，曰：「君召使擯，色勃如也，足躩如也。賓退，必復命曰：『賓不

---

❶「擯」，原作「賓」，據文淵閣本改。

顧矣。』」

右賓禮畢出，公送賓。

賓請有事於大夫。請問，問卿也。不言問聘，聘亦問也，嫌近君也。上擯送賓出，賓東面而請之，擯者反命，因告之。〇自此至「亦如之」，言賓請問卿，卿先往勞賓。其請辭，宜云「有事于某子」。**公禮辭，許。**禮辭，一辭。**賓即館。**少休息也。即，就也。〇疏云：「此一日之間，其事多矣。明旦行問卿，暫時止息。」**卿大夫勞賓，賓不見。**以己公事未行。上介以賓辭辭之。〇仍有問大夫之公事未行也。**大夫奠鴈再拜，上介受。**不言卿，卿與大夫同執鴈，下見于國君。《周禮》，凡諸侯之卿，見朝君，皆執羔。〇註「見朝君」，見來朝之君也。卿見來朝之君，執羔；此見來聘之賓，執鴈，是下於見朝君也。**勞上介，亦如之。**〇亦如之者，亦勞於其館，上介不見，而士介代受鴈。

右卿勞賓。

君使卿韋弁歸饔餼五牢。變皮弁，服韋弁，敬也。韋弁，韎韋之弁，兵服也。而服之者，皮韋同類，取相近耳。其服蓋韎布以爲衣而素裳。牲，殺曰饔，生曰餼。今文「歸」或爲「饋」。〇自此至「無儐」，言主君使卿大夫饋饔餼之事。此下言卿饋賓，《周禮·春官·司服》祭服下，先云韋弁服，後云皮弁服，韋弁尊於皮弁，故云敬也。**上介請事，賓朝服禮辭。**朝服，示不受也。受之當以尊服。**有司入陳。**入賓所館之廟，陳其積。**饔，**謂飪與腥。**飪一牢，鼎九，設于西階前，陪鼎當内廉，東面北上，上當碑，南陳牛、羊、豕、魚、腊、腸胃同鼎、膚、鮮魚、鮮腊，設扃鼏；膷、臐、膮，蓋陪牛羊豕。**陪鼎，三牲臛，膷臐膮。陪之，庶羞加也。當内廉，辟堂塗也。腸胃次腊，以其出牛羊也。膚，豕肉也。唯燖者有膚。此饌，先陳其位，後言其次，重大禮，詳其事也。宫必有碑，所以識日景，引陰陽也。凡碑，引物者，宗廟則麗牲焉，以取毛血。其材，宫廟以石，窆用木。○腊音昔。膷音香。臐，許云反。膮，許堯反。燖音尋。窆，彼驗反。**腥二牢，鼎二七，無鮮魚、鮮腊，設于阼階前，西面，南陳如飪鼎，二列。**有腥者，所以優賓也。**堂上八豆，設于户西，西陳，皆二以並，東上韭菹，其南醓醢，屈。**户，室户也。東上，變於親食賓也。醓，醢汁也。屈，猶錯也。今文「並」皆爲「併」。○公親食賓，則設豆西上，此東上，是「變於親食賓也」。「屈猶錯也」，菹醢不自相當，交錯陳之也。疏云：「謂其東上醓醢，醓醢西昌本，昌本西麋臡音泥，麋臡西菁菹，菁菹北鹿臡，鹿臡東葵菹，葵菹東蝸醢，蝸醢東韭菹。此兼用朝事、饋食之豆。」○菹，莊居反。醓，他感反。**八簋繼之，黍，其南稷，錯。**黍在北。○疏云：「繼者，繼八豆以西陳之。」錯者，黍稷二種相間錯也。**六鉶繼之，牛以西羊、豕，豕南牛，以東羊、豕。**鉶，羹器也。○不言綪、屈、錯者，綪文自具，故不言也。**兩簠繼之，粱在北。**簠不次簋者，粱稻加也。凡饌，屈錯要相變。**八壺設于西序，北上，二以並，南陳。**壺，酒尊也。酒蓋稻酒粱酒。不錯者，酒不以雜錯爲味。**西夾六豆，設于西墉下，北上韭菹，其東醓醢，屈。六簋繼之，黍，其東稷，錯。四鉶繼之，牛以南羊，羊東豕，豕以北牛。兩簠繼之，粱在西。皆二以並，南陳。六壺西上，二以並，東陳。**東陳，在北墉下，統於豆。○疏曰：「六豆者，先設韭菹，其東醓醢，又其東昌本，南麋臡，麋臡西菁菹，又西鹿臡。此陳還取朝事之豆。」**饌于東方，亦如之，**東方，東夾室。**西北上。**亦「韭菹其東醓醢」也。○疏曰：「云『西北上』者，則於其東壁下南陳，西北有韭菹，東有醓醢，次昌本，次南麋臡，次西有菁菹，次北有鹿臡，亦屈錯也。」岐案：兩夾之饌，方位順同，非相對而陳也。**壺東上，西陳。**亦在北墉下，統於豆。**醯醢百罋，**❶**夾碑，十以爲列，醯在東。**夾碑，在鼎之中央也。醯在東，醯，穀，陽也；醢，肉，陰也。○疏云：「罋，瓦器，其容一觳。《旊人》云『簋實一觳』，又云『豆實三而成觳』，四升曰豆，則罋與簋同受斗二升也。《禮器》註云『壺大一石，瓦甒五斗』，即此壺大一石也。」○罋，烏弄反。**餼二牢，陳于門西，北面東上，牛以西，羊豕；豕西，牛羊豕。**餼，生也。牛羊，右手牽之。豕，束之，寢右，亦居其左。**米百筥，筥半斛，設于中庭，十以爲列，北上；黍粱稻皆二行；稷四行。**庭實固當庭中，言當中庭者，南北之中也。東西爲列，列當醯醢南，亦相變也。此言中庭，則設碑近如堂深也。○上享時，直言庭實入設，不言「中庭」，則在東西之中，其南北三分庭一在南；此更言「中庭」，欲明南北之中也。上文公立於中庭，宰受幣於中庭，皆南北之中也。知「東西爲列」者，以經言「北上」，故知之。若南北縱陳，止得言東西，不得言「北上」。醯醢南北列，米筥東西列，是相變也。米在中庭，其北有醯醢夾碑，知碑之設，近庭北，如堂之深也。○筥，居呂反。行，户郎反。**門外：米三十車，車，秉有五籔，設于門東，爲三列，東陳。**大夫之禮，米禾皆視死牢。秉、籔，數名也。秉有五籔，二十四斛也。籔，讀若「不數」之「數」。今文「籔」或爲「逾」。○疏云：「飪一牢、腥二牢，是三牢死，故米禾皆三十車。『十斗曰斛，十六斗曰籔，十籔曰秉』，一秉十六斛，又五籔爲八斛，是二十四斛也。」○籔，色縷反。**禾三十車，車，三秅設于門西，西陳。**秅，數名也。三秅，千二

❶「醯」，原作「醓」，據薈要本改。

百秉。○四百秉爲一秅。○秅，丁故反。**薪芻倍禾。**倍禾者，以其用多。薪從米，芻從禾，四者之車，皆陳北輈。凡此，所以厚重禮也。《聘義》曰：「古之用財，不能均如此。然而用財如此其厚者，言盡之於禮也。盡之於禮，則内君臣不相陵，而外不相侵，故天子制之，而諸侯務焉爾。」○輈，丁留反。**賓皮弁迎大夫于外門外，再拜；大夫不答拜。**大夫，使者，卿也。○大夫即君所使卿韋弁者也。**揖入。及廟門，賓揖入。**賓與使者揖而入。使者止執幣，賓俟之于門内，謙也。古者天子適諸侯，必舍於太祖廟；諸侯行，舍于諸公廟；大夫行，舍于大夫廟。**大夫奉束帛，**執其所以將命。**入，三揖，皆行。**皆，猶並也。使者尊，不後主人。**至于階，讓。大夫先升一等；**讓不言三，不成三也。凡升者，主人讓于客三，敵者則客三辭，主人乃許升，亦道賓之義也。使者尊，主人三讓，則許升矣。今使者三讓，則是主人四讓也。公雖尊，亦三讓乃許升，不可以不下主人也。古文曰「三讓」。○註意謂：凡升者必三讓，敵者則客三辭，主人先升以道之，是成三讓也。客尊，則主人三讓而客即升，如此經「大夫先升」是也。主人三讓，客不三辭，故云「不成三」也。假使客三辭而猶先升，則是主人四讓矣。禮固無四讓法也。故即經文「大夫先升」，知大夫未嘗三辭，是謂「不成三」也。公雖尊，當其爲主人，亦必三讓乃先升，此主人自下之義也。**賓從，升堂，北面聽命。**北面于階上也。**大夫東面致命；**❶**賓降，階西再拜稽首。拜餼亦如之。**大夫以束帛同致饔餼也。賓殊拜之，敬也，重君之禮也。○大夫東面致命，在西階上也。賓降，階西再拜，東階之西也。殊拜者，分別兩次拜之，成

❶「夫」，原訛「大」，據薈要本改。

拜訖，又降拜也。大夫辭，升成拜。尊賓。〇成拜處，亦當東階之西。受幣堂中西，北面。趨主君命也。堂中西，中央之西。大夫降，出。賓降，授老幣，出迎大夫。老，家臣也。賓出迎，欲儐之。大夫禮辭，許。入，揖讓如初。賓升一等，大夫從，升堂。賓先升，敵也。皆北面。庭實設，馬乘。乘，四馬也。賓降堂，受老束錦；大夫止。止不降，使之餘尊。〇主人降，賓亦降，敵體之禮也。今主人降而大夫止，是使命之餘尊。賓奉幣西面，大夫東面。賓致幣；不言「致命」，非君命也。大夫對，北面當楣再拜稽首，稽首，尊君客也。致、對，有辭也。受幣于楹間，南面，退，東面俟。賓北面授，尊君之使。賓再拜稽首送幣。大夫降，執左馬以出。出廟門，從者亦訝受之。賓送于外門外，再拜。明日，賓拜于朝。拜饔與餼，皆再拜稽首。拜謝主君之恩惠，於大門外。《周禮》曰：凡賓客之治令，訝聽之。此拜亦皮弁服。〇《周禮・秋官》有掌訝，註引之者，明賓客發館至朝，來往皆掌訝前驅爲之導。上介，饔餼三牢：飪一牢，在西，鼎七，羞鼎三。飪鼎七，無鮮魚鮮腊也。賓介皆異館。〇此下言下大夫饋上介。腥一牢，在東，鼎七；堂上之饌六。六者，賓西夾之數。西夾亦如之；筥及罋，如上賓。凡所不貶者，尊介也。言「如上賓」者，明此賓客介也。〇無東方之饌。餼一牢。門外米禾視死牢，牢十車。薪芻倍禾。凡其實與陳，如上賓。凡，凡飪以下。〇實，其物；陳，其位也。下大夫韋弁，用束帛致之；上介韋弁以受，如賓禮。介不皮弁者，以其受大禮似賓，不敢純如賓也。儐之兩馬束錦。〇使者受儐禮，當亦如卿受賓儐也。士介四人，皆餼大牢，米百筥，設于門外。牢米不入門，略之也。米設當門，亦十爲列，北上。牢在其南，西上。○此下言宰夫饋士介。**宰夫朝服，牽牛以致之；**執紖牽之，東面致命。朝服，無束帛，亦略之。**士介西面拜迎。**○下記云：「士館于工商。」則此致者，在工商之館門外也。**士介朝服，北面再拜稽首受。**受，於牢東拜。自牢後適宰夫右，受，由前，東面授從者。**無儐。**既受，拜送之矣。明日，衆介亦各如其受之服，從賓拜於朝。

右歸饔餼於賓、介。

賓朝服問卿，不皮弁，别於主君。卿，每國三人。○自此至「如主人受幣禮不拜」，皆言賓問主國卿大夫之事。賓初以君幣問卿，次以私幣面卿；次上介特面，次衆介皆面；次上介以君幣問下大夫嘗使至者，次上介以私幣面下大夫，凡六事，分爲三節。次又設言大夫不見之禮。賓自聘覿主君禮畢，君送賓後，賓即請有事于大夫。至明日拜饔餼于朝，返即備舉此禮。此下賓問卿。**卿受于祖廟，**重賓禮也。祖，王父也。○初，賓請有事于大夫，君禮辭，許。是以卿不敢更辭。**下大夫擯。**無士擯者，既接於君所，急見之。○設擯多者，示相見有漸，卿與賓既接于君所，故不須士擯。**擯者出請事。大夫朝服迎于外門外，再拜；賓不答拜。揖，大夫先入，每門每曲揖。及廟門，大夫揖入。**入者，省内事也。既而俟于宁也。○疏云：「宁，門屋宁也。不俟于庭，下君也。」**擯者請命。**亦從入而出請。不几筵，辟君也。**庭實設四皮。**麋鹿皮也。**賓奉束帛入。三揖，皆行，至于階，讓。**皆，猶並也。古文曰「三讓」。**賓升一等；大夫從，升堂，北面聽命。**賓先升，使者尊。**賓東面致命；**致其君命。**大夫降，階西再拜稽首。賓辭。升成拜，受幣堂中西，北面。**於堂中央之西受幣，趨聘君之命。**賓降，出。大夫降，授老幣。無儐。**不儐賓，辟君也。

擯者出請事。賓面，如覿幣。面，亦見也。其謂之面，威儀質也。○此下賓面卿。**賓奉幣，庭實從，**庭實，四馬。**入門右。大夫辭。**大夫於賓入，自階下辭迎之。**賓遂左。**見，私事也，雖敵，賓猶謙。入門右，爲若降等然，《曲禮》曰：「客若降等，則就主人之階，主人固辭於客，然後客復就西階。」**庭實設。揖讓如初。**大夫至庭中，旋並行。**大夫升一等，賓從之。**大夫先升，道賓。**大夫西面。賓稱面。**稱，舉也，舉相見之辭以相接。**大夫對，北面當楣再拜，受幣于楹間，南面，退，西面立。**受幣楹間，敵也。賓亦振幣進，北面授。**賓當楣再拜送幣，降，出。大夫降，授老幣。**

右賓問卿、面卿。

擯者出請事。上介特面，幣如覿。介奉幣，特面者，異於主君，士介不從而入也。君尊，衆介始覿，不自別也。上賓則衆介皆從之。○此下上介特面卿。註「上賓衆介從之」者，謂賓問卿、面卿時也。**皮，二人贊。**亦儷皮也。**入門右，奠幣，再拜，**降等也。**大夫辭。**於辭，上介則出。**擯者反幣。**出還于上介也。**庭實設。介奉幣入，大夫揖讓如初。**大夫亦先升一等。今文曰「入設」。**介升，大夫再拜受。**亦於楹間南面而受。**介降拜，大夫降辭。介升，再拜送幣。**介既送幣，降出也。大夫亦授老幣。**擯者出請。衆介面，如覿幣。入門右，奠幣，皆再拜；大夫辭。介逆出。擯者執上幣出，禮請受。賓辭。**賓亦爲士介辭。○此下衆介面卿。**大夫答再拜。擯者執上幣，立于門中，以相拜；士介皆辟。老受擯者幣于中庭，士三人坐取群幣以從之。擯者出請事。賓出；大夫送于外門外，再拜；賓不顧。**不顧，言

去。擯者退，大夫拜辱。拜送也。○拜其相己行禮也。

右介面卿。

下大夫嘗使至者，幣及之。嘗使至己國，則以幣問之也。君子不忘舊。○此下問下大夫舊使己國者。**上介朝服三介，問下大夫；下大夫如卿受幣之禮。**上介三介，下大夫使之禮也。**其面，如賓面于卿之禮。**○既致公幣，而又私面也。

右問下大夫。

大夫若不見，有故也。○此下主國大夫不親受幣之禮。**君使大夫各以其爵爲之受，如主人受幣禮，不拜。**各以其爵，主人卿也則使卿，大夫也則使大夫。不拜，代受之耳，不當主人禮也。

右大夫代受幣。

夕，夫人使下大夫韋弁歸禮。夕，問卿之夕也。使下大夫，下君也。君使之，云「夫人」者，以致辭當稱「寡小君」。○自此至「賓拜禮於朝」，言主君夫人歸禮於賓與上介。**堂上籩豆六，設于户東，西上，二以並，東陳。**籩豆六者，下君禮也。臣設于户東，又辟饌位也。其設脯，其南醢，屈。六籩六豆。○疏云：「先於北設脯，即於脯南設醢，又於醢東設脯，以次屈而陳之，皆如上也。」**壺設于東序，北上，二以並，南陳，醙、黍、清，皆兩壺。**醙，白酒也。凡酒，稻爲上，黍次之，粱次之，皆有清白。以黍間清白者，互相備，明三酒六壺也。先言醙，白酒尊，先設之。○稻、黍、粱三酒，白者、清者各一壺，並之而陳也。疏曰：「醙，白也，上言『白』，明黍、粱皆有白，下言『清』，明稻、黍亦有清，於清、白中言黍，明醙即是稻，清即是粱也，故言『互相備』也。」○醙，所九反。**大夫以束帛致之。**致夫人命也。此禮無牢，下朝君也。○夫人於來朝之君有牢，此於聘卿無牢，是下朝君。**賓如受饔之禮，儐之乘馬束錦。上介四豆四籩四壺，受之如賓禮，**四壺，無稻酒也。不致牢，下於君也。**儐之兩馬束錦。明日，賓拜禮於朝。**於是乃言「賓拜」，明介從拜也。今文「禮」爲「醴」。

右夫人歸禮賓、介。

大夫餼賓大牢，米八筐。其陳，於門外，黍粱各二筐，稷四筐，二以並，南陳，無稻；牲陳於後，東上。不饌於堂庭，辟君也。○自此至「牽羊以致之」，言主國大夫餼賓及介。記云：「凡餼，大夫黍粱稷，筐五斛。」案《掌客》，鄰國之君來朝，卿皆見以羔，膳太牢；侯伯子男，膳特牛。彼又無筐米，此侯伯之臣，得用太牢，有筐米者，彼爲君禮，此是臣禮，各自爲差降。**賓迎再拜。老牽牛以致之，賓再拜稽首受。老退，賓再拜送。**老，室老，大夫之貴臣。**上介亦如之。衆介皆少牢，米六筐，皆士牽羊以致之。**米六筐者，又無粱也。士，亦大夫之貴臣。○室老，家相也；士，邑宰也，故爲大夫之貴臣。

右大夫餼賓、介。

公於賓，壹食，再饗。饗，謂亨大牢以飲賓也。《公食大夫禮》曰：「設洗如饗。」則饗與食，互相先後也。古文「壹」皆爲「一」。今文「饗」皆爲「鄉」。○自此至「致食以侑幣」，概言主國君臣於賓介食饗燕獻之數，及不親食饗之法。食禮無酒，饗禮有酒。○食音嗣。**燕與羞，俶獻，無常數。**羞，謂禽羞，鴈鶩之屬，成熟煎和也。俶，始也。始獻，四時新物，《聘義》所謂「時賜」。無常數，由恩意也。古文「俶」作「淑」。○

俶，昌淑反。鶩音木。**賓介皆明日拜于朝。上介，壹食，壹饗。**饗食賓，介爲介，從饗獻矣。復特饗之，客之也。○饗禮，介從饗。若食禮，介雖從入，不從食。**若不親食，使大夫各以其爵，朝服致之，以侑幣，如致饗，無償。**君不親食，謂有疾、及他故也。必致之，不廢其禮也。致之必使同班，敵者易以相親敬也。致禮於卿使卿，致禮於大夫使大夫，非必命數也。無償，以已本宜往。古文「侑」皆作「宥」。○侑幣，食禮有侑食之幣。《周禮·典命》，大國、小國，卿大夫命數不同，此所使致禮，但取爵同耳，不計命數也。食禮，賓當往君所受禮，無償使者之法，今雖使人致禮，以賓本宜赴廟，故仍無償也。**致饗以酬幣，亦如之。**酬幣，饗禮酬賓勸酒之幣也。所用未聞也。禮幣束帛乘馬，亦不是過也。《禮器》曰：「琥璜爵。」蓋天子酬諸侯。**大夫於賓，壹饗，壹食。上介，若食，若饗；若不親饗，則公作大夫致之以酬幣，致食以侑幣。**作，使也。大夫有故，君必使其同爵者爲之致之。列國之賓來，榮辱之事，君臣同之。○疏云：此直言饗食，不言燕，當亦有燕也。

右主國君臣饗食賓、介之法。

君使卿皮弁，還玉于館。玉，圭也。君子於玉比德焉，以之聘，重禮也。還之者，德不可取於人，相切厲之義也。皮弁者，始以此服受之，不敢不終也。○自此至「賓送不拜」，言主君使卿詣賓館還玉及報享之事。**賓皮弁襲，迎于外門外，不拜，帥大夫以入。**迎之不拜，示將去，不純爲主也。帥，道也。古文曰「迎于門外」。古文「帥」爲「率」。**大夫升自西階，鉤楹。**鉤楹，由楹內，將南面致命，致命不東面，以賓在下也。必言「鉤楹」者，賓在下，嫌楹外也。**賓自碑內聽命，升自西階，自左，南面受圭，退負右房而立。**聽命於下，敬也。自左南面，右大夫，且並受也。必並受者，若鄉君前耳。退，爲大夫降，逡遁。今文或曰「由自西階」，無「南面」。○碑内，碑之北。聽命畢乃升受圭，受畢，大夫降，賓遂退，因負右房而立俟也。**大夫降中庭。賓降，自碑内，東面，授上介于阼階東。**大夫降出，言「中庭」者，爲賓降節也。授於阼階東者，欲親見賈人藏之也。賓還阼階下，西面立。○賓自阼階向西階，自西階向阼階，皆由碑内。雖升降西階，賓不由西向堂塗也。故下經註云：「出入猶東。」**上介出請，賓迎。大夫還璋，如初入。**出請，請事於外，以入告也。賓雖將去，出入猶東，唯升堂由西階。凡介之位，未有改也。**賓裼，迎，大夫賄用束紡。**賄，予人財之言也。紡，紡絲爲之，今之縛也，所以遺聘君，可以爲衣服，相厚之至也。○縛，息絹反。**禮玉束帛乘皮，皆如還玉禮。**禮，禮聘君也，所以報享也。亦言玉，璧可知也。今文「禮」皆作「醴」。○「皆」者，謂賄紡與禮玉二事，其升受皆如還玉之儀也。**大夫出，賓送，不拜。**

右還玉報享。

公館賓，爲賓將去，親存送之，厚殷勤，且謝聘君之義也。公朝服。○自此至「賓退」，言明日賓將發，君往存賓，賓來請命之事。館賓者，拜賓於館也。**賓辟，**不敢受國君見己於此館也，此亦不見。言「辟」者，君在廟門，敬也。凡君有事於諸臣之家，車造廟門，乃下。○註云「此亦不見」，亦勞賓時也。**上介聽命。**聽命於廟門中，西面，如相拜然也。擯者每贊君辭，則曰：「敢不承命，告于寡君之老。」**聘享、夫人之聘享、問大夫、送賓，公皆再拜。**拜此四事。公東面拜，擯者北面。○擯者歷舉四事，而君拜之。**公退，賓從，請命于朝。**賓從者，實爲拜主君之館己也。言「請命」者，以己不見，不敢斥尊者之意。**公辭，賓退。**辭其拜也。退，還館裝駕，爲旦將發也。《周禮》曰：「賓從，拜辱于朝。明日，客拜禮賜，遂行。」

右賓將行，君館賓。

賓三拜乘禽於朝。訝聽之。發去乃拜乘禽，明已受賜，大小無不識。○他賜皆即拜于朝，唯日歸乘禽，不勝其拜，故於發時總三拜之。自此至「送至于竟」，言賓行主君贈送之禮。**遂行，舍于郊。**始發，且宿近郊，自展軨。**公使卿贈，如覿幣。**贈，送也，所以好送之也。言「如覿幣」，見爲反報也。今文「公」爲「君」。**受于舍門外，如受勞禮，無儐。**不入，無儐，明去而宜有已也。如受勞禮，以贈勞同節。**使下大夫贈上介，亦如之。使士贈衆介，如其覿幣。大夫親贈，如其面幣，無儐。贈上介亦如之。使人贈衆介，如其面幣。士送至于竟。**

右賓行，主國贈送。

使者歸，及郊，請反命。郊，近郊也。告郊人，使請反命於君也。必請之者，以已久在外，嫌有罪惡，不可以入。春秋時，鄭伯惡其大夫高克，使之將兵，逐而不納。此蓋請而不得入。○自此至「拜其辱」，言使者歸反命於朝。**朝服，載旜。**行時稅舍于此郊，今還至此，正其故行服，以俟君命，敬也。古文「旜」作「膳」。**禳，乃入。**禳，祭名也，爲行道累歷不祥，禳之以除災凶。**乃入陳幣于朝，西上：上賓之公幣私幣皆陳，上介公幣陳，他介皆否。**皆否者，公幣私幣皆不陳。此幣，使者及介所得於彼國君卿大夫之贈賜也。其或陳或不陳，詳尊而略卑也。其陳之、及卿大夫處者待之，如夕幣。其禮於君者不陳。上賓，使者。公幣，君之賜也。私幣，卿大夫之幣也。他介，士介也。言「他」，容衆從者。○註云「禮於君者不陳」，謂「賄用束紡，禮玉、束帛、乘皮」，不陳之者，以使者將親執以告。**束帛各加其庭實皮左。**不加於其皮上，榮其多也。○不令相掩蔽也。**公南鄉。**亦宰告于君，君乃朝服出門左南鄉。○疏云：「此陳幣，當如初夕幣之時，是以鄭此註亦依夕幣而言之。」**卿進使者。使者執圭，垂繅，北面；上介執璋，屈繅，立于其左。**此主於反命，士介亦隨入，並立，東上。○疏云：「今此賓執圭，賓則裼。註言『亦』者，亦初行受于朝時。」**反命，曰：「以君命聘于某君。某君受幣于某宮，某君再拜；以享某君，某君再拜。」**君亦揖使者進之，乃進反命也。某君，某，國名也。某宮，若言桓宮僖宮也。某君再拜，受也。必言此者，明彼君敬己君，不辱命。○註「君亦揖使者」，初受命于朝，位立定時，君揖使者，乃進受命，明反命亦然。**宰自公左受玉。**亦於使者之東，同面並受也。不右使者，由便也。○疏云：「此言『亦』者，亦於出使初受玉時，宰自公左授使者圭，同面。凡並授者，授由其右，受由其左，此受由其右者，因東藏之便。」**受上介璋，致命亦如之。**變「反」言「致」者，若云「非君命」也。致命曰：「以君命聘於某君夫人，某君再拜；以享於某君夫人，某君再拜。」不言「受幣于某宮」，可知，略之。○受上介璋，賓受之也。賓受璋，當亦垂繅而致命。本以君夫人聘君夫人，但婦人無外事，亦君命之，故言「致命」，若非君命然也。**執賄幣以告，曰：「某君使某子賄。」授宰。**某子，若言高子國子。凡使者所當以告君者，上介取以授之，賄幣在外也。**禮玉亦如之。**亦執束帛加璧也。告曰：「某君使某子禮。」宰受之，士隨自後，左士介，受乘皮如初。上介出取玉束帛，士介後取皮也。❶○賓

❶「後」，薈要本作「從」。

將告君之時，上介出取玉帛，士介取皮。賓執玉帛以告，宰受玉帛，士即自士介後居其右而受皮，向東藏之。**執禮幣，以盡言賜禮。**禮幣，主國君初禮賓之幣也。「以盡言賜禮」，謂自此至於贈。○自郊勞至贈行，八度禮賓皆有幣。執郊勞之幣，而歷舉其全以告也。○盡，津忍反。**公曰：「然。而不善乎？」**善其能使於四方。而，猶女也。**授上介幣，再拜稽首；公答再拜。**授上介幣，當拜公言也。不授宰者，當復陳之。**私幣不告。**亦略卑也。**君勞之。再拜稽首，君答再拜。**勞之以道路勤苦。**若有獻，則曰：「某君之賜也，**言此物，某君之所賜予爲惠者也。其所獻雖珍異，不言其爲彼君服御物，謙也。其大夫出，反必獻，忠孝也。**君其以賜乎？」**不必其當君也。獻不拜者，爲君之答己也。○所獻是賓入己之物，蓋彼國之君於常幣外別有賜予者。曰「君其以賜乎」，言未必可當君用，或以爲賜下之需乎？**上介徒以公賜告，如上賓之禮。**徒，謂空手，不執其幣。**君勞之。再拜稽首，君答拜。勞士介，亦如之。**士介四人，旅答壹拜，又賤也。○疏云：「上介再拜稽首，君答拜，不言『再拜』，則君答上介一拜矣。勞士介不言『皆』，則總答一拜矣。勞上介，君答一拜，已是賤。士介四人，共答一拜，故云『又賤也』。此一拜答臣下，《周禮》九拜，『七曰奇拜』是也。」**君使宰賜使者幣，使者再拜稽首。**以所陳幣賜之也。禮，臣子，人賜之而必獻之君父，不敢自私服也；君父因以予之，則拜受之，如更受賜也。既拜，宰以上幣授之。**賜介，介皆再拜稽首。**士介之幣，皆載以造朝，不陳之耳。與上介同受賜命，俱拜；既拜，宰亦以上幣授上介。**乃退。**君揖入，皆出去。**介皆送至于使者之門，**將行，俟于門；反，又送于門，與尊長出入之禮也。**乃退揖。**揖，別也。**使者拜其辱。**隨謝之也。再拜上介，三拜士介。○士三人，每人一拜，士卑。

右使者反命。

釋幣于門。門，大門也。主于闑。布席于闑西，閾外，東面。設洗于門外東方。其餘如初于禰時。出于行，入于門，不兩告，告所先見也。○自此至「亦如之」，言使還禮門奠禰之事。**乃至于禰，筵几于室，薦脯醢。**告反也。薦，進也。**觴酒陳。**主人酌進奠，一獻也。言「陳」者，將復有次也。先薦後酌，祭禮也。行釋幣，反釋奠，略出謹入也。**席于阼，**爲酢主人也。酢主人者，祝取爵酌。不酢於室，異於祭。**薦脯醢。**成酢禮也。**三獻。**室老亞獻，士三獻也。每獻奠，輒取爵酌主人，自酢也。○註當以「輒取爵酌主人」爲句，言室老酌主人，因自酢也。疏于「酌」字句，未是。**一人舉爵，**三獻禮成，更起酒也。主人奠之，未舉也。**獻從者，**從者，家臣從行者也。主人獻之，勞之也。皆升飲酒於西階上，不使人獻之，辟國君也。**行酬乃出。**主人舉奠酬從者，下辯，室老亦與焉也。**上介至，亦如之。**

右使還奠告。

聘遭喪，入竟，則遂也。遭喪，主國君薨也。入竟則遂，國君，以國爲體，士既請事，已入竟矣；關人未告則反。○自此至「卒殯乃歸」，皆聘者遭喪之禮。或所聘國君薨及夫人世子喪，或出聘後本國君薨，或聘賓有私喪，或賓死及介死，凡四節。**不郊勞，**子未君也。**不筵几，**致命不於廟，就尸柩於殯宮，又不神之。**不禮賓。**喪，降事也。○疏曰：「云『不禮』者，謂既行聘享訖，不以醴酒禮賓也。」**主人畢歸禮，**賓所飲食，不可廢也。禮，謂饔餼饗食。**賓唯饔餼之受。**受正不受加也。○疏曰：「饔餼大禮，是其正；自饗食之等，是其加也。」**不賄，不禮玉，不贈。**喪，殺禮，爲之不備。○賄謂束紡。禮玉謂以束帛、乘皮報享。贈謂賓出至郊，以物贈之。**遭夫人世子之喪，君不受，使大夫受于廟，其他如遭君喪。**夫人世子死，君爲喪主，使大夫受聘禮，不以凶接吉也。其他，謂禮所降。○禮所降，謂郊勞、禮賓、饗、食、賄、贈之類。**遭喪，將命于大夫，主人長衣練冠以受。**遭喪，謂主國君薨、夫人世子死也。此三者，皆大夫攝主人。長衣，素純布衣也。去衰易冠，不以純凶接純吉也。吉時在裹爲中衣，中衣、長衣，繼皆掩尺，表之曰深衣，純袂寸半耳。君喪，不言使大夫受，子未君，無使臣義也。○疏云：「向來所釋，皆是君主始薨。假令君薨踰年，嗣子即位，鄰國朝聘，以吉禮受之於廟，雖踰年而未葬，則亦使人受之。」

右遭所聘國君喪及夫人世子喪。

聘，君若薨于後，入竟則遂。既接於主國君也。**赴者未至，則哭于巷，衰于館，**未至，謂赴告主國君者也。哭于巷者，哭于巷門，未可爲位也。衰于館，未可以凶服出見人。其聘享之事，自若吉也。今文「赴」作「訃」。**受禮，**受饔餼也。**不受饗食。**亦不受加。**赴者至，則衰而出，**禮爲鄰國闕。於是可以凶服將事也。○「禮爲鄰國闕」，襄公二十三年《傳》語，謂鄰國有喪，爲之徹樂也。**唯稍，受之。**稍，稾食也。○饔餼亦不受矣。**歸，執圭復命于殯，升自西階，不升堂。**復命于殯者，臣子之于君父，存亡同。**子即位，不哭。**將有告請之事，宜清净也。不言「世子」者，君薨也。諸臣待之，亦皆如朝夕哭位。**辯復命，如聘。**自陳幣，至于上介以公賜告，無勞。○偏復命於殯，如聘禮之常，但不代君作勞辭耳。**子臣皆哭。**使者既復命，子與群臣皆哭。**與介入，北鄉哭。**北鄉哭，新至，別於朝夕。○疏云：復命之時，介在幣南，北面，去殯遠。復命訖，除去幣，賓更與介前，入，近殯，北鄉哭。朝夕哭位在阼階下，西面，今賓介新至，故於殯前北鄉也。**出，袒括髮。**悲哀變於外，臣也。○子奔喪，則袒括髮於殯東矣。**入門右，即位踊。**從臣位。自哭至踊，如奔喪禮。

右出聘後，本國君喪。

若有私喪，則哭于館，衰而居，不饗食。私喪，謂其父母。哭于館，衰而居，不敢以私喪自聞于主國，凶服于君之吉使。《春秋傳》曰：「大夫以君命出，聞喪，徐行而不反。」○衰而居，謂服衰居館；行聘享即皮弁吉服。《春秋傳》，宣公八年《公羊傳》文。**歸，使衆介先，衰而從之。**已有齊斬之服，不忍顯然趨於往來。其在道路，使介居前；歸又請反命，已猶徐行隨之；君納之，乃朝服；既反命，出公門，釋服，哭而歸。其他如奔喪之禮。吉時道路深衣。

右賓聘有私喪。

賓入竟而死，遂也。主人爲之具，而殯。具，謂始死至殯所當用。○疏云：「若未入竟，即反來。」殯非謂殯於館，斂於棺而已。**介攝其命。**爲致聘享之禮也。初時，上介接聞命。○上介接聞君命故，賓死得攝其命。**君弔，介爲主人。**雖有臣子親姻，猶不爲主人，以介與賓並命於君，尊也。**主人歸禮幣，必以用。**當中奠贈諸喪具之用，不必如賓禮。**介受賓禮，無辭也。**介受主國賓己之禮，無所辭也，以其當陳之以反命也。有賓喪，嫌其辭之。○主國待賓之禮，介代爲受而不辭。**不饗食。**○前經云：「上介壹食壹饗。」**歸，介復命，柩止于門外。**門外，大門外也。必以柩造朝，達其忠心。○疏云：「君有三門：皐、應、路。又有三朝：内朝在路寢庭，正朝在路門外，應門外無朝，外朝應在臯門外。經直云『止於門外』，無入門之言，明知止於大門外外朝之上。」**介卒復命，出，奉柩送之。君弔，卒殯。**卒殯，成節乃去。○柩既殯，君與大夫乃盡去，以殯是喪之大節。**若大夫介卒，亦如之。**不言上介者，小聘上介，士也。○亦如之，謂在聘國及反本國諸事。**士介死，爲之棺，斂之。**不具他衣物也，自以時服也。**君不弔焉。**主國君使人弔，不親往。**若賓死，未將命，則既斂于棺，造于朝，介將命。**未將命，請俟間之後也。以柩造朝，以已至朝，志在達君命。○疏云：「上介國外死，不以柩造朝可知。」**若介死，歸復命，唯上介造于朝。若介死，雖士介，賓既復命，往，卒殯乃歸。**往，謂送柩。

右出聘賓介死。

小聘曰問。不享，有獻，不及夫人。主人不筵几，不禮。面不升。不郊勞。記貶於聘，所以爲小也。獻，私獻也。面，猶覿也。○前經既詳聘禮，末復言小聘之異。「不禮」者，聘訖，不以醴禮賓也。「面不升」者，謂私覿，庭中受之，不升堂也。**其禮，如爲介，三介。**如爲介，如爲大聘上介。○禮，主國待賓之禮，謂饔、餼、食、饗之屬，如待大聘時大夫之爲上介者。其賓，則士三人爲之介也。

右小聘。

記：

久無事，則聘焉。事，謂盟會之屬。**若有故，則卒聘。束帛加書將命，百名以上，書於策；不及百名，書於方。**故，謂災患、及時事，相告請也。將，猶致也。名，書文也，今謂之字。策，簡也。方，板也。

○有故，如告糴、乞師之類。卒聘，倉猝而聘，不待殷聘之期也。字多，書於策，策以衆簡編連也；字少，書於方，一板可盡也。**主人使人與客，讀諸門外。**受其意，既聘享，賓出而讀之。不於内者，人稠處嚴，不得審悉。主人，主國君也。人，内史也。書必璽之。○讀諸門外，就門外燕閒之處讀之。**客將歸，使大夫以其束帛，反命於館。**爲書報也。**明日，君館之。**既報，館之，書問尚疾也。

右記有故，卒聘、致書之事。

既受行，出，遂見宰，問幾月之資。資，行用也。古者君臣謀密草創，未知所之遠近，問行用，當知多少而已。古文「資」作「齎」。○齎，子兮反。**使者既受行日，朝同位。**謂前夕幣之間。同位者，使者北面，介立于左，少退，别於其處臣也。○未受命行以前，卿、大夫、士面位各異。**出祖，釋軷，祭酒脯，乃飲酒于其側。**祖，始也。既受聘享之禮，行出國門，止陳車騎，釋酒脯之奠於軷，爲行始也。《詩傳》曰：「軷，道祭也。」謂祭道路之神。《春秋傳》曰：「軷涉山川。」然則軷，山行之名也。道路以險阻爲難，是以委土爲山，伏牲其上，使者爲軷祭酒脯祈告也。卿大夫處者，於是餞之，飲酒於其側。禮畢，乘車轢之而遂行，舍於近郊矣。其牲，犬羊可也。古文「軷」作「祓」。○疏曰：「在國内釋幣於行者，謂平適道路之神。出國門釋奠于軷者，謂山行道路之神。」○軷，蒲末反。騎，其義反。轢，力狄反。

右記使者受命將行之禮。

所以朝天子，圭與繅皆九寸，剡上寸半，厚半寸，博三寸，繅三采六等，朱白蒼。圭，所執以爲瑞節也。剡上，象天圓地方也。雜采曰繅，以韋衣木板，飾以三色再就，所以薦玉，重慎也。九寸，三公之圭也。古文「繅」或作「藻」，今文作「璪」。○疏云：「凡圭，❶天子鎮圭，公桓圭，侯信圭，皆博三寸，厚半寸，剡上左右各寸半，唯長短依命數不同。以韋衣木板，木板大小一如玉制，然後以韋衣包之，大小一如其板。經云『三采六等』，註云『三色再就』，就即等也，一采爲再就，三采即六等也。一匝爲一就。三采據公侯伯。」天子五采，子男則二采。**問諸侯，朱緑繅，八寸，**二采再就，降於天子也。於天子曰朝，於諸侯曰問，記之於聘，文互相備。○降於天子，降於朝天子也。疏謂：「諸侯自相朝，亦同圭與繅九寸。侯伯以下依命數。諸侯遣臣問天子，圭與繅亦八寸。」故註云「於天子曰朝，於諸侯曰問」，文互相備也。又云，此言八寸據上公之臣，侯伯之臣則六寸，子男之臣則四寸，各下其君二等。**皆玄纁繫，長尺，絢組。**采成文曰絢。繫，無事則以繫玉，因以爲飾，皆用五采組，上以玄，下以絳，爲地。今文「絢」作「約」。○繅以藉玉，繫以聯玉與繅，組即所以飾繫者，其質，上玄下纁，而又加五采之組也。○繫音計。長，直亮反。組音祖。約音巡。**問大夫之幣，俟于郊，爲肆，又齎皮馬。**肆，猶陳列也。齎，猶付也。使者既受命，宰夫載問大夫之禮，待於郊，陳之爲行列，至則以付之也。使者初行，舍于近郊。幣云肆，馬云齎，因其宜，亦互文也。不於朝付之者，辟君禮也。必陳列之者，不夕也。古文「肆」爲「肂」。○齎，子兮反。

右記朝聘玉幣。

---

❶「凡」，原作「几」，據薈要本改。

辭無常，孫而說。❶孫，順也。大夫使，受命不受辭，辭必順且說。○孫音遜。説音悦。**辭多則史，少則不達。**史謂策祝。**辭苟足以達，義之至也。**至，極也。今文「至」爲「砥」。○聘問之辭，難豫爲成説，其大要在謙遜而和悦。辭多則近史祝，辭少則不足以達意。苟足以達意而又不失之多，修辭之義，於是爲至。**辭，曰：「非禮也，敢。」對曰：「非禮也，敢。」**辭，辭不受也。對，答問也。二者皆卒曰「敢」，言不敢。

記修辭之節，因及辭對二言。

卿館於大夫，大夫館於士，士館於工商。館者必於廟。不館於敵者之廟，爲大尊也。自官師以上，有廟有寢。工商則寢而已。**管人爲客，三日具沐，五日具浴。**管人，掌客館者也。客，謂使者，下及士介也。

記賓館。

飧不致，不以束帛致命。草次饌，飧具輕。**賓不拜，**以不致命。**沐浴而食之。**自潔清，尊主國君賜也。記此，重者沐浴可知。○重者謂饔餼。

記設飧。

卿，大夫訝；大夫，士訝；士，皆有訝。卿，使者；大夫，上介也；士，衆介也。訝，主國君所使迎待

❶「孫」，原作「遜」，據經及注改。

賓者，如今使者護客。○按《周禮・秋官》有掌訝，彼謂天子設官；此諸侯因賓至，以降一等者訝之，使待事於客，通所求索也。**賓即館，訝將公命，**使已迎待之命。○謂以君使已迎待之命告之於賓。**又見之以其摯。**又，復也。復以私禮見者，訝將舍於賓館之外，宜相親也。大夫訝者執鴈，士訝者執雉。**賓既將公事，復見訝以其摯。**既，已也。公事，聘、享、問大夫。復，報也。使者及上介執鴈，群介執雉，各以見其訝。

記賓、訝往復之禮。

凡四器者，唯其所寶，以聘可也。言國獨以此爲寶也。四器，謂圭璋璧琮。○註據公侯伯而言，若子男聘用璧琮，享用琥璜。四器唯其所寶，故以行聘，非所寶則不足以通誠好矣。

釋聘用圭璧之故。

宗人授次，次以帷，少退于君之次。主國之門外，諸侯、及卿大夫之所使者，次位皆有常處。○疏云：「朝聘陳賓介，上公九十步，侯伯七十步，子男五十步。使其臣聘，又各降二等。其次皆依其步數，就西方而置之。未行禮之時，止於次中。至將行禮，賓乃出次。凡爲次，君次在前，臣次在後，故云『少退于君之次』。」

記授賓次。

上介執圭，如重，授賓。慎之也。《曲禮》曰：「凡執主器，執輕如不克。」○此謂將聘，主君廟門外上介屈繅授賓時。**賓入門，皇。升堂，讓。將授，志趨。**皇，自莊盛也。讓，謂舉手平衡也。志，猶念也，念趨，謂審行步也。孔子之「執圭，鞠躬如也，如不勝。上如揖，下如授，勃如戰色，足蹜蹜如有循」。古文「皇」

皆作「王」。○疏云：「『賓入門皇』，謂未至堂時；『升堂讓』，謂升堂東面向主君之時；『將授志趨』，謂賓執玉向楹將授玉之時，念鄉入門在庭時執玉徐趨，今當亦然。」愚謂註所云「審行步」者，謂審乎君行一臣行二之節也。疏又云：「《曲禮》云『執天子之器則上衡』，註云『謂高於心』；『國君則平衡』，註云『謂與心平』。」**授如争承，下如送。君還而后退。**争，争鬭之争，重失隊也。而后，猶然後也。○疏云：「授，謂就東楹授玉於主君時，如與人争接取物，恐失墜。下如送者，謂聘享每訖，君實不送，而賓之敬如君送然。君迴還，賓則退出廟門，更行後事，非謂賓出大門也。」愚謂：「下如送」當與《論語》「下如授」同解，言其授玉時手容也。「君還」，謂君轉身將授玉於宰，而後賓退而下階，若以「下」爲下階，「退」爲出廟門，恐非文次。**下階，發氣，怡焉，再三舉足，又趨。**發氣，舍息也。再三舉足，自安定，乃復趨也。至此云「舉足」，則志趨，卷豚而行也。孔子之「升堂，鞠躬如也，屏氣似不息者。出降一等，逞顔色，怡怡如也。没階，趨進，翼如也」。○豚，大本反。**及門，正焉。**容色復故。此皆心變見於威儀。○出門將更行後事。「此皆心變見於威儀」，統指賓入門以下而言。**執圭，入門，鞠躬焉，如恐失之。**記異説也。○疏云：「亦謂方聘執圭入廟門時。」**及享，發氣焉，盈容。**發氣，舍氣也。孔子之於享禮，有容色。○註「舍氣」即舍息。**衆介北面，蹌焉。**容貌舒揚。○疏云：「此謂賓行聘，衆介從入，門左北面。」**私覿，愉愉焉。**容貌和敬。○疏云：「舒於盈容也。」**出，如舒鴈。**威儀自然，而有行列。舒鴈，鵝也。○兼指賓介。○疏云：「此出廟門之外，又舒緩於愉愉也。」**皇，且行。入門主敬，升堂主慎。**復記執玉異説。

右三記賓、介聘享之容。

凡庭實，隨入，左先，皮馬相間可也。隨入，不並行也。間，猶代也。土物有宜，君子不以所無爲禮。畜獸同類，可以相代。古文「間」作「干」。**賓之幣，唯馬出，其餘皆東。**馬出，當從廄也。餘物皆東，藏之內府。**多貨，則傷于德。**貨，天地所化生，謂玉也。君子於玉比德焉，朝聘之禮，以爲瑞節，重禮也。多之，則是主於貨，傷敗其爲德。○圭、璧、璋、琮，聘享君與夫人，各用一而已。本取相厲以德，多之，是所重在貨而傷于德也。**幣美，則沒禮。**幣，人所造成以自覆幣謂束帛也。受之斯欲衣食之，君子之情也。是以享用幣，所以副忠信。美之，則是主於幣，而禮之本意不見也。○註「以自覆幣謂束帛也」，「幣」字疑當作「蔽」字。自覆蔽，謂其可爲衣也。「受之」當作「愛之」，忠信即其愛之之情。**賄，在聘于賄。**賄，財也。于，讀曰爲，言主國禮賓，當視賓之聘禮而爲之財也。賓客者，主人所欲豐也。若苟豐之，是又傷財也。《周禮》曰：「凡諸侯之交，各稱其邦而爲之幣，以其幣爲之禮。」古文「賄」皆作「悔」。○在，視也。賄，謂賄用束紡，禮用玉帛、乘皮及贈之屬是也。

記庭實貨幣之宜。

凡執玉，無藉者襲。藉，謂繅也。繅所以縕藉玉。○按疏以屈繅爲無藉，垂繅爲有藉，又以繅有二種。其説愈支而難通。《曲禮》陳氏註云：「所謂無藉，謂圭璋特達，不加束帛，當執圭璋之時，其人則襲；有藉者，謂璧琮加于束帛之上，當執璧琮時，其人則裼。」此定説也。又按《曲禮》鄭註亦云「圭璋特而襲，璧琮加束帛而裼」，疏引熊氏云，「朝時用圭璋特，賓主俱襲；行享時用璧琮，加束帛，賓主俱裼」，亦是也。先儒已有此説，亦非陳氏創爲之也。

記襄、裼之節。

禮，不拜至。以賓不於是始至。今文「禮」爲「醴」。○禮，爲聘享畢，公禮賓也。疏以爲聘時，似非經意。**醴，尊于東廂，瓦大一，有豐。**瓦大，瓦尊。豐，承尊器，如豆而卑。○大音泰。**薦脯五膱，祭半膱，橫之。**膱，脯如版然者。或謂之脡，皆取直貌焉。○脡，大頂反。**祭醴，再扱，始扱一祭，卒再祭。**卒，謂後扱。○扱，初洽反。**主人之庭實，則主人遂以出，賓之士訝受之。**此謂餘三馬也。左馬賓執以出矣。士，士介從者。○主人牽者從賓以出，至門外，士介迎受之。

記公禮賓儀物。

既覿，賓若私獻，奉獻，將命。時有珍異之物，或賓奉之，所以自序尊敬也，猶以君命致之。**擯者入告，出禮辭。**辭其獻也。**賓東面坐奠獻，再拜稽首。**送獻不入者，奉物禮輕。**擯者東面坐取獻，舉以入告，出禮請受。**東面坐取獻者，以宜並受也。其取之，由賓南而自後右賓也。**賓固辭，公答再拜。**拜受於賓也。「固」亦衍字。**擯者立于閾外以相拜，賓辟。**相，贊也。古文「閾」爲「蹙」。**擯者授宰夫于中庭。**東藏之，既乃介覿。**若兄弟之國，則問夫人。**兄弟，謂同姓、若婚姻甥舅有親者。問，猶遺也，謂獻也。不言「獻」者，變於君也。非兄弟，獻不及夫人。

記覿後賓私獻。

若君不見，君有疾、若他故，不見使者。**使大夫受。**受聘享也。大夫，上卿也。**自下聽命，自西階升受，負右房而立，賓降亦降。**此儀如還圭然，而賓大夫易處耳。今文無「而」。○還圭之儀，見前經。**不**

禮。辟正主也。○聘享訖，以醴禮賓，主君之禮也。

記君不親受之禮。

幣之所及，皆勞，不釋服。以與賓接於君所，賓又請有事于己，不可以不速也。所不及者，下大夫未嘗使者也。不勞者，以先是賓請有事於己同類，既聞彼爲禮所及，則已往有嫌也。所以知及不及者，賓請有事，固曰「某子」「某子」。

記大夫勞賓。

賜饔，唯羹飪，筮一尸，若昭若穆。羹飪，謂飪一牢也。肉謂之羹，唯是祭其先，大禮之盛者也。筮尸若昭若穆，容父在。父在則祭祖，父卒則祭禰。腥餼不祭，則士介不祭也。士之初行，不釋幣于禰，不祭可也。古文「羹」爲「羔」，「飪」作「腍」。○腍，而甚反。**僕爲祝，祝曰：「孝孫某、孝子某，薦嘉禮于皇祖某甫、皇考某子。」**僕爲祝者，大夫之臣，攝官也。○上文云「若昭若穆」，故此亦兩言之。○祝祝，上之六反，下之又反。**如饋食之禮。**如少牢饋食之禮。不言少牢，今以大牢也。今文無「之」。○疏云：「致爵、加爵及獻兄弟、弟子等，固當略之。」**假器於大夫。**不敢以君之器爲祭器。**朌肉及廋車。**朌，猶賦也。廋，廋人也。車，巾車也。二人掌視車馬之官也。賦及之，明辯也。古文「朌」作「紛」。○祭訖，頒胙，無不徧也。《夏官·廋人》職掌養馬。○朌音班。廋，所求反。

記賓受饔而祭。

聘日致饔。明日，問大夫。不以殘日問人，崇敬也。古文曰「問夫人也」。**夕，夫人歸禮。**與君異日，下之也。今文「歸」作「饋」。**既致饔，旬而稍，宰夫始歸乘禽，日如其饔餼之數。**稍，稟食也。乘，謂乘行之禽也，謂鴈鶩之屬。其歸之以雙爲數，其賓與上介也。古文「既」爲「餼」。○十日之後，賓不得時反，則致稍廩與乘禽、鴈鶩之屬。行有行列，故曰「乘禽」。「如饔餼之數」者，一牢當一雙，故《聘義》云「乘禽日伍雙」，是饔餼五牢者也。上介則日三雙，士介日一雙。**士中日則二雙。**中，猶間也。不一日一雙，大寡，不敬也。**凡獻，執一雙，委其餘于面。**執一雙，以將命也。面，前也。其受之，止上介受以入告之，❶士舉其餘從之。賓不辭，拜受于庭。上介執之，以相拜于門中，乃入授人。上介受，亦如之。士介拜受于門外。**禽羞、俶獻，比。**比，放也。其致之，禮如乘禽也。禽羞，謂成熟有齊和者。俶獻，四時珍美新物也。俶，始也，言其始可獻也，《聘義》謂之「時賜」。

記賓主行禮之節次及禽獻之等殺。

歸大禮之日，既受饔餼，請觀。聘於是國，欲見其宗廟之好、百官之富，若尤尊大之焉。**訝帥之，自下門入。**帥，猶道也。從下門外入，游觀非正也。

記賓游觀。

各以其爵，朝服。此句宜在「凡致禮」下。

士無饔。無饔者，無儐。謂歸餼也。

---

❶「止」，薈要本改作「也」。

記士介之殺禮。

大夫不敢辭，君初爲之辭矣。 此句宜在「明日問大夫」之下。

凡致禮，皆用其饗之加籩豆。 凡致禮，謂君不親饗賓及上介，以酬幣致其禮也。其，其賓與上介也。加籩豆，謂其實也，亦實於罋筐。饗禮今亡。**無饔者無饗禮。** 士介無饗禮。

記不親饗與無饗。

凡餼，大夫黍粱稷，筐五斛。 謂大夫餼賓上介也。器寡而大，略。

記大夫餼賓、上介之實與器。

既將公事，賓請歸。 謂已問大夫，事畢，請歸，不敢自專，謙也。主國留之，饗食燕獻，無日數，盡殷勤也。**凡賓拜于朝，訝聽之。** 拜，拜賜也。唯稍不拜。

記賓請歸、拜賜。

燕，則上介爲賓，賓爲苟敬。 饗、食，君親爲主，尊賓也。燕，私樂之禮，崇恩殺敬也。賓不欲主君復舉禮事禮己，于是辭爲賓。君聽之，從諸公之席，命爲苟敬。苟敬者，主人所以小敬也。更降迎其介以爲賓，介，大夫也，雖爲賓，猶卑於君，君則不與亢禮也。主人所以致敬者，自敵以上。**宰夫獻。** 爲主人，代公獻。

記燕聘賓之禮。

無行，則重賄反幣。 無行，謂獨來，復無所之也。必重其賄與反幣者，使者歸，以得禮多爲榮，所以盈聘君之意也。反幣，謂禮玉束帛乘皮，所以報聘君之享禮也。昔秦康公使西乞術聘于魯，辭孫而説，襄仲曰：「不有君子，其能國乎？」厚賄之。此謂重賄反幣者也。今文曰「賄反幣」。

記特聘宜加禮。

曰：「子以君命在寡君，寡君拜君命之辱。」此贊君拜聘享辭也。在，存也。○此及下三節即前經公館賓、賓辟時，公皆再拜之四事。此其贊拜之辭也。**「君以社稷故，在寡小君。拜。」**此贊拜夫人聘享辭也。言君以社稷故者，夫人與君敵體，不敢當其惠也。其卒亦曰：「寡君拜命之辱。」**「君貺寡君，延及二三老。拜。」**此贊拜問大夫之辭。貺，賜也。大夫曰老。**又拜送。**拜送賓也。其辭蓋云：「子將有行，寡君敢拜送。」此宜承上「君館之」下。

記公館賓拜四事之辭。

賓於館堂楹間，釋四皮束帛。賓不致，主人不拜。賓將遂去是館，留禮以禮主人，所以謝之。不致、不拜，不以將別崇新敬也。

賓謝館主人。

大夫來使，無罪，饗之；樂與嘉賓爲禮。**過，則餼之。**餼之，生致其牢禮也。其致之辭，不云君之有故耳。《聘義》曰：「使者聘而誤，主君不親饗食，所以愧厲之也。」不言罪者，罪將執之。○君有故，亦不親饗。此以使者有過不饗，故致辭異也。**其介爲介。**饗賓有介者，尊賓，行敵禮也。○疏云：「饗賓於廟之時，還以聘之上介爲介。」上經云：「上介一食一饗。」則是從賓爲介之外，復別饗也。**有大客後至，則先客**

不饗食，致之。卑不與尊齊禮。

記饗不饗之宜。

唯大聘有几筵。謂受聘享時也。小聘輕，雖受于廟，不爲神位。

記受聘大小不同。

十斗曰斛，十六斗曰籔，十籔曰秉。秉，十六斛。今江淮之間，量名有爲籔者。今八籔爲逾。❶二百四十斗。謂一車之米，秉有五籔。○致饔時每車米數。**四秉曰筥。**此秉，謂刈禾盈手之秉也。筥，穧名也，若今萊陽之間，刈稻聚把，有名爲筥者。《詩》云「彼有遺秉」，又云「此有不斂穧」。○穧，才計反。**十筥曰稯。十稯曰秅。四百秉爲一秅。**一車之禾三秅，爲千二百秉，三百筥，三十稯也。古文「稯」作「緵」。○致饔時，禾三十車，車三秅，此其秉數。○稯音總。緵，子工反。

明致饔米禾之數。

---

❶「八」，薈要本改作「文」。

儀禮　鄭氏註

濟陽張爾岐句讀

公食大夫禮第九鄭《目録》云：「主國君以禮食小聘大夫之禮，於五禮屬嘉禮。大戴第十五，小戴第十六，《别録》第九。」○疏云：篇中薦豆六、黍稷六簋、庶羞十六豆，此等皆是下大夫小聘之禮。下乃别言食上大夫之法。❶聘禮據侯伯之大聘，此篇小聘大夫者，周公設經，互見爲義。又云：不言食賓與上介、直言大夫者，小聘上介乃是士，是以直云「大夫」，兼得大夫聘賓與上介，亦兼小聘之賓。○食音嗣。

公食大夫之禮：使大夫戒，各以其爵。戒，猶告也。告之必使同班，敵者易以相親敬。○自此至「饌于東房」，皆將食大夫戒備之事。疏云：「此篇雖據子男大夫爲正，兼見五等諸侯大聘使卿之事，故云『各以其爵』也。」**上介出請，入告。**問所以爲來事。**三辭。**爲既先受賜，不敢當。○「既先受賜」，謂聘日

❶「乃」，原作「及」，據疏改。

致饔。賓出，拜辱。拜使者屈辱來迎己。**大夫不答拜，將命。**不答拜，爲人使也。將，猶致也。**賓再拜稽首。**受命。**大夫還，**復於君。**賓不拜送，遂從之。**不拜送者，爲從之，不終事。**賓朝服即位于大門外，如聘。**於是朝服，則初時玄端。如聘，亦入于次俟。○疏曰：「云『大門外如聘』者，則賓主設擯介以相待，如聘時。」又云：「賓在館拜所戒大夫，即玄端；賓遂從大夫至君大門外入次，乃去玄端，著朝服，出次即位也。」

右戒賓。

即位。具。主人也。擯者俟君於大門外，卿大夫士序，及宰夫具其饌物，皆於廟門之外。○即位者，待賓之人。具者，待賓之物。**羹定，**肉謂之羹。定，猶熟也。著之者，下以爲節。**甸人陳鼎七，當門，南面，西上，設扃鼏，鼏若束若編。**七鼎，一大牢也。甸人，冢宰之屬，兼亨人者。南面西上，以其爲賓，統於外也。扃，鼎扛，所以舉之者也。凡鼎鼏，蓋以茅爲之，長則束本，短則編其中央。今文「扃」作「鉉」。古文「鼏」皆作「密」。**設洗如饗。**必如饗者，先饗後食，如其近者也。饗禮亡，《燕禮》則「設洗於阼階東南」。古文「饗」或作「鄉」。○註引《燕禮》，欲見設洗之法，燕與饗食同。**小臣具槃匜在東堂下。**爲公盥也。公尊，不就洗。小臣，於小賓客饗食，掌正君服位。○《夏官·小臣》職云：「小祭祀賓客饗食，如大僕之法。」○匜，以支反。**宰夫設筵，加席几，**設筵於户西，南面而左几。公不賓至授几者，親設涪醬，可以略此。**無尊，**主於食，不獻酬。**飲酒、漿飲，俟于東房。**飲酒，清酒也。漿飲，截漿也。其俟，奠於豐上也。飲酒先言「飲」，明非獻酬之酒也。漿飲先言「漿」，別於六飲也。○食禮不獻酬，設清酒以擬酳口，故言「飲酒」。

《漿人》「共王六飲：水、漿、醴、涼、醫、酏」，此云「漿飲」，明是漿之一種，不兼六飲，漿亦以酳口也。註云「漿，飲截漿也」，疏云「截之言載，以其汁滓相載，故云『截』」，漢法有此名也」。**凡宰夫之具，饌于東房。**凡，非一也。飲食之具，宰夫所掌也。酒漿不在凡中者，雖無尊，猶嫌在堂。

右陳具。

公如賓服，迎賓于大門內。不出大門，降於國君。○自此至「階上北面再拜稽首」，言主君迎賓拜至之事。**大夫納賓。**大夫，謂上擯也。納賓以公命。**賓入門，左。公再拜；賓辟，再拜稽首。**左，西方，賓位也。辟，逡遁，不敢當君拜也。**公揖入，賓從。**揖入，道之。**及廟門，公揖入。**廟，禰廟也。○疏云：「《儀禮》之內單言廟者，皆據禰廟。若非禰廟，則言廟祧。」又云：「受聘在祖廟，食饗在禰，燕禮又在寢，是其差次也。」**賓入，三揖。**每曲揖，及當碑揖，相人偶。**至于階，三讓。**讓先升。**公升二等，賓升。**遠下人君。**大夫，立于東夾南，西面，北上。**東夾南，東西節也。取節於夾，明東於堂。序西爲堂，序東有夾室。○此謂主國卿大夫立位，並下文士、小臣、宰、內官等皆從公入立于其位也。**士，立于門東，北面，西上。**統於門者，非其正位，辟賓在北。○按《燕禮》、《大射》，士在西方，東面、北上，是其正位也。**小臣，東堂下，南面，西上。宰，東夾北，西面，南上。**宰，宰夫之屬也。古文無「南上」。**內官之士，在宰東北，西面，南上。**夫人之官、內宰之屬也。自卿大夫至此，不先即位，從君而入者，明助君饗食賓，自無事。**介，門西，北面，西上。**西上，自統於賓也。然則承擯以下，立於士西，少進，東上。○疏云：「『承擯以下立於士西少進東上』者，以介統於賓而西上，則擯統於君而東上可知。又承擯是大夫，尊於士，故知『少進東上』也。」**公，**

當楣北鄉，至再拜。賓降也，公再拜。楣謂之梁。「至再拜」者，興禮俟賓，嘉其來也。公再拜，賓降矣。**賓，西階東，北面答拜；**西階東，少就主君，敬也。**擯者辭。**辭拜於下。**拜也，公降一等。辭曰：「寡君從，子雖將拜，興也！」**賓降再拜，公降，擯者釋辭矣。賓猶降，終其再拜稽首。興，起也。**賓栗階升，不拜。**自以已拜也。栗，實栗也，不拾級連步，趨主國君之命。不拾級而下曰「辵」。○按疏及《燕禮・記》註疏，所言升降有四法：拾級連步，謂兩足相隨、不相過，是尋常升階法；栗階者，始升猶聚足連步，至近上二等，左右足各一發而升堂，是趨君命之法，故《燕禮・記》云「凡栗階，不過二等」；又此經註「不拾級而下曰『辵』」，疏以爲「越三等」，是下階近地三等，即不聚足也；又云「越一等爲歷階」。共爲四法。○辵音綽。**命之成拜，階上北面再拜稽首。**賓降拜，主君辭之。賓雖終拜，於主君之意，猶爲不成。

右賓入拜至。

士舉鼎，去鼏於外，次入。陳鼎于碑南，南面，西上。右人抽扃，坐奠于鼎西南，順出自鼎西。左人待載。入由東，出由西，明爲賓也。今文「奠」爲「委」。古文「待」爲「持」。○自此至「逆退復位」，言鼎入，載實于俎以待設。次入，序入也。**雍人以俎入，陳于鼎南。旅人南面加匕于鼎，退。**旅人，雍人之屬，旅食者也。雍人言「入」，旅人言「退」，文互相備也。出入之由，亦如舉鼎者。匕俎每器一人，諸侯官多也。**大夫長盥，洗東南，西面北上，序進盥，退者與進者交于前。卒盥，序進，南面匕。**長，以長幼也。序，猶更也。前，洗南。**載者西面。**載者，左人也。亦序自鼎東，西面於其前。大夫匕，則載之。**魚腊飪。**飪，熟也。食禮宜熟，饗有腥者。**載體，進奏。**體，謂牲與腊也。奏，謂皮膚之理也。進其理本，在前。下

大夫體七个。○其載牲腊之體，進其奏理之本，使之向人。「體七个」者，疏以爲當用右胖，肩、臂、臑、肫、骼、脊、脅；其左胖爲庶羞，下文十六豆、二十豆是也。**魚七，縮俎，寢右。**右首也。寢右，進鬐音奇也。乾魚近腴多骨鯁。○魚在俎爲縱，於人爲横。**腸胃七，同俎。**以其同類也。不異其牛羊，腴賤也。此俎實，凡二十八。○同類者，同是腴也。二十八，牛羊各十四也。**倫膚七。**倫，理也，謂精理滑脆者。今文「倫」或作「論」。**腸、胃、膚，皆横諸俎，垂之。**順其在牲之性也。腸胃垂及俎拒。**大夫既匕，匕奠于鼎，逆退，復位。**事畢，宜由便也。士匕載者，又待設俎。

右載鼎實於俎。

公降盥。將設醬。○此下乃詳食賓之節：爲賓設正饌、賓祭正饌、爲賓設加饌、賓祭加饌、賓三飯、侑賓以束帛、賓卒食，凡七節，而禮終賓出。**賓降，公辭。**辭其從己。**卒盥，公壹揖壹讓，公升，賓升。**揖讓皆一，殺於初。古文「壹」皆作「一」。**宰夫自東房授醯醬。**授，授公也。醯醬，以醯和醬。○疏曰：「按記云『蒲筵常』，長丈六尺，於堂上户牖之間南面設之，乃設正饌於中席已東。自中席已西，設庶羞也。」**公設之。**以其爲饌本。**賓辭，北面坐遷，而東遷所。**東遷所，奠之，東側其故處。○所，處也。君設當席中，賓稍東遷之，不敢當君設，故辟其故處。**公立于序内，西鄉。**不立阼階上，示親饌。**賓立于階西，疑立。**不立階上，以主君離阼也。疑，正立也，自定之貌。今文曰「西階」。**宰夫自東房薦豆六，設于醬東，西上：韭菹以東，醓醢、昌本；昌本南，麋臡；以西，菁菹、鹿臡。**醓醢，醢有醓。昌本，昌蒲本，菹也。醢有骨謂之臡。菁，蕒菁菹也。今文「臡」皆作「麋」。○臡，奴兮反。**士設俎于豆南，西上：牛、羊、豕；魚在牛南；腊、腸胃，亞之；**亞，次也。不言綪錯，俎尊也。○綪，側耕反。**膚以爲特。**直豕與腸胃東也。特膚者，出下牲，賤。**旅人取匕，甸人舉鼎，順出，奠于其所。**以其空也。其所，謂當門。**宰夫設黍稷六簋于俎西：二以並，東北上，黍當牛俎，其西稷，錯以終，南陳。**並，併也，今文曰「併」。古文「簋」皆作「軌」。**大羹湆，不和，實于鐙。宰右執鐙，左執蓋，由門入，升自阼階，盡階，不升堂，授公，以蓋降，出，入反位。**大羹湆，煮肉汁也，大古之羹。不和，無鹽菜。瓦豆謂之鐙。宰，謂大宰，宰夫之長也。有蓋者，饌自外入，爲風塵。今文「湆」爲「汁」，又曰「入門自阼階」，無「升」。○宰位在東夾北，西面、南上，今以蓋降出，送門外，乃更入反此位也。○鐙音登。**公設之于醬西；賓辭，坐遷之。**亦東遷所。**宰夫設鉶四于豆西，東上：牛以西，羊；羊南，豕；豕以東，牛。**鉶，菜和羹之器。○下記云「牛藿、羊苦、豕薇」，是菜和羹，以鉶盛之。○鉶音刑。**飲酒，實于觶，加于豐。**豐，所以承觶者也，如豆而卑。**宰夫右執觶，左執豐，進設于豆東。**食有酒者，優賓也。設于豆東，不舉也。《燕禮·記》曰：「凡奠者於左。」○「凡奠者於左，舉者於右」，《鄉飲酒》、《鄉射·記》皆有此文，註以爲《燕禮·記》，誤也。**宰夫東面坐啓簋會，各郤于其西。**會，簋蓋也。亦一一合郤之，各當其簋之西。**贊者負東房，南面，告具于公。**負東房，負房户而立也。南面者，欲得鄉公與賓也。

右爲賓設正饌。

公再拜，揖食。再拜，拜賓饌具。**賓降拜。**答公拜。**公辭；賓升，再拜稽首。**不言「成拜」，降未拜。**賓升席，坐取韭菹，以辯擩于醢，上豆之間祭。**擩，猶染也。今文無「于」。○醬亦醢也。《少牢》云：「尸取韭菹辯擩于三豆。」○擩，《五經文字》「汝主反」。**贊者東面坐取黍，實于左手，辯；又取稷，辯，反于右手；興以授賓。賓祭之。**取授以右手，便也。賓亦興受，坐祭之於豆祭也。獨云贊興，優賓也。《少儀》曰：「受立授立不坐。」**三牲之肺，不離，贊者辯取之，壹以授賓。**肺不離者，刌之也。不言「刌」，刌則祭肺也。此舉肺，不離而刌之，便賓祭也。祭離肺者，絶肺祭也。壹，猶稍也。古文「壹」作「一」。○離而不殊，留中央少許相連，謂之「離肺」；刌則切斷之，故云「不離」。祭離肺者，必用手絶斷其連處，刌肺則否，故註云「便賓祭也」。「壹」，《説文》訓專壹，《廣韻》訓合，當是總合授賓，使之祭，如上文祭黍稷之例；註云「猶稍也」，下文註云「每肺興受」，恐與經未合。食禮本殺，節文不宜如是其繁。**賓興受，坐祭；**於是云「賓興受坐祭」，重牲也。賓亦每肺興受，祭於豆祭。**挩手；扱上鉶以柶，辯擩之，上鉶之間祭；**扱以柶，扱其鉶菜也。挩，拭也，拭以巾。**祭飲酒於上豆之間。魚腊醬湆不祭。**不祭者，非食物之盛者。

右賓祭正饌。

宰夫授公飯粱，公設之于湆西。賓北面辭，坐遷之。既告具矣，而又設此，殷勤之加也。遷之，遷而西之，以其東上也。**公與賓皆復初位。**位，序內、階西。**宰夫膳稻于粱西。**膳，猶進也。進稻粱者以簠。**士羞庶羞，皆有大；蓋執豆，如宰。**羞，進也。庶，衆也，進衆珍味可進者也。❶大，以肥美者特爲臠，

❶「可進」，原作「進可」，據文淵閣本改。

所以祭也。魚或謂之膴，膴，大也。唯醢醬無大。如宰，如其進大羹湆，右執豆，左執蓋。○「蓋執豆」，兼蓋而執之也。**先者反之，**釋曰：「反之」者，以其庶羞十六豆，羞人不足，故先至者反取之。下文云：「先者一人，升設於稻南。」其人不反，則此云「先者反之」，謂第二已下爲先者也。○此段有「釋曰」字，疑是疏文，俟質別本。**由門入，升自西階。**庶羞多，羞人不足，則相授於階上，復出取也。○註兼上文。**先者一人，升，設于稻南簋西，間容人。**簋西，黍稷西也。必言「稻南」者，明庶羞加，不與正豆併也。「間容人」者，賓當從間往來也。**旁四列，西北上：**不統於正饌者，雖加，自是一禮，是所謂「羹胾中別」。**膷，以東，臐，膮，牛炙。**膷、臐、膮，今時臛也。牛曰膷，羊曰臐，豕曰膮，皆香美之名也。古文「膷」作「香」，「臐」作「薰」。**炙南，醢；以西，牛胾，醢，牛鮨。**先設醢，絣之以次也。《内則》謂「鮨」爲「膾」，然則膾用鮨。今文「鮨」作「鰭」。○鮨，《圖解》臣之反。**鮨南，羊炙；以東，羊胾，醢，豕炙。炙南，醢；以西，豕胾，芥醬，魚膾。**芥醬，芥實醬也。《内則》曰：「膾，春用葱，秋用芥。」**衆人騰羞者，盡階不升堂，授；以蓋降，出。**騰，當作「媵」。媵，送也。授，授先者一人。**贊者負東房，告備于公。**復告庶羞具者，以其異饌。

右爲賓設加饌。

飲酒豐		膚俎	
昌本	麋臡	豕俎	腸胃俎
醓醢	菁菹	羊俎	腊俎
韭菹	鹿臡	牛俎	魚俎

席東正饌

牛鉶　牛鉶　黍簋　稷簋
羊鉶　豕鉶　稷簋　黍簋
醓醬　黍簋　稷簋

户　太羹
蒲
北
牖
筵　粱簠
稻簠　牛炙　醢　豕炙　醢

席西加饌

漿飲豐　豕膮　牛胾　醢　豕胾
羊臐　醢　羊胾　芥醬
牛膷　牛鮨　羊炙　魚膾

贊升賓。以公命命賓升席。**賓坐席末，取粱，即稻，祭于醬湆間。**即，就也。祭稻粱，不以豆祭，祭加宜於加。○醬湆不得言「加」，註偶誤。粱是公所親設，醬湆亦公所親設，公設是饌尊處，故祭粱不於豆而於此耳。**贊者北面坐，辯取庶羞之大，興，一以授賓。賓受，兼壹祭之。**一一受之，而兼壹祭之，庶羞輕也。自祭之於膷臐之間，以異饌也。○「一以授賓」者，品授之也。「兼壹祭之」者，總祭之也。**賓降拜，**拜庶羞。○前疏云：「上文正饌，公先拜，賓答拜；此賓先拜公，公答拜。」**公辭。賓升，再拜稽首；公答**

再拜。

右賓祭加饌。

賓北面自間坐，左擁簠粱，右執湆，以降。自間坐，由兩饌之間也。擁，抱也。必取粱者，公所設也。以之降者，堂，尊處，欲食於階下然也。**公辭。賓西面坐奠于階西，東面對，西面坐取之；栗階升，北面反奠于其所；降辭公。**奠而後對，成其意也。降辭公，敬也。必辭公者，爲其尊而親臨己食。待食，贊者之事。○「成其意」者，成其降食階下之意。「降辭公」，辭公之親臨也。**公許，賓升，公揖退于箱。**箱，東夾之前，俟事之處。**擯者退負東塾而立。**無事。**賓坐，遂卷加席；公不辭。**贊者以告公，公聽之，重來，優賓。○公聽之而不輕來，所以優賓，使不煩勞也。**賓三飯，以湆醬。**每飯，歠湆，以殽擩醬，食正饌也。三飯而止，君子食不求飽。不言其殽，優賓。○疏曰：「按《特牲》、《少牢》尸食時，舉殽皆言次第，此不言者，任賓取之，是優賓也。」**宰夫執觶漿飲，與其豐以進。**此進漱也。非爲卒食，爲將有事，緣賓意欲自潔清。**賓挩手，興受。**受觶。**宰夫設其豐于稻西。**酒在東，漿在西，是所謂「左酒右漿」。**庭實設。**乘皮。○設之，將以侑賓。**賓坐祭，遂飲，奠於豐上。**飲漱。

右賓食饌三飯。❶

公受宰夫束帛，以侑，西鄉立。束帛，十端帛也。侑，猶勸也。主國君以爲食賓，殷勤之意未至，復

❶ 「右」，原作「石」，據薈要本改。

發帛以勸之，欲用深安賓也。西鄉立，序内位也。受束帛于序端。**賓降筵，北面。**以君將有命也。北面於西階上。**擯者進相幣。**爲君釋幣辭於賓。**賓降辭幣，升，聽命，**降辭幣，主國君又命之。升聽命，釋許辭。**降拜。**當拜受幣。**公辭。賓升，再拜稽首，受幣，當東楹，北面，**主國君南面授之。當東楹者，欲得君行一，臣行二也。**退，西楹西東面立。**俟主國君送幣也。退不負序，以將降。**公壹拜，賓降也，公再拜。**賓不敢俟成拜。**介逆出。**以賓事畢。**賓北面揖執庭實，以出。**揖執者，示親受。**公降立。**俟賓反。**上介受賓幣，從者訝受皮。**從者，府史之屬。訝，迎也。今文曰「梧受」。○上介，士介也。子男小聘使大夫，士介一人而已，故知訝受者是府史之屬也。

右公以束帛侑賓。

賓入門左，没霤，北面再拜稽首。便退，則食禮未卒；不退，則嫌，更入行拜，❶若欲從此退。○没霤，門簷霤盡處。嫌，謂貪食之嫌。**公辭。**止其拜，使之卒食。**揖讓如初，**如初入也。**升。賓再拜稽首，公答再拜。**賓拜，拜主國君之厚意。賓揖介入復位。**賓降辭公，如初。**將復食。**賓升，公揖退于箱。賓卒食會飯，三飲，**卒，已也。已食會飯，三漱漿也。會飯，謂黍稷也。此食黍稷，則初時食稻粱。○上文「宰夫設黍稷」，云「啓會」，是簋兼會設之；稻粱不言「啓會」，是簠不兼會，故經以黍稷爲會飯也。前三飯一飲漱，此云「三飲」，當九飯也。**不以醬湆。**不復用正饌也。初時食加飯，用正饌；此食正飯，用庶羞，互相

❶「入」，原作「人」，據文淵閣本改。

成也。後言「湆」，或時後用。

右賓卒食。

挩手，興，北面坐取粱與醬以降；西面坐奠于階西，示親徹也。不以出者，非所當得，又以已得侑幣。○公所親設，賓亦親徹。**東面再拜稽首。**卒食拜也。不北面者，異於辭。○前受侑出，更入門，北面拜，其時欲辭退，故北面；此卒食，禮終，故東面。**公降，再拜。**答之也。不辭之使升堂，明禮有終。**介逆出，賓出。公送于大門内，再拜。賓不顧。**初來揖讓，而退不顧，退禮略也，示難進易退之義。擯者以賓不顧告公，公乃還也。

右禮終賓退。

有司卷三牲之俎，歸于賓館。卷，猶收也，無遺之辭也。三牲之俎，正饌尤尊，盡以歸賓，尊之至也。歸俎者實于篚，他時有所釋故。○《特牲》及《士虞》俎歸尸三个，是有所釋，此無所釋，故稱「卷」也。**魚腊不與。**以三牲之俎無所釋故也。禮之有餘，爲施惠。不言腸胃膚者，在魚腊下，不與可知也。古文「與」作「豫」。

右歸俎于賓。

明日，賓朝服拜賜于朝，拜食、與侑幣，皆再拜稽首。朝，謂大門外。**訝聽之。**受其言，入告出報也。此下大夫，有士訝。

右賓拜賜。

上大夫：八豆，八簋，六鉶，九俎，魚腊皆二俎。記公食上大夫異於下大夫之數。豆加葵俎蝸醢，四四爲列；俎加鮮魚鮮腊，三三爲列，無特。○此下別言食禮之異者：食上大夫之禮、君不親食之禮、大夫相食之禮、大夫不親食之禮，凡四事。**魚、腸胃、倫膚，若九、若十有一；下大夫，則若七、若九。**此以命數爲差也。九，謂再命者也。十一，謂三命者也。七，謂一命者也。九或上或下者。再命謂小國之卿次國之大夫也，卿則曰上，大夫則曰下。大國之孤，視子男。○小國之上大夫、次國之下大夫，皆再命，故鼎實皆以九爲數。疏云：「大國之孤四命，與子男同十三，侯伯十五，上公十七，差次可知。」**庶羞，西東毋過四列；**謂上下大夫也。古文「毋」爲「無」。○下大夫庶羞十六，東西四行，南北亦四行；上大夫庶羞二十，東西四行，南北則五行。**上大夫，庶羞二十，加於下大夫，以雉兔鶉鴽。**鴽，無母。○疏云：「案《爾雅·釋鳥》云：『鴽，鴾母。』郭璞曰：『鵪也。』《莊子》曰：『田鼠化爲鶉。』《淮南子》云：『蝦蟆所化。』《月令》曰：『田鼠化爲鴽。』然則鴽、鶉一物也。」據經鶉、鴽並列，還是兩物。○《圖解》：鶉音淳，鴽音如。

右食上大夫禮之加於下大夫者。

若不親食，謂主國君有疾病、若他故。○他故，謂死喪及賓有過，或大客繼至之屬。按《聘禮》聘遭喪，「主人畢歸禮，賓唯饔餼之受」，謂有死喪而致饗與食，則賓不受之。若疾病及餘事不親食者，其致之，皆可受也。**使大夫各以其爵，朝服，以侑幣致之。**執幣以將命。**豆實，實于罋，陳于楹外，二以並，北陳。簋實，實于筐，陳于楹內、兩楹間，二以並，南陳。**陳罋筐於楹間者，象授受於堂中也。南北相當，以食饌同列耳。甕北陳者，變於食。甕數如豆，醯芥醬從焉。筐米四。今文「並」作「併」。**庶羞陳于碑內。**❶生魚也，魚腊從焉。上大夫加鮮魚鮮腊雉兔鶉鴽，不陳于堂，辟正饌。**庭實陳于碑外。**執乘皮者也。不參分庭一在南者，以言「歸」，宜近內。**牛羊豕陳于門內，西方，東上。**爲其踐污館庭，使近外。**賓朝服以受，如受饔禮。**朝服，食禮輕也。**無儐。**以己本宜往。**明日，賓朝服以拜賜于朝。訝聽命。**賜，亦謂食、侑幣。

右君不親食，使人往致。

大夫相食，親戒速。記異於君者也。速，召也。先就告之，歸具；既具，復自召之。**迎賓于門外，拜至，皆如饗拜。**饗，大夫相饗之禮也，今亡。古文「饗」或作「鄉」。**降盥。受醬、湆、侑幣、束錦也，皆自阼階降堂受，授者升一等。**皆者，謂受醬、受湆、受幣也。侑用束錦，大夫，文也。降堂，謂止階上。今文無「束」。**賓止也。**主人三降，賓不從。○疏曰：「以主人降堂不至地，故賓止不降也。」愚案註言「三降」，不數降盥者，盥時賓亦從降，自如常法也。**賓執粱與湆，之西序端；**不敢食於尊處。**主人辭；賓反之。卷加席；主人辭；賓反之。辭幣，降一等；主人從。**從，辭賓降。**受侑幣，再拜稽首。主人送幣，亦然。**敵也。**辭於主人，降一等；主人從。**辭，謂辭其臨己食。**卒食，徹于西序端；**亦親徹。**東面再拜，降出。**拜，亦拜卒食。**其他，皆如公食大夫之禮。**釋曰：云「其他」，謂豆數、俎體、陳設，皆不異，上陳，但禮

---

❶「羞」，原作「差」，據薈要本改。

異者，謂「親戒速」，君則不親，迎賓公不出，此大夫出大門；公受醬湆幣不降，此大夫則降也；公食大夫，大夫降食於階下，此言「西序端」；上公食，「卷加席」，公不辭，此則辭之，皆是異也。○愚以爲降而盥，侑用錦，降辭幣時主人從而辭降，受幣時主人稽首送幣，降辭主人主人從降，卒食徹於西序端，不拜階下，亦皆異於公食者。

右大夫相食之禮。

若不親食，則公作大夫，朝服，以侑幣致之。作，使也。大夫有故，君必使其同爵者爲之致禮。列國之賓來，榮辱之事，君臣同。**賓受于堂。無儐。**與受君禮同。

右大夫不親食，君使人代致。

記：

不宿戒。食禮輕也。此所以不宿戒者，謂前期三日之戒。申戒爲宿，謂前期一日。**戒，不速。**食賓之朝，夙興戒之。賓則從戒者而來，不復召。**不授几。**異於醴也。**無阼席。**公不坐。**亨于門外，東方。**必於門外者，大夫之事也。東方者主陽。**司宮具几，與蒲筵常，緇布純；加萑席尋，玄帛純，皆卷自末。**司宮，大宰之屬，掌宮廟者也。丈六尺曰常，半常曰尋。純，緣也。萑，細葦也。末，經所終，有以識之。必長筵者，以有左右饌也。今文「萑」皆爲「莞」。○疏曰：「上陳饌之時，正饌在左，庶羞在右，陳饌雖不在席上，皆陳於席前，當席左右，其間容人，故必長筵也。」**宰夫筵，出自東房。**筵本在房，宰夫敷之也。天子諸侯左右房。**賓之乘車，在大門外西方，北面立。**賓車不入門，廣敬也。凡賓即朝，中道而往，將至，下，行，而後車還，立于西方。賓及位而止，北面。卿大夫之位，當車前。凡朝位，賓主之間，各以命數爲遠近之節也。○疏曰：「云『卿大夫之位當車前』者，案《大行人》云上公『立當軹』，侯伯『立當前疾』，子男『立當衡』，又云大國之孤『朝位當車前』，則卿大夫立亦與孤同一節。云『凡朝位賓主之間各以命數爲遠近之節』者，案《大行人》云上公『朝位賓主之間九十步』，侯伯『七十步』，子男『五十步』，註云『朝位謂大門外賓下車及王車出迎所立處』，又云『凡諸侯之卿，其禮各下其君二等』。云『依命數』者，據君而言，其臣依君命數而降之。」愚按經文「北面立」者，指其車而言，前經「賓朝服即位于大門外如聘」，是下行人俟于次矣，則所云立「當車前」者，何時乎？此段註疏未能詳，俟質。**鉶芼：牛藿、羊苦、豕薇，皆有滑。**藿，豆葉也。苦，苦荼也。滑，堇荁之屬。今文「苦」爲「芐」。○堇音謹。荁音丸。芐音户。**贊者盥，從俎升。**俎其所有事。○贊者佐賓祭，故盥升以待事。俎先設，故俎升亦升。**簠有蓋冪。**稻粱將食乃設。去會於房，蓋以冪。冪，巾也，今文或作「鼏」。**凡炙無醬。**已有鹹和。**上大夫：蒲筵，加萑席；其純，皆如下大夫純。**謂三命大夫也。孤爲賓，則莞筵紛純，加繅席畫純也。**卿擯由下。**不升堂也。○此謂上擯，於堂下詔賓，主升降周旋之事而不升堂。**上贊，下大夫也。**上，謂堂上。擯、贊者，事相近，以佐上下爲名。○堂上之贊，以下大夫爲之；擯佐於堂下，贊佐於堂上，故曰「事相近」，言其相終始也。**上大夫，庶羞。酒飲漿飲，庶羞可也。**於食庶羞，宰夫又設酒漿，以之食庶羞可也，以優賓。○前經下大夫不言「食庶羞」，言「飲漱」、不言「飲酒」亦其禮之殊者。**拜食與侑幣，皆再拜稽首。**嫌上大夫不稽首。○雖上大夫必執臣禮，故記特明之。

儀禮　鄭氏註

濟陽張爾岐句讀

覲禮第十鄭《目録》云：「覲，見也，諸侯秋見天子之禮。春見曰朝，夏見曰宗，秋見曰覲，冬見曰遇。朝宗禮備，覲遇禮省，是以享獻不見焉。三時禮亡，唯此存爾。覲禮於五禮屬賓。大戴第十六，小戴十七，《别録》第十。」〇疏曰：「按《曲禮下》云：『天子當扆而立，諸侯北面而見天子，曰覲；天子當宁而立，諸公東面，諸侯西面，曰朝。』鄭註：『諸侯春見曰朝，❶受摯於朝，受享於廟，生氣文也；秋見曰覲，一受之於廟，殺氣質也。朝者位於内朝而序進，覲者位於廟門外而序入，王南面立於扆宁而受焉。夏宗依春，冬遇依秋。春秋時，齊侯唁音硯魯昭公，以遇禮相見，取易略也。』」是朝宗禮備，覲遇禮省可知。

覲禮：至于郊，王使人皮弁用璧勞。侯氏亦皮弁迎于帷門之外，再拜。郊，謂近郊，去王城五十

❶「春」，原作「表」，據文淵閣本改。

里。《小行人職》曰：「凡諸侯入，王則逆勞于畿。」則郊勞者，大行人也。皮弁者，天子之朝，朝服也。璧無束帛者，天子之玉尊也。不言「諸侯」言「侯氏」者，明國殊舍異，禮不凡之也。郊舍狹寡，爲帷宫以受勞。《掌舍職》曰：「爲帷宫，設旌門。」○此下言侯氏入覲初至之事：至郊則郊勞，至國則賜舍，凡二節。疏云：「引《小行人職》者，小行人既勞于畿，明近郊使大行人也。案《大行人》：上公三勞，侯伯再勞，子男一勞。《小行人》云：『凡諸侯入王則逆勞于畿。』不辨尊卑，則五等同有畿勞，其子男唯有此一勞而已，侯伯又加遠郊勞，上公又加近郊勞，則此云『近郊』，據上公而言。」**使者不答拜，遂執玉，三揖。至于階，使者不讓，先升。侯氏升，聽命；降，再拜稽首，遂升受玉。** 不答拜者，爲人使，不當其禮也。不讓先升，奉王命，尊也。升者，升壇。使者東面致命，侯氏東階上西面聽之。**使者左還而立；侯氏還璧，使者受。侯氏降，再拜稽首。使者乃出。** 左還，還南面，示將去也。立者，見侯氏將有事於己，俟之也。還玉，重禮。○疏曰：「直云『使者左還』，不云『拜送玉』者，凡奉命使，皆不拜送。若身自致者，乃拜送。」**侯氏乃止使者，使者乃入。侯氏與之讓升。侯氏先升，授几。侯氏拜送几；使者設几，答拜。** 侯氏先升，賓禮統焉。几者，安賓，所以崇優厚也。上介出止使者，則已布席也。**侯氏用束帛乘馬儐使者，使者再拜受。侯氏再拜送幣。** 儐使者，所以致尊敬也。拜者各於其階。**使者降，以左驂出。侯氏送於門外，再拜。侯氏遂從之。** 騑馬曰驂。左驂，設在西者；其餘三馬，侯氏之士，遂以出授使者之從者于外。從之者，遂隨使者以至朝。

右王使人郊勞。

天子賜舍。以其新至，道路勞苦，未受其禮，且使即安也。賜舍，猶致館也。所使者，司空與？小行人爲承擯。今文「賜」作「錫」。○疏云：「『賜舍猶致館』者，猶《聘禮》賓至於朝，君使卿致館也。知『小行人爲承擯』者，案《聘禮》致館，賓、主人各擯介，故知此亦陳擯介，必知使小行人爲承擯者，案《小行人》云：『及郊勞、眡館、將幣，爲承而擯』，是其義也。」**曰：「伯父，女順命于王所。賜伯父舍。」**此使者致館辭。○女音汝。**侯氏再拜稽首，**受館。**儐之束帛乘馬。**王使人以命致館，無禮，猶儐之者，尊王使也。侯氏受館於外，既，則儐使者於內。○外，館舍之門外也。

右王賜侯氏舍。

天子使大夫戒，曰：「某日，伯父帥乃初事。」大夫者，卿爲訝者也。《掌訝職》曰：「凡訝者，賓客至，而往詔相其事。」戒，猶告也。其爲告，使順循其事也。初，猶故也。今文「帥」作「率」。○此下言將覲之事：王使人告覲期，諸侯先期受次于廟，凡二事。「帥乃初事」者，遵循朝覲之舊典也。**侯氏再拜稽首。**受覲日也。

右王戒覲期。

諸侯前朝，皆受舍于朝。同姓西面北上，異姓東面北上。言諸侯者，明來朝者衆矣，顧其入覲不得並耳。受舍于朝，受次于文王廟門之外。《聘禮・記》曰「宗人授次，次以帷，少退於君之次」，則是次也，言舍者，尊舍也，天子使掌次爲之，諸侯上介先朝受焉。此覲也，言朝者，覲遇之禮雖簡，其來之心，猶若朝也。分別同姓異姓，受之將有先後也。《春秋傳》曰：「寡人若朝于薛，不敢與諸任齒。」則周禮先同姓。○

疏云：「春夏受贄於朝，無迎法；受享於廟，有迎禮。秋冬受贄、受享，皆在廟，並無迎法。是以大門外無位。既受覲於廟，故在廟門外受次。」又云：「天子春夏受享、諸侯相朝聘，迎賓客者，皆有外次，即《聘禮記》『宗人授次』是也。有外次於大門外者，則無廟門外之內次；天子覲遇在廟者，有廟門外之內次，無大門外之外次，此文是也。」又云：「《下曲禮》云：『天子當依而立，諸侯北面而見天子，曰覲。』彼諸侯皆北面，不辨同姓、異姓，與此不同者，此謂廟門外爲位時，彼謂入見天子時。」岐案：「受舍于朝」，康成以爲受次于文王廟門之外，蓋以下文有「肉袒廟門之東」一語，遂以爲宗廟。戴氏駁之甚當。天子三朝：臯門內、庫門外之朝，謂之外朝；路門外之朝，謂之內朝，亦曰治朝；其後路寢謂之燕朝。燕朝非接見諸侯之所，則受享于廟者，路門外之朝，天子當扆而立者也；受贄于朝者，庫門外之朝，天子當宁而立者也。鄭既以廟爲宗廟，遂以朝爲路門外之內朝，故其註《曲禮》者曰「朝者位于內朝而序進，覲者位于廟門外而序入」，當亦誤也。

右受次于廟門外。

侯氏裨冕，釋幣于禰。將覲，質明時也。裨冕者，衣裨衣而冠冕也。裨之爲言埤也。天子六服，大裘爲上，其餘爲裨，以事尊卑服之，而諸侯亦服焉。上公衮無升龍，侯伯鷩，子男毳，孤絺，卿大夫玄。此差，司服所掌也。禰，謂行主，遷主矣而云「禰」，親之也。釋幣者，告將覲也。其釋幣，如聘大夫將受命釋幣于禰之禮。既則祝藏其幣，歸乃埋之於祧，西階之東。○此下至「升成拜降出」，備言入覲之事。質明，先以將覲告行主，乃入覲，以瑞玉爲贄，次行三享，次肉袒請罪，凡三節。王勞之，乃出。裨冕者，上公衮冕，侯伯鷩冕，子男毳冕也。案《玉藻》「諸侯玄冕以祭」，不得服衮冕以下，而此裨冕釋幣于禰者，以將入天子之廟，故服之也。○裨，婢支反。**乘墨車，載龍旂弧韣，乃朝以瑞玉，有繅。** 墨車，大夫制也。乘之者，入天子之國，車服不可盡同也。交龍爲旂，諸侯之所建。弧，所以張縿之弓也。弓衣曰韣。瑞玉，謂公桓圭、侯信圭、伯躬圭、子穀璧、男蒲璧。繅，所以藉玉，以韋衣木，❶廣袤各如其玉之大小，以朱白蒼爲六色。今文「玉」爲「璧」，「繅」或爲「璪」。○案《巾車》云：同姓金路，異姓象路，四衛革路，各得天子五路之一。今乃乘大夫之墨車者，以金、象等路皆在本國所乘，既入天子之國，方服裨冕以朝，不可更乘此車同於王者，故註云「車服不可盡同也」。弧韣，與龍旂並言，註以爲張縿之弓，仍是旂上一物。信然否，俟考。○韣音獨。繅音早。

天子設斧依於户牖之間，左右几。 依，如今綈素屏風也，有繡斧文，所以示威也。斧，謂之黼。几，玉几也。左右者，優至尊也。其席莞席紛純，加繅席畫純，加次席黼純。○依，讀如扆，於豈反，孔安國《顧命傳》云「扆，屏風，畫爲斧文，置户牖間」是也。「莞席紛純」等，並《周禮·司几筵》文。**天子衮冕，負斧依。** 衮衣者，裨之上也，繢之繡之爲九章，其龍，天子有升龍、有降龍。衣此衣而冠冕，南鄉而立，以俟諸侯見。○自衮冕至玄冕，五者皆裨衣，唯衮爲最尊，天子與上公同服，以有升龍爲異。九章：一曰龍、二曰山、三曰華蟲、四曰火、五曰宗彝，皆繢於衣；六曰藻、七曰粉米、八曰黼、九曰黻，皆繡於裳，凡九也。**嗇夫承命，告于天子。** 嗇夫，蓋司空之屬也，爲末擯，承命於侯氏下介，傳而上，上擯以告天子。天子見公，擯者五人；見侯伯，擯者四人；見子男，擯者三人，皆宗伯爲上擯。《春秋傳》曰：「嗇夫馳。」○疏云：「此所陳擯介，當在廟

---

❶ 「木」，原作「本」，據薈要本改。

之外。門東陳擯，從北鄉南行，西陳介，從南鄉北，各自爲上下。『嗇夫承命告于天子』，則命先從侯氏出，下文天子得命，呼之而入，命又從天子下至侯氏，即令入。此覲遇之禮略，唯有此一辭而已。《司儀》云『交擯，三辭』者，據諸侯自相見於大門外法，其天子春夏受享於廟，見於大門外，亦可交擯三辭矣。」又云：大宗伯爲上擯，小行人爲承擯，嗇夫爲末擯，若子男三擯，此則足矣。若侯伯四擯，別增一士，上公五擯，更別增二士。若時會殷同，則肆師爲承擯。○註引「嗇夫馳」者，欲見嗇夫是卑官，爲末擯也。顧炎武云：此文在《書·胤征》，不引《書》而曰《春秋傳》者，孔氏古文，康成時未見也。**天子曰：「非他，伯父實來，予一人嘉之。伯父其入，予一人將受之。」**言「非他」者，親之辭；「嘉之」者，美之辭也。上擯又傳此而下，至嗇夫，侯氏之下介受之。傳而上，上介以告其君，君乃許入。今文「實」作「寔」，「嘉」作「賀」。**侯氏入門右，坐奠圭，再拜稽首。**入門右，執臣道，不敢由賓客位也。卑者見尊，奠摯而不授。**擯者謁。**謁，猶告也。上擯告以天子前辭，欲親受之，如賓客也。其辭所易者，曰：「伯父其升。」**侯氏坐取圭，升致命。王受之玉。侯氏降，階東北面再拜稽首。擯者延之，曰：「升！」升成拜，乃出。**擯者請之。侯氏坐取圭，則遂左，降拜稽首，送玉也。從後詔禮曰延，延，進也。○侯氏得擯者之告，坐取圭，遂向門左，從左堂塗，升自西階致命也。

右侯氏執瑞玉行覲禮。

四享，皆束帛加璧，庭實唯國所有。「四」當爲「三」。古書作「三」、「四」，或皆積畫，此篇又多「四」字，❶字相似，由此誤也。《大行人職》曰：諸侯廟中將幣，皆三享，其禮差又無取於四也。初享，或用馬，或用虎豹之皮；其次享，三牲魚腊、籩豆之實，龜也、金也、丹漆絲纊竹箭也，其餘無常貨。此地物非一國所能有，唯所有，分爲三享，皆以璧帛致之。○疏云：「『三牲魚腊籩豆之實』以下，皆《禮器》文。云『璧帛致之』者，據享天子而言；若享后，即用琮錦。但三享在庭，分爲三段，一度致之，據三享而言，非謂三度致之爲『皆』也。」**奉束帛，匹馬卓上，九馬隨之，中庭西上，奠幣，再拜稽首。**卓，讀如「卓王孫」之「卓」。卓，猶的也，以素的一馬以爲上，書其國名，後當識其何産也。馬必十匹者，不敢斥王之乘。用成數，敬也。○疏云：中庭亦是南北之中，不參分庭一在南者，以其三享同陳，須入庭深設之故也。**擯者曰：「予一人將受之。」**亦言王欲親受之。**侯氏升致命，王撫玉。侯氏降自西階，東面授宰幣；西階前再拜稽首，以馬出授人，九馬隨之。**王不受玉，撫之而已，輕財也。以馬出，隨侯氏出授王人於外也。王不使人受馬者，至于享，王之尊益君，侯氏之卑益臣。○疏云：「幣即束帛加璧，并玉言幣，故《小行人》『合六幣』。宰即太宰，太宰主幣，《周禮·太宰職》云『大朝覲會同，贊玉幣、玉獻、玉几、玉爵』，註云『助王受此四者』是也。春夏受贄於朝，雖無迎法，王猶在廟；至受享又迎之，而稱賓主。覲禮受享皆無迎法，不下堂而見諸侯，已是王尊侯卑，王猶親受其玉；至于三享，使自執其馬、玉，不使人受之於庭，是王之尊益君，侯氏之卑益臣也。」又

❶「字」，原作「宇」，據薈要本、文淵閣本改。

云：「諸侯覲天子，享天子訖，亦當有幣問公卿大夫。」**事畢。**三享訖。

右覲已即行三享。

乃右肉袒于廟門之東。乃入門右，北面立，告聽事。右肉袒者，刑宜施於右也。凡以禮事者左袒。入更從右者，臣益純也。告聽事者，告王以國所用爲罪之事也。《易》曰：「折其右肱无咎。」○告聽事者，告王以己所爲多罪，願聽王譴責之事也。**擯者謁諸天子。天子辭於侯氏曰：「伯父無事，歸寧乃邦。」**謁，告；寧，安也。乃猶女也。**侯氏再拜稽首，出；自屏南適門西，遂入門左，北面立。王勞之；再拜稽首。擯者延之，曰：「升！」升成拜，降出。**王辭之、不即左者，當出隱於屏而襲之也。天子外屏。勞之，勞其道勞也。

右侯氏請罪，天子辭，乃勞之。

天子賜侯氏以車服。迎于外門外，再拜。賜車者，同姓以金路，異姓以象路。服，則衮也、鷩也、毳也。古文曰「迎于門外」也。○自此至「乃歸」，皆言王賜禮侯氏之事。疏云：「案《周禮》，巾車掌五路，玉路以祀，尊之，不賜諸侯；金路同姓以封；象路異姓以封；革路以封四衛；木路以封蕃國。鄭云『同姓，謂王子母弟率以功德出封，雖爲侯伯，其畫服猶如上公』，賜魯侯、鄭伯，服則衮冕，得乘金路以下，與上公同；則太公與杞、宋，雖異姓，服衮冕，乘金路矣。異姓，謂舅甥之國，與王有親者，得乘象路，異姓侯伯、同姓子男，皆乘象路以下。四衛，謂要服以內、庶姓與王無親者，自侯伯子男，皆乘革路以下。蕃國，據外爲總名，皆乘木路而已。案《司服》上陳王之吉服有九，下云『公之服，自衮冕而下，如王之服；侯伯自鷩冕而下，如公之服；子男自毳冕而下，如侯伯之服』也。」**路先設，西上；路下四，亞之；重賜無數，在車南。**路，謂車也，凡君所乘車曰路。**路下四，**謂乘馬也。亞之，次車而東也。《詩》云：「君子來朝，何錫予之？雖無予之，路車乘馬。又何與之？玄衮及黼。」重，猶善也，所加賜善物，多少由恩也。《春秋傳》曰：「重錦三十兩。」〇鄭註《周禮》云：「路，大也。君之居以大爲名，是以云『路寢』『路門』之等。」**諸公奉篋服，加命書于其上。升自西階，東面；大史是右。**言諸公者，王同時分命之而使賜侯氏也。右，讀如「周公右王」之「右」。是右者，始隨入，於升東面，乃居其右。古文「是」爲「氏」也。〇疏云：「言『諸』，非一之義，以諸侯來覲者衆，各停一館，故命諸公分往賜之。」「周公右王」，《左傳》晉祁奚語，引之者，證「大史是右」是佐公而在公右之義也。大史卑，始時隨公後，升訖，公東面，大史於是乃居公右而並東面，以宣王命也。〇大音泰。**侯氏升，西面立。大史述命。**讀王命書也。**侯氏降，兩階之間，北面再拜稽首。**受命。**升成拜。**大史辭之降也。《春秋傳》曰「且有後命，以伯舅耋老，毋下拜」，此辭之類。〇《春秋傳》，僖九年王使宰孔賜齊侯語，引之者，證此大史述王辭侯氏下拜，亦如此。但彼未降已辭，齊侯亦不升成拜，以年老故也。**大史加書于服上，侯氏受。**受篋服。**使者出；侯氏送，再拜。儐使者，諸公賜服者束帛四馬，儐大史亦如之。**既云拜送，乃言儐使者，以勞有成禮，略而遂言。〇使者，兼公與大史而言，儐使者在拜送前，乃於送後略言之者，以前經郊勞時已詳載成禮，故略言已足也。

右王賜侯氏車服。

同姓大國，則曰「伯父」；其異姓，則曰「伯舅」。同姓小邦，則曰「叔父」；其異姓小邦，則曰「叔

男」。據此禮云「伯父」，同姓大邦而言。

右王辭命稱謂之殊。

饗，禮，乃歸。禮，謂食燕也。王或不親，以其禮幣致之。略言饗禮，互文也。《掌客》職曰：上公三享三食三燕，侯伯再享再食再燕，子男一享一食一燕。

右略言王待侯氏之禮。以上廟受覲禮竟。

諸侯覲於天子，爲宮方三百步，四門；壇十有二尋，深四尺，加方明于其上。四時朝覲，受之於廟。此謂時會殷同也。宮，謂壝，土爲埒，以象墻壁也。爲宮者，於國外，春會同則於東方，夏會同則於南方，秋會同則於西方，冬會同則於北方。八尺曰尋，十有二尋，則方九十六尺也。深，謂高也，從上曰深。《司儀》職曰：「爲壇三成。」成，猶重也，三重者，自下差之爲三等，而上有堂焉。堂上方二丈四尺。上等、中等、下等，每面十二尺。方明者，上下四方神明之象也。上下四方之神者，所謂明神也。會同而盟，明神監之，則謂之天之司盟。有象者，猶宗廟之有主乎？王巡守，至于方嶽之下，諸侯會之，亦爲此宮以見之。《司儀職》曰：「將會諸侯，則命爲壇三成，宮旁一門。詔王儀，南鄉見諸侯也。」〇自此至篇末，皆言時會殷同及王巡守爲壇而見諸侯之事。疏云：「案《大宗伯》云：『時見曰會，殷見曰同。』鄭註云：『時見者，言無常期。諸侯有不順服者，王將有征討之事，則既朝覲，王爲壇於國外，合諸侯而命事焉，《春秋傳》曰「有事而會，不協而盟」是也。殷，猶衆也。十二歲，王如不巡守，則六服盡朝。朝禮既畢，王亦爲壇，合諸侯以命政焉。所命之政，如王巡守，殷見四方。四方四時分來，終歲則遍。』若如註，則時會殷同亦有朝覲在廟，假命當方諸侯有不順服，則順服者皆來朝王。其中若當朝之歲者，自於廟朝覲；若不當朝之歲者，當在壇朝。」十二年王不巡守，則殷朝。六服之内，若當歲者即在廟，其餘在壇朝。故鄭言既朝覲乃爲壇於國外也。《朝事儀》未在壇朝，而先言帥諸侯拜日，亦謂帥已朝者諸侯而言也。「南鄉見諸侯者，王在堂上，公於上等，侯伯於中等，子男於下等，奠玉拜，皆升堂授玉乃降也。」○埒音劣。**方明者，木也，方四尺，設六色：東方青、南方赤、西方白、北方黑、上玄、下黄；設六玉：上圭、下璧、南方璋、西方琥、北方璜、東方圭。**六色象其神，六玉以禮之。上宜以蒼璧，下宜以黄琮，而不以者，則上下之神，非天地之至貴者也。設玉者，刻其木而著之。○據註與疏，方明之制，合六木而爲之，上下四方各異色，刻木爲陷而飾以玉，蓋以一物而象上下四方之神，非六物也。**上介皆奉其君之旂，置于宫，尚左。公侯伯子男，皆就其旂而立。**置于宫者，建之，豫爲其君見王之位也。諸公，中階之前，北面東上。諸侯，東階之東，西面北上。諸伯，西階之西，東面北上。諸子，門東，北面東上。諸男，門西，北面東上。尚左者，建旂，公東上，侯先伯，伯先子，子先男，而位皆上東方也。諸侯入壝門，或左或右，各就其旂而立。王降階，南鄉見之，三揖，土揖庶姓，時揖異姓，天揖同姓。見揖，位乃定。古文「尚」作「上」。○疏云：「『中階之前』已下，皆《朝事儀》、《明堂位》文。言『上』者，皆以近王爲上。『土揖庶姓』之等，是《司儀職》。鄭彼註云：『土揖，推手小下之也。時揖，平推手也。天揖，推手小舉之。』」**四傳擯。**王既揖五者，升壇，設擯升諸侯，以會同之禮。其奠瑞玉、及享幣，公拜於上等，侯伯於中等，子男於下等。擯者每延之，升堂致命，王受玉撫玉，降拜於下等。及請事、勞，皆如覲禮，是以記之覲云。「四傳擯」者，每一位畢，擯者以告，乃更陳列而升。其次：公也、侯也、伯也，各一位，子男俠門而俱東上，亦一位也。至庭乃設擯，則諸侯初入門，王官之伯帥之耳。古文「傳」作「傅」。○據註疏推其次第：上介先期置旂。質明，王帥諸侯拜日東郊。反祀方明，二伯帥諸侯入壝門，左右立，王降階，南鄉三揖，諸侯皆就其旂而立，乃傳擯，執瑞玉以覲，璧帛以享，請事、勞，皆如前經所陳也。**天子乘龍，載大旂，象日月升龍降龍。出拜日於東門之外，反祀方明。**此謂會同以春者也。馬八尺以上爲龍。大旂，大常也。王建大常，縿首畫日月，其下及旒交畫升龍降龍。《朝事儀》曰：「天子冕而執鎮圭尺有二寸，繅藉尺有二寸。搢大圭，乘大路，建大常十有二旒，樊纓十有二就，貳車十有二乘，帥諸侯而朝日於東郊，所以教尊尊也。退而朝諸侯。」由此二者言之，已祀方明，乃以會同之禮見諸侯也。凡會同者，不協而盟。《司盟職》曰：「凡邦國有疑，會同，則掌其盟約之載書、及其禮儀。北面詔明神，既盟則藏之。」言「北面詔明神」，則明神有象也。象者其方明乎？及盟時，又加於壇上，乃以載辭告焉。詛祝掌其祝號。○疏云：「邦國有疑，則有盟事。朝日既畢，乃祀方明於壇。祀方明禮畢，退去方明於下，天子乃升壇與諸侯相見。朝禮既畢，乃更加方明於壇，與諸侯行盟誓之禮。若邦國無疑，王帥諸侯朝日而已，無祀方明之事。」**禮日於南門外，禮月與四瀆於北門外，禮山川丘陵於西門外。**此謂會同以夏冬秋者也。變「拜」言「禮」者，客祀也。禮月於北郊者，月太陰之精，以爲地神也。盟神必云日月山川焉者，尚著明也。《詩》曰：「謂予不信，有如曒日。」《春秋傳》曰：「縱子忘之，山川神祇，其忘諸乎！」此皆用明神爲信也。○鄭云「變拜言禮者客祀也」，拜日於東門之外，日實在東，故言「拜」；日月四瀆、山川丘陵不在其處，但於此致敬而已，故云「客祀」，不言「拜」而言「禮」也。禮畢亦反祀方明而見諸侯矣。**祭天，燔柴；祭山丘陵，升；祭川，沈；祭地，瘞。**

升、沈，必就祭者也。就祭，則是謂王巡守、及諸侯之盟神也。其盟，揭其著明者。燔柴、升、沈、瘞，祭禮終矣，備矣。《郊特牲》曰：「郊之祭也，迎長日之至也，大報天而主日也。」《宗伯職》曰：「以實柴祀日月星辰。」則燔柴祭天，謂祭日也。柴爲祭日，則祭地瘞者，祭月也。日月而云天地，靈之也。《王制》曰：「王巡守，至于岱宗，柴。」是王巡守之盟，其神主日也。《春秋傳》曰「晉文公爲踐土之盟」，而傳云「山川之神」，是諸侯之盟其神主山川也。月者，太陰之精，上爲天使，臣道莫貴焉。是王官之伯，會諸侯而盟，其神主月與？古文「瘞」作「殪」。○此言天子巡守四岳，各隨方向祭之，以爲盟主。於山言升，於川言沈，是就其處而舉此禮，故知是王者巡守之事。鄭前註云「王巡守至于方岳之下，諸侯會之，亦爲此宮以見之」，爲此經設也。鄭又以祭天爲祭日，祭地爲祭月，皆非正祭天地之神。前經春夏皆祭日，則此言祭天燔柴亦謂春夏東巡、南巡也；前經秋祭西郊，此言「祭山丘陵升」，亦西巡事；前經冬祭月與四瀆，此言「祭川沈祭地瘞」，亦北巡事。未知然否，姑據註疏釋之。

記：

几俟于東箱。王即席，乃設之也。東箱，東夾之前，相翔待事之處。**偏駕不入王門。**在旁與己同，曰偏。同姓金路，異姓象路，四衛革路，蕃國木路，駕之與王同，謂之偏駕，不入王門，乘墨車以朝是也。偏駕之車，舍之於館與？○《周禮・巾車》「掌王五輅，玉輅以祀，金輅以賓，象輅以朝，革輅以即戎，木輅以田」，此五輅者，天子乘之爲正，諸侯分受其四，則爲偏也。駕之爲偏，其猶冕之爲裨與？**奠圭于繅上。**謂釋於地也。○侯氏入門右奠圭于地時，以所垂之繅承藉之。

儀禮　鄭氏註

濟陽張爾岐句讀

喪服第十一子夏傳

鄭《目録》云：「天子以下，死而相喪，衣服年月親疎隆殺之禮。不忍言『死』而言『喪』，喪者棄亡之辭，若全存居於彼焉，已亡之耳。大戴第十七，小戴第九，劉向《别録》第十一。」〇疏云：「案《喪服》上下十有一章，從斬至緦麻，升數有異。異者，斬有正、義不同。爲父以三升爲正，爲君以三升半爲義，其冠同六升。三年齊衰，惟有正服四升，冠七升。繼母、慈母雖是義，以配父故，與因母同，是以略爲節，有正而已。杖期齊衰，有正而已，父在爲母與爲妻，同正服，齊衰五升，冠八升。不杖齊衰期章有正、有義二等，正則五升，冠八升；義則六升，冠九升。齊衰三月章皆義服，齊衰六升，冠九升。曾祖父母計是正服，但正服合以小功，以尊其祖，不服小功而服齊衰，非本服，故同義服也。殤，大功有降、有義，爲夫之昆弟之長子殤是義，其餘皆降服也，降服衰七升、冠十升，義服衰九升、冠十一升。大功章有降、有正、有義，姑姊妹出適之等是降，婦人爲夫之族類爲義，自餘皆正，衰、冠如上釋也。繐衰唯有義服四升半，皆冠七升而已，以諸侯大夫爲天子，故同義服也。殤，小功有降、有義，婦人爲夫之族類是義，自餘皆降服，降則衰冠同十升，義則衰冠同十二升。小功亦有降、有正、有義，如前釋。緦麻亦有降、有正、有義，皆如上陳，但衰冠同十五升抽去半而已。自斬以下至緦麻，皆以升數，升數少者在前，升數多者在後。要不得以此升數爲叙者，一則正、義及降，升數不得同在一章，又繐衰四升半，在大功之下、小功之上，鄭下註云：在小功之上者，欲審著縷之精粗。若然，《喪服》章次雖以升數多少爲前後，要取縷之精粗爲次第也。」

喪服：斬衰裳，苴絰、杖、絞帶，冠繩纓，菅屨者。「者」者，明爲下出也。凡服，上曰衰，下曰裳。麻在首在要皆曰絰，絰之言實也，明孝子有忠實之心。首絰象緇布冠之缺項，要絰象大帶。又有絞帶，象革帶，齊衰以下用布。○「喪服」二字，此一篇總目。「斬衰裳」，謂斬三升布以爲上衰下裳也。「苴絰、杖、絞帶」，「苴」字冒下三事，謂以苴麻爲首絰、要絰，苴竹爲杖，又以苴麻爲絞帶。苴，惡貌，又黎黑色也。「冠繩纓」，以六升布爲冠，又屈一條繩爲武，垂下爲纓也。疏云：「此繩纓不用苴麻，用枲麻。」「菅屨」，以菅草爲屨。周公設經，上陳其服，下列其人，故以「者」字截句，言喪服如此等者，臣子爲君、爲父然也。故註云「『者』者，明爲下出也」。註「齊衰以下用布」，單指絞帶一事而言。○苴，七餘反。絰，大結反。絞，户交反，一如字。菅，古顔反。屨，九具反。

傳曰：斬者何？不緝也。苴絰者，麻之有蕡者也。苴絰大搹，左本在下，去五分一以爲帶。齊衰之絰，斬衰之帶也，去五分一以爲帶。大功之絰，齊衰之帶也，去五分一以爲帶。小功之絰，大功之帶也，去五分一以爲帶。緦麻之絰，小功之帶也，去五分一以爲帶。苴杖，竹也。削杖，桐

也。杖各齊其心，皆下本。杖者何？爵也。無爵而杖者何？擔主也。非主而杖者何？輔病也。童子何以不杖？不能病也。婦人何以不杖？亦不能病也。盈手曰搹，搹，扼也。中人之扼，圍九寸。以五分一爲殺者，象五服之數也。爵謂天子諸侯卿大夫士也。無爵，謂庶人也。擔猶假也。無爵者假之以杖，尊其爲主也。非主謂衆子也。○蕡，麻子。麻之有子者，質色粗惡，以之爲首絰、要絰與絞帶也。苴絰大搹者，首絰之大，其圍九寸，應中人大指、食指之一扼也。左本在下者，本謂麻根，首絰之制，以麻根置左，當耳上，從額前遶項後，復至左耳上，以麻之末，加麻根之上綴束之也。賈疏以爲此對爲母則右本在上也。去五分一以爲帶，帶，要絰也，去首絰五分之一，以爲要絰之數。首絰九寸，則要絰七寸二分也。齊衰首絰七寸二分，其要絰則五寸零二十五分寸之十九。自大功至緦麻，其首絰要絰降殺之法並放此。苴杖，斬衰所用。削杖，齊衰所用，因釋杖而兼及之，削謂削之令方。《喪服小記》云「絰殺五分而去一，杖大如絰」，鄭註云「如要絰也」。傳云童子、婦人皆不杖，疏以爲此庶童子不杖，若當室童子，則免而杖矣。又《喪服小記》云：「女子子在室，爲父母，其主喪者不杖，則子一人杖。」鄭註云：「無男昆弟，使同姓爲攝主，不杖，則子一人杖，謂長女也。」是婦人亦有時當杖。疏又云：「《禮記》諸文言婦人杖者甚衆，何言無杖？」愚意《禮記》雜出漢儒，當據此傳爲正。○蕡，扶云反。搹音革。擔，市艷反。**絞帶者，繩帶也。冠繩纓，條屬，右縫。冠六升，外畢，鍛而勿灰。衰三升。菅屨者，菅菲也，外納。**屬，猶著也。通屈一條繩爲武，垂下爲纓，著之冠也。布八十縷爲升，「升」字當爲「登」，登，成也。今之禮皆以「登」爲「升」，俗誤已行久矣。《雜記》曰：「喪冠條屬，以別吉凶。三年之練冠，亦條屬右縫。小功以下左縫。」外畢者，冠前後屈而出，縫於武也。○絞帶者，絞麻爲繩以作帶也。疏云：大如要絰，要絰象大帶，此象革帶。又云：絰帶至虞後，變麻服葛；絞帶至虞後，亦當變麻服布。蓋以意推之。「冠繩纓條屬」者，冠以繩爲纓，同條而連屬也。疏曰：「案《禮記》云『喪冠條屬，以別吉凶』，若然，吉冠則纓、武別材，凶冠則纓、武同材。是以鄭云『通屈一條繩爲武』，謂將一條繩從額上約之至項後，交過兩廂，各至耳，於武綴之，各垂於頤下結之。云『著之冠』者，武、纓皆上屬著冠，『冠六升，外畢』是也。」右縫者，其冠三辟積，向右爲之；小功以下，冠亦三辟積，向左爲之，不同也。外畢者，疏云：「冠廣二寸，落項前後，兩頭皆在武下，鄉外出，反屈之，縫於武而爲之。兩頭縫畢鄉外，故云『外畢』。」由在武下出，反屈之，故喪冠又謂之「厭冠」。鍛者用水濯之，以冠是首飾，故布倍衰裳而又鍛之，但勿加灰耳。衰三升，裳與衰同可知。此子爲父正服；若臣爲君義服，則衰三升半。菅屨即菅菲，以菅草爲屨也。疏云：「周公時謂之屨，子夏時謂之菲。」外納者，鄭氏以納爲「收餘」，謂編屨畢，以其餘頭向外結之。○屬音燭。升，鄭音登，登，成也。鍛，丁亂反。**居倚廬，寢苫枕塊，哭晝夜無時。歠粥，朝一溢米，夕一溢米。寢不脱絰帶。既虞，翦屏柱楣，寢有席，食疏食，水飲，朝一哭夕一哭而已。既練，舍外寢，始食菜果，飯素食，哭無時。**二十兩曰溢，爲米一升二十四分升之一。楣謂之梁，柱楣所謂梁闇。疏猶麤也。舍外寢，於中門之外，屋下壘墼爲之，不塗墍，所謂堊室也。素猶故也，謂復平生時食也。斬衰不書受月者，天子諸侯卿大夫士，虞卒哭異數。○「居倚廬」一段，言居三年喪之大節。自「居倚廬」至「不脱絰帶」，言未葬時事。「既虞」謂葬畢卒哭後。「練」謂小祥後也。「居倚廬」者，疏云：「孝子所居，在門外東壁，❶倚木爲廬，《既夕》鄭註云：『倚木爲廬，在中門外，東方，北户。』又《喪大記》云：『凡非適子者，自未葬倚於隱者爲廬。』註云：『不欲人屬目，蓋廬於東南角。』若然，適子則廬於其北顯處爲之，以當應接吊賓，故不於隱者。」哭晝夜無時者，疏云：「哭有三無時。始死，未殯已前，哭不絶聲，一無時；既殯已後，卒哭祭已前，阼階之下爲朝夕哭，在廬中，思憶則哭，二無時；既練之後，無朝夕哭，唯有廬中，或十日、或五日，思憶則哭，三無時也。卒哭之後，未練之前，唯有朝夕哭，是一有時也。」據疏，則傳言「哭晝夜無時」，謂未殯前哭不絶聲、卒哭前哀至則哭也。「歠粥」三句，三日始食後之食節也。「既虞，翦屏柱楣」，疏云：既虞之後，「乃改舊廬，西鄉開户，翦去户傍兩廂屏之餘草。『柱楣』者，前梁謂之楣，楣下兩頭竪柱，施梁，乃夾户傍之屏也。」練，十三月之祭。此日以練布爲冠服，故以名祭，即小祥也。「既練，舍外寢」者，註以爲堊室，明非正寢，但於中門外舊廬處爲屋以居而已。是月，男子除首絰而帶獨存，婦人除要帶而絰獨存；其服期者則即吉。註云「復平生時食」，此據穀食而言，謂精鑿如平生，不復用粗糲，非謂飲酒食肉也。註云「斬衰不言受月」，疏云：「服隨哀降殺，以冠爲受，斬衰裳三升，冠六升；既葬後，以其冠爲受，衰裳六升，冠七升；小祥又以其冠爲受，衰裳七升，冠八升；自餘齊衰以下，受服之時，差降可知。」然葬後有受、有不受，經皆有文。此斬衰及齊衰應言受月而不言者，以天子以下葬期不同，其葬期遠者，虞而受服；葬期近者，卒哭而受服。有

❶「在」，各本作「右」，據監本《儀禮注疏》改。

此異數，經言其上下合同者，故略之不言也。○枕，之鴆反。塊，苦對反。歠，昌悅反。粥，之六反。杜，丁主反。楣，亡悲反。疏食音嗣。鑿，古狄反。塈，其既反。

父。

傳曰：爲父何以斬衰也？父至尊也。

諸侯爲天子。

傳曰：天子至尊也。

君。

傳曰：君至尊也。天子、諸侯、及卿大夫有地者，皆曰君。○疏曰：「士無臣，雖有地，不得君稱，故僕隸等爲其長，弔服加麻，不服斬也。」

父爲長子。不言嫡子，通上下也。亦言立嫡以長。

傳曰：何以三年也？正體於上，又乃將所傳重也。庶子不得爲長子三年，不繼祖也。此言爲父後者，然後爲長子三年，重其當先祖之正體，又以其將代己爲宗廟主也。庶子者，爲父後者之弟也。言庶者，遠別之也。《小記》曰：「不繼祖與禰。」此但言祖不言禰，容祖禰共廟。

爲人後者。

傳曰：何以三年也？受重者，必以尊服服之。何如而可爲之後？同宗則可爲之後。何如而可以爲人後？支子可也。爲所後者之祖父母妻、妻之父母昆弟昆弟之子，若子。若子者，爲所爲後之親，如親子。○受重者，受宗祧祭祀之重也。所後者之祖父母，即其曾祖父母。所後者之妻，即其母。所後者之妻之父母昆弟昆弟之子，即其外祖父母及舅與内兄弟，皆如親子爲之著服也。不偏言他親，其並如親子，可推知也。

妻爲夫。

傳曰：夫至尊也。○自此以下，論婦人服。

妾爲君。

傳曰：君至尊也。妾謂夫爲君者，不得體之，加尊之也。雖士亦然。

女子子在室，爲父，女子子者，子，女也，别於男子也。言「在室」者，關已許嫁。

布緫、箭笄、髽、衰，三年。此妻妾女子子喪服之異於男子者。緫，束髮，謂之緫者，既束其本，又緫其末。箭笄，篠也。髽，露紒也，猶男子之括髮。斬衰括髮以麻，則髽亦用麻也。蓋以麻自項而前，交於額上，卻繞紒，如著幓頭焉。《小記》曰：「男子冠而婦人笄，男子免而婦人髽。」凡服，上曰衰，下曰裳。此但言衰不言裳，婦人不殊裳，衰如男子衰，下如深衣，深衣則衰無帶下，又無衽。○疏云：「經之體例，皆上陳服，下陳人。此服之異，在下言之者，欲見與男子同者如前，與男子異者如後，故設文與常不例也。」又曰：「上文列服之中，冠繩纓非女子所服，此布緫、笄、髽等，亦非男子所服，是以爲文以易之也。」○髽，側瓜反。幓，七消反。

傳曰：緫六升，長六寸。箭笄長尺，吉笄尺二寸。緫六升者，首飾象冠數。長六寸，謂出紒後所垂爲飾也。○緦六升，註云「象冠數」，謂象斬衰冠之數。餘服當亦各象其冠布之數。長六寸，註知其指紒後者，以其束髮處人所不見，無寸可言也。疏云：「此斬衰六寸，南宮縚妻爲姑緦八寸，以下雖無文，大功當與齊同八寸，緦麻、小功同一尺。吉緦當尺二寸，與笄同也。」又云：「此斬之笄用箭，下記云『女子子適人，爲父母；婦爲舅姑』，用惡笄，鄭以爲榛木爲笄，則《檀弓》南宮縚之妻之姑之喪云『蓋榛以爲笄』是也。吉時，大夫、士與妻用象，天子、諸侯之后、夫人用玉爲笄。今於喪中，唯有此箭笄及榛二者，若言寸數，亦不過此二等。五服皆用一尺而已。是以女子子爲父母既用榛笄，卒哭之後，折吉笄之首，歸於夫家，以榛笄之外無可差降也。」○長，直亮反。

子嫁，反在父之室，爲父三年。 謂遭喪後而出者，始服齊衰期，出而虞，則受以三年之喪受；既虞而出，則小祥亦如之；既除喪而出，則已。凡女行於大夫以上，曰嫁；行於士庶人，曰適人。○疏云：嫁女爲父，五升衰、八升緦，虞後受以八升衰、九升緦。今未虞而出，虞後受服，當與在室之女同以三年之喪受。三年之喪，始死，三升衰裳、六升冠；既葬，以其冠爲受，六升衰裳、七升冠。此被出之女，亦受以衰六升、緦七升也。既虞而出，已受以出嫁齊期之受矣，至小祥後練祭，乃受以衰七升、緦八升，與在室之女同。若既小祥而出，以其嫁女本爲父母期，至此已除，則不復更爲父母著服也。又云：「若天子之女嫁於諸侯，諸侯之女嫁於大夫，出嫁爲夫斬，仍爲父母不降，以其外宗、內宗及與諸侯爲兄弟者爲君皆斬，明知女雖出嫁，反爲君不降。」

公士大夫之衆臣，爲其君布帶繩屨。 士，卿士也。公卿大夫，厭於天子諸侯，故降其衆臣布帶繩屨。

貴臣得伸，不奪其正。○布帶與齊衰同，繩屨與大功同，自二事外，並如斬衰之制也。貴臣與衆臣異，則得依上文絞帶、菅屨。○厭，一葉反。

傳曰：公卿大夫室老士，貴臣。其餘皆衆臣也。君，謂有地者也。衆臣杖，不以即位。近臣，君服斯服矣。繩屨者，繩菲也。 室老，家相也。士，邑宰也。近臣，閽寺之屬。君，嗣君也。斯，此也。近臣從君喪服，無所降也。繩菲，今時不借也。○傳言，公卿大夫之家臣，唯家老與邑宰二者是貴臣。其餘皆衆臣，經所言爲其君布帶、繩屨者，皆是屬也。公卿大夫有有地，有無地，此所謂君，謂有地者也。有地者，其衆臣又不但帶、屨有別，雖有杖，不得與嗣君同即東階下朝夕哭位。無地者之臣，則得以杖即位。若夫近君之小臣，又與衆臣不同，嗣君所服，近臣斯服之矣。

疏衰裳齊，牡麻絰、冠布纓、削杖、布帶、疏屨，三年者： 疏，猶麤也。○以四升麤布爲衰裳，而緝之，牡麻爲首絰、要絰；冠以七升布爲武，垂下爲纓；削桐爲杖；七升布爲帶，以象革帶；疏草爲屨，服此服以至三年者，下文所列者其人也。○牡，茂后反。

傳曰：齊者何？緝也。牡麻者，枲麻也。牡麻絰右本在上，冠者沽功也。疏屨者，藨蒯之菲也。 沽，猶麤也。冠尊，加其麤。麤功，大功也。齊衰不書受月者，亦天子、諸侯、卿、大夫、士，虞卒哭異數。○牡麻，麻之華而不實者。牡麻爲絰，其本在冠右而居末上，此首絰結束之法也。齊衰冠用七升布而麤加人功，以冠尊，故升數恒多而加飾也。藨、蒯皆草名，以此草爲屨也。受衰必於虞、卒哭，虞、卒哭異數，故齊衰不言其受月，亦如斬衰章也。○枲，思似反。❶沽音古，後同。藨，皮表反。蒯，古怪反。

父卒，則爲母。尊得伸也。○疏云：「父卒三年之内而母卒，仍服期，要父服除後而母死，乃得伸三年。」

繼母如母。

傳曰：繼母何以如母？繼母之配父，與因母同，故孝子不敢殊也。因猶親也。

慈母如母。

傳曰：慈母者何也？傳曰：妾之無子者，妾子之無母者，父命妾曰：「女以爲子。」命子曰：「女以爲母。」若是，則生養之，終其身，如母；死則喪之三年，如母。貴父之命也。此謂大夫之妾也。不命，則亦服庶母慈己之服可也。大夫之妾子，父在爲母大功，則士之妾子，爲母期矣。父卒，則皆得伸也。○疏曰：「傳別舉傳者，是子夏引舊傳，證成己義故也。」又云：「『妾之無子』者，謂舊有子今無者，若未經有子，恩慈淺，則不得立後而養他子。不云『君命妾曰』而云『父』者，對子而言父，故言『父』也。云『貴父之命』者，一非骨肉之屬，二非配父之尊，但唯貴父之命故也。」又云：「案《喪服小記》云：『爲慈母後者，爲庶母可也，爲祖庶母可也。』鄭云：『緣爲慈母後之義。父之妾無子者，亦可命己庶子爲後。』」疏又云：「鄭知此主謂大夫士之妾，知非天子諸侯之妾與妾子者，下記云：『公子爲其母練冠麻衣縓緣，既葬

❶「思」，原作「子」，據薈要本改。

除之。』父没乃大功，何有命爲母子，爲之三年乎？」又云：「『不命則亦服庶母慈己之服』者，謂但使養之，不命爲母子，爲之服小功。若不慈己，則緦麻矣。」註「父卒則皆得伸」，謂皆得爲其母三年。愚嘗疑爲祖庶母後之説，陳氏註云：「若父之妾有子而子死，己命己之妾子後之亦可。故云『爲祖庶母可也』。」徐氏註云：「凡妾之有子者稱庶母、祖庶母，其無子者則稱父妾、祖妾而已。但爲庶母後即後此母，爲祖庶母後即後其子之受室者，此爲不同耳。」顧炎武云：「『父命妾曰：女以爲子』，謂憐其無母，視之如子，長之，育之，非立之以爲妾後也。《喪服小記》以爲『爲慈母後』，此漢儒之誤，吾未之敢信也。」得之。

母爲長子。

傳曰：何以三年也？父之所不降，母亦不敢降也。不敢降者，不敢以己尊，降祖禰之正體。○疏云：「母爲長子，不問夫之在否。」

疏衰裳齊，牡麻絰，冠布纓，削杖，布帶，疏屨，期者：○疏云：「此章雖止一期，而禫、杖具有。案《雜記》云『期之喪，十一月而練，十三月而祥，十五月而禫』，註云『此謂父在爲母』，即是此章者也。」

傳曰：問者曰：「何冠也？」曰：「齊衰、大功，冠其受也。緦麻、小功，冠其衰也。帶緣各視其冠。」問之者，斬衰有三，其冠同，今齊衰有四章，不知其冠之異同爾。緣如深衣之緣。今文無「冠布纓」。○疏曰：「云『齊衰大功冠其受也』者，降服齊衰四升、冠七升，既葬，以其冠爲受，衰七升、冠八升；正服齊衰五升、冠八升，既葬，以其冠爲受，衰八升、冠九升；義服齊衰六升、冠九升，既葬，以其冠爲受，衰九升、冠十升。降服大功衰七升、冠十升，既葬，以其冠爲受，受衰十升、冠十一升；正服大功衰八升、冠十升，既葬，以其冠爲受，受衰十一升、冠十一升；義服大功衰九升、冠十一升，既葬，以其冠爲受，受衰十一升、冠十二升。以其初死冠升，與既葬衰升數同，故云『冠其受也』。云『緦麻小功冠其衰也』者，以其降服小功衰十升，正服小功衰十一升，義服小功衰十二升，緦麻十五升抽其半，七升半，冠皆與衰升數同，故云『冠其衰也』。云『帶緣各視其冠』者，帶謂布帶象革帶者，緣謂喪服之內中衣緣，用布緣之。二者之布，升數多少各比擬其冠也。」按註「斬衰有三」，指爲父、爲君、爲子之三等，「齊衰四章」，謂三年、杖期、不杖期、三月，凡四章也。疏又云：喪服中衣用布，亦當各視其冠。○緣，以絹反。

父在，爲母。

傳曰：何以期也？屈也。至尊在，不敢伸其私尊也。父必三年然後娶，達子之志也。○吴澄云：「夫爲妻之服既除，則子爲母之服亦除，家無二尊也。子服雖除，而居喪之實如故。所殺者，三年之文而已。」

妻。

傳曰：爲妻何以期也？妻至親也。適子，父在則爲妻不杖，以父爲之主也。《服問》曰：「君所主，夫人妻、大子、適婦。」父在，子爲妻以杖即位，謂庶子。○疏云：「天子以下至士庶人，父皆不爲庶子之妻爲喪主，故夫皆爲妻杖，得伸也。」

出妻之子，爲母。出猶去也。

傳曰：出妻之子爲母期，則爲外祖父母無服。傳曰：絶族無施服，親者屬。出妻之子爲父

後者，則爲出母無服。傳曰：與尊者爲一體，不敢服其私親也。在旁而及曰施。親者屬，母子至親無絶道。○妻出，則與其族絶，即無旁及之服，唯母子至親，爲相連屬，故爲服也。爲父後者，謂父没，適子代父承宗廟祭祀之事，故云「與尊者爲一體」。

父卒，繼母嫁，從爲之服，報。○疏云：「『父卒繼母嫁』，此母已爲父服斬衰三年，恩意之極，故子爲之一期，得伸禫杖。云『從爲之服』者，以其繼母又嫁，便是路人，子仍着服，故生『從爲』之文也。」報者，兩相爲服也。《喪服》上下并記云「報」者十有二，皆無降殺之差。吴氏以「從」爲從之改嫁，顧炎武云：「『從』字句，謂年幼不能自立，從母而嫁也。母之義既絶於父，故不得三年；而其恩猶在於子，不可以不爲之服也。」○爲，于僞反。

傳曰：何以期也？貴終也。嘗爲母子，貴終其恩。

不杖，麻屨者：此亦齊衰，言其異於上。○疏曰：「此章與上章，雖杖與不杖不同，其正服齊衰裳皆同五升而冠八升，則不異也。」

祖父母。

傳曰：何以期也？至尊也。

世父母。叔父母。

傳曰：世父、叔父，何以期也？與尊者一體也。然則昆弟之子，何以亦期也？旁尊也，不足以加尊焉，故報之也。父子一體也，夫妻一體也，昆弟一體也，故父子首足也，夫妻牉合也，昆

弟四體也。故昆弟之義無分，然而有分者，則辟子之私也。子不私其父，則不成爲子。故有東宮，有西宮，有南宮，有北宮，異居而同財，有餘則歸之宗，不足則資之宗。世母、叔母，何以亦期也？以名服也。宗者，世父爲小宗典宗事者也。資，取也。爲姑在室亦如之。○世、叔父與尊者一體，於祖爲父子，於父爲兄弟，是與己之尊者爲一體也。以其爲旁尊，不足以加尊於人，故爲昆弟之子，亦如其服以報之。若祖之正尊，則孫爲祖期，而祖但爲孫大功矣。下文皆廣明一體之義，且以見尊之有正有旁，恩禮所由隆殺也。末言有餘、不足，皆統於宗，仍以明一體之義。世、叔母曰「以名服」者，二母本是路人，以胖合於世、叔父，故有母名，因而服之，即上所云「夫妻一體也」。○旁，薄浪反。胖，普半反。

大夫之適子，爲妻。○疏曰：「云『大夫之適子爲妻』在此不杖章，則上杖章爲妻者是庶子爲妻。父没後，適子亦爲妻杖，亦在彼章也。」愚按下經，大夫庶子爲妻大功，不知註疏何以云當杖？

傳曰：何以期也？父之所不降，子亦不敢降也。何以不杖也？父在，則爲妻不杖。大夫不以尊降適婦者，重適也。凡不降者，謂如其親服服之。降有四品：君、大夫以尊降，公子、大夫之子以厭降，公之昆弟以旁尊降，爲人後者、女子子嫁者以出降。○案下經適婦在大功章，庶婦在小功章，「父之所不降」，謂不降在小功也，子亦不敢降。大夫衆子爲妻皆大功，今適子爲妻期，是亦不敢降也。前章註云「父在，子爲妻以杖即位，謂庶子」者，蓋士禮也。若大夫之庶子，父在僅得服大功，何以得以杖即位乎？

昆弟。昆，兄也。爲姊妹在室亦如之。

爲衆子。衆子者，長子之弟、及妾子，女子在室亦如之。士謂之衆子，未能遠別也。大夫則謂之庶子，降之爲大功。天子國君不服之。《内則》曰：「冢子未食而見，必執其右手；適子庶子已食而見，必循其首。」○註引《内則》，❶証衆子之異於長子也。

昆弟之子。

傳曰：何以期也？報之也。《檀弓》曰：「喪服，兄弟之子，猶子也。蓋引而進之。」

大夫之庶子爲適昆弟。兩言之者，適子或爲兄，或爲弟。

傳曰：何以期也？父之所不降，子亦不敢降也。大夫雖尊，不敢降其適，重之也。適子爲庶昆弟、庶昆弟相爲，亦如大夫爲之。○疏曰：「云『父之所不降』者，即斬章『父爲長子』是也。云『子亦不敢降』者，於此服期是也。」按後經大夫爲庶子降服大功，適子爲庶昆弟、庶昆弟相爲，並大功，故註曰「如大夫爲之」。

適孫。

傳曰：何以期也？不敢降其適也。有適子者，無適孫，孫婦亦如之。周之道，適子死，則立適孫。是適孫將上爲祖後者也。長子在，則皆爲庶孫耳。孫婦亦如之，適婦在，亦爲庶孫之婦。凡父於將爲後者，非長子，皆期也。○傳言「有適子者無適孫」，明此言適孫，是長子死，其適孫承重者。祖爲之期。若長子在，則同於庶孫，但爲服大功也。顧炎武云：「冢子，身之副貳也。家無二主，亦無二副，故有適子

---

❶「註」，原作「証」，據薈要及文淵閣本改。

者無適孫。唐高宗有太子而復立太孫，❶非矣。」註言「凡父於將爲後者，非長子，皆期也」，謂無適長子而立衆子爲後，亦但爲之期。曰「凡父」，則士以上皆然也。

爲人後者爲其父母，報。○子出後於人，爲本生父母服期，其本生父母亦報之以期者，顧炎武云：「重其繼大宗，故不以出降也。」

傳曰：何以期也？不貳斬也。何以不貳斬也？持重於大宗者，降其小宗也。爲人後者，孰後？後大宗也。曷爲後大宗？大宗者，尊之統也。禽獸知母而不知父，野人曰：「父母何算焉！」都邑之士，則知尊禰矣。大夫及學士，則知尊祖矣。諸侯，及其大祖。天子，及其始祖之所自出。尊者尊統上，卑者尊統下。大宗者，尊之統也。大宗者，收族者也，不可以絶，故族人以支子後大宗也。適子不得後大宗。都邑之士，則知尊禰，近政化也。大祖，始封之君。始祖者，感神靈而生，若稷契也。自，由也。及始祖之所由出，謂祭天也。上，猶遠也；下，猶近也。收族者，謂別親疏、序昭穆。《大傳》曰：「繫之以姓而弗別，綴之以食而弗殊，雖百世婚姻不通者，周道然也。」○「持重於大宗」，謂既爲大宗服重服也。「大宗者尊之統」，謂其爲族中尊貴之統緒也。爵尊者，其尊統所及者遠，天子、諸侯是也；爵卑者，其尊統所及者近，大夫、士是也。上下雖不同，凡爲大宗，則其族中尊貴之統緒也。凡爲大宗，皆以收合族人，使不乖睽者也，故不可以絶。故爲之後者，即降其本宗。適子不得後大

---

❶「立」，原脱，據《日知録》補。

宗，以其自當主小宗之事故也。

女子子適人者，爲其父、母、昆弟之爲父後者。

傳曰：爲父何以期也？婦人不貳斬也。婦人不貳斬者何也？婦人有三從之義，無專用之道，故未嫁，從父；既嫁，從夫；夫死，從子。故父者，子之天也；夫者，妻之天也。「婦人不貳斬」者，猶曰「不貳天」也，婦人不能貳尊也。爲昆弟之爲父後者，何以亦期也？婦人雖在外，必有歸宗，曰「小宗」，故服期也。從者，從其教令。歸宗者，父雖卒，猶自歸宗。其爲父後服重者，不自絶於其族類也。「曰小宗」者，言是乃小宗也。小宗明非一也。小宗有四，丈夫婦人之爲小宗，各如其親之服，避大宗。○出嫁之女，爲本宗期者三：父一、母一、昆弟爲父後者一。婦人雖已嫁在外，必有所歸之宗，此昆弟之爲父後者，即繼禰之小宗，故爲之服期也。註「小宗有四」者，謂繼高祖之宗、繼曾祖之宗、繼祖之宗、繼禰之宗。丈夫、婦人爲四等小宗各如其親疎、尊卑服之，無所加減。大宗則五服外皆爲齊衰三月，五服内則依其月算，爲之齊衰。故云「辟大宗也」。女子適人，爲其私親皆降一等，於兄弟之爲父後者，則不降也。

繼父同居者。

傳曰：何以期也？傳曰：夫死，妻穉，子幼。子無大功之親；與之適人，而所適者，亦無大功之親；所適者，以其貨財，爲之築宫廟，歲時使之祀焉，妻不敢與焉，若是，則繼父之道也。同居，則服齊衰期；異居，則服齊衰三月也。必嘗同居，然後爲異居；未嘗同居，則不爲異居。妻穉，謂年未滿五十。子幼，謂年十五已下。子無大功之親，謂同財者也。爲之築宮廟於家門之外，神不歆非族。妻不敢與焉，恩雖至親，族已絶矣，天不可二。此以恩服爾，未嘗同居，則不服之。○「必嘗同居然後爲異居」者，前時三者具，爲同居，後三者一事闕，即爲異居，乃爲齊衰三月。若初往繼父家時，三者即不具，是未嘗同居，全不爲服。○適，施隻反。

爲夫之君。

傳曰：何以期也？從服也。○從夫而服也。

姑、姊妹、女子子，適人、無主者，姑姊妹報。

傳曰：無主者，謂其無祭主者也。何以期也？爲其無祭主故也。無主後者，人之所哀憐，不忍降之。○姑、姊妹、女子子已適人，應降服大功，以其無祭主，不忍降，還爲之期。其姑、姊妹亦爲姪兄弟報；女子子不言報者，爲父母自然猶期，不須言報也。

爲君之父、母、妻、長子、祖父母。

傳曰：何以期也？從服也。父、母、長子，君服斬。妻，則小君也。父卒，然後爲祖後者服斬。此爲君矣，而有父若祖之喪者，謂始封之君也。若是繼體，則其父若祖有廢疾不立。父卒者，父爲君之孫，宜嗣位而早卒，今君受國於曾祖。○註言繼體之君容有祖、父之喪者，謂父有廢疾不立，而受國於祖，或祖有廢疾不立，父宜立而又早卒，受國於曾祖，故身已爲君，而又有父若祖之喪，皆爲之三年。其臣從服，爲之期也。疏又載：趙商問：「已爲諸侯，父有廢疾，不任國政，不任喪事，而有祖喪，欲言三年，則父在；欲言期，復無主。其制度、年月如何？」答曰：「天子、諸侯之喪，皆服斬，無期。」彼志與此註相兼乃具。按此經所言君之父、祖，皆未嘗爲君者。若已爲君，則嗣立者不得稱君，而臣亦不敢僅爲之期矣。

妾爲女君。

傳曰：何以期也？妾之事女君，與婦之事舅姑，等。女君，君適妻也。女君於妾無服，報之則重，降之則嫌。○註「報之則重」二句，解女君於妾無服之故。嫌，謂嫌若姑爲婦降服也。

婦爲舅姑。

傳曰：❶何以期也？從服也。

夫之昆弟之子。男女皆是。

傳曰：何以期也？報之也。

公妾、大夫之妾，爲其子。

傳曰：何以期也？妾不得體君，爲其子得遂也。此言二妾不得從於女君尊降其子也。女君與君一體，唯爲長子三年，其餘以尊降之，與妾子同也。○疏云：「諸侯爲衆子無服，大夫爲衆子大功。其妻體君，亦從夫而降。妾賤，不得體君，故自爲其子得伸遂而服期也。」

女子子，爲祖父母。

---

❶ 原無句讀，今補。

傳曰：何以期也？不敢降其祖也。經似在室，傳似已嫁，明雖有出道，猶不降。○疏云：「已嫁之女，可降旁親。祖父母正期，故不降也。」又云：「經傳互言之，欲見在室、出嫁同不降。」

大夫之子，爲世父母，叔父母，子，昆弟，昆弟之子，姑姊妹女子子無主者、爲大夫命婦者，唯子不報。命者，加爵服之名，自士至上公，凡九等。君命其夫，則后夫人亦命其妻矣。此所爲者，凡六命夫、六命婦。○大夫之子，得行大夫禮，降其旁親一等。此十二人，皆合降至大功，以其爲大夫、爲命婦，尊與己同，故不降。「唯子不報」者，子爲父母三年，女子適人自當服期，不得言「報」，餘人則皆報也。

傳曰：大夫者，其男子之爲大夫者也。命婦者，其婦人之爲大夫妻者也。無主者，命婦之無祭主者也。何以言「唯子不報」也？女子子適人者，爲其父母期，故言「不報」也，言其餘皆報也。何以期也？父之所不降，子亦不敢降也。大夫曷爲不降命婦也？夫尊於朝，妻貴於室矣。無主者，命婦之無祭主，謂姑姊妹女子子也。其有祭主者，如衆人。唯子不報，男女同不報爾。傳唯據女子子，似失之矣。大夫曷爲不降命婦？據大夫於姑姊妹女子子，既已出降大功；其適士者，又以尊降在小功也。夫尊於朝，與己同；婦貴於室，從夫爵也。○「其有祭主者如衆人」，謂亦服大功。

大夫爲祖父母、適孫爲士者。

傳曰：何以期也？大夫不敢降其祖與適也。不敢降其祖與適，則可降其旁親也。

公妾、以及士妾，爲其父母。○自公妾及士妾，中包孤、卿、大夫之妾。

傳曰：何以期也？妾不得體君，得爲其父母遂也。然則女君有以尊降其父母者與？《春秋》

之義，雖爲天王后，猶曰「吾季姜」，是言子尊不加於父母。此傳似誤矣。禮妾從女君而服其黨服，是嫌不自服其父母，故以明之。

疏衰裳齊，牡麻絰，無受者：無受者，服是服而除，不以輕服受之。不著月數者，天子諸侯葬異月也。《小記》曰：「齊衰三月，與大功同者繩屨。」○凡受服，皆因葬、練、祥乃行，此至葬後即除，故無變服之理。雖不言月數，大夫、士三月葬，故以三月爲主。

寄公，爲所寓。寓，亦寄也。爲所寄之國君服。

傳曰：寄公者何也？失地之君也。何以爲所寓服齊衰三月也？言與民同也。諸侯五月而葬，而服齊衰三月者，三月而藏其服，至葬又更服之，既葬而除之。

丈夫、婦人，爲宗子、宗子之母、妻。婦人，女子子在室，及嫁歸宗者也。宗子，繼別之後，百世不遷，所謂大宗也。

傳曰：何以服齊衰三月也？尊祖也。尊祖故敬宗，敬宗者，尊祖之義也。宗子之母在，則不爲宗子之妻服也。○《喪服小記》云：別子爲祖，繼別爲大宗。別子謂始有家者也。國君太子嗣爲國君，其次子即是別子，如魯桓公太子同既爲君，次子慶父、叔牙、季友等爲別子，後皆各爲其家之祖，其世世嫡長，是謂「大宗」也。故曰：「敬宗者，尊祖之義也。」疏云：「必爲宗子母、妻服者，以宗子燕食族人於堂，其母、妻亦燕食族人之婦於房，皆序以昭穆，故族人爲之服也。」宗子母在則不爲宗子之妻服者，疏以爲宗子母在，則其妻不得與祭、燕食族人，故不爲服；必待其母七十以上，宗子妻得與祭，乃爲之服也。

顧炎武云「家無二主」也。

爲舊君、君之母、妻。

傳曰：「爲舊君」者，孰謂也？仕焉而已者也。何以服齊衰三月也？言與民同也。君之母妻，則小君也。仕焉而已者，謂老若有廢疾而致仕者也。爲小君服者，恩深於民。

庶人爲國君。不言民而言庶人，庶人或有在官者。天子畿内之民，服天子亦如之。

大夫在外，其妻、長子，爲舊國君。在外，待放已去者。〇疏云：「大夫在外，不言爲舊君服與不服者，案《雜記》云『違諸侯，之大夫，不反服；違大夫，之諸侯，不反服』，以其尊卑不敵。若然，其君尊卑敵，乃反服舊君服。」

傳曰：何以服齊衰三月也？妻，言與民同也。長子，言未去也。妻雖從夫而出，古者大夫不外娶，婦人歸宗，往來猶民也。《春秋傳》曰：「大夫越境逆女，非禮。」君臣有合離之義，長子去，可以無服。

繼父不同居者。嘗同居，今不同。

曾祖父母。

傳曰：何以齊衰三月也？小功者，兄弟之服也。不敢以兄弟之服，服至尊也。正言小功者，服之數，盡於五，則高祖宜緦麻，曾祖宜小功也。據祖期，則曾祖大功，高祖宜小功也。高祖、曾祖，皆有小功之差，則曾孫玄孫爲之服，同也。重其衰麻，尊尊也。減其日月，恩殺也。

大夫爲宗子，

傳曰：何以服齊衰三月也？大夫不敢降其宗也。

舊君，大夫待放未去者。

傳曰：大夫爲舊君，何以服齊衰三月也？大夫去，君埽其宗廟，故服齊衰三月也，言與民同也。何大夫之謂乎？言其以道去君而猶未絶也。以道去君，謂三諫不從，待放於郊。未絶者，言爵禄尚有列於朝，出入有詔於國，妻子自若民也。○此章言爲舊君者三：爲舊君及其母、妻，此昔仕今已，在其故國者也；大夫在外，此其身已去，其子尚在本國者也；此言舊君，則大夫去而未絶，孟子所謂「三有禮」者也。「埽其宗廟」，謂使宗族爲之祭祀。「爵禄有列」，謂舊位仍在。「出入有詔於國」，疏以爲「兄弟、宗族猶存，吉凶書信相告不絶」。

曾祖父母爲士者，如衆人。

傳曰：何以齊衰三月也？大夫不敢降其祖也。○按此上三節，並承「大夫爲」三字。

女子子嫁者、未嫁者，爲曾祖父母。

傳曰：嫁者，其嫁於大夫者也。未嫁者，其成人而未嫁者也。何以服齊衰三月？不敢降其祖也。言嫁於大夫者，明雖尊猶不降也。成人謂年二十，已笄醴者也。此者不降，明有所降。

大功布衰裳，牡麻絰，無受者：大功布者，其鍛治之功，麤沽之。○此降服大功。疏云：「降服大功，衰七升、冠十升。」功謂人功，用灰鍛治。大功者用功麤，小功者用功細。

子女子子之長殤中殤。殤者，男女未冠笄而死，可哀殤者。女子子許嫁，不爲殤也。○疏云：「兄弟之子，亦同此。」

傳曰：何以大功也？未成人也。何以無受也？喪成人者，其文縟；喪未成人者，其文不縟。故殤之絰，不樛垂，蓋未成人也。年十九至十六，爲長殤；十五至十二，爲中殤；十一至八歲，爲下殤；不滿八歲以下，皆爲無服之殤。無服之殤，以日易月，以日易月之殤，殤而無服。故子生三月，則父名之，死則哭之；未名則不哭也。縟猶數也，其文數者，謂變除之節也。不樛垂者，不絞其帶之垂者。《雜記》曰：「大功以上散帶。」以日易月，謂生一月者哭之一日也。殤而無服者，哭之而已。爲昆弟之子女子子，亦如之。凡言子者，可以兼男女。又云女子子者，殊之以子，關適庶也。○凡喪至小斂，大功以上皆散其麻帶之垂者，至成服乃絞之；小功以下初即絞之。此殤大功，亦于小斂服麻散垂，至成服亦不絞，以其未成人也。○縟音辱。樛，居糾反。

叔父之長殤中殤。姑姊妹之長殤中殤。昆弟之長殤中殤。夫之昆弟之子女子子之長殤中殤。適孫之長殤中殤。大夫之庶子，爲適昆弟之長殤中殤。公爲適子之長殤中殤。大夫爲適子之長殤中殤。公，君也。諸侯大夫不降適殤者，重適也。天子亦如之。○自叔父至適昆弟皆是成人齊衰期，公與大夫之適子皆是成人斬衰，以其殤，並入大功。

其長殤，皆九月，纓絰；其中殤，七月，不纓絰。絰有纓者，爲其重也。自大功已上絰有纓，以一條繩爲之。小功已下，絰無纓也。

大功布衰裳，牡麻絰纓，布帶，三月；受以小功衰，即葛，九月者。受，猶承也。凡天子諸侯卿大夫既虞、士卒哭，而受服。正言三月者，天子諸侯無大功，主於大夫士也。此雖有君爲姑姊妹女子子嫁於國君者，非内喪也。○非内喪，則彼國自於五月葬後受服，此自以三月受服，同於大夫、士也。

傳曰：大功布，九升；小功布，十一升。此受之下也，以發傳者，明受盡於此也。又受麻絰以葛絰，《間傳》曰：「大功之葛，與小功之麻，同。」○大功有降、有正、有義，降則衰七升、冠十升，正則衰八升、冠亦十升，義則衰九升、冠十一升。卒哭後，各以其冠爲受，或受十升，或受十一升。受十升者，降小功之布；受十一升者，正小功之布也。今傳曰「大功布九升，小功布十一升」，據義服大功而言，故註云「受之下也」。自此而下，小功葬後唯有變麻即葛，因故衰，更無受服之法，故又云「明受盡於此也」。受麻絰以葛絰，解經文「即葛」。引《間傳》者，以証大功葛絰大小之制也。

姑姊妹女子子適人者。

傳曰：何以大功也？出也。出必降之者，蓋有受我而厚之者。○此等並是本期，今降大功，以其夫自爲之禫杖期，故於此從薄也。

從父昆弟。世父叔父之子也。其姊妹在室，亦如之。

爲人後者，爲其昆弟。

傳曰：何以大功也？爲人後者，降其昆弟也。○疏曰：「若然，於本宗餘親，皆降一等。」

庶孫。男女皆是。下殤小功章曰「爲姪庶孫，丈夫婦人」同。

適婦。適婦，適子之妻。

傳曰：何以大功也？不降其適也。婦言適者，從夫名。

女子子適人者，爲衆昆弟。父在則同，父没，乃爲父後者服期也。

姪丈夫婦人，報。爲姪男女服同。

傳曰：姪者何也？謂吾姑者，吾謂之姪。〇此名對姑生稱，若對世、叔，唯得言昆弟之子，不得名姪。

夫之祖父母、世父母、叔父母。

傳曰：何以大功也？從服也。夫之昆弟，何以無服也？其夫屬乎父道者，妻皆母道也；其夫屬乎子道者，妻皆婦道也。謂弟之妻婦者，是嫂亦可謂之母乎？故名者，人治之大者也，可無慎乎？道，猶行也。謂弟之妻爲婦者，卑遠之，故謂之婦；嫂者，尊嚴之稱，嫂，猶叟也，叟，老人稱也，是爲序男女之别爾。若己以母婦之服服兄弟之妻，兄弟之妻以舅子之服服己，則是亂昭穆之序也。治，猶理也。父母兄弟夫婦之理，人倫之大者，可不慎乎！《大傳》曰：「同姓從宗，合族屬。異姓主名，治際會。名著而男女有别。」〇婦人與夫之昆弟不相爲服，常情所疑，故傳於此發之，以爲從父之妻可名爲母，從子之妻可名爲婦，故可相與爲服。若弟之妻不可謂之婦，兄之妻不可謂之母，是路人也。路人而復爲之服，近於亂矣。故推而遠之，塞亂源也。其謂之嫂、謂之婦者，立此名以尊嚴之、卑遠之爾。顧炎武曰：「外親之同爨猶緦，而獨兄弟之妻不爲制服者，以其分親而年相亞，故聖人嫌之，嫌之故遠之，而大爲之坊，不獨以其名也。存其恩於娣姒，而斷其義於兄弟，聖人之所以處此者，精矣！」

大夫爲世父母、叔父母、子、昆弟、昆弟之子爲士者。子謂庶子。

傳曰：何以大功也？尊不同也。尊同則得服其親服。尊同，謂亦爲大夫者。親服，期。

公之庶昆弟、大夫之庶子，爲母、妻、昆弟，公之庶昆弟，則父卒也。大夫之庶子，則父在也。其或爲母，謂妾子也。○疏云：「若云公子，是父在，今繼兄而言弟；又公子父在爲母妻，在五服之外，今服大功，故知父卒也。大夫之庶子，繼父而言；又大夫卒，子爲母妻得伸，今但大功，故知父在也。於適妻，君大夫自不降，其子皆得伸，今爲母但大功，明妾子自爲己母也。」

傳曰：何以大功也？先君餘尊之所厭，不得過大功也。大夫之庶子，則從乎大夫而降也。父之所不降，子亦不敢降也。言從乎大夫而降，則於父卒如國人也。昆弟，庶昆弟也。舊讀「昆弟」在下，其於厭降之義，宜蒙此傳也，是以上而同之。父所不降，謂適也。○據註及疏，此經文「昆弟」二字，舊在傳後，鄭君始移在傳前，與母、妻合文。

皆爲其從父昆弟之爲大夫者，皆者，言其互相爲服，尊同則不相降，其爲士者，降在小功。適子爲之，亦如之。○疏曰：「此文承上『公之庶昆弟、大夫之庶子』之下，則是二人爲此『從父昆弟之爲大夫者』，以其二人爲父所厭，降親，今此從父昆弟爲大夫，故此二人不降而服大功，依本服也。」愚謂經文「皆」字，謂上文公庶昆弟、大夫庶子並然也，註以互相爲釋之，恐未當。註「其爲士者」，從父昆弟之爲士者也。「適子爲之，亦如之」，明不特大夫之庶子不爲之降也，此又依經推言之。

爲夫之昆弟之婦人子適人者。婦人子者，女子子也。不言女子子者，因出，見恩疏。○疏云：「此謂世叔母爲之服，在家期，出嫁大功。」

大夫之妾，爲君之庶子、下傳曰：「何以大功也？妾爲君之黨服，得與女君同。」指爲此也。妾爲君之長子亦三年。自爲其子期，異於女君也。士之妾，爲君之衆子亦期。**女子子嫁者、未嫁者；爲世父母、叔父母、姑、姊妹。**舊讀合「大夫之妾，爲君之庶子、女子子嫁者、未嫁者」，言大夫之妾爲此三人之服也。

傳曰：嫁者其嫁於大夫者也；未嫁者，成人而未嫁者也。何以大功也？妾爲君之黨服，得與女君同。下言爲世父母叔父母姑姊妹者，謂妾自服其私親也。此不辭。即實爲妾遂自服其私親，當言「其」以見之。齊衰三月章曰：「女子子嫁者未嫁者，爲曾祖父母。」經與此同，足以見之矣。傳所云「何以大功也？妾爲君之黨服，得與女君同」，文爛在下爾。女子子成人者，有出道，降旁親，及將出者，明當及時也。○愚按舊讀與傳文甚協，鄭君必欲破之，不知何故。且女子未嫁而逆降旁親，於義亦自可疑，兩存其說可也。

大夫、大夫之妻、大夫之子、公之昆弟，爲姑姊妹女子子嫁於大夫者。○君爲姑姊妹女子子嫁於國君者。○疏云：「大夫、大夫之妻若子、公之昆弟，皆降旁親。姑姊妹已下一等，大功，又以出降，當小功，但嫁於大夫，尊同，無尊降，直有出降，故皆大功也。」又云：「大夫妻爲夫之姑姊妹在室及嫁，皆小功；若不爲大夫妻，又降在緦麻。今在大功科中者，此命婦爲本親姑、姊、妹、己之女子子也。」又云：「國君絕期已下，今爲尊同，故亦不降，依嫁服大功。」

傳曰：何以大功也？尊同也。尊同則得服其親服。諸侯之子稱公子，公子不得禰先君。公子之子稱公孫，公孫不得祖諸侯。此自卑別於尊者也。若公子之子孫，有封爲國君者，則世世

祖是人也，不祖公子。此自尊别於卑者也。是故始封之君，不臣諸父昆弟；封君之子，不臣諸父而臣昆弟；封君之孫，盡臣諸父昆弟。故君之所爲服，子亦不敢不服也；君之所不服，子亦不敢服也。「不得禰」、「不得祖」者，不得立其廟而祭之也。卿大夫以下，祭其祖禰，則世世祖是人，不得祖公子者，後世爲君者，祖此受封之君，不得祀别子也。公子若在高祖以下，則如其親服，後世遷之，乃毁其廟爾。因國君以尊降其親，故終説此義云。○疏云：「諸侯絶旁期，大夫降一等，今此大功所以亦爲服者，各自以其尊同，故服之也。」「諸侯之子稱公子」已下，因尊同遂廣説尊不同之義也。諸侯支庶，不稱諸侯子，變名「公子」，卑遠之也。「不得禰」、「不得祖」者，以其廟已有適子爲君者立之，支庶不得並立廟，故云「不得」也。其後子孫，自以此公子、公孫爲祖，所謂「别子」也。公子之後有封爲諸侯者，則其子孫以此始封之君爲祖，不以公子爲祖。凡此者皆以著尊卑之别也。自，由也，由其位之或卑或尊，❶各自爲别也。下言有不臣者，有臣者，其不臣者則爲之服；其臣者則不爲之服也。

繐衰裳，牡麻絰，既葬除之者。

傳曰：繐衰者何？以小功之繐也。治其縷如小功，而成布四升半，細其縷者，以恩輕也。升數少者，以服至尊也。凡布細而疏者謂之繐，今南陽有鄧繐。○疏云：「傳云『小功之繐』，則帶、屨亦同小功可知。」

---

❶「或卑或尊」，文淵閣本作「或尊或卑」。

諸侯之大夫，爲天子。

傳曰：何以繐衰也？諸侯之大夫，以時接見乎天子。接猶會也。諸侯之大夫，以時會見於天子而服之，則其士庶民不服可知。○謂諸侯使大夫來見天子，適有天子之喪，則其服如此。愚意諸侯若來會葬，其從行者或亦然。

小功布衰裳，澡麻帶絰，五月者。澡者，治去莩垢，不絕其本也。《小記》曰：「下殤小功，帶澡麻，不絕其本，屈而反以報之。」○大功已上，絰帶有本，小功以下斷本。此殤小功重於成人小功，故帶不絕本，與大功同。疏曰：「『屈而反以報之』者，謂先以一股麻不絕本者爲一條，展之爲繩。報，合也。以一頭屈而反鄉上合之，乃絞垂。」又云：「『不言屨者，當與下章同『吉屨無絇』也。」又云：「此亦無受。」○莩音敷。

叔父之下殤。○適孫之下殤。○昆弟之下殤。○大夫庶子，爲適昆弟之下殤。○爲姑姊妹女子子之下殤。○爲人後者爲其昆弟，從父昆弟之長殤。○叔父至女子子八人，皆是成人期，長殤、中殤則大功，下殤則小功。爲人後者爲其昆弟與凡人之爲從父昆弟，二者本服大功，其長殤則小功。

傳曰：問者曰：中殤何以不見也？大功之殤，中從上；小功之殤，中從下。問者，據從父昆弟之下殤在緦麻也。大功小功，皆謂服其成人也。大功之殤中從上，則齊衰之殤，亦中從上也。此主謂丈夫之爲殤者服也。凡不見者，以此求之也。○此章有從父昆弟之長殤，緦麻章有從父昆弟之下殤，唯不見中殤，故發此問。成人當服大功者，其中殤與長殤同；成人當服小功者，其中殤與下殤同。凡不見於經者皆當以此例求之。此男子服殤者之法；若婦人爲夫族服殤法，又在後緦麻傳也。

爲夫之叔父之長殤。不見中殤者，中從下也。

昆弟之子女子子、夫之昆弟之子女子子之下殤。○此皆成人爲之齊衰期者。

爲姪、庶孫丈夫婦人之長殤。○姑爲姪，祖爲庶孫，皆成人大功。

大夫、公之昆弟、大夫之子，爲其昆弟、庶子、姑、姊妹、女子子之長殤。大夫爲昆弟之長殤小功，謂爲士者、若不仕者也。以此知爲大夫無殤服也。公之昆弟不言「庶」者，此無服，無所見也。大夫之子不言「庶」者，關適子亦服此殤也。云「公之昆弟爲庶子之長殤」，則知公之昆弟猶大夫。○疏云：「此三人爲此六種人，成人以尊降至大功，故長殤小功，中亦從上。」

大夫之妾，爲庶子之長殤。君之庶子。○疏云：「妾爲君之庶子，成人在大功，今長殤在小功。」

小功布衰裳，牡麻絰，即葛，五月者。即，就也。小功輕，三月變麻，因故衰，以就葛絰帶，而五月也。《間傳》曰：「小功之葛，與緦之麻同。」舊説：小功以下，吉屨無絇也。

從祖祖父母、從祖父母，報。祖父之昆弟之親。○疏云：「從祖祖父母，是曾祖之子，祖之兄弟。從祖父母者，是從祖祖父之子，父之從父昆弟。報者，恩輕，兩相爲服。」

從祖昆弟。父之從父昆弟之子。○疏云：「此是從祖父之子，己之再從兄弟。」

從父姊妹、父之昆弟之女。○疏云：不言出適與在室，皆小功，以姊妹既逆降，❶宗族亦逆降報之。此

❶ 「妹」，原脱，據文淵閣本補。

說可疑，當通下文「孫適人者」爲一節，皆爲出適而降小功也。

孫適人者。孫者，子之子。女孫在室，亦大功也。

爲人後者爲其姊妹適人者。不言姑者，舉其親者，而恩輕者降可知。

爲外祖父母。

傳曰：何以小功也？以尊加也。

從母，丈夫婦人報。從母，母之姊妹。○疏云：「云『丈夫、婦人』者，馬氏云：『從母報姊妹之子男女也。』」

傳曰：何以小功也？以名加也。外親之服，皆緦也。外親，異姓，正服不過緦。丈夫婦人，姊妹之子，男女同。○傳云：「外親之服皆緦」者，明小功之爲加重也。有母名，故加之。

夫之姑、姊妹，娣姒婦，報。夫之姑、姊妹，不殊在室及嫁者，因恩輕，略從降。

傳曰：娣姒婦者，弟長也。何以小功也？以爲相與居室中，則生小功之親焉。娣姒婦者，兄弟之妻相名也。長婦謂穉婦爲娣婦，娣婦謂長婦爲姒婦。○經言婦與夫之姑、姊妹相爲服，傳則單言二婦相爲服，然所謂「相與居室中」者，實兼姑、姊、娣、姒等也。

大夫、大夫之子、公之昆弟，爲從父昆弟、庶孫、姑姊妹女子子適士者。從父昆弟及庶孫，亦謂爲士者。○從父昆弟、庶孫本大功，此降小功，故註謂爲士者，以尊降也。

大夫之妾，爲庶子適人者。君之庶子女子子也。庶女子子，在室大功；其嫁於大夫，亦大功。○疏云：「此『適人者』，謂適士也。」

庶婦。夫將不受重者。

君母之父母、從母。君母，父之適妻也。從母，君母之姊妹。○疏云：「此謂妾子爲適母之父母及姊妹。」

傳曰：何以小功也？君母在，則不敢不從服；君母不在，則不服。不敢不服者，恩實輕也。凡庶子爲君母，如適子。

君子子，爲庶母慈己者。君子子者，大夫及公子之適妻子。

傳曰：君子子者，貴人之子也。爲庶母何以小功也？以慈己加也。云「君子子」者，則父在也。父没則不服之矣。以慈己加，則君子子亦以士禮爲庶母緦也。《内則》曰：「異爲孺子室於宫中，擇於諸母與可者，必求其寬裕慈惠温良恭敬慎而寡言者，使爲子師，其次爲慈母，其次爲保母，皆居子室，他人無事不往。」又曰：「大夫之子有食母。」庶母慈己者，此之謂也。其不慈己，則緦可矣。不言師保，慈母居中，服之可知也。「國君世子生，卜士之妻、大夫之妾，使食子，三年而出，見於公宫，則劬」，非慈母也。「士之妻自養其子。」○加，謂於緦麻上加至小功也。註「父没則不服」，謂不服其加服，仍爲服緦，以此慈母本庶母也。引《内則》國君養子之法，證大夫、公子之適妻子，亦得立三母耳。又言士妻、大夫妾，是國君養子於三母之外，又有食子者，不與慈母同類也。國君子於三母無服，士妻自養其子，故註知爲大夫、公子之適妻子也。

緦麻，三月者：緦麻，布衰裳而麻經帶也。不言衰經，略輕服，省文。〇疏云：「以緦如絲者爲衰裳，又以澡治莩垢之麻爲經帶，故曰緦麻。」

傳曰：緦者，十五升抽其半，有事其縷，無事其布，曰緦。謂之緦者，治其縷，細如絲也。或曰有絲。朝服用布，何衰用絲乎？抽猶去也。《雜記》曰：「緦冠澡纓。」❶〇縷細如朝服，而數則半之，細而疎也。事，鍛治之事，治其縷，不治其布也。澡纓者，以澡治之布爲冠纓也。

族曾祖父母。〇族祖父母。〇族父母。〇族昆弟。族曾祖父者，曾祖昆弟之親也，族祖父者，亦高祖之孫，則高祖有服明矣。〇疏曰：「此即《禮記·大傳》云：『四世而緦，服之窮也。』名爲『四緦麻』者也。族曾祖父母者，己之曾祖親兄弟也；族祖父母者，己之祖父從父昆弟也；族父母者，己之父從祖昆弟也；族昆弟者，己之三從兄弟也：皆名爲族，族，屬也，骨肉相連屬。」又云：「此『四緦麻』，與己同出高祖，已上至高祖爲四世，旁亦四世。旁四世既有服，於高祖有服明矣。」

庶孫之婦。庶孫之中殤。庶孫者，成人大功。其殤中從上，此當爲下殤，言「中殤」者，字之誤爾。又諸言「中」者，皆連上下也。〇疏曰：「庶孫之婦緦者，以其適子之婦大功，庶子之婦小功，適孫之婦小功，庶孫之婦緦，是其差也。」

從祖姑姊妹適人者，報。從祖父從祖昆弟之長殤。不見中殤，中從下。〇此皆本服小功，以或出

❶「澡」，薈要本作「繰」。

適，或長殤，降一等。

外孫。女子子之子。

從父昆弟姪之下殤。夫之叔父之中殤下殤。言中殤者，中從下。○此皆成人大功，大功中殤從下，婦人服夫族殤法也。

從母之長殤，報。○從母成人小功。

庶子爲父後者，爲其母。

傳曰：何以緦也？傳曰：與尊者爲一體，不敢服其私親也。然則何以服緦也？有死於宮中者，則爲之三月不舉祭，因是以服緦也。君卒，庶子爲母大功。大夫卒，庶子爲母三年。士雖在，庶子爲母皆如衆人。○註言庶子爲母大功及三年者，皆謂不承後者。若承後，則皆緦。士在庶子爲母如衆人，謂亦齊衰期也。士卑無厭，故如衆人也。

士，爲庶母。

傳曰：何以緦也？以名服也。大夫以上，爲庶母無服。

貴臣。貴妾。此謂公士大夫之君也，殊其臣妾貴賤而爲之服。貴臣，室老士也。貴妾，姪娣也。天子諸侯，降其臣妾，無服；士卑無臣，則士妾又賤，不足殊，有子則爲之緦，無子則已。

傳曰：何以緦也？以其貴也。○愚按：大夫以上，爲庶母無服，而服其貴臣、貴妾，於義似難強通。此殆承上「士爲庶母」之文，言士禮耳。其私屬亦可謂之臣，妾之有子者即貴者也。

乳母。謂養子者有他故，賤者待之慈己。

傳曰：何以緦也？以名服也。

從祖昆弟之子。族父母爲之服。○與其父同曾祖，爲其子服緦。

曾孫。孫之子。

父之姑。歸孫爲祖父之姊妹。○《爾雅》云：「女子謂昆弟之子爲姪，謂姪之子爲歸孫。」

從母昆弟。

傳曰：何以緦也？以名服也。

甥。姊妹之子。

傳曰：甥者何也？謂吾舅者，吾謂之甥。何以緦也？報之也。○甥既服舅以緦，舅亦報甥以緦也。

壻。女子子之夫也。

傳曰：何以緦？報之也。○壻既從妻而服妻之父母，妻之父母遂報之服。

妻之父母。

傳曰：何以緦？從服也。從於妻而服之。

姑之子。外兄弟也。

傳曰：何以緦？報之也。○姑之子既爲舅之子服，舅之子亦爲姑之子服也。

舅。母之兄弟。

傳曰：何以緦？從服也。從於母而服之。

舅之子。内兄弟也。

傳曰：何以緦？從服也。○從服者，亦從於母而服之。

夫之姑姊妹之長殤。○婦人爲夫之姑姊妹，成人小功。

夫之諸祖父母，報。諸祖父母者，夫之所爲小功從祖祖父母、外祖父母。或曰：曾祖父母。曾祖於曾孫之婦無服，而云報乎？曾祖父母，正服小功，妻從服緦。○或以諸祖爲有曾祖，故鄭破其非。

君母之昆弟。

傳曰：何以緦？從服也。從於君母而服緦也。君母在，則不敢不服；君母卒，則不服也。

從父昆弟之子之長殤。昆弟之孫之長殤。爲夫之從父昆弟之妻。○二長殤，本服皆小功。夫之從父昆弟之妻，同堂娣姒也，降於親娣姒。

傳曰：何以緦也？以爲相與同室，則生緦之親焉。長殤中殤降一等，下殤降二等。齊衰之殤，中從上；大功之殤，中從下。同室者，不如居室之親也。齊衰大功，皆明其成人也。大功之殤中從下，則小功之殤亦中從下也。此主謂妻爲夫之親服也。凡不見者，以此求之。

記：

公子爲其母，練冠，麻，麻衣縓緣；爲其妻，縓冠，葛絰帶，麻衣縓緣。皆既葬除之。公子，君之庶子也。其或爲母，謂妾子也。麻者，緦麻之絰帶也。此麻衣者，如小功布，深衣，爲不制衰裳，變也。《詩》云：「麻衣如雪。」縓，淺絳也，一染謂之縓。練冠而麻衣縓緣，三年練之受飾也。《檀弓》曰：「練，練衣黄裏縓緣。」諸侯之妾子，厭於父，爲母不得伸，權爲制此服，不奪其恩也。爲妻縓冠葛絰帶，妻輕。

傳曰：何以不在五服之中也？君之所不服，子亦不敢服也。君之所爲服，子亦不敢不服也。君之所不服，謂妾與庶婦也。君之所爲服，謂夫人與適婦也。諸侯之妾，貴者視卿，賤者視大夫，皆三月而葬。

大夫、公之昆弟、大夫之子，於兄弟降一等。兄弟，猶言族親也。凡不見者，以此求之也。

爲人後者，於兄弟降一等，報；於所爲後之兄弟之子，若子。言「報」者，嫌其爲宗子不降。○註所謂「宗子」，指爲人後者，恐人疑入繼大宗主宗事，本親不爲降服，故云「報」，明兩相爲服，皆降也。

兄弟皆在他邦，加一等。不及知父母，與兄弟居，加一等。皆在他邦，謂行仕、出遊、若辟仇。不及知父母，父母早卒。

傳曰：何如則可謂之兄弟？傳曰：小功以下爲兄弟。於此發兄弟傳者，嫌大功已上又加也。大功已上，若皆在他國，則親自親矣；若不及知父母，則固同財矣。○所爲加服者，小功以下兄弟也。若大功以上，恩自隆重，不容再加。

朋友皆在他邦，袒免，歸則已。謂服無親者，當爲之主，每至袒時，則袒，袒則去冠，代之以免。舊説云，以爲免象冠，廣一寸。已，猶止也。歸有主，則止也，主若幼少，則未止。《小記》曰：「大功者主人之喪，有三年者，則必爲之再祭。朋友，虞祔而已。」○袒時，謂小斂訖，正主人袒而括髮之時，朋友在外無主，則爲之袒，而以免代冠。《小記》所言旁人主喪之法：大功之親必爲之練祭、祥祭乃已，朋友則虞祔而已。

朋友，麻。朋友雖無親，有同道之恩，相爲服緦之絰帶。《檀弓》曰：「群居則絰，出則否。」其服，弔服也。《周禮》曰：「凡弔當事則弁絰。」弁絰者，如爵弁而素，加環絰也。其服有三：錫衰也，緦麻也，疑衰也。王爲三公六卿錫衰，爲諸侯緦衰，爲大夫士疑衰。諸侯及卿大夫，亦以錫衰爲弔服，當事則弁絰，否則皮弁，辟天子也。士以緦衰爲喪服，其弔服則疑衰也。舊説，以爲士弔服，布上素下。或曰素委貌冠加朝服。《論語》曰：「羔裘玄冠不以弔。」何朝服之有乎？然則二者皆有似也。此實疑衰也。其弁絰皮弁之時，則如卿大夫然。又改其裳以素，辟諸侯也。朋友之相爲服，即士弔服，疑衰素裳；庶人不爵弁，則其弔服，素冠委貌。○麻者，謂服如弔服，而加緦之絰帶。緦服蓋以澡麻爲首絰、要帶。引《周禮》者，見天子以下各有弔服。士之弔服則疑衰，其或弁絰，或皮弁，如卿大夫而改其裳也。疑者，擬也，擬於吉也。吉服十五升，而此服用十四升，是近於吉。朋友之服，即此服而加麻也。《周禮・司服》「凡弔事，弁絰服」，此經註引之作「凡弔當事則弁絰」，誤，當事則弁絰者，諸侯卿大夫也，當正之。

君之所爲兄弟服，室老降一等。公士大夫之君。○公卿大夫對其室老亦有君稱，其爲兄弟服，已降一等，室老從之而服，又降一等。

夫之所爲兄弟服，妻降一等。○唯夫之昆弟之子不降。

庶子爲後者，爲其外祖父母、從母、舅，無服；不爲後，如邦人。○若不爲後，亦如邦人爲母黨服也。

宗子孤爲殤，大功衰、小功衰，皆三月；親，則月算如邦人。言孤，有不孤者。不孤，則族人不爲殤服服之也。不孤，謂父有廢疾，若年七十而老、子代主宗事者也。孤爲殤，長殤中殤大功衰，下殤小功衰，皆如殤服而三月，謂與宗子絶屬者也。親謂在五屬之内。算，數也。月數如邦人者：與宗子有期之親者，成人，服之齊衰期；長殤，大功衰九月；中殤，大功衰七月；下殤，小功衰五月。有大功之親者，成人，服之齊衰三月，卒哭，受以大功衰九月；其長殤中殤，大功衰五月；下殤，小功衰三月。有小功之親者，成人，服之齊衰三月，卒哭，受以小功衰五月；其殤，與絶屬者同。有緦麻之親者，成人及殤，皆與絶屬者同。○緦麻之親與絶屬者同，謂成人則齊衰三月，殤則如記所言也。

改葬，緦。謂墳墓以他故崩壞，將亡失尸柩者也。改葬者，明棺物毁敗，改設之，如葬時也。其奠如大斂，從廟之廟，從墓之墓，禮宜同也。服緦者，臣爲君也，子爲父也，妻爲夫也。必服緦者，親見尸柩，不可以無服，緦三月而除之。

童子，唯當室，緦。童子，未冠之稱也。當室者，爲父後、承家事者。爲家主，與族人爲禮，於有親者，雖恩不至，不可以無服也。

傳曰：不當室，則無緦服也？

凡妾，爲私兄弟，如邦人。嫌厭降之也。私兄弟，目其族親也。女君有以尊降其兄弟者，謂士之女爲大夫妻，與大夫之女爲諸侯夫人、諸侯之女爲天王后者。父卒，昆弟之爲父後者，宗子，亦不敢降也。○疏云：「妾言『凡』者，總天子以下至士，故凡以該之也。」妾爲私親，疑爲君與女君所厭降，實則不厭，故服同邦人常法，謂如女子適人者之服也。

大夫弔於命婦，錫衰。命婦弔於大夫，亦錫衰。弔於命婦，命婦死也。弔於大夫，大夫死也。《小記》曰：「諸侯弔，必皮弁錫衰。」《服問》曰：「公爲卿大夫，錫衰以居，出亦如之。當事則弁絰，大夫相爲亦然。爲其妻，往則服之，出則否。」

傳曰：錫者何也？麻之有錫者也。錫者，十五升，抽其半，無事其縷，有事其布，曰錫。謂之錫者，治其布，使之滑易也。錫者不治其縷，哀在內也；緦者不治其布，哀在外也。君及卿大夫弔士，唯當事，皮弁錫衰而已。士之相弔，則如朋友服，疑衰素裳。凡婦人相弔，吉笄無首，素總。

女子子適人者，爲其父母；婦爲舅姑：惡笄有首以髽，卒哭，子折笄首以笄，布總。言以髽，則髽有著笄者明矣。○疏云：「正服齊衰冠八升，則正齊衰總亦八升，長八寸。」此卒哭後，宜從大功十升之布總也。

傳曰：笄有首者，惡笄之有首也。惡笄者，櫛笄也。折笄首者，折吉笄之首也。吉笄者，象笄也。何以言子折笄首而不言婦？終之也。櫛笄者，以櫛之木爲笄，或曰榛笄。有首者，若今時刻鏤摘頭矣。卒哭而喪之大事畢，女子子可以歸於夫家，而著吉笄折其首者，爲其大飾也。吉笄尊，變其尊者，婦人之義也。據在夫家，宜言婦，終之者，終子道於父母之恩。○按傳言「終之」者，因記本以女子子與婦並言，「惡笄有首以髽」下单言「子折笄首布總」，而不言婦當如何，故解之曰「終之也」。謂當以惡笄終期也。註云「據在夫家宜言婦」，仍指女子子而言，誤會傳文。又疏云，出適女子與在家婦俱著惡笄，以女子外成，既以哀殺事人，故獨折笄首耳。此即傳文正解，下文則不免曲狥鄭註矣。○櫛，恥一反。鏤音陋。摘，他狄反。

妾爲女君、君之長子，惡笄有首，布總。

凡衰，外削幅；裳，内削幅。幅三袧。削，猶殺也。大古冠布衣布，先知爲上，外殺其幅，以便體也；後知爲下，内殺其幅，稍有飾也。後世聖人易之，以此爲喪服。❶袧者，謂辟兩側，空中央也。祭服、朝服，辟積無數。凡裳，前三幅，後四幅也。○疏云：「自此已下，盡『袪尺二寸』，記衰裳之制，用布多少、尺寸之數也。云『凡』者，總五服而言。云『衰外削幅』者，謂縫之邊幅向外。『裳内削幅』者，亦謂縫之邊幅向内。云『幅三袧』者，據裳而言，爲裳之法，前三幅、後四幅，幅皆三辟攝之。」又云：七幅布，幅二尺二寸，兩畔各去一寸爲削幅，共十四尺，故須辟積要中也。○袧音鉤。

若齊，裳内，衰外。齊，緝也。凡五服之衰，一斬、四緝。緝裳者，内展之；緝衰者，外展之。○上言五服衰裳之縫，斬衰裳亦在其中。此言衰裳之下、用針功緝之者。斬衰裳不緝，故言「若」以别之。

負，廣出於適，寸。負，在背上者也。適，辟領也。負出於辟領外，旁一寸。○疏曰：「以一方布置於背上，上畔縫著領，下畔垂放之，以在背上，故有負名。『適，辟領』，即下文『適』也。出於辟領外旁一寸，總尺八寸也。」

適，博四寸，出於衰。博，廣也。辟領，廣四寸，則與闊中八寸也，兩之爲尺六寸也。出於衰者，旁出

---

❶「此」，原作「北」，據薈要本、文淵閣本改。

衰。不著寸數者，可知也。○適以在兩肩者而言則四寸，並濶中共八寸，兩之則爲尺六寸。上文負廣出適旁各一寸，故疏以爲緫尺八寸也。衰在胷前，「出於衰」者，以兩肩辟領向前望衰之外也。疏云：「衰廣四寸，辟領橫廣緫尺六寸。除中央四寸當衰，兩旁各出衰六寸也。」

衰，長六寸，博四寸。廣袤當心也。前有衰，後有負板，左右有辟領，孝子哀戚，無所不在。○綴於外衿之上，故得廣長當心。

衣帶下，尺。衣帶下尺者，要也。廣尺，足以掩裳上際也。○此謂「帶」，衣之帶，非大帶、革帶類也。用布高一尺，上綴衣身，遶要前後。據疏，「衣帶」言其物，「下尺」者，向下量之一尺，言其度也。今則目之曰「帶下尺」矣。

衽，二尺有五寸。衽，所以掩裳際也。二尺五寸，與有司紳齊也。上正一尺，燕尾二尺五寸，凡用布三尺五寸。○疏云：「取布三尺五寸，廣一幅，留上一尺爲正，不破，一尺之下，從一畔旁入六寸，乃向下邪向，下一畔一尺五寸，去下畔亦六寸，橫斷之，留下一尺爲正。如是，則用布三尺五寸，得兩條衽，衽各二尺五寸。然後兩旁皆綴於衣，垂之向下，掩裳際。此謂男子之服，婦人則無。」

袂，屬幅。屬，猶連也。連幅，謂不削。○疏云：「屬幅者，謂整幅二尺二寸，不削去其邊。」取其與衣縱橫皆二尺二寸，正方也。

衣，二尺有二寸。此謂袂中也。言衣者，明與身參齊。二尺二寸，其袖足以容中人之肱也。衣自領至要，二尺二寸，倍之，四尺四寸，加濶中八寸，而又倍之，凡衣用布一丈四寸。○二尺二寸，據衣身之長而言，鄭註則總計用布多少之數也。其云「加濶中八寸而又倍之」者，即别用布一尺六寸以爲領者也。

袪，尺二寸。袪，袖口也。尺二寸，足以容中人之併兩手也。吉時，拱尚左手；喪時，拱尚右手。

衰，三升、三升有半。其冠六升。以其冠爲受，受冠七升。衰，斬衰也。或曰三升半者，義服也。其冠六升，齊衰之下也。斬衰正服，變而受之此服也。三升、三升半，其受冠皆同，以服至尊，宜少差也。○疏云：「自此至篇末，皆論衰冠升數多少也。」以其冠爲受，謂至虞時。服三升三升半之衰者，改用六升之布爲衰，如其初喪之冠也。受冠七升者，既以六升布爲衰，即亦更以七升布爲冠也。註「其冠六升齊衰之下」者，疏云：「齊服降服四升，正服五升，義服六升，以其六升是義服，故云『下』也。」

齊衰四升，其冠七升。以其冠爲受，受冠八升。言受以大功之上也。此謂爲母服也。齊衰正服五升，其冠八升，義服六升，其冠九升，亦以其冠爲受。凡不著之者，服之首，主於父母。○疏云：「此據父卒爲母齊衰三年而言。」註「受以大功之上」，以降服大功衰七升也。

繐衰四升有半，其冠八升。此諸侯之大夫，爲天子繐衰也。服在小功之上者，欲著其縷之精麤也。升數在齊衰之中者，不敢以兄弟之服服至尊也。

大功八升，若九升。小功十升，若十一升。此以小功受大功之差也。不言七升者，主於受服，欲其文相值。言服降而在大功者衰七升，正服衰八升，其冠皆十升，義服九升，其冠十一升，亦皆以其冠爲受也。斬衰受之以下，大功受之以正者，重者輕之，輕者從禮，聖人之意然也。其降而在小功者，衰十升，正服衰十一升，義服衰十二升，皆以即葛，及緦麻無受也。此大功不言受者，其章既著之。

儀禮　鄭氏註

濟陽張爾岐句讀

士喪禮第十二鄭《目録》云：「士喪其父母，自始死至於既殯之禮。喪於五禮屬凶，大戴第四，小戴第八，《别録》第十二。」〇疏云：「鄭直云士喪父母，不言妻與長子，二者亦依士禮。」

士喪禮。死於適室。幠用斂衾。適室，正寢之室也。疾者齊，故于正寢焉。疾時處北牖下，死而遷之南牖下，有牀衽。幠，覆也。斂衾，大斂所并用之衾。衾，被也。小斂之衾當陳，《喪大記》曰：「始死遷尸于牀。幠用斂衾，去死衣。」〇疾者齊，以正性情，故必於正寢，若即安燕寢與側室者，是不得其正。君、大夫、士，皆小斂一衾，大斂二衾。始死，大斂未至，故且以其一覆尸；至大斂，則一以爲薦，一以爲覆，故註云「大斂所并用之衾也」。不用小斂衾者，以小斂時近，其衾當陳，故不用。死衣，病時所加新衣也。〇幠，火吴反。斂，力艷反。**復者一人，以爵弁服，簪裳于衣，左何之，扱領于帶。**復者，有司招魂復魂也，天子則夏采祭僕之屬，諸侯則小臣爲之。爵弁服，純衣纁裳也，禮以冠名服。簪，連也。〇復者招魂使反，《檀弓》所謂孝子「盡愛之道，有禱祀之心焉」者是也。復者人數多少，各如其命之數，士一命，故一人。「簪裳于衣」，連綴其裳于衣之下也。「扱領于帶」者，平疊衣裳，使領與帶齊，并何於左臂，以便升屋也。夏采、祭僕，《周禮》二官名，掌復事者。但用純衣纁裳，不用爵弁，而云爵弁服，是以冠名其服也。○簪，側林反。純，側其反。**升自前東榮，中屋，北面招以衣，曰：「臯某復！」三。降衣于前。**北面招，求諸幽之義也。臯，長聲也。某，死者之名也。復，反也。降衣，下之也。《喪大記》曰：「凡復，男子稱名，婦人稱字。」○榮，屋翼也。復聲必三者，禮成于三。前，謂前檐。○中，如字。**受用篋，升自阼階以衣尸。**受者，受之於庭也。復者，其一人招，則受衣亦一人也，人君則司服受之。衣尸者，覆之，若得蘇反之。○此復衣以覆尸，浴則去之，不以襲斂。○衣，於既反。**復者降自後西榮。**不由前降，不以虛反也。降，因徹西北厞，若云「此室凶，不可居」然也。自是行死事。○註言「徹西北厞」，蓋以《喪大記》云將沐，「甸人取所徹廟之西北厞薪用之」，故云復者降時徹之，其爲說近誣。○厞，扶味反。

右復魂。復者猶冀其生，復而不生，始行死事。

楔齒用角柶。爲將含，恐其口閉急也。○楔，息結反。**綴足用燕几。**綴猶拘也，爲將履，恐其辟戾也。今文「綴」爲「對」。○案記云：「綴足用燕几，校在南，御者坐持之。」註云：「校，脛也。尸南首，几脛在南以拘足，則不得辟戾矣。」是几兩頭有脛，側立此几，並排兩足於兩脛之間，以夾持之也。○綴，丁劣反。**奠脯醢醴酒。升自阼階，奠于尸東。**鬼神無象，設奠以憑依之。○案《檀弓》：「曾子曰：『始死之奠，其餘閣也與？』」餘閣者，閣中之餘食也。疏以爲無過一豆一籩，醴酒亦科用其一。**帷堂。**事小訖也。○案《檀弓》：「曾子曰：『尸未設飾，故帷堂。小斂而徹帷。』」以此時尚未襲斂，暫帷堂以爲蔽，故鄭云「事小訖」。

右事死之初事。喪禮凡二大端：一以奉體魄，一以事精神。楔齒綴足，奉體魄之始；奠脯醢，事精神之始也。

乃赴于君。主人西階東，南面，命赴者，拜送。赴，告也。臣，君之股肱耳目，死當有恩。○大夫以上，父兄命赴者；士，則主人親命。有賓，則拜之。賓，僚友群士也。其位，猶朝夕哭矣。○因命赴，遂拜賓；不然，則不出。疏曰：「云『其位猶朝夕哭矣』者，謂賓弔位猶如賓朝夕哭位。其主人之位，則異於朝夕，而在西階東，南面拜之，拜訖，西階下，東面，下經所云拜大夫之位是也。」朝夕哭位，詳見後。

右使人赴君。

入坐于牀東。衆主人在其後，西面。婦人俠牀，東面。衆主人，庶昆弟也。婦人，謂妻妾子姓也，亦適妻在前。○「入坐」云者，承上文出命赴，拜賓訖，復入此位也。○俠，古洽反。親者在室。謂大功以上父兄姑姊妹子姓在此者。衆婦人户外北面，衆兄弟堂下北面。衆婦人、衆兄弟，小功以下。

右主人以下室中哭位。愚案主人哭位，唯小斂以前在此，小斂後則在階下矣。

君使人弔。徹帷。主人迎于寢門外，見賓不哭。先入，門右北面。使人，士也。禮：使人必以其爵。使者至，使人入將命，乃出迎之。寢門，内門也。徹帷，㞓之，事畢則下之。○㞓，羌據反。弔者入，升自西階，東面。主人進中庭，弔者致命。主人不升，賤也。致命曰：「君聞子之喪，使某。如何不淑！」○疏云：「大夫之子得升受命，乃降拜。」主人哭，拜稽顙，成踊。稽顙，頭觸地。成踊，三者三。賓出，主人拜送于外門外。

右君使人弔。記曰：「户在室，有君命，衆主人不出。」

君使人襚。徹帷。主人如初。襚者左執領，右執要，入，升致命。襚之言遺也。衣被曰襚。致命曰：「君使某襚。」○疏曰：「云『主人如初』者，如上弔時，迎于寢門外以下之事也。」**主人拜如初。襚者入衣尸，出。主人拜送如初。**○疏曰：「云『主人拜如初』者，亦如上『主人進中庭哭拜稽顙成踊。』」**唯君命出，升降自西階，遂拜賓。有大夫，則特拜之。即位于西階下，東面，不踊。大夫雖不辭，入也。**唯君命出，以明大夫以下，時來弔襚，不出也。始喪之日，哀戚甚，在室，故不出拜賓也。大夫則特拜，别於士旅拜也。即位西階下，未忍在主人位也。不踊，但哭拜而已。不辭而主人升入，明本不爲賓出，不成禮也。

右君使人襚。疏云：「君襚雖在襲前，襲與小斂俱不得用，大斂乃用之。」

親者襚，不將命，以即陳。大功以上，有同財之義也。不將命，不使人將之致於主人也。即陳，陳在房中。**庶兄弟襚，使人以將命于室；主人拜于位；委衣于尸東牀上。**庶兄弟，即衆兄弟也。變衆言庶，容同姓耳。將命曰：「某使某襚。」拜于位，室中位也。○委衣者，將命者委之也。**朋友襚，親以進；主人拜；委衣如初，退；哭不踊。**親以進，親之，恩也。退，下堂反賓位也。主人徒哭不踊，别於君襚也。○委衣如初，如其于尸東牀上。委之者，朋友也。**徹衣者，執衣如襚，以適房。**凡於襚者出，有司徹衣。○疏曰：「『執衣如襚』者，上文君襚之時，襚者左執領、右執要，此徹衣者，亦左執領、右執要，故云『如襚』也。」

右親者、庶兄弟、朋友襚。

爲銘，各以其物。亡，則以緇，長半幅，赬末，長終幅，廣三寸。書銘于末，曰：「某氏某之柩。」銘，明旌也。雜帛爲物，大夫之所建也。以死者爲不可別，故以其旗識識之，愛之斯録之矣。亡，無也。無旗，不命之士也。半幅，一尺。終幅，二尺。在棺爲柩。今文「銘」爲「旀」也。○赬，丑貞反。**竹杠長三尺，置于宇西，階上。**杠，銘橦也。宇，梠也。○宇，檐下也。疏云：「此始造銘，且置宇下西階上。待爲重訖，置于重，卒塗殯置于肂。」○橦，丈江反。

右爲銘。

甸人掘坎于階間，少西，爲垼于西牆下，東鄉。甸人，有司主田野者。垼，塊竈。西牆，中庭之西。今文「鄉」爲「面」。❶ ○坎以埋沐浴餘潘及巾柶等。塊竈以煑潘水。○掘，其物反。垼音役。鄉，許亮反。**新盆、槃、瓶、廢敦、重鬲，皆濯，造于西階下。**新此瓦器五種者，重死事。盆以盛水，槃承渜濯，瓶以汲水也。廢敦，敦無足者，所以盛米也。重鬲，鬲將縣於重者也。濯，滌溉也。造，至也，猶饌也。以造言之，喪事遽。○槃承渜濯，置尸牀下承之。○敦音對。重，直容反。鬲音歷。造，七到反。

右沐浴含飯之具陳於階下者。

陳襲事于房中，西領，南上，不綪。襲事，謂衣服也。綪讀爲綪，屈也。襲事少，上陳而下不屈。江

❶「面」，原作「西」，據薈要本改。

沔之間，謂縈收繩索爲竫。古文「綪」皆爲「精」。○不竫者，以衣裳少，單行列去可盡，不須屈轉重列也。○綪，註作竫，側庚反。**明衣裳，用布。**所以親身，爲圭潔也。**鬠笄用桑，長四寸，纋中。**桑之爲言喪也，用爲笄，取其名也。長四寸，不冠故也。纋笄之中央，以安髮。○鬠，髻也，會聚其髮也。纋中者，兩頭濶，中央狹，則於髮安也。○鬠音膾。纋音憂。**布巾，環幅，不鑿。**環幅，廣袤等也。不鑿者，士之子親含，反其巾而已。大夫以上，賓爲之含，當口鑿之，嫌有惡。古文「環」作「還」。○布巾爲飯含而設，所以覆死者面。○廣，古曠反。袤音茂。**掩，練帛廣終幅，長五尺，析其末。**掩，裹首也。析其末，爲將結於頤下，又還結於項中。**瑱用白纊。**瑱，充耳。纊，新綿。○瑱，他見反。**幎目，用緇，方尺二寸，䞓裏；著，組繫。**幎目，覆面者也。幎，讀若《詩》曰「葛藟縈之」之「縈」。䞓，赤也。著，充之以絮也。組繫，❶爲可結也。○四角有繫，於後結之。○幎音縈。**握手，用玄，纁裏；長尺二寸，廣五寸，牢中旁寸；著，組繫。**牢，讀爲樓，樓謂削約握之中央，以安手也。今文「樓」爲「纋」，「旁」爲「方」。○牢中旁寸者，削約其中一段之兩旁，各一寸，兩頭皆廣五寸，中央容四指處廣三寸也。○牢音樓。**決，用正王棘、若檡棘；組繫，纊極二。**決，猶闓也，挾弓以横執弦。《詩》云：「決拾既佽。」正，善也。王棘與檡棘，善理堅刃者，皆可以爲決。極，猶放弦也，以沓指放弦，令不挈指也。生者以朱韋爲之而三；死用纊，又二，明不用也。古文「王」爲「三」，今文「檡」爲「澤」。世俗謂「王棘矺鼠」。○決著于右手巨指，極冒於食指、中指、無名指，皆射所用，具備之以象

❶「組」，原作「紐」，據薈要本改。

生平。組繫，極之繫也。○檡音澤。矺音託。**冒，緇質，長與手齊；經殺，掩足。**冒，韜尸者，制如直囊，上曰質，下曰殺。質，正也。其用之，先以殺韜足而上，後以質韜首而下。齊手，上玄下纁，象天地也。《喪大記》曰：「君錦冒黼殺，綴旁七；大夫玄冒黼殺，綴旁五；士緇冒經殺，綴旁三。」凡冒，質長與手齊，殺三尺。○綴旁者，綴質與殺相接之處，使相連也。○冒，亡報反。殺，所界反。**爵弁服，純衣。**謂生時爵弁所衣之服也。純衣者，纁裳。古者以冠名服，死者不冠。○爵弁服，即士之常服以助祭者也。○純，莊其反。**皮弁服。**皮弁所衣之服也。其服，白布衣素裳也。○皮弁者，於天子爲視朝之服；諸侯大夫士，則爲視朔之服也。**褖衣。**黑衣裳赤緣之謂褖，褖之言緣也，所以表袍者也。《喪大記》曰：「衣必有裳，袍必有表，不襌，謂之一稱。」古文「褖」爲「緣」。○疏云：「此褖衣則玄端。」又云：「連衣裳，以其用之以表袍，袍連衣裳故也。」又引《雜記》子羔襲用稅衣纁衻，曾子曰：「不襲婦服。」則此褖衣不用赤緣。註云「赤緣之謂褖」者，只證其名同耳。○褖，他亂反。**緇帶，**黑繒之帶。○疏云：「上陳三服同用一帶。」**韎韐。**一命緼韍。○合赤韋爲之，故名韎韐，亦名緼韍。三服共設韎韐，❶亦如帶矣。○韎音妹。韐，古答反。緼音溫。韍音弗。**竹笏。**笏所以書思對命者。《玉藻》曰：「笏，天子以球玉，諸侯以象，大夫以魚須文竹，士以竹本象可也。」又曰：「笏度二尺有六寸，其中博三寸，其殺六分而去一。」又曰：「天子搢珽，方正於天下也；諸侯荼，前詘後直，讓於天子也；大夫前詘後詘，無所不讓。」今文「笏」作「忽」。**夏葛屨，冬白屨，皆繶緇絇純，組綦繫于**

❶「共」，原作「其」，據薈要本、文淵閣本改。

踵。冬皮屨，變言白者，明夏時用葛亦白也。此皮弁之屨。《士冠禮》曰：「素積白屨，以魁柎之。緇絇繶純，純博寸。」綦，屨係也，所以拘止屨也。綦，讀如「馬絆綦」之「綦」。○按《士冠禮》云「素積白屨」，此皮弁之屨也。疏云：「三服相參，帶用玄端，屨用皮弁，韎韐用爵弁，各用其一，以當三服。」又云：「繶謂絛在牙底相接之縫中，絇在屨鼻，純謂緣口，皆以絛爲之。」○繶，於力反。綦音其。絇，其于反。柎，❶方于反。**庶襚繼陳，不用。**庶，衆也。不用，不用襲也。多陳之爲榮，少納之爲貴。○庶襚，親者、庶兄弟、朋友所襚。繼陳，謂繼襲衣之下陳之。此不用以襲，至小斂則用之，唯君襚至大斂乃用也。

右陳襲事所用衣物于房中。

貝三，實于笲；貝，水物，古者以爲貨，江水出焉。笲，竹器名。**稻米一豆，實於筐；**豆，四升。**沐巾一，浴巾二，皆用綌，於笲；**巾所以拭汙垢。浴巾二者，上體下體異也。綌，麤葛。○疏云：「此士禮，上下同用綌。《玉藻》云：『浴用二巾，上絺下綌。』彼據大夫以上。」**櫛於簞；**簞，葦笥。**浴衣，於篋。**浴衣，已浴所衣之衣，以布爲之，其制如今通裁。○浴衣，既浴著之以晞身。**皆饌于西序下，南上。**皆者，皆「貝」以下。東西牆謂之序，中以南謂之堂。

右沐浴飯含之具陳于序下者。

管人汲，不說繘，屈之。管人，有司主館舍者。不說繘，將以就祝濯米。屈，縈也。○喪事遽，故汲水

---

❶「柎」，原作「相」，據薈要本、文淵閣本改。

者不解脱其繘，但縈屈之往，就用處。○繘，君必反。**祝淅米于堂，南面，用盆。**祝，夏祝也。淅，沃也。**管人盡階，不升堂，受潘，煮于垼，用重鬲。**盡階，三等之上。《喪大記》曰：「管人受沐，乃煮之。甸人取所徹廟之西北厞薪，爨之。」○潘，淅米汁，所用以沐者也。○潘，芳元反。**祝盛米于敦，奠于貝北。**復於筐處也。○盛音成。**士有冰，用夷槃可也。**謂夏月而君加賜冰也。夷槃，承尸之槃。《喪大記》曰：「君設大槃，造冰焉；大夫設夷槃，造冰焉；士併瓦槃，無冰。設牀，襢笫，有枕。」○夷槃造冰，本大夫禮。君加賜有冰，則用夷槃可也。造，猶内也。○襢，之善反。笫，莊矣反。**外御受沐入。**外御，小臣侍從者。沐，管人所煮潘也。**主人皆出，户外北面。**象生平沐浴裸裎，子孫不在旁。主人出而襢笫。○襢笫，去席，盝水便也。**乃沐，櫛，挋用巾；**挋，晞也，清也。古文「挋」皆作「振」。○疏云：「挋謂拭也。櫛訖，又以巾拭髮，拭訖，仍未作紒，待蚤揃訖，乃鬠用組，是其次也。」○挋，之慎反。揃同翦。**浴，用巾，挋用浴衣。**用巾，用拭之也。《喪大記》曰：「御者二人浴，浴水用盆，沃水用枓。」○枓音主。**渜濯棄于坎。**沐浴餘潘水。巾、櫛、浴衣，亦并棄之。古文「渜」作「緣」，荆沔之間語。**蚤，揃如他日。**蚤，讀爲爪。斷爪揃鬚也。人君，則小臣爲之。他日，平生時。○「蚤」字，一讀如云「蚤則揃之」。揃鬚雖本《喪大記》，恐非此處經意。○蚤音爪，下「鬠蚤」同。揃，子前反。**鬠用組，乃笄，設明衣裳。**用組，組束髮也。古文「鬠」皆爲「括」。○疏云：「鬠紒，乃可設明衣以蔽體，是其次也。」**主人入即位。**已設明衣，可以入也。

右沐浴。

商祝襲祭服，褖衣次。商祝，祝習商禮者。商人教之以敬，於接神宜。襲，布衣牀上。祭服，爵弁服、皮弁服，皆從君助祭之服。大蜡有皮弁素服而祭，送終之禮也。襲衣於牀，牀次含牀之東，衽如初也。《喪大記》曰：「含一牀，襲一牀，遷尸於堂，又一牀。」○此但布衣牀上，尚未襲，而云「襲」者，衣與衣相襲而布之也。其布衣，先祭服，次褖衣，至襲于尸，則褖衣近明，祭服在外。**主人出，南面，左袒，扱諸面之右，盥于盆上，洗貝，執以入。宰洗柶，建于米，執以從。**俱入户西鄉也。今文宰不言「執」。○「扱諸面之右」，面，前也，謂袒左袖，扱於右腋之下、帶之内。盆，即前淅米盆，盥手、洗貝、洗柶，并於其上。「洗貝執以入」，洗訖，還於笲内，執以入。「宰洗柶建于米」，亦於廢敦之内建之。**商祝執巾從入，當牖北面，徹枕，設巾，徹楔，受貝，奠于尸西。**當牖北面，直尸南也。設巾覆面，爲飯之遺落米也。如商祝之事位，則尸南首明矣。○疏曰：「云『受貝』者，就尸東主人邊受取笲貝，從尸南過，奠尸西牀上，以待主人親含也。」**主人由足西，牀上坐，東面。**不敢從首前也。祝受貝米奠之，口實不由足也。○祝受貝，由尸南，奠尸西，故主人空手由足過。**祝又受米，奠于貝北。宰從立于牀西，在右。**米在貝北，便扱者也。宰立牀西，在主人之右，當佐飯事。○祝於宰邊受米訖，宰亦從主人由足而西。**主人左扱米，實于右，三，實一貝，左、中亦如之。又實米，唯盈。**于右，尸口之右。唯盈，取滿而已。○疏云：「右謂口東邊也。」**主人襲，反位。**襲，復衣也。位在尸東。

右飯含。

商祝掩，瑱，設幎目，乃屨，綦結于跗，連絇。掩者，先結頤下，既瑱、幎目，乃還結項也。跗，足上也。絇，屨飾，如刀衣鼻，在屨頭上，以餘組連之，止足坼也。○疏云：「掩有四腳，後二腳先結頤下，待設瑱塞耳，并設幎目，乃結項後也。連絇者，屨繫既結，以餘組穿連兩屨之絇，❶使兩足不相離也。」○跗，芳于反。**乃襲，三稱。**遷尸於襲上而衣之。凡衣死者，左衽，不紐。襲不言設牀，又不言遷尸於襲上，以其居當牖，無大異。○三稱，爵弁服、皮弁服、褖衣也。上文已布之含東牀上，今飯含訖，乃遷尸就其上而衣之也。「左衽，不紐」，出《喪大記》。衽鄉左，反生時也。不紐，謂束畢結之，示不復解也。○稱，尺證反。**明衣不在算。**算，數也。不在數，明衣，襌衣，不成稱也。○註疏皆以明衣襌不成稱，故不算，愚謂此親體之衣，非法服，故不算也。**設韐、帶，搢笏。**韐帶，韎韐緇帶。不言韎、緇者，省文，亦欲見韐自有帶。韐帶用革。搢，插也，插於帶之右旁。古文「韐」爲「合」也。○疏云：「生時緇帶以束衣，革帶以佩韍玉之等。生時有二帶，死亦備此二帶。」**設決，麗于掔，自飯持之。設握，乃連掔。**麗，施也。掔，手後節中也。飯，大擘指本也。決，以韋爲之籍，有彄。彄內端爲紐，外端有橫帶，設之，以紐擐大擘本也。因沓其彄，以橫帶貫紐，結於掔之表也。設握者，以綦繫鉤中指，由手表，與決帶之餘連結之。此謂右手也。古文「麗」亦爲「連」，「掔」作「捥」。○其左手無決者，則下記云「設握，裹親膚，繫鉤中指，結于掔」是也。○掔，烏亂反。彄，苦侯反。擐音患。**設冒，櫜之，幠用衾。**櫜，韜盛物者，取事名焉。衾者，始死時斂衾。今文「櫜」爲「橐」。○櫜，古刀反。**巾、柶、鬊、蚤，埋于坎。**坎至此，築之也。將襲，辟，奠，既則反之。○巾、柶，用以飯含者。鬊，亂

---

❶「連」，原作「速」，據薈要本、文淵閣本改。

髮。蚤，手足爪。辟奠，即始死之奠，設于尸東者，方襲時辟之，襲訖則反之尸東。此奠襲後又名「襲奠」。○鬊音舜。

右襲尸。

重木，刊鑿之。甸人置重于中庭，三分庭一，在南。木也，懸物焉，曰重。刊，斲治。鑿之，爲縣簪孔也。士重木長三尺。○設重以依神，以其木有物懸于下，相重累，故得重名。即下文二鬲粥也。参分庭一在南者，其置重處當中庭三分之一而在其南，其北一分，其南二分也。據《既夕》篇「置重如初」疏云：「亦如上篇，三分庭，一在南，二在北而置之。」是置重處在中庭近南。愚謂：重以依神，若置之近南，殆若推而遠之矣。且「参分庭」句，「一在南」句，亦覺不文。案本經言「参分庭一在南」者不一，其自外入而言「参分庭一在南」者，据外而言近南者也；其自内出而言「参分庭一在南」者，据内而言近北者也。重固自内出者也。

夏祝鬻餘飯，用二鬲，于西牆下。夏祝，祝習夏禮者也。夏人教以忠，其於養宜。鬻餘飯，以飯尸餘米爲鬻也。重，主道也。士二鬲，則大夫四、諸侯六、天子八，與簋同差。○上文甸人爲竈西牆下，至此夏祝以飯尸餘米煮爲粥，而盛于鬲。**幂用疏布，久之，繫用靲，縣于重。幂用葦席，北面，左衽，帶用靲，賀之，結于後。**久，讀爲炙，謂以蓋塞鬲口也。靲，竹䈼也。以席覆重，辟屈而反，兩端交於後。左衽，西端在上。賀，加也。古文「幂」皆作「密」。○以粗布爲鬲之幂，塞令堅固可久，以竹䈼爲索，繫鬲，貫重木簪孔中而懸之。又以葦席北向掩重，東端爲下、向西，西端爲上、向東。又以竹䈼爲帶，加束之而結于後。○靲，《圖解》靲、蔑通。張鳳翔本靲音今，《字彙》音琴。䈼音蔑。**祝取銘置于重。**祝，習周禮者也。

右設重。以上並始死之日所用之禮。

厥明，陳衣于房，南領，西上，綪。絞橫三縮一，廣終幅，析其末。綪，屈也。絞，所以收束衣服、爲堅急者也，以布爲之。縮，從也。橫者三幅，從者一幅。析其末者，令可結也。《喪大記》曰：「絞一幅爲三。」〇厥明者，繼昨日而言，死之第二日也。此下爲將小斂，陳其衣物奠牲。〇從，子容反。緇衾，赬裏，無紞。紞，被識也。斂衣或倒，被無别於前後可也。凡衾制同，皆五幅也。〇紞，丁感反。祭服次，爵弁服、皮弁服。散衣次，褖衣以下，袍繭之屬。凡十有九稱，祭服與散衣。陳衣繼之，庶襚。不必盡用。取稱而已，不務多。〇盡，津忍反。

右陳小斂衣。

饌于東堂下，脯、醢、醴、酒。冪奠用功布，實于簞，在饌東。功布，鍛濯灰治之布也。凡在東西堂下者，南齊坫。古文「奠」爲「尊」。〇坫在堂隅。設盆盥于饌東，有巾。爲奠設盥也。喪事略，故無洗也。〇爲設奠人設。

右饌小斂奠及設東方之盥。

苴絰，大鬲，下本在左，要絰小焉，散帶垂，長三尺。牡麻絰，右本在上，亦散帶垂，皆饌于東方。苴絰，斬衰之絰也。苴麻者，其貌苴，以爲絰。服重者尚麤惡。絰之言實也。鬲，搤也。中人之手，搤圍九寸，絰帶之差，自此出焉。下本在左，重服統於内而本陽也。要絰小焉，五分去一。牡麻絰者，齊衰以下之絰也。牡麻絰者，其貌易，服輕者宜差好也。右本在上，服輕本於陰而統於外。散帶之垂者，男子之道，文多變也。饌于東方，東坫之南，苴絰爲上。○疏云：「此小斂絰，有散麻帶垂之。至三日成服，絞之。婦人初而絞之，與小功以下男子同。饌于東方堂上坫南，非堂下也。」○鬲音革。差，初賣反。**婦人之帶，牡麻結本，在房。**婦人亦有苴絰，但言帶者，記其異。此齊衰婦人。斬衰婦人，亦有苴絰也。

右陳小斂絰帶。

牀第、夷衾，饌于西坫南。第，簀也。夷衾，覆尸之衾。《喪大記》曰：「自小斂以往，用夷衾。夷衾質殺之裁，猶冒也。」○夷衾之制，如作冒者，上以緇爲質，下以經爲殺，但連而裁之爲不同耳。**西方盥，如東方。**爲舉者設盥也。如東方者，亦用盆布巾，饌於西堂下。○舉者，爲將舉尸者。

右陳牀第、夷衾及西方之盥。

陳一鼎于寢門外，當東塾，少南，西面。其實特豚，四鬄，去蹄，兩胉、脊、肺。設扃鼏，鼏西末。素俎在鼎西，西順。覆匕，東柄。鬄，解也。四解之，殊肩髀而已，喪事略。去蹄，去其甲，爲不潔清也。胉，脅也。素俎，喪尚質，既饌，將小斂，則辟襲奠。今文「鬄」爲「剔」，「胉」爲「迫」。❶ 古文「鼏」爲「密」。○疏云：「辟襲奠，亦當於室之西南隅，如將大斂，辟小斂奠於序西南也。」○鬄，他歷反。胉音博。

右陳鼎實。○以上小斂待用衣物，計五節。

士盥，二人以並，東面立于西階下。立，俟舉尸也。今文「並」爲「併」。○舉尸，謂從襲牀遷尸於户

---

❶ 「迫」，原作「起」，據薈要本改。

內服上。**布席于戶內，下莞上簟。**有司布斂席也。**商祝布絞衾、散衣、祭服。祭服不倒，美者在中。**斂者趨方，或傎倒衣裳，祭服尊，不倒之也。美，善也。善衣後布，於斂則在中也。既後布祭服，而又言善者在中，明每服非一稱也。○按疏云：「斂衣半在尸上」，是有藉者、有覆者，既云十九稱，取法天地之終數，當以十爲藉，九爲覆也。其斂法，於戶內地上布席，席上布絞衾，絞衾上布衣，遷尸衣上，復用衣加尸上，乃結絞衾也。**士舉遷尸，反位。**遷尸於服上。**設牀笫于兩楹之間，衽如初，有枕。**衽，寢臥之席也，亦下莞上簟。○此牀，待斂後侇尸。衽如初，如戶內之莞簟也。**卒斂，徹帷。**尸已飾。**主人西面馮尸，踊無算。主婦東面馮，亦如之。**馮，服膺之。○馮音憑，下同。**主人髺髮，袒。衆主人免于房。**始死，將斬衰者雞斯，將齊衰者素冠。今至小斂，變，又將初喪服也。髺髮者，去笄纚而紒。衆主人免者，齊衰將袒，以免代冠。冠，服之尤尊，不以袒也。免之制未聞，舊說以爲如冠狀，廣一寸。《喪服小記》曰：「斬衰髺髮以麻，免而以布。」此用麻布爲之，狀如今之著幓頭矣。自項中而前，交於額上，郤繞紒也。于房、于室，釋髺髮宜於隱者。今文「免」皆作「絻」。古文「髺」作「括」。○髺音括。免音問。絻音問。**婦人髽于室。**始死，婦人將斬衰者去笄而纚，將齊衰者骨笄而纚。今言「髽」者，亦去笄纚而紒也。齊衰以上，至笄猶髽。髽之異於髺髮者，既去纚，而以髮爲大紒，如今婦人露紒。其象也，《檀弓》曰：「南宮縚之妻之姑之喪，夫子誨之髽，曰：『爾毋縱縱爾，爾毋扈扈爾。』」其用麻布，亦如著幓頭然。○髽，側爪反。**士舉，男女奉尸，侇于堂。幠用夷衾。男女如室位，踊無算。**侇之言尸也。夷衾，覆尸柩之衾也。堂，謂楹間牀笫上也。今文「侇」作「夷」。○疏云：「初死，幠用大斂之衾，以小斂之衾當陳。今小斂後，大斂之衾當擬大斂，故用覆棺之夷衾以覆尸也。」○侇音夷。**主人出于足，降自西階。衆主人東即位。婦人阼階上西面。主人拜賓，大夫特拜，士旅之；即位，踊，襲絰于序東，復位。**拜賓，鄉賓位拜之也。即位、踊，東方位。襲絰于序東，東夾前。○主人降西階拜賓訖，鄉東方阼階下，即西面位，踊。踊訖，襲絰。主人至此始即阼階下位也。

右小斂侇尸，及主人主婦袒、髻、免、髽、襲絰之節。

乃奠。祝與執事爲之。**舉者盥；右執匕，郤之，左執俎，横攝之；入，阼階前西面錯，錯俎北面。**舉者盥，出門舉鼎者。右人以右手執匕，左人以左手執俎，因其便也。攝，持也。西面錯，錯鼎於此，宜西面。錯俎北面，俎宜西順之。○錯，七故反，下同。**右人左執匕，抽扃予在手，兼執之，取鼏，委于鼎北，加扃，不坐。**抽扃取鼏，加扃於鼏上，皆右手。今文「扃」爲「鉉」。古文「予」爲「于」，「鼏」爲「密」。**乃朼，載。載兩髀于兩端，兩肩亞，兩胉亞，脊肺在於中，皆覆，進柢，執而俟。**乃朼，以朼次出牲體，右人也。載，受而載於俎，左人也。亞，次也。凡七體，皆覆，爲塵。柢，本也。進本者，未異於生也。骨有本末。古文「朼」爲「匕」，「髀」爲「脾」。今文「胉」爲「迫」，「柢」皆爲「胝」。○皆覆，謂牲體皆覆設之。○朼，必李反。柢，丁計反。胝音帝。**夏祝及執事盥，執醴先，酒脯醢俎從，升自阼階。丈夫踊。甸人徹鼎，巾待于阼階下。**執事者，諸執奠事者。巾，功布也。執者不升，已不設。祝既錯醴，將受之。**奠于尸東，執醴酒北面西上。**執醴酒者先升，尊也。立而俟，後錯，要成也。**豆錯，俎錯于豆東，立于俎北，西上。醴酒錯于豆南。祝受巾，巾之，由足降自西階。婦人踊。奠者由重南東。丈夫踊。**巾之，爲塵也。東，反其位。○立于俎北、西上，奠豆俎之人也，俟祝畢事，同由足降自西階。疏云：「主人位在阼階下，婦人位在上，故奠者升，丈夫踊，奠者降，婦人踊，各以所見先後爲踊之節也。奠者由重南，東，丈夫踊者，奠者奠訖，主人見之，更與主人爲踊節也。又以其重主道，神所憑依，故必由重南東過，是以主人又踊也。」**賓出，主人拜送于門外。**廟門外也。○此賓爲小斂來者。註云「廟」，即此適室，蓋以鬼神所在則曰「廟」，故名適寢爲廟也。

右小斂奠。

乃代哭，不以官。代，更也。孝子始有親喪，悲哀憔悴，禮防其以死傷生，使之更哭，不絶聲而已。人君以官尊卑，士賤，以親疏爲之。三日之後，哭無時。《周禮·挈壺氏》：「凡喪縣壺以代哭。」○❶《喪大記》：君喪，縣壺，乃官代哭；大夫，官代哭，不縣壺；士，代哭，不以官。

此小斂後節哀之事。

有襚者，則將命。擯者出請入告。主人待于位。喪禮略於威儀，既小斂，擯者乃用辭。出請之辭曰：「孤某，使某請事。」**擯者出告須，以賓入。**須，亦待也。出告之辭曰：「孤某須矣。」**賓入，中庭北面致命。主人拜稽顙。賓升自西階，出于足，西面委衣，如於室禮，降，出。主人出拜送。**○如於室禮，亦委衣尸東牀上也。**朋友親襚，如初儀，西階東、北面哭，踊三，降。主人不踊。**朋友既委衣，又還哭於西階上，不背主人。**襚者以褶，則必有裳，執衣如初；徹衣者亦如之，升降自西階以東。**帛爲褶，無絮，

❶ 此「○」原脱，薈要本、文淵閣本有空格，依文例補。

雖複，與禪同，有裳乃成稱，不用表也。以東，藏以待事也。古文「褶」爲「襲」。○執衣如初，謂左執領，右執要，如君襚時。○褶音牒。

右小斂後致襚之儀。○以上皆親喪第二日禮。

宵，爲燎于中庭。宵，夜也。燎，大燋。○按下記云「既襲，宵爲燎于中庭」，是未殯前，❶夜皆設燎也。○燎，力召反。**厥明，滅燎。陳衣于房，南領，西上，綪。絞、紟、衾二。君襚、祭服、散衣、庶襚，凡三十稱。紟不在算，不必盡用。**紟，單被也。衾二者，始死斂衾，今又復制也。小斂衣數，自天子達，大斂則異矣。《喪大記》曰：「大斂布絞，縮者三，横者三。」❷○紟，其鴆反。**東方之饌：兩瓦甒，其實醴酒，角觶，木柶；毼豆兩，其實葵菹芋、蠃醢；兩籩無縢，布巾，其實栗，不擇；脯四脡。**此饌但言東方，則亦在東堂下也。毼，白也。齊人或名全菹爲芋。縢，緣也。《詩》云：「竹柲緄縢。」布巾，籩巾也。籩豆具而有巾，盛之也。《特牲饋食禮》有籩巾。今文「蠃」爲「蝸」。古文「縢」爲「甸」。○甒，亡甫反。毼音曷。蠃，力禾反。縢，大登反。脡，大頂反。緄，古本反。**奠席在饌北，斂席在其東。**大斂奠而有席，彌神之。**掘肂見衽。**肂，埋棺之坎也，掘之於西階上。衽，小要也。《喪大記》曰：「君殯用輴，欑至于上，畢塗屋；大夫殯以幬，欑置于西序，塗不暨于棺；士殯見衽，塗上，帷之。」又曰：「君蓋用漆，三衽三束；大夫蓋用漆，二衽二

❶「前」，文淵閣本作「時」。

❷「三」，薈要本改作「五」。

束；士蓋不用漆，二衽二束。」○「見衽」者，其所掘坎淺深之節也。衽，小要也，所以聯合棺蓋縫者，今謂之銀錠扣。「見衽」者，坎不没棺，其衽見於上。註引《喪大記》「三衽三束」，謂每一面三處用衽，又以皮三處束之也。○肂，以二反。衽，而甚反。要，一遥反。輴，《喪大記》音春。欑，在官反。**棺入，主人不哭。升棺用軸，蓋在下。**軸，輁軸也。輁狀如牀，軸其輪，輓而行。○軸，長六反。輁，九勇反。**熬黍稷各二筐，有魚腊，饌于西坫南。**熬所以惑蚍蜉，令不至棺旁也。爲舉者設盆盥於西。○熬，五刀反。**陳三鼎于門外，北上。豚合升；魚鱄鮒九；腊左胖，髀不升；其他皆如初。**合升，合左右體升於鼎。其他皆如初，謂豚體及匕俎之陳，如小斂時，合升、四鬄，亦相互耳。○鱄，市轉反。鮒音附。胖音判。**燭俟于饌東。**燭，燋也。饌，東方之饌。有燭者，堂雖明，室猶闇。火在地曰燎，執之曰燭。

右陳大斂衣、奠及殯具。

祝、徹，盥于門外，入，升自阼階。丈夫踊。祝、徹，祝與有司當徹小斂之奠者。小斂設盥于饌東，有巾；大斂設盥于門外，彌有威儀。○祝徹，謂祝與徹二事之人。疏云：「陳大斂饌訖，當設盥於門外。」**祝徹巾，授執事者以待。**授執巾者於尸東，使先待於阼階下，爲大斂奠，又將巾之。祝還徹醴也。○巾覆小斂奠者也。今徹奠，故先徹巾，待設大斂奠，復用之。**徹饌，先取醴酒，北面；**北面立，相待俱降。**其餘取先設者。出于足，降自西階。婦人踊。設于序西南，當西榮，如設于堂。**爲求神於庭，孝子不忍使其親須臾無所馮依也。堂，謂尸東也。凡奠設于序西南者，畢事而去之。○疏云：「但將設後奠，則徹先奠於西序南，後奠事畢則去之。」**醴酒位如初。執事豆北南面，東上。**如初者，如其「醴酒北面西上」也。執醴尊，不爲便事變位。○醴酒，執醴執酒之人。執事，執豆俎之人，立于豆北相待，設酒醴訖，同東適新饌也。**乃適饌。**東方之新饌。○執事者適新饌處，以待事。

右徹小斂奠。

帷堂。徹事畢。○殆爲大斂將遷尸，故帷之。**婦人尸西東面。主人、及親者，升自西階，出于足，西面袒。**袒，大斂變也。不言髽免髻髮，小斂以來自若矣。**士盥位如初。**亦既盥並立西階下。**布席如初。**亦下莞上簟，鋪於阼階上，於楹間爲少南。**商祝布絞紟衾衣，美者在外，君襚不倒。**至此乃用君襚，主人先自盡。**有大夫，則告。**後來者，則告以方斂；非斂時，則當降拜之。○註解「有大夫」爲後來者，以此日大夫皆爲視斂來，其蚤至者則升自西階，北面視斂，如記所陳也。**士舉遷尸，復位。主人踊無算。卒斂，徹帷。主人馮如初，主婦亦如之。**○[1]疏曰：「士舉遷尸，謂從户外夷牀上遷尸於斂上。」

右大斂。

主人奉尸斂于棺，踊如初，乃蓋。棺在肂中，斂尸焉，所謂殯也。《檀弓》曰：「殯于客位。」**主人降，拜大夫之後至者，北面視肂。**北面於西階東。**衆主人復位，婦人東復位。**阼階上下之位。**設熬，旁一筐，乃塗，踊無算。**以木覆棺上而塗之，爲火備。**卒塗。祝取銘置于肂，主人復位，踊，襲。**爲銘設柎，樹之肂東。

[1] 此「○」原脱，薈要本、文淵閣本亦無空格，依例補。

右殯。

乃奠。燭升自阼階。祝執巾，席從，設于奥，東面。執燭者先升堂照室，自是不復奠於尸。祝執巾，與執席者從入，爲安神位。室中西南隅謂之奥。執燭南面，巾委於席右。祝反降，及執事執饌。東方之饌。士盥，舉鼎入，西面北上，如初。載：魚左首，進鬐，三列；腊進柢。如初，如小斂舉鼎執匕俎扃鼏朼載之儀。魚左首設而在南。鬐，脊也。左首進鬐，亦未異於生也。凡未異於生者，不致死也。古文「首」爲「手」，「鬐」爲「耆」。○疏云：「案《公食》右首進鬐，此云『左首』，則與生異，而云『亦未異於生』者，彼《公食》言右首據席而言，此『左首』據載者而言，若設於席則亦右首也。」○鬐，巨之反。❶祝執醴如初，酒豆籩俎從，升自阼階。丈夫踊。甸人徹鼎。如初，祝先升。奠由楹内入于室，醴酒北面。亦如初。設豆，右菹，菹南栗，栗東脯，豚當豆，魚次，腊特于俎北，醴酒在籩南，巾如初。右菹，菹在醢南也。此左右異於魚者，載者統於執，設者統於席。醴當栗南，酒當脯南。○註「載者」二句，言方其載俎時，則以執者之左右爲左右，及設於席，則以席之左右爲左右也。既錯者出，立于户西，西上；祝後，闔户，先由楹西，降自西階。婦人踊。奠者由重南東。丈夫踊。爲神馮依之也。○闔，户臘反。

右大斂奠。

賓出，婦人踊，主人拜送于門外。入，及兄弟北面哭殯。兄弟出，主人拜送于門外。小功以下，

---

❶「巨」，原作「豆」，據薈要本改。

至此可以歸。異門大功亦存焉。**衆主人出門，哭止，皆西面于東方。闔門。**○東方，門外之東方。闔門，內人闔廟門。**主人揖就次。**次，謂斬衰倚廬、齊衰堊室也。大功有帷帳，小功緦麻有牀笫可也。○揖就次，相揖，各就其次也。○堊，於各反。

右大斂畢，送賓、送兄弟及出就次之儀。

君若有賜焉，則視斂。既布衣，君至，賜，恩惠也。斂，大斂。君視大斂，皮弁服襲裘。主人成服之後往，則錫衰。**主人出迎于外門外，見馬首，不哭，還，入門右，北面，及衆主人袒。**不哭，厭於君，不敢伸其私恩。**巫止于廟門外，祝代之。小臣二人執戈先，二人後。**巫，掌招彌，以除疾病。小臣，掌正君之法儀者。《周禮》：「男巫，王弔則與祝前；喪祝，王弔則與巫前。」《檀弓》曰：「君臨臣喪，以巫祝桃茢執戈以惡之，所以異於生也。」皆天子之禮。諸侯臨臣之喪，則使祝代巫，執茢居前，下天子也。小臣，君行則在前後；君升，則俠阼階北面。凡宮有鬼神曰廟。**君釋采，入門，主人辟。**釋采者，祝爲君禮門神也。必禮門神者，明君無故不來也。《禮運》曰：「諸侯非問疾弔喪而入諸臣之家，是謂君臣爲謔。」○采，七代反。**君升自阼階，西鄉。祝負墉南面。主人中庭。**祝南面房中，東鄉君。墻謂之墉。主人中庭，進益北。○祝相君之禮，故須鄉君。**君哭，主人哭，拜稽顙，成踊，出。**出，不敢必君之卒斂事。**君命反行事，主人復位。**大斂事。**君升主人，主人西楹東，北面；**命主人使之升。**升公卿大夫，繼主人東上。乃斂。**公，大國之孤，四命也。《春秋傳》曰：「吾公在壑谷。」○繼主人，繼主人而西。**卒。公卿大夫逆降，復位；主人降，出。**逆降者，後升者先降。位，如朝夕哭弔之位。○疏云：「卒者，謂卒斂也。主人降出者，亦是不敢久留君。出，謂主人出，鄉門外立。」**君反主人，主人中庭。君坐撫，當心。主人拜稽顙，成踊，出。**撫，手案之。凡馮尸，興必踊。今文無「成」。**君反之，復初位。衆主人辟于東壁，南面。**以君將降也。南面則當坫之東。○疏云：「初位，即中庭位。」○辟，婢亦反。**君降，西鄉，命主人馮尸。主人升自西階，由足，西面馮尸，不當君所，踊。主婦東面馮，亦如之。**君必降者，欲孝子盡其情。○不當君所，不當君所撫之處也。**奉尸斂于棺，乃蓋。主人降，出。君反之。入門左，視塗。**肂在西階上。入門左，由便趨疾，不敢久留君。**君升即位，衆主人復位。卒塗。主人出，君命之反奠，入門右，**亦復中庭位。○衆主人復位，自東復阼階下位。註「亦復中庭位」，釋「入門右」，謂在門右，南北當中庭也。**乃奠，升自西階。**以君在阼。○疏云：「凡奠皆升自阼階，爲君在阼，故辟之而升西階也。」**君要節而踊，主人從踊。**節，謂執奠始升階、及既奠由重南東時也。**卒奠，主人出，哭者止。**以君將出，不敢讙囂聒尊者也。**君出門，廟中哭。主人不哭，辟。君式之。**辟，逡遁辟位也。古者立乘，式，謂小俛以禮主人也。《曲禮》曰：「立視五巂，式視馬尾。」○巂，《曲禮》音攜。**貳車畢乘，主人哭，拜送。**貳車，副車也。其數各視其命之等。君出，使異姓之士乘之，在後。君弔，蓋乘象輅。《曲禮》曰：「乘君之乘車，不敢曠左，左必式。」**襲，入即位。衆主人襲。拜大夫之後至者，成踊。**後至，布衣而後來者。○疏云：「若未布衣時來，即入前卿大夫從君之内。」**賓出，主人拜送。**自「賓出」以下，如君不在之儀。○謂如前章所陳「賓出」諸儀。

右君臨視大斂之儀。以上皆喪親第三日事。

三日，成服，杖，拜君命，及衆賓，不拜棺中之賜。既殯之明日，全三日，始歠粥矣。禮，尊者加惠，明日必往拜謝之。棺中之賜，不施己也。《曲禮》曰：「生與來日。」〇疏曰：「引《曲禮》者，彼註云：『與猶數也。生數來日，謂成服杖，以死明日數也；死數往日，謂殯斂以死日數也。』」

右成服。經云「三日」，除死日數之，實則喪之第四日。

朝夕哭，不辟子卯。既殯之後，朝夕，及哀至，乃哭，不代哭也。子、卯，桀、紂亡日，凶事不辟，吉事闕焉。**婦人即位于堂，南上，哭。丈夫即位于門外，西面北上；外兄弟在其南，南上；賓繼之，北上。門東，北面西上；門西，北面東上；西方，東面北上。主人即位，辟門。**外兄弟，異姓有服者也。辟，開也。凡廟門，有事則開，無事則閉。〇疏云：「此外位。丈夫亦哭，但文不備。」**婦人拊心不哭。**方有事，止讙囂。〇疏云：「方有事，謂徹大斂奠，設朝奠。」〇拊，芳甫反。**主人拜賓，旁三，右還，入門，哭。婦人踊。**先西面拜，乃南面拜、東面拜也。〇主人朝自廬中詣殯宮門外即位哭。此時衆賓來弔，其拜之如此。拜畢乃入門。**主人堂下，直東序，西面。兄弟皆即位，如外位。卿大夫在主人之南。諸公門東，少進；他國之異爵者，門西，少進。敵，則先拜他國之賓。凡異爵者，拜諸其位。**賓皆即此位，乃哭，盡哀止。主人乃右還拜之，如外位矣。兄弟齊衰大功者，主人哭則哭；小功緦麻，亦即位乃哭。上言賓，此言卿大夫，明其亦賓爾。少進，前於列。異爵，卿大夫也。他國卿大夫亦前於列，尊之。拜諸其位，就其位特拜。〇主人入即堂下之位，賓入哭，其拜之如此。疏云：「此內位不言外兄弟，以其雖在主人之南，少退，故卿大夫繼主人而言。諸公少進，謂進於士。此所陳位不言士之屬吏，當亦在門右，又在賓之後也。」〇直音值。徹者盥于門外。燭先入，升自阼階。丈夫踊。徹者，徹大斂之宿奠。祝取醴，北面。取酒立于其東。取豆籩俎，南面西上。祝先出，酒豆籩俎序從，降自西階。婦人踊。序，次也。○疏云：「祝執醴在先，次酒，次豆、籩，次俎，爲次第也。」設于序西南，直西榮。醴酒北面西上；豆西面錯，立于豆北，南面；籩俎既錯，立于執豆之西，東上；酒錯，復位；醴錯于西，遂先，由主人之北，適饌。遂先者，明祝不復位也。適饌，適新饌，將復奠。乃奠，醴酒脯醢升。丈夫踊。入，如初設，不巾。入，入於室也。如初設者，豆先，次籩，次酒，次醴也。不巾，無菹無栗也。菹栗具，則有俎，有俎，乃巾之。錯者出，立于户西，西上。滅燭出。祝闔户，❶先降自西階。婦人踊。奠者由重南東。丈夫踊。賓出，婦人踊，主人拜送。哭止乃奠，奠則禮畢矣。今文無「拜」。○註「哭止乃奠」，約略朝夕奠之節而言也。衆主人出，婦人踊。出門，哭止，皆復位。闔門。主人卒拜送賓，揖衆主人，乃就次。

右朝夕哭奠。自第四日至葬前並用此禮。

朔月，奠用特豚魚腊，陳三鼎如初。東方之饌亦如之。朔月，月朔日也。自大夫以上，月半又奠。如初者，謂大斂時。無籩，有黍稷，用瓦敦，有蓋，當籩位。黍稷併於甒北也。於是始有黍稷。死者之於朔月月半，猶平常之朝夕。大祥之後，則四時祭焉。○朝夕之奠，有醴酒、豆、籩，而無黍稷。至月朔殷奠，乃有黍稷，如平時常食者，以下室又自有燕養之饌，故雖不設黍稷，而不爲薄也。既奠殯宮，又饋下室者，莫

❶「户」，原作「門」，據薈要本改。

必神之所在故也。**主人拜賓，如朝夕哭，卒徹。**徹宿奠也。**舉鼎入升，皆如初奠之儀。卒朼，釋匕于鼎。俎行，朼者逆出，甸人徹鼎。其序：醴、酒、菹醢、黍稷、俎。**俎行者，俎後執，執俎者行，鼎可以出。其序，升入之次。**其設于室，豆錯，俎錯，腊特，黍稷當籩位，敦啓會，卻諸其南，醴酒位如初。**當籩位，俎南黍，黍東稷。會，蓋也。今文無「敦」。○疏曰：「知『當籩位俎南黍黍東稷』者，依《特牲》所設爲之也。」○會，古外反。**祝與執豆者巾，乃出。**共爲之也。**主人要節而踊，皆如朝夕哭之儀。月半不殷奠。**殷，盛也。士月半不復如朔盛奠，下尊者。**有薦新，如朔奠。**薦五穀，若時果物新出者。**徹朔奠，先取醴酒，其餘取先設者。敦啓會，面足。序出，如入。**啓會，徹時不復蓋也。面足，執之令足間鄉前也。敦有足，則敦之形，如今酒敦。**其設于外，如于室。**外，序西南。

右朔月奠，及薦新。

筮宅，冢人營之。宅，葬居也。冢人，有司掌墓地兆域者。營，猶度也。《詩》云：「經之營之。」**掘四隅，外其壤；掘中，南其壤。**爲葬將北首故也。**既朝哭，主人皆往。兆南北面，免絰。**兆，域也，新營之處。免絰者，求吉，不敢純凶。○免，如字。**命筮者在主人之右。**命尊者宜由右出也。《少儀》曰：「贊幣自左，詔辭自右。」**筮者東面，抽上韇，兼執之，南面受命。**韇，藏筴之器也，兼與筴執之。今文無「兼」。○韇音獨。**命曰：「哀子某，爲其父某甫，筮宅。度兹幽宅兆基，無有後艱？」**某甫，且字也，若言山甫孔甫矣。宅，居也。度，謀也。兹，此也。基，始也。言爲其父筮葬居，今謀此以爲幽冥居，兆域之始，得無後將有艱難乎？艱難，謂有非常，若崩壞也。《孝經》曰：「卜其宅兆，而安厝之。」古文無「兆」，「基」作

「期」。○註「某甫且字也」，且者，聊且虛擬之謂。以其人無可指，故曰「某」以虛擬之。兆基，域兆之基址也。古文「期無有後艱」，義意自備。**筮人許諾，不述命，右還，北面，指中封而筮。卦者在左。**述，循也。既受命而申言之，曰述。不述者，士禮略。凡筮，因會命筮爲述命。中封，中央壤也。卦者，識爻卦畫地者。古文「述」皆作「術」。**卒筮，執卦以示命筮者。命筮者受視，反之。東面旅占，卒，進告于命筮者與主人：「占之曰從。」**卒筮，卦者寫卦示主人，乃受而執之。旅，衆也。反與其屬共占之，謂掌《連山》、《歸藏》、《周易》者。從，猶吉也。**主人絰，哭，不踊。若不從，筮擇如初儀。**更擇地而筮之。**歸，殯前北面哭，不踊。**易位而哭，明非常。○疏曰：「朝夕哭，當在阼階下西面。今筮宅來，北面哭者，是易位，非常故也。」

右筮宅兆。

既井椁，主人西面拜工，左還椁，反位，哭，不踊。婦人哭于堂。既，已也。匠人爲椁，刊治其材，以井構於殯門外也。反位，拜位也。既哭之，則往施之竁中矣。主人還椁，亦以既朝哭矣。○左還椁，循行一週，視其良楛也。**獻材于殯門外，西面，北上，綪。主人徧視之，如哭椁。獻素獻成亦如之。**材，明器之材。視之，亦拜工、左還。形法定爲素，飾治畢爲成。○《檀弓》云：「既殯，旬，而布材與明器。」經言「還椁」、「獻材」在筮宅、卜日之間，知彼二事，俱在旬內外也。○徧音遍。

右哭椁、哭器。

卜日，既朝哭，皆復外位。卜人先奠龜于西塾上，南首，有席。楚焞置于燋，在龜東。楚，荊也，荆焞，所以鑽灼龜者。燋，炬也。所以燃火者也。《周禮》：「華氏掌共燋挈，❶以待卜事。凡卜以明火爇燋，遂灼其焌契，以授卜師，遂以役之。」○《周禮》所謂「燋」即此「燋」，所謂「焌契」即此「楚焞」也。○焞，存悶反。燋，哉約反。華，時髓反。焌音俊。爇，如悦反。**族長涖卜，及宗人，吉服立于門西，東面，南上。占者三人在其南，北上。卜人及執燋席者在塾西。**族長，有司掌族人親疏者也。涖，臨也。吉服，服玄端也。占者三人，掌玉兆瓦兆原兆者也。在塾西者，南面東上。○疏云：「宗人掌禮之官，非卜筮者。」**闑東扉，主婦立于其内。**扉，門扉也。**席于闑西閾外。**爲卜者也。古文「闑」作「槷」，「閾」作「蹙」。○闑，魚列反。**宗人告事具。主人北面，免絰，左擁之。涖卜即位于門東，西面。**涖卜，族長也。更西面，當代主人命卜。**卜人抱龜燋，先奠龜，西首，燋在北。**既奠燋，又執龜以待之。○疏曰：「『卜人抱龜燋』，謂從塾上抱鄉閾外待也。」**宗人受卜人龜，示高。**以龜腹甲高起所當灼處，示涖卜也。**涖卜受視，反之。宗人還，少退，受命。**受涖卜命。授龜宜近，受命宜郤也。**命曰：「哀子某，來日某，卜葬其父某甫。考降，無有近悔！」**考，登也。降，下也。言卜此日葬，魂神上下，得無近於咎悔者乎？○考，父也。降，骨肉歸復于土也。卜得吉，則體魄永安，不近於悔矣。**許諾，不述命，還即席，西面坐，命龜興，授卜人龜，負東扉。**宗人不述命，亦士禮略。凡卜，述命命龜異，龜重，威儀多也。負東扉，俟龜之兆也。**卜人坐，作龜，興。**作，猶灼也。《周禮》：「卜人，凡卜事，示高，揚火以作龜，致其墨。」興，起也。**宗人受龜，示涖卜。涖**

❶「挈」，薈要本、文淵閣本改作「契」。

卜受視，反之。宗人退，東面，乃旅占。卒，不釋龜，告于涖卜與主人：「占曰『某日從。』」不釋龜，復執之也。古文曰「爲日」。授卜人龜，告于主婦，主婦哭。不執龜者，下主人也。告于異爵者，使人告于衆賓。衆賓，僚友不來者也。○疏曰：「上云『既朝哭，皆復外位』，外位中有異爵卿大夫等，故就位告之。」卜人徹龜。宗人告事畢。主人絰，入哭，如筮宅。賓出，拜送。若不從，卜擇如初儀。

右卜葬日。

儀禮　鄭氏註

濟陽張爾岐句讀

既夕第十三鄭《目録》云：「《士喪禮》之下篇也。既，已也，謂先葬二日、已夕哭時，與葬間一日。凡朝廟日，請啓期必容焉。此諸侯之下士一廟，其上士二廟，則既夕哭先葬前三日。大戴第五，删，小戴第十四，《别録》名『《士喪禮》下篇』，第十三。」

既夕哭，既，已也，謂出門哭止，復外位時。**請啓期，告于賓。**將葬，當遷柩于祖，有司於是乃請啓肂之期於主人，以告賓，賓宜知其時也。今文「啓」爲「開」。○請啓期，主人曰：「在明旦。」有司遂以告賓。

右請啓期。

夙興，設盥于祖廟門外。祖，王父也。下士祖禰共廟。○疏云：「此設盥亦在門外東方，如大斂也。」

陳鼎皆如殯，東方之饌亦如之。皆，皆三鼎也。如殯，如大斂既殯之奠。**侇牀饌于階間。**侇之言尸也。朝正柩，用此牀。○疏云：「謂柩至祖廟兩楹之間、尸北首之時，乃用此牀。」

右豫於祖廟陳饌

二燭俟于殯門外。早闇，以爲明也。燭用蒸。○大曰薪，小曰蒸。**丈夫，髽，散帶垂，即位如初。**爲將啓變也。此互文以相見耳。髽，婦人之變，《喪服小記》曰：「男子免而婦人髽，男子冠而婦人笄。」如初，朝夕哭門外位。○據疏，當云「丈夫免，婦人髽」，此或偶脱去三字，註以爲互見也。疏又云：「啓殯之後，雖斬衰亦免而無括髮。」**婦人不哭。主人拜賓，入即位，袒。**此不蒙「如初」者，以男子入門不哭也。不哭者，將有事，止讙囂也。**商祝免袒執功布入，升自西階，盡階，不升堂，聲三，啓三，命哭。**功布，灰治之布也，執之以接神，爲有所拂仿也。聲三，三有聲，存神也。啓三，三言啓，告神也。舊説以爲：聲，噫興也。今文「免」作「絻」。○三，息暫反。**燭入。**炤徹與啓殯者。○疏云：「一燭入室中照徹奠，一燭於堂照開殯肂也。」**祝降，與夏祝交于階下，取銘置于重。**祝降者，祝徹宿奠降也。與夏祝交，事相接也。夏祝取銘置于重，爲啓肂遷之。吉事交相左，凶事交相右。今文「銘」皆作「名」。○燭入室時，祝從而入徹宿奠。徹奠者降至階下，夏祝升取銘，亦至階下，故曰「交」。降階者近東，升階者近西，是交相右也。○夏，户雅反。祝，之六反。**踊無筭。**主人也。○此開殯之時。**商祝拂柩用功布，幠用夷衾。**拂，去塵也。幠，覆之，爲其形露。○柩出自肂，故拂之、覆之。疏云：「夷衾當隨柩入壙。」○註、疏無「幠」字，《圖解》有「幠」字，似當有。

右啓殯。

遷于祖，用軸。遷，徙也。徙於祖，朝祖廟也。《檀弓》曰：「殷朝而殯於祖，周朝而遂葬。」蓋象平生時，將出，必辭尊者。軸，輁軸也。軸狀如轉轔，刻兩頭爲軹。輁狀如長牀，穿桯，前後著金而關軸焉。大夫諸侯以上，有四周，謂之輴。天子畫之以龍。**重先，奠從，燭從，柩從，燭從，主人從。**行之序也。主人從者，丈夫由右，婦人由左，以服之親疏爲先後，各從其昭穆，男賓在前，女賓在後。○此從奠，啓殯時所徹，去日之夕奠也。疏云：「柩前後有燭，以柩車隔闇，故各有燭以炤道。及至廟，燭在前者升炤正柩，在後者在階下炤升柩。」**升自西階。**柩也。猶用子道，不由阼也。**奠俟于下，東面，北上。**俟正柩也。**主人從升。婦人升，東面。衆主人東即位。**東方之位。○疏云：「舉主婦東面，主人西面可知。」又云：「唯主人、主婦升，衆主人從柩至西階下，遂鄉東階下，即西面位。」**正柩于兩楹間，用夷牀。**兩楹間，象鄉户牖也。是時，柩北首。○疏云：「户牖之間，賓客之位，亦是人君受臣子朝事之處，父母神之所在，故於兩楹之間，北面鄉之。」**主人柩東西面。置重如初。**如殯宮時也。○亦如上篇，三分庭一在南而置之。**席升設于柩西，奠設如初，巾之。升降自西階。**席設于柩之西，直柩之西，當西階也。從奠設如初，東面也。不統於柩，神不西面也；不設柩東，東非神位也。巾之者，爲禦當風塵。○此宿奠，從殯宮來，還依室中東面設法，設之於席前也。**主人踊無算，降，拜賓，即位，踊，襲。主婦及親者，由足西面。**設奠時，婦人皆室户西，南面；奠畢，乃得東面。親者西面，堂上迫，疏者可以居房中。○前者主人從殯宮中降拜賓，入即位袒，至此乃襲。未設奠時，主人方在柩東，設奠訖，主人降拜賓，婦人乃得由柩足鄉東，西面也。

右遷柩朝祖。

薦車，直東榮，北輈。薦，進也。進車者，象生時將行，陳駕也，今時謂之魂車。輈，轅也。車當東榮，東陳西上於中庭。○以明旦將行，故豫陳車：乘車、道車、稾車也，非載柩之車。○輈，竹求反。**質明，滅**

燭。質，正也。**徹者升自阼階，降自西階。**徹者，辟新奠。不設序西南，已再設，爲褻。○徹者，徹去從奠也。**乃奠如初，升降自西階。**爲遷祖奠也。奠升不由阼階，柩北首，辟其足。○奠，夙興所陳三鼎及東方之饌。如初者，亦於柩西，當階之上，東面，席前奠之。**主人要節而踊。**節，升降。○奠升時主人踊，降時婦人踊，由重南，主人踊也。**薦馬，纓三就，入門，北面，交轡，圉人夾牽之。**駕車之馬，每車二疋。纓，今馬鞅也。就，成也。諸侯之臣，飾纓以三色而三成。此三色者，蓋條絲也，其著之如罽然，天子之臣如其命數，王之革路條纓。圉人，養馬者。在左右曰夾。既奠乃薦馬者，爲其踐污廟中也。凡入門，參分庭，一在南。○疏云：「此『三色』，如《聘禮·記》：『三色，朱白蒼也。』」**御者執策立于馬後。哭成踊，右還出。**主人於是乃哭踊者，薦車之禮，成於薦馬。○主人哭踊訖，馬則右還而出。**賓出，主人送于門外。**

右薦車馬，設遷祖之奠。

有司請祖期，亦因在外位請之，當以告賓。每事畢輒出。將行而飲酒曰祖，祖，始也。**曰：「日側。」**側，昳也，謂將過中之時。○主人應有司之辭。**主人入，袒。乃載，踊無算。卒束，襲。**袒，爲載變也。乃舉柩郤下而載之。束，束棺於柩車。賓出，遂匠納車于階間，謂此車。○賓出即納柩車，主人送賓返，入乃載。柩在堂北首，今以足鄉前下堂，載於車也。○註無「乃」字，案疏當有「乃」字。**降奠，當前束。**下遷祖之奠也。當前束，❶猶當尸腢也，亦在柩車西。束有前後也。○疏云：「未束以前，其奠使人執之；待束

---

❶「前」，原作「將」，據薈要本改。

訖，乃降奠之當束也。」**商祝飾柩：一池，紐前經後緇，齊三采，無貝。**飾柩，爲設墻柳也。巾奠乃墻，謂此也。墻有布帷，柳有布荒。池者，象宮室之承霤，以竹爲之，狀如小車笭，衣以青布。一池，縣於柳前，士不揄絞。紐所以聯帷荒，前赤後黑，因以爲飾，左右面各有前後，齊居柳之中央，若今小車蓋上蕤矣。以三采繒爲之，上朱，中白，下蒼，著以絮，元士以上，有貝。○飾柩：在旁爲墻，墻有帷，在上爲柳，柳有荒。墻柳，自其縛木爲格者而言，帷荒，自其張於外者而言。池象承霤，即簷也。紐垂於四隅。齊者，柳之頂結也。○紐，女九反。揄音遥。霤，力又反。**設披。**披，輅柳棺上，貫結於戴，人居旁牽之，以備傾虧。《喪大記》曰：「士戴前纁後緇，二披用纁。」今文「披」皆爲「藩」。○以帛繫棺紐，着柳骨，謂之戴。又以帛繫戴，而出其餘於帷外，使人牽之，謂之披。註文「輅」字，當是「絡」字。**屬引。**屬，猶著也。引，所以引柩車。在軸輴曰紼。古者人引柩。《春秋傳》曰：「坐引而哭之三。」○引，謂紼繩屬著於柩車。

右將祖時，先載柩，飾柩車。

陳明器於乘車之西。明器，藏器也。《檀弓》曰：「其曰『明器』，神明之也。」言神明者，異於生器，「竹不成用，瓦不成味，木不成斲，琴瑟張而不平，竽笙備而不和，有鐘磬而無簨簴」。陳器於乘車之西，則重之北也。**折，横覆之。**折，猶庪也，方鑿連木爲之，蓋如牀，而縮者三，横者五，無簀，窆事畢，加之壙上，以承抗席。横陳之者，爲苞筲以下，綪於其北，便也。覆之，見善面也。○折，加於壙時，善者鄉下；今陳之，反善面鄉上也。○庪，九委反。**抗木，横三，縮二。**抗，禦也，所以禦止土者。其横與縮，各足掩壙。○抗音剛。**加抗席，三。**席所以禦塵。○加者，加於抗木之上。**加茵，用疏布，緇翦，有幅，亦縮二横三。**茵所以藉棺者。翦，淺也。幅，緣之。亦者，亦抗木也。及其用之，木三在上，茵二在下，象天三合地二，人藏其中焉。今文「翦」作「淺」。○茵設壙中，先布橫三，乃布縮二。厝柩後，施抗壙上，先用縮二，乃用橫三。註云「木三在上，茵二在下」，據既設後，人所見而言也。其實抗、茵皆三者在外，二者在內，如渾天家，地之上下周匝皆有天也。故疏云：「木與茵皆有天三合地二。」○茵音因。**器：西南上，綪，**器，目言之也。陳明器，以西行南端爲上。綪，屈也。不容則屈而反之。**茵；**茵在抗木上，陳器次而北也。○愚意「茵」字當連上「綪」字爲句，言陳器當從茵屈轉而北也。不然，前已詳茵，豈合重舉？**苞二；**所以裹奠羊豕之肉。○奠，謂遣奠。**筲三，黍、稷、麥；**筲，畚種類也，其容蓋與簋同一觳也。○疏云：「筲以菅草爲之，畚器所以盛種，此筲與畚同類也。」**甕三，醯、醢、屑，冪用疏布；**甕，瓦器，其容亦蓋一觳。屑，薑桂之屑也。《内則》曰：「屑桂與薑。」冪，覆也。今文「冪」皆作「密」。○觳音斛。**甒二，醴、酒，冪用功布。**甒，亦瓦器。古文「甒」皆作「廡」。**皆木桁，久之。**桁，所以庪苞筲甕甒也。「久」當爲「灸」，灸，謂以蓋案塞其口。每器異桁。○桁，户庚反。**用器：弓矢、耒耜、兩敦、兩杅、槃、匜，匜實于槃中，南流。**此皆常用之器也。杅，盛湯漿。槃、匜，盥器也。流，匜口也。今文「杅」爲「桙」。○杅音于。**無祭器，**士禮略也。大夫以上，兼用鬼器人器也。**有燕樂器可也。**與賓客燕飲用樂之器也。**役器：甲、胄、干、笮。**此皆師役之器。甲，鎧。胄，兜鍪。干，楯。笮，矢箙。○笮，側白反。鎧，苦代反。❶兜，丁侯反。鍪音矛。楯，當允反。**燕器：杖、**

❶「苦」，原作「苫」，據薈要本、文淵閣本改。

笠、翣。燕居安體之器也。笠，竹簹蓋也。翣，扇。○翣，所甲反。

右陳器與葬具。載柩、陳器二事畢，則日及側矣。

徹奠，巾席俟于西方。主人要節而踊。巾席俟於西方，祖奠將用焉。要節者，來象升，丈夫踊；去象降，婦人踊。徹者由明器北，西面；既徹，由重東南。不設於序西南者，非宿奠也。宿奠必設者，爲神馮依之久也。○此所徹遷祖之奠，爲將旋柩鄉外，更設祖奠，故遷之。巾席即所徹奠之巾席。俟者，奠已東去，而巾席猶執以俟也。註「象升」、「象降」者，此奠在庭，徹者無升降之事，止有往來，主人以其往來爲踊節，與徹室中之奠升階、降階者同，故云「象」也。**祖。**爲將祖變。**商祝御柩，**亦執功布居前，爲還柩車爲節。**乃祖。**還柩鄉外，爲行始。○旋柩車，使轅鄉外也。○還音患。**踊，襲，少南，當前束。**主人也。柩還，則當前束南。○疏云：「前祖，爲祖變；今既祖訖，故踊而襲。」車未還之時，當前束近北，今還車，則當前束少南。」**婦人降，即位于階間。**爲柩將去有時也。位，東上。○疏云：「云『位東上』者，以堂上時婦人在阼階西面，統於堂下男子，今柩車南還，男子亦在車東，故婦人降，亦東上，統于男子也。婦人不鄉車西者，以車西有祖奠，故辟之在車後。」愚案婦人在車後南面，故註云「東上」。**祖，還車不還器。**祖有行漸，車亦宜鄉外也。器之陳，自已南上。○車，前所薦之乘車、道車、稾車也。陳器本自南上，不須更還也。**祝取銘，置于茵。**重不藏，故於此移銘加於茵上。○銘本置于重，今將行，隨柩，故移置茵上也。**二人還重，左還。**重與車馬還相反，由便也。○疏云：「車馬在中庭之東，以右還鄉門爲便；重在門內，面鄉北，人在其南，以左還鄉門爲便。」**布席，乃奠如初。主人要節而踊。**車已祖，可以爲之奠也，是之謂祖奠。○疏云：

「祖奠既與遷祖奠同車西，人皆從車而來，❶則此要節而踊一與遷祖奠同。」**薦馬如初。**柩動車還，宜新之也。**賓出，主人送。有司請葬期。**亦因在外位時。**入，復位。**主人也。自死至於殯，自啓至於葬，主人及兄弟，恒在內位。○主人既以葬期命有司而遂入。疏云：「自死至於殯在內位，據在殯宮中；自啓至於葬在內位，據在祖廟中。」又云：「始死未小斂以前位在尸東，小斂後位在阼階下，若自啓之後在廟位，亦在阼階下也。」

右還柩車，設祖奠。

公賵玄纁束，馬兩。公，國君也。賵，所以助主人送葬也。兩馬，士制也。《春秋傳》曰：宋景曹卒，魯季康子使冉求賵之以馬，曰：「其可以稱旌繁乎？」○《春秋傳》見哀公二十三年。引之者，證以馬賵人之事。○賵，芳鳳反。**擯者出請，入告。主人釋杖，迎于廟門外，不哭，先入門右，北面，及衆主人袒。**尊君命也。衆主人自若西面。**馬入設。**設於庭，在重南。**賓奉幣，由馬西，當前輅，北面致命。**賓，使者。幣，玄纁也。輅，轅縛，所以屬引。由馬西，則亦當前輅之西，於是北面致命，得鄉柩與奠。柩車在階間少前，三分庭之北。輅有前後。**主人哭，拜稽顙，成踊。賓奠幣于棧左服，出。**棧，謂柩車也。凡士車制，無漆飾。左服，象授人授其右也。服，車箱。今文「棧」作「轏」。○❷疏云：「主人哭拜，仍於門右北面。

---

❶「而」，各本作「西」，據監本疏改。

❷「○」原脱，薈要本有空格，依文例補。

柩車，四輪迫地，無漆飾，故言「棧」也。此車南鄉，以東爲左，尸在車上，以東爲右」，故奠左服，象授人右也。○棧，士板反。**宰由主人之北，舉幣以東。**柩東，主人位。以東，藏之。○此時主人仍在門東，北面。經云「主人之北」，指柩東定位而言，此位雖無主人，宰不得履之以過，故由其北也。**士受馬以出。**此士，謂胥徒之長也。有勇力者受馬。《聘禮》曰：「皮馬相間可也。」**主人送于外門外，拜，襲，入復位，杖。**

右國君賵禮。

賓賵者，將命。賓，卿大夫士也。○疏云：「言『將命』者，身不來，遣使者將命告主人。」**擯者出請，入告，出告須。**不迎，告曰「孤某須」。**馬入設，賓奉幣。擯者先入，賓從，致命如初。**初，公使者。**主人拜于位，不踊。**柩車東位也。既啓之後，與在室同。○疏云：「始死時，『庶兄弟襚，使人以將命于室，主人拜于位』；此主人亦拜于位，俱是不爲賓出。有君命，亦出迎矣。」**賓奠幣如初，舉幣受馬如初。擯者出請。**賓出在外，請之爲其復有事。○疏云：「若無事，賓報事畢，送去也。」**若奠，**賓致可以奠也。○致其堪祭之物。**入告，出以賓入，將命如初。士受羊如受馬，又請。**士，亦謂胥徒之長。又，復也。**若賻，**賻之言補也，助也，貨財曰賻。**入告。主人出門左，西面。賓東面將命。**主人出者，賻主施於主人。**主人拜。賓坐委之。宰由主人之北，東面舉之，反位。**坐委之，明主人哀戚，志不在受人物。反位，反主人之後位。○宰位在主人之後。**若無器，則捂受之。**謂對相授，不委地。○捂，五故反。**又請，賓告事畢。拜送，入。**○主人入。**贈者，將命。**贈，送。○謂以幣若器送死者也。**擯者出請，納賓如初。**如其「入告，出告須」。**賓奠幣如初。**亦於棧左服。**若就器，則坐奠于陳。**就猶善也。贈無常，惟翫好所有。陳，明器之陳。○謂乘車之西，陳明器之處所也。**凡將禮，必請而后拜送。**雖知事畢，猶請，君子不必人意。**兄弟，賵奠可也。**兄弟，有服親者。可且賵且奠，許其厚也。賵、奠，於死生兩施。**所知，則賵而不奠。**所知，通問相知也，降於兄弟。奠施於死者爲多，故不奠。**知死者贈，知生者賻。**各主於所知。**書賵於方，若九，若七，若五。**方，板也。書賵奠賻贈之人名與其物於板，每板若九行，若七行，若五行。**書遣於策。**策，簡也。遣，猶送也，謂所當藏物，茵以下。○疏云：「《聘禮·記》云：『百名以上書於策，不及百名書於方。』以賓客贈物名字少，故書於方；遣送死者明器之等，并贈死者玩好之物，名字多，故書之於策。」**乃代哭如初。**棺柩有時將去，不忍絶聲也。初，謂既小斂時。**宵，爲燎于門内之右。**爲哭者爲明。○門内之右，門東也。哭者在柩車東，故於門内右照之。

右賓賵奠賻贈之禮。以上並葬前一日事。

厥明，陳鼎五于門外，如初。鼎五：羊、豕、魚、腊、鮮獸，各一鼎也。士禮特牲三鼎，盛葬奠，加一等，用少牢也。如初，如大斂奠時。○亦如大斂陳鼎在廟門外。**其實：羊左胖，**反吉祭也。言左胖者，體不殊骨也。○特牲、少牢，吉祭皆升右胖，此則用左。體不殊骨者，左邊共爲一段也。**髀不升，**周貴肩賤髀。古文「髀」作「脾」。○髀，步禮反。**腸五，胃五，**亦盛之也。○疏云：「少牢用腸三、胃三，今加至五，亦是盛此奠也。」**離肺；**離，挳。○挳離之，不絶中央少許。○挳，苦圭反。**豕亦如之，豚解，無腸胃；**如之，如「羊左胖、髀不升、離肺」也。❶ 豚解，解之如解豚，亦前肩後肫脊脅而已。無腸胃者，君子不食溷腴。○豚解總有七段，今取左胖，則爲四段。豚解無腸胃，言其不與羊同者也。**魚、腊、鮮獸，皆如初。** 鮮，新殺者。士腊用兔，加鮮獸而無膚者，豕既豚解，略之。○疏云：腊與鮮「皆用兔」。又云：「葬奠用少牢，攝盛則當用膚，與少牢同。以豕既豚解，喪事略，則無膚，亦略之而加鮮獸也。」**東方之饌：四豆，脾析、蜱醢、葵菹、蠃醢；** 脾，讀爲「雞脾肶」之「脾」，脾析，百葉也。蜱，蜯也。今文「蠃」爲「蝸」。○脾析，牛百葉。此用少牢，無牛，當是羊百葉。○蜱，皮佳反。肶，尺之反。蜯，步講反。**四籩，棗、糗、栗、脯；** 糗，以豆糗粉餌。○據疏引《籩人》、鄭註，籩實有糗餌，粉餈二物，此經云「糗」，但糗餌也。二物皆稻黍、米粉所爲，合蒸則爲餌，作餅熟之則爲餈。又糗與粉皆大豆末，初擣之則爲粉，熬之則爲糗，糝二物使不粘着也。註云「以豆糗粉餌」，謂以豆之糗而粉此餌也。餌類，今蒸糕。餈類，今胡餅。○糗，去九反。**醴，酒。** 此東方之饌，與祖奠同，在主人之南，當前輅，北上，巾之。○疏云：「祖奠與大斂奠，同二豆二籩，此葬奠四豆四籩。籩豆雖不同，而同處耳。云『北上』者，蓋兩甒在北，次南饌四豆，豆南饌四籩也。」**陳器。** 明器也。夜斂藏之。○疏云：「至此厥明，更陳之也。」**滅燎。執燭，俠輅，北面。** 照徹與葬奠也。○疏云：「輅西者，照徹祖奠；輅東者，照葬奠之饌。」**賓入者，拜之。** 明自啓至此，主人無出禮。**徹者入，丈夫踊；設于西北，婦人踊。** 猶阼階升時也，亦既盥乃入，入由重東，而主人踊，猶其升也；自重北西面而徹，設于柩車西北，亦猶序西南。○將設

❶「如」，原作「亦」，據文淵閣本改。

葬奠，先徹祖奠。**徹者東。**由柩車北，東適葬奠之饌。○疏云：「以其徹訖，當設葬奠，故徹者由柩車北，東適葬奠之饌，取而設于柩車西也。」**鼎入，**舉入陳之也。陳之蓋於重東北，西面北上如初。**乃奠：豆南上綪；籩贏醢南，北上綪；**籩贏醢南，辟醴酒也。○如疏所釋，先饌脾析於西南，次北蜱醢，蜱醢東葵菹，菹南贏醢，是謂「南上綪」。籩於贏醢以南爲次，先設棗，棗南設糗，糗東設栗，栗北設脯，是謂「北上綪」。籩之西，脾析之南，設醴酒。故註云「辟醴酒也」。**俎二以成，南上，不綪；特鮮獸；**成，猶併也。不綪者，魚在羊東，腊在豕東。古文「特」爲「俎」。○如疏所釋，以羊豕魚腊之次，自南而北而東而南，迴環設之爲「綪」；羊豕魚腊併設，皆自南始，爲「不綪」。鮮獸在北無偶，爲「特」也。**醴酒在籩西，北上。**統於豆也。**奠者出，主人要節而踊。**亦以往來爲節。奠，由重北西；既奠，由重東南。○疏云：「此奠饌在輅東，言『由重北』者，亦是由車前明器之北，鄉柩車西設之。設訖，由柩車南而東者，禮之常也。」

右葬日陳大遣奠。

甸人抗重，出自道，道左倚之。還重不言甸人，抗重言之者，重既虞將埋之，言其官，使守視之。抗，舉也。出自道，出從門中央也。不由闑東西者，重不反，變於恒出入。道左，主人位。今時有死者，鑿木置食其中，樹於道側，由此。○疏云：「『道左倚之』者，當倚於門東北壁。」**薦馬，馬出自道，車各從其馬，駕于門外，西面而俟，南上。**南上，便其行也。行者乘車在前，道稾序從。○疏云：「案下記云『乘車載簑，道車載朝服，稾車載蓑笠』，是序從也。」**徹者入，踊如初。徹巾，苞牲，取下體。**苞者，象既饗而歸賓俎者也。「取下體」者，脛骨象行，又俎實之終始也。士苞三个，前脛折取臂臑，後脛折取骼，亦得俎釋三个。《雜記》曰：「父母而賓客之，所以爲哀。」○牲陳于俎，其脛骨在兩端，故脛骨爲俎實之終始。士一苞之中，有三个牲體：臂也、臑也、骼也。前「陳器」云「苞二」，羊、豕各一苞也。「俎釋三个」者，苞取之餘，尚留三个。疏以爲羊俎有二段，豕俎有四段，相通計之，爲俎釋三个，留之爲分禱五祀也。**不以魚腊。**非正牲也。**行器，**目葬行明器在道之次。○行器，運動明器使行也。**茵，苞，器，序從，**如其陳之先後。**車從。**次器。**徹者出，踊如初。**於是廟中當行者唯柩車。

右將葬，抗重出，車馬苞器以次先行鄉壙。

主人之史請讀賵，執算從，柩東，當前束，西面。不命毋哭，哭者相止也。唯主人主婦哭。燭在右南面。史北面請，既而與執算西面於主人之前，讀書釋算。燭在右南面，炤書便也。古文「算」皆爲「筴」。**讀書，釋算則坐。**必釋算者，榮其多。○疏云：「讀書者立讀之，敬也；釋算者坐，爲釋之便也。」**卒，命哭，滅燭。書與算，執之，以逆出。**卒，已也。**公史自西方東面命毋哭，主人主婦皆不哭。讀遣，卒，命哭。滅燭，出。**公史，君之典禮書者。遣者，入壙之物，君使史來讀之，成其得禮之正以終也。燭俠輅。○讀賵、讀遣，皆以告死者。

右讀賵、讀遣。

商祝執功布以御柩，執披。居柩車之前，若道有低仰傾虧，則以布爲抑揚左右之節，使引者執披者知之。士執披八人。今文無「以」。○引柩者、執披者，皆視商祝所執布以用力也。○仰，五郎反。**主人袒，乃行，踊無算。**袒，爲行變也。乃行，謂柩車行也。凡從柩者，先後左右，如遷于祖之序。○疏云：「上遷于祖時，註云：『主人從者，丈夫由右，婦人由左，以服之親疏爲先後，各從其昭穆，男賓在前，女賓在後。』此從柩向壙之序，一亦如之也。」**出宮，踊，襲。**哀次。○疏云：「大門外有賓客次舍之處，父母生時接賓之所，主人至此感而哀，此次是以有踊；踊訖，即襲；襲訖而行也。」**至于邦門，公使宰夫贈玄纁束。**邦門，城門也。贈，送也。○至壙窆訖時，贈用制幣玄纁束，所用即此幣。**主人去杖，不哭，由左聽命。賓由右致命。**柩車前輅之左右也。當時止柩車。○疏云：「在廟，柩車南鄉，左則在東；此出國北門，柩車鄉北，左則前輅之西也。」**主人哭，拜稽顙。賓升，實幣于蓋，降。主人拜送，復位，杖。乃行。**升柩車之前，實其幣於棺蓋之柳中，若親授之然。復位，反柩車後。○疏云：「賓升實幣于蓋，載以之壙，此贈專爲死者，故若親授之然。」又云：「云『復位反柩車後』者，上在廟，位在柩車東；此行道，故在柩車後也。」

右柩車發行及在道君使宰贈之儀。

至于壙，陳器于道東西，北上。統於壙。○疏云：「廟中南上，此則北上，故云『統於壙』也。」**茵先入。**當藉柩也。元士則葬用輁軸，加茵焉。**屬引。**於是説載除飾，更屬引於緘耳。古文「屬」爲「燭」。○緘耳，棺束之末，結爲耳，以紼貫之而下棺。**主人袒；衆主人西面，北上；婦人東面，皆不哭。**俠羨道爲位。**乃窆。主人哭踊無算，**窆，下棺也。今文「窆」爲「封」。○疏云：「主人哭踊不言處，還於壙東西面也。」**襲，贈用制幣、玄纁束，拜稽顙，踊如初。**丈八尺曰制。二制合之，束，十制五合。○丈八尺曰制，是其一端。二端合爲一匹。束十制，計五匹也。此所用，至邦門公所贈者。**卒，袒，拜賓。主婦亦拜賓。即位，拾踊三，襲。**主婦拜賓，拜女賓也。即位，反位也。○疏云：「卒謂贈卒，更袒拜賓。云『反位』者，各反羨道東西位，其男賓在衆主人之南，女賓在衆婦之南。」○拾，其業反。**賓出，則拜送。**相問之賓也。凡弔賓有五，去皆拜之，此舉中焉。○案《雜記》云：「相趨也，出宮而退；相揖也，哀次而退；相問也，既封而退；相見也，反哭而退；朋友，虞祔而退。」註所云「弔賓有五」也。**藏器於旁，加見。**器，用器役器也。見，棺飾也，更謂之「見」者，加此則棺柩不復見矣。先言「藏器」，乃云「加見」者，器在見内也。内之者，明君子之於事，終不自逸也。《檀弓》曰：「周人牆置翣。」○見，棺飾也。棺飾，帷荒池紐之等。周人名爲牆，其外又置翣爲飾。**藏苞筲於旁。**「於旁」者，在見外也。不言甕甒，饌相次可知，四者兩兩而居。《喪大記》曰：「棺椁之間，君容柷，大夫容壺，士容甒。」○柷，尺六反。**加折，卻之。加抗席，覆之。加抗木。**宜次也。○折，陳之美面向上，今用則美面向下，故謂「卻之」。註云「宜次」，謂三者之用，有宜有次也。**實土三。主人拜鄉人。**謝其勤勞。○疏云：「勤勞，謂在道助執紼，在壙助下棺及實土也。」**即位，踊，襲，如初。**哀親之在斯。○疏云：「既拜鄉人，乃於羨道東即位，踊無算，如初也。」

右窆柩、藏器，葬事畢。

乃反哭。入，升自西階，東面。衆主人堂下東面，北上。西階東面，反諸其所作也。反哭者，於其祖廟。不於阼階西面，西方神位。○「反諸其所作也」，《檀弓》文，謂親所行禮之處。註「西方神位」，未詳其義，抑欲慟諸祖禰之側歟？**婦人入，丈夫踊，升自阼階。**辟主人也。**主婦入于室，踊，出即位，及丈夫拾踊，三。**入于室，反諸其所養也。出即位，堂上西面也。拾，更也。○「反諸其所養也」，亦《檀弓》文，謂親所饋食之處。自小斂，主婦等位皆在阼階上，西面，故註云：「出即位，堂上西面也。」拾踊者，更迭而踊也。**賓弔者升自西階，曰：「如之何！」主人拜稽顙。**賓弔者，衆賓之長也。反而亡焉，失之矣，於是爲甚，故弔之。弔者北面，主人拜于位，不北面拜賓東者，以其亦主人位也。古文無「曰」字。○主人拜賓于西階上東面，註云「亦主人位」，疏云「《特牲》、《少牢》助祭之賓，主人皆拜送于西階東面，故此東面不移，以其亦主人位故也」，未知果經意否？始死，拜賓于西階，此反而亡，亦拜賓于西階，將無同歟？**賓降，出。主人送于門外，拜稽顙。**○疏云：「此於《雜記》五賓當『相見』之賓。」**遂適殯宮，皆如啓位，拾踊三。**啓位，婦人入升堂，丈夫即中庭之位。○疏云：「此如啓位，婦人亦即位于堂東，西面；主人即位于堂下，直東序，西面。『直東序西面』，即中庭位也。」**兄弟出，主人拜送。**兄弟，小功以下也。異門大功，亦可以歸。**衆主人出門，哭止，闔門。主人揖衆主人，乃就次。**次，倚廬也。

右反哭于廟，于殯宮，出就次，於是將舉初虞之奠矣。

猶朝夕哭，不奠。是日也，以虞易奠。○經言：葬後至練，皆朝夕哭，與未葬同，但不奠耳。大斂以來，朝夕有奠，葬後乃不奠也。註言「是日」，謂葬之日，下註所云「朝而葬，日中而虞」是也。疏以爲釋不奠之故，尚未是。**三虞。**虞，喪祭名，虞，安也。骨肉歸於土，精氣無所不之，孝子爲其彷徨，三祭以安之。朝葬，日中而虞，不忍一日離。○三虞，謂葬日初虞，再虞用柔日，後虞用剛日，共三祭也。**卒哭。**卒哭，三虞之後祭名。始，朝夕之間，哀至則哭，至此祭止也，朝夕哭而已。○後虞之後，又遇剛日，舉此祭。既祭，則唯朝夕哭，不無時哭，故名其祭曰「卒哭」也。**明日以其班祔。**班，次也。祔，卒哭之明日祭名，祔，猶屬也，祭昭穆之次而屬之。

右略言葬後儀節及喪祭之目。

記：

士處適寢，寢東首于北墉下。將有疾，乃寢於適室。今文「處」爲「居」，「于」爲「於」。○疏云：「若不疾則在燕寢。」○首，手又反。**有疾，疾者齊，**正情性也。適寢者，不齊不居其室。○齊，側皆反。**養者皆齊，**憂也。○養，于亮反。**徹琴瑟。**去樂。**疾病，外内皆埽。**爲有賓客來問也。疾甚曰病。○埽，素倒反。**徹褻衣，加新衣。**故衣垢汙，爲來人穢惡之。○疏云：「徹褻衣，據死者而言。徹褻衣，謂故玄端；加新衣，謂更加新朝服。」蓋其齊時已着玄端，至此更徹去，易朝服也。新衣不言朝服，互見之也。**御者四人，皆坐持體。**爲不能自轉側。御者，今時侍從之人。**男女改服。**爲賓客來問病，亦朝服。主人深衣。○按下「主人啼」註：「於是始去冠而笄纚，服深衣。」則此「主人深衣」四字，羨文也。**屬纊，以俟絶氣。**爲其氣微難節也。纊，新絮。**男子不絶於婦人之手，婦人不絶於男子之手。**備褻。**乃行禱于五祀。**盡孝子之情。五祀博言之；士二祀，曰門，曰行。**乃卒，**卒，終也。**主人啼，兄弟哭。**哀有甚有否。於是始去冠而笄纚，服深衣。《檀弓》曰：「始死，羔裘玄冠者易之。」○疏云：「引《檀弓》者，證深衣易去朝服之事也。」**設牀第，當牖；衽，下莞上簟；設枕。**病卒之間，廢牀，至是設之，事相變。衽，臥席。古文「第」爲「茨」。○第，側几反。**遷尸。**徙於牖下也。於是幠用斂衾。○疏云：「徙於牖下者，即上文牀第當牖者也。」

此據經「士死于適室，幠用斂衾」之文，而記君子正終，人子侍養之事。

復者朝服，左執領，右執要，招而左。衣朝服，服未可以變。○方冀其生，故復者服朝服不變凶服也。其所執，則經所云「爵弁服」也。○朝，直遥反。要，一遥反。**楔，貌如軛，上兩末。**事便也。今文「軛」作「厄」。○上兩末，楔屈如軛，以屈處入口，使兩末向上也。○軛，於革反。**綴足用燕几，校在南，御者坐持之。**校，脛也。尸南首，几脛在南以拘足，則不得辟戾矣。古文「校」爲「枝」。**即牀而奠，當腢，用吉器，若醴、若酒，無巾柶。**腢，肩頭也。用吉器，器未變也。或卒無醴，用新酒。○疏云：「即，就也，謂就尸牀而設之。尸南首，則在牀東，當尸肩頭也。」又云：「若醴若酒，科有其一，不得並用。」○腢，古口反。卒，七忽反。

記始死時復魂、楔、綴、設奠諸禮中儀法器物。

赴曰：「君之臣某死。」赴母妻長子，則曰：「君之臣某之某死。」赴，走告也。今文「赴」作「訃」。

記赴君之辭。

室中，唯主人主婦坐。兄弟有命夫命婦在焉，亦坐。别尊卑也。○疏云：「案《大記》：『士之喪，主人父兄主婦姑姊妹皆坐。』鄭云：『士賤，同宗尊卑皆坐。』此命夫、命婦之外立而不坐者，此謂有命夫、命婦來，兄弟爲士者則立；若無命夫、命婦，則同宗皆坐也。」

記室中哭位，經所未及。

尸在室，有君命，衆主人不出。不二主。○疏云：「『衆主人不出』，在尸東耳。」

經於君命弔襚直言主人，不言衆主人，故記之。

襚者委衣于牀，不坐。牀高，由便。**其襚于室，户西北面致命。**始死時也。○小斂後襚于堂者，則中庭北面致命。

記襚者儀位。

夏祝淅米，差盛之。差，擇之。○差，七何反。盛音成。**御者四人，抗衾而浴，襢第。**抗衾，爲其裸裎，蔽之也。襢，袒也。袒簀，去席，盝水便。盝音禄。○抗音剛。襢，之善反。**其母之喪，則内御者浴，鬠無笄。**内御，女御也。無笄，猶丈夫之不冠也。**設明衣，婦人則設中帶。**中帶，若今之褌襂。○褌音裩。襂音衫。**卒洗，貝反于笲，實貝，柱右顛左顛。**象齒堅。○卒洗，洗貝也。顛，謂牙兩畔最長者，實貝者實之於此，以象生平齒堅也。○顛，丁千反。**夏祝徹餘飯。**徹去鬻。○餘飯，飯尸餘米也。夏祝徹去，煑之爲鬻，以實重鬲也。**瑱塞耳。**塞，充窒。○不同生人但懸耳旁。**掘坎，南順，廣尺，輪二尺，深三尺，南其壤。**南順，統於堂。輪，從也。今文「掘」爲「坅」。○以埋弃潘者。**坄，用塊。**塊，堛也。古文「坄」爲「役」。○以煑潘者。**明衣裳，用幕布，袂屬幅，長下膝。**幕布，帷幕之布，升數未聞也。屬幅，不削幅也。長下膝，又有裳，於蔽下體深也。○疏云：「『屬幅不削幅』者，布幅二尺二寸，凡用布，皆削去邊幅旁一寸，爲二尺計之，則此『不削幅』謂繚使相著，還以袂二尺二寸。云『長下膝』者，謂爲此衣長至膝下。」**有前後裳，不辟，長及轂。**不辟積也。轂，足跗也。凡他服，短無見膚，長無被土。○前後裳，謂前三幅、後四幅也。○轂，苦角反。**縓綼緆。**一染謂之縓，今紅也。飾裳，在幅曰綼，在下曰緆。○在幅，裳之側緣也。○縓，七絹反。綼，毗皮反。緆，他計反。**緇純。**七入爲緇。緇，黑色也。飾衣曰純，謂領與袂。衣以緇，裳以縓，象天地也。**設握，裏親膚，繫鉤中指，結于掔。**掔，掌後節中也。手無決者，以握繫一端繞掔，還從上自貫，反與其一端結之。○前經言「設握」，言右手有決者；此記左手之無決者。**甸人築坅坎。**築，實土其中，堅之。穿坎之名，一曰坅。○築之、坅之，皆甸人也。○坅，張鳳翔「丘錦反」。**隸人涅厠。**隸人，罪人也，今之徒役作者也。涅，塞也。爲人復往褻之，又亦鬼神不用。○涅，乃結反。**既襲，宵爲燎于中庭。**宵，夜。

記沐浴含襲時職司、服物。自記首至此，皆始死日事也。

厥明，滅燎，陳衣。記節。○當襲之明日，滅燎之時，即陳小斂之衣。**凡絞紟用布，倫如朝服。**凡，凡小斂大斂也。倫，比也。今文無「紟」。古文「倫」爲「輪」。○朝服十五升，此用布亦如之。**設棜于東堂下，南順，齊于坫。饌于其上：兩甒，醴、酒，酒在南；篚在東，南順，實角觶四，木柶二，素勺二；豆在甒北，二以並；籩亦如之。**棜，今之轝也。角觶四、木柶二、素勺二，爲夕進醴酒，兼饌之也。勺二，醴酒各一也。豆籩二以併，則是大斂饌也。記於此者，明其他與小斂同陳。古文「角觶」爲「角柶」。○奠用醴酒，但用二觶一柶，而觶有四、柶有二者，朝夕二奠，各饌其器也。小斂一豆一籩，大斂乃二豆二籩，記云「二以並」，言大斂奠之不同於小斂奠者，惟此也。○棜，於庶反。**凡籩豆，實具設，皆巾之。**籩豆偶而爲具，具則於饌巾之。巾之，加飾也。明小斂一豆一籩不巾。○皆者，皆東堂與奠所也。二籩二豆者，饌於東堂，設於奠所，二處皆巾之也。小斂一籩一豆，惟至設於牀東，乃巾之；方其饌堂東時，則不巾矣。**觶，俟時而酌，柶覆加之，面枋，及錯，建之。**時，朝夕也。《檀弓》曰：「朝奠日出，夕奠逮日。」○觶雖豫陳，必待奠時乃酌。其酌醴之法：既酌醴，以柶覆於觶上，使柄向前；及其錯於奠所，則扱柶醴中。○錯，七故反。**小斂，辟奠不出室。**未忍神遠之也。辟襲奠以辟斂，既斂，則不出於室設于序西南。○註「不出於室設于序西南」，「不」字貫下八字。大斂，辟奠及朝夕奠，則皆出設于序西南矣。**無踊節。**其哀未可節也。○承上文小斂。**既馮尸，主人袒，髺髮，絞帶；衆主人布帶。**衆主人，齊衰以下。**大斂于阼。**未忍便離主人位也。主人奉尸斂于棺，則西階上賓之。**大夫升自西階，階東，北面，東上。**視斂。**既馮尸，大夫逆降，復位。**中庭西面位。○疏云：「上篇『朝夕哭』云主人入，堂下直東序，西面；卿大夫在其南。卿大夫與主人同西面向殯，故知大夫位在中庭西面也。」**巾奠，執燭者滅燭出，降自阼階，由主人之北東。**巾奠而室事已。

記小斂、大斂二節中衣物、奠設、時會、處所、儀法。

既殯，主人說髦。既殯，置銘于肂復位時也。今文「說」皆作「稅」。兒生三月，鬋髮爲鬌，男角女羈，否則男左女右，長大猶爲飾存之，謂之髦，所以順父母幼小之心。至此，尸柩不見，喪無飾，可以去之。髦之形象未聞。○疏引《喪大記》鄭註云：「士既殯說髦；小斂說髦，蓋諸侯禮。士既殯，諸侯小斂，於死者俱三日也。」○鬌，丁果反。**三日絞垂。**成服日。絞要絰之散垂者。**冠六升，外縪，纓條屬，厭。**縪，謂縫著於武也。外之者，外其餘也。纓條屬者，通屈一條繩爲武，垂下爲纓，屬之冠。厭，伏也。○解已詳《喪服》篇首章。○縪音必。厭，一涉反。**衰三升。**衣與裳也。**屨外納。**納收餘也。**杖下本，竹桐一也。**順其性也。**居倚廬，**倚木爲廬，在中門外，東方北戶。**寢苫枕塊，**苫，編藁。塊，堛也。**不說絰帶。**哀戚不在於安。**哭晝夜無時。**哀至則哭，非必朝夕。**非喪事不言。**不忘所以爲親。**歠粥，朝一溢米，夕一溢米。****不食菜果。**不在於飽與滋味。粥，糜也。二十兩曰溢，爲米一升二十四分升之一。實在木曰果，在地曰蓏。**主人乘惡車，**拜君命、拜衆賓、及有故行所乘也。《雜記》曰：「端衰喪車皆無等。」然則此惡車，王喪之木車也。古文「惡」作「堊」。**白狗幦，**未成豪，狗。幦，覆笭也，以狗皮爲之，取其臑也。白，於喪飾宜。古文「幦」爲「冪」。○《玉藻》：「君羔幦虎犆。」陳註云：「幦者，覆式之皮。」此白狗幦，亦是以狗皮覆車式。○幦，亡狄反。**蒲蔽，**蔽，藩。○謂車兩邊禦風者，以蒲草爲之。**御以蒲菆，**不在於驅馳。蒲菆，牡蒲莖也。古文「菆」作「騶」。○蒲菆，楊柳之堪爲箭者。御者以之策馬，與爲蔽之「蒲」同名而異類。○菆，則留反。**犬服，**笭間兵服，以犬皮爲之，取堅也，亦白。○服，盛矢器。註云「兵服」，似泛言五兵之服。**木錧，**取少聲。今文「錧」爲「鎋」。○錧音管。**約綏，約轡，**約，繩。綏，所以引升車。**木鑣，**亦取少聲。古文「鑣」爲「苞」。○鑣，彼苗反。**馬不齊髦。**齊，翦也。今文「髦」爲「毛」。主人之惡車，如王之木車，則齊衰以下，其乘素車繅車駹車漆車與？○駹，步江反。**主婦之車亦如之，疏布裧。**裧者，車裳帷，於蓋弓垂之。○疏云：「『疏布裧』在『亦如之』之下，見不與男子同。」○裧，尸占反。**貳車，白狗攝服，**貳，副也。攝，猶緣也。狗皮緣服，差飾。○服，亦謂盛兵器之服。**其他，皆如乘車。**如所乘惡車。○唯白狗攝服爲異也。

記殯後居喪者冠服、飲食、居處、車馬之制。

朔月，童子執帚，郤之，左手奉之，童子，隸子弟、若內豎寺人之屬。執用左手郤之，示未用。○疏云：「下文『掃室，聚諸窔』，故不用箕。」**從徹者而入。**童子不專禮事。○徹，徹宿奠者。**比奠，舉席，埽**

室，聚諸㚒，布席如初。卒奠，埽者執帚，垂末内鬣，從執燭者而東。比，猶先也。室東南隅謂之㚒。○比，必二反。㚒，一弔反。鬣音獵。**燕養饋羞湯沐之饌，如他日。**燕養，平常所用供養也。饋，朝夕食也。羞，四時之珍異。湯沐，所以洗去汙垢，《内則》曰：三日具沐，五日具浴。孝子不忍一日廢其事親之禮，於下室日設之，如生存也。進徹之時，如其頃。○朝夕之奠與朔月之奠，設于殯宮；燕養之饌，設于下室。下室，燕寢也。**朔月，若薦新，則不饋于下室。**以其殷奠有黍稷也。下室，如今之内堂。正寢聽朝事。○常奠無黍稷，故食時又饋于下室。今此殷奠，自有黍稷，故不須更饋也。

記朔月及常日埽潔奉養之事。

筮宅，冢人物土。物，猶相也，相其地可葬者，乃營之。○經但言筮，記明其先相之，乃筮之也。**卜日吉，❶告從于主婦。主婦哭，婦人皆哭；主婦升堂，哭者皆止。**事畢。○經但言主婦哭，不言衆婦人皆哭與哭止之節，故記詳之。又此條止言卜日事，竊意筮宅得吉，亦當準此儀也。

記筮宅、卜日首末事。

啓之昕，外内不哭。將有事，爲其讙囂。既啓，命哭。古文「啓」爲「開」。○昕音欣。**夷牀、輁軸，饌于西階東。**明階間者，位近西也。夷牀饌於祖廟，輁軸饌於殯宮，其二廟者，於禰亦饌輁軸焉。古文「輁」或作「拱」。○疏云：「夷牀在祖廟，輁軸在殯宮，以其西階東是同，故並言之。」註云『明階間者，位近西也』

❶「日」，各本皆作「曰」，據文義改。

者，以經直云『階間』，恐正當兩階之間，故記人明之。」○輁軸，遷柩之車。其二廟者，將自禰朝祖，故亦饌輁軸。朝祖下柩訖，明日適壙用蜃車，不復用輁軸矣。

記啓殯朝祖之事。

其二廟，則饌于禰廟，如小斂奠，乃啓。祖尊禰卑也。士事祖禰，上士異廟，下士共廟。○將啓，先具此一鼎、一豆、一籩之奠於禰廟。既啓，朝禰，徹從奠，乃設之。至明日朝祖，則設奠如大斂於祖廟，如經文所陳也。**朝于禰廟，重止于門外之西，東面。柩入，升自西階，正柩于兩楹間。奠止于西階之下，東面北上。主人升，柩東西面。衆主人東即位。婦人從升，東面。奠升，設于柩西，升降自西階。主人要節而踊。**重不入者，主於朝祖而行，若過之矣。門西東面待之，便也。○正柩兩楹間，疏以爲奠位在户牖之間，則此於兩楹間亦稍近西，乃當奠位也。奠謂從奠。要節而踊者，奠升，主人踊；設者降，婦人踊也。**燭先入者，升堂，東楹之南，西面；後入者，西階東，北面，在下。**照正柩者。先，先柩者。後，後柩者。適祖時，燭亦然，互記於此。○疏云：「此燭本是殯宮中照開殯者，在道時，一在柩前，一在柩後，今又一升堂，一在堂下。」**主人降，即位。徹，乃奠，升降自西階。主人踊如初。**如其降拜賓，至於要節而踊。不薦車，不從此行。○徹者，徹從奠。乃奠者，奠其如小斂之饌也。經文朝祖時，正柩、設從奠訖，主人降拜賓以後，有徹奠、設奠、哭踊之節，此亦如之也。

記二廟者啓殯先朝禰之儀。

祝及執事舉奠，巾席從而降，柩從，序從如初，適祖。此謂朝禰明日，舉奠適祖之序也。此祝執醴先，酒脯醢俎從之，巾席爲後。既正柩，席升設，設奠如初，祝受巾巾之。凡喪，自卒至殯，自啓至葬，主人之禮，其變同，則此日數亦同矣。序從，主人以下。今文無「從」。**薦乘車：鹿淺幦，干，笮，革靾，載旜，載皮弁服，纓、轡、貝勒，縣于衡。**士乘棧車。鹿淺，鹿夏毛也。幦，覆笭。《玉藻》曰：「士齊車，鹿幦豹犆。」干，盾也。笮，矢箙也。靾，韁也。旜，旌旗之屬，通帛爲旜，孤卿之所建，亦攝焉。皮弁服者，視朔之服。貝勒，貝飾勒。有干無兵，有箙無弓矢，明不用。古文「靾」爲「殺」，「旜」爲「膳」。○疏云：「此並下車三乘，謂葬之魂車。」○靾，息列反。犆音直。**道車，載朝服。**道車，朝夕及燕出入之車。朝服，日視朝之服也，玄衣素裳。○疏云：「士乘棧車，更無別車，而上云『乘車』，下云『稾車』，此云『道車』，雖有一車，所用各異，故有乘車、道車、稾車之名。」又云：「士之道車而用朝君之服，不用私朝玄端服者，亦攝盛也。」**稾車，載蓑笠。**稾，猶散也。散車，以田以鄙之車。蓑笠，備雨服。❶今文「稾」爲「潦」。凡道車稾車之纓轡及勒，亦縣于衡也。○田謂田獵。鄙謂巡行縣鄙。○散，悉但反。**將載，祝及執事舉奠，户西南面，東上。卒束前而降，奠席于柩西。**將於柩西當前束設之。○載，載柩于車。卒束前而降，謂舉奠者，當束柩於車將畢之前，即降也。奠席柩西，爲設奠，先設席也。**巾奠，乃牆。**牆，飾柩也。○即帷荒之屬。**抗木，刊。**剥削之。古文「刊」爲「竿」。○抗木必刊治之。**茵著，用荼，實綏澤焉。**荼，茅秀也。綏，廉薑也。澤，澤蘭也。皆取其香，且御濕。○茵内所著，非直用荼，兼實綏與澤。○荼，大奴反。**葦苞，長三尺，一編。**用便易也。

---

❶「雨」，原作「兩」，據薈要本、文淵閣本改。

○以葦爲苞，葦之長三尺，一道編之。**菅筲三，其實皆瀹。** 米麥皆湛之湯。未知神之所享，不用食道，所以爲敬。○以菅草爲筲，其中所盛黍、稷、麥，皆淹漬之。**祖，還車不易位。** 爲鄉外耳，未行。○車，乘車、道車、槀車，既祖，則還之向外，但不易初薦時位。**執披者，旁四人。** 前後左右各二人。○一旁四人，共八人也。**凡贈幣，無常。** 賓之贈也。玩好曰贈，在所有。○以賓客不一，故贈幣無定制。**凡糗，不煎。** 以膏煎之，則褻，非敬。○葬奠，籩實有糗。

記二廟者自禰適祖之儀及祖廟中薦車、載柩、陳器、奠、贈諸事。

唯君命，止柩于堩，其餘則否。 不敢留神也。堩，道也。《曾子問》曰：「葬既引，至於堩。」○堩，古鄧反。**車至道左，北面立，東上。** 道左，墓道東。先至者在東。○疏云：「當是陳器之南。」又云：「以乘車、道車、槀車三者次第爲先後，先至者乘車也。」**柩至于壙，斂服載之。** 柩車至壙，祝説載，除飾，乃斂乘車道車槀車之服載之，不空之以歸。送形而往，迎精而反，亦禮之宜。○服，三車所載皮弁服、朝服、簑笠等也。**卒窆而歸，不驅。** 孝子往如慕，反如疑，爲親之在彼。

記柩在道、至壙、卒窆而歸之事。

君視斂，若不待奠，加蓋而出；不視斂，則加蓋而至，卒事。 爲有他故，及辟忌也。○卒事，謂大斂奠訖乃去。

記君於臣有視斂不終禮者、有既斂加蓋而後至者二者之節。

既正柩，賓出，遂匠納車于階間。 遂、匠，遂人匠人也。遂人主引徒役，匠人主載柩窆，職相左右也。

車，載柩車，《周禮》謂之「蜃車」，《雜記》謂之「團」，或作「輇」，或作「摶」，聲讀皆相附耳，未聞孰正。其車之轝，狀如牀，中央有轅，前後出，設前後輅，轝上有四周，下則前後有軸，以輇爲輪。許叔重說：「有輻曰輪，無輻曰輇。」○既朝祖，正柩於兩楹，主人送賓出，以此時納柩車也。○蜃，市軫反。輇，市專反。**祝饌祖奠于主人之南，當前輅，北上，巾之。**言饌於主人之南，當前輅，則既祖，祝乃饌。○既還柩向外，祝即饌祖奠于主人之南；及還車、還重俱訖，乃奠之柩車西如初。

記朝祖納柩車之節與饌祖奠之處。

弓矢之新，沽功。設之宜新，沽示不用。今文「沽」作「古」。○弓矢，謂入壙用器。舉弓矢以例餘者。**有弭飾焉，**弓無緣者謂之弭。弭以骨角爲飾。○弭，面爾反。❶**亦張可也。**亦使可張。**有柲，**柲，弓檠，弛則縛之於弓裏，備損傷，以竹爲之。《詩》云：「竹柲緄縢。」古文「柲」作「柴」。○檠音景。**設依撻焉。**依，纏絃也；撻，弣側矢道也。皆以韋爲之。今文「撻」爲「銛」。○疏云：「依者，謂以韋依纏其絃，即今時弓彄是也。撻所以撻矢令出，生時以骨爲之。」**有韣。**韣，弓衣也，以緇布爲之。**翭矢一乘，骨鏃，短衛。**翭，猶候也，候物而射之矢也。四矢曰乘。骨鏃短衛，亦云不用也。生時，翭矢金鏃。凡爲矢，五分笴長而羽其一。○衛，矢羽也。矢笴長三尺，五分羽一，則六寸。是生時之矢，羽固不短矣。○翭音侯。鏃，子木反。**志矢一乘，軒輖中，亦短衛。**志，猶擬也，習射之矢。《書》云：「若射之有志。」輖，蟄也。無鏃短衛，亦示

❶「面」，原作「回」，據釋文改。

不用。生時，志矢骨鏃。凡爲矢，前重後輕也。〇鄭解「輖，蟄也」，蟄與輊同。軒輊中，謂前後輕重均也。註「凡爲矢，前重後輕」，亦欲明此軒輊中之異於生用耳。疏引《周禮》八矢，六者前重後輕，恒矢、庳矢不前重後輕，非鄭意也。〇輖音周。蟄音至。

記入壙用器弓矢之制。

儀禮　鄭氏註

濟陽張爾岐句讀

士虞禮第十四鄭《目録》云：「虞，安也。士既葬其父母，迎精而反，日中而祭之於殯宫，以安之。虞於五禮屬凶。大戴第六，小戴第十五，《别録》第十四。」〇疏云：「虞、卒哭在寢，祔乃在廟。」

士虞禮：特豕饋食，饋，猶歸也。〇疏云：「『卜日曰牲』，此虞爲喪祭，又葬日虞，因其吉日，略，無卜牲之禮，故指豕體而言，不云『牲』。以物與神及人，皆言饋。」〇饋，其位反。**側亨于廟門外之右，東面。**側亨，亨一胖也。亨於爨，用鑊。不於門東，未可以吉也。是日也，以虞易奠，祔而以吉祭易喪祭。鬼神所在則曰廟，❶尊言之。〇疏云：「案吉禮，皆全左右胖，皆亨。此亨一胖者，以其虞不致爵，自獻賓已後，則無主人、主婦及賓已下之俎，故唯亨一胖也。《特牲》吉禮，鼎鑊皆在門東，此云『門外之右』，是門之西，未可以吉也。」愚案此虞實在殯宫，即適寢也，而曰「廟」，故註曰「尊言之」也。**魚腊爨亞之，北上。**爨，竈。〇三鑊

❶「所」，原作「於」，據文淵閣本改。

皆在西方。**饎爨在東壁，西面。**炊黍稷曰饎。饎北上，上齊于屋宇，於虞有亨饎之爨，彌吉。○疏云：「案《特牲》云『主婦視饎爨于西堂下』，今在東，亦反吉也。小斂、大斂未有黍稷，朔月薦新始有黍稷，向吉，仍未有爨，至此始有亨饎之爨，故云『彌吉』。」○饎，尺志反。**設洗于西階西南，水在洗西，篚在東。**反吉也。亦當西榮，南北以堂深。○吉時設洗皆當東榮。**尊于室中北墉下，當户，兩甒醴酒，酒在東。無禁，冪用絺布，加勺，南枋。**酒在東，上醴也。絺布，葛屬。○冪，亡狄反。**素几、葦席，在西序下。**有几，始鬼神也。**苴刌茅，長五寸，束之，實于篚，饌于西坫上。**苴，猶藉也。○刌，度也，截也。「苴刌茅」者，藉祭之刌茅也，度而截之，故謂「刌茅」。○苴，子徐反。刌，七本反。**饌兩豆菹醢于西楹之東，醢在西，一鉶，亞之。**醢在西，南面取之，得左取菹，右取醢，便其設之。○疏云：「『一鉶亞之』，菹以東也。尸在奥，東面，設者西面設於尸前，菹在南，醢在北。今於西楹東饌之，菹在東，醢在西，是南面取之，得左菹右醢。至尸前西面設之，便也。」**從獻豆兩，亞之，四籩，亞之，北上。**豆從主人獻祝，籩從主婦獻尸祝。北上，菹與棗。不東陳，別於正。○疏云：「此從獻豆、籩，雖文承『一鉶』之下，而云『亞之』，下別云『北上』，是不從鉶東爲次。宜於鉶東北，以北爲上，向南陳之。然則東北菹爲首，次南醢，醢東栗，栗北棗，棗東棗，棗南栗，故鄭云『北上，菹與棗』也。云『不東陳，別於正』者，以二豆與鉶在尸爲獻前，爲正；此皆在獻後，爲非正，故東北別也。」**饌黍稷二敦于階間，西上，藉用葦席。**藉，猶薦也。古文「藉」爲「席」。**匜水錯于槃中，南流，在西階之南，簞巾在其東。**流，匜吐水口也。○錯，七故反。**陳三鼎于門外之右，北面，北上，設扃鼏。**門外之右，門西也。今文「扃」爲「鉉」。**匕俎在西塾之西。**不饌於塾上，統於鼎也。塾有西者，是室南鄉。

羞燔俎在内西塾上，南順。南順，於南面取，縮執之，便也。肝俎在燔東。

右陳虞祭牲羞、酒醴、器具。

主人及兄弟如葬服，賓執事者如弔服，皆即位于門外，如朝夕臨位。婦人及内兄弟，服即位于堂，亦如之。葬服者，《既夕》曰「丈夫髽，散帶垂」也。賓執事者，賓客來執事也。○疏云：「始虞與葬服同，三虞皆同。至卒哭，則作其喪服，乃變麻服葛也。『賓客來執事』，以其虞爲喪祭，主人未執事。案《曾子問》：『士則朋友奠，不足則取於大功以下。』」○臨，力蔭反。祝免，澡葛絰帶，布席于室中，東面，右几，降，出，及宗人即位于門西，東面，南上。祝亦執事。免者，祭祀之禮，祝所親也。澡，治也。治葛以爲首絰及帶，接神宜變也。然則士之屬官，爲其長，弔服加麻矣。至於既卒哭，主人變服，則除。右几，於席近南也。○祝執事而免者，以其身親祭祀之禮，不嫌於重也。○免音問。宗人告有司具。遂請拜賓，如臨，入門哭，婦人哭。臨，朝夕哭。主人即位于堂；衆主人、及兄弟、賓，即位于西方，如反哭位。《既夕》曰：「乃反哭。入則升自西階，東面；衆主人堂下，東面，北上。」異於朝夕。祝入門，左，北面。不與執事同位，接神尊也。○上兄弟、賓即位于西方者，皆是執事。宗人西階前北面。當詔主人及賓之事。○宗人在堂下，是主人在堂時；若主人在室，宗人即升堂，户外北面。

右主人及賓自門外入即位。

祝盥，升，取苴降，洗之；升，入設于几東席上，東縮；降，洗觶，升。止哭。縮，從也。古文「縮」爲「蹙」。主人倚杖，入。祝從，在左，西面。主人北旋，倚杖西序，乃入。《喪服小記》曰：「虞，杖不入於室。祔，杖不升於堂。」然則練杖不入於門，明矣。**贊薦菹醢，醢在北。**主婦不薦，齊斬之服，不執事也。《曾子問》曰：「士祭不足，則取於兄弟大功以下者。」○疏云：「齊斬不執事，唯爲今時；至于尸入之後，亦執事，『兩籩棗栗，設于會南』；至於祔祭，雖陰厭，亦主婦薦，主人自執事也。」**佐食及執事盥，出舉，長在左。**舉，舉鼎也。長在左，在西方位也。凡事，宗人詔之。**鼎入，設于西階前，東面北上。匕俎從設。左人抽扃鼏，匕。佐食及右人載。**載，載于俎。佐食載，則亦在右矣。今文「扃」爲「鉉」，古文「鼏」爲「密」。**卒，朼者逆退復位。**復賓位也。**俎入設于豆東，魚亞之，腊特。**亞，次也。今文無「之」。**贊設二敦于俎南：黍，其東稷。**簋實尊黍也。○西黍東稷，西上，故云「尊黍」。經言「敦」、註言「簋」者，敦，有虞氏之器，周制，士用之。同姓之士，容得從周制，用簋。**設一鉶于豆南。**鉶，菜羹也。**佐食出立于户西。**饌已也。今文無「于户西」。**贊者徹鼎。**反于門外。**祝酌醴，命佐食啓會。佐食許諾，啓會，郤于敦南，復位。**會，合也，謂敦蓋也。復位，出立于户西。今文「啓」爲「開」。○《特牲》、《少牢》有酒無醴，故厭亦用酒；此酒、醴兼設，以醴陰厭，以酒酳尸，亦其異於吉祭也。**祝奠觶于鉶南，復位。**復位，復主人之左。**主人再拜稽首。祝饗，命佐食祭。**饗，告神饗也。此祭，祭於苴也。饗神辭，記所謂「哀子某，哀顯相，夙興夜處不寧」下至「適爾皇祖某甫饗」是也。○是陰厭饗神辭，詳下記。**佐食許諾，鉤袒，取黍稷祭于苴，三；取膚祭，祭，如初。祝取奠觶，祭，亦如之；不盡，益，反奠之。主人再拜稽首。**鉤袒，如今擐露臂衣也。苴，所以藉祭也。孝子始將納尸以事其親，爲神疑於其位，設苴以定之耳。或曰：「苴主道也。」則《特牲》《少牢》，當有主象而無，可乎？**祝祝，卒，主人拜如初，哭，出復位。**「祝祝」者，釋孝子祭辭。○

按上疏云「迎尸」上，釋孝子辭，經、記無文，宜與《少牢》「迎尸」祝孝子辭同，但稱哀爲異。

右設饌饗神，是爲陰厭。

祝迎尸。一人衰絰奉篚哭從尸。尸，主也。孝子之祭，不見親之形象，心無所繫，立尸而主意焉。一人，主人兄弟。《檀弓》曰：「既封，主人贈而祝宿虞尸。」○封，彼驗反。**尸入門，丈夫踊，婦人踊。**踊不同文者，有先後也。尸入，主人不降者，喪事主哀，不主敬。○疏云：「主人在西序，東面；衆兄弟西階下，亦東面；婦人堂上，當東序，西面。見尸有先後，故踊有先後。」**淳尸盥，宗人授巾。**淳，沃也。沃尸盥者，賓執事者也。**尸及階，祝延尸。**延，進也，告之以升。**尸升，宗人詔踊如初。**言「詔踊如初」，則凡踊，宗人詔之。**尸入户，踊如初，哭止。**哭止，尊尸。**婦人入于房。**辟執事者。**主人及祝拜妥尸。尸拜，遂坐。**妥，安坐也。○妥，他果反。

右延尸、妥尸。

從者錯篚于尸左席上，立于其北。北，席北也。○此篚象《特牲》肵俎，擬爲尸盛餘饌。**尸取奠，左執之；取菹，擩于醢；祭于豆間。祝命佐食墮祭。**下祭曰墮，墮之猶言墮下也。《周禮》曰：「既祭，則藏其墮。」謂此也。今文「墮」爲「綏」，《特牲》、《少牢》或爲「羞」，失古正矣。齊魯之間，謂祭爲墮。○尸取奠，取祝所反奠于鉶南之觶也。左執之者，以右手將祭也。下祭曰墮，謂從俎豆上取下當祭之物以授尸，使之祭。佐食但下之而已。疏以爲向下祭之，誤。**佐食取黍稷肺祭授尸，尸祭之。祭奠，祝祝，主人拜如初。尸嘗醴，奠之。**如初，亦祝祝卒乃再拜稽首。○其祝辭，即下記云：「哀子某，圭爲而哀薦之，饗！」**佐**

食舉肺脊授尸，尸受，振祭，嚌之，左手執之。右手將有事也。尸食之時，亦奠肺脊于豆。○右手將有事，爲下文「祭鉶，嘗鉶」。此肺脊，至尸卒食佐食方受之實于篚，中間食時，亦須奠之于豆。祝命佐食邇敦。佐食舉黍，錯于席上。邇，近也。尸祭鉶，嘗鉶。右手也。《少牢》曰：「以柶祭羊鉶，遂以祭豕鉶，嘗羊鉶。」○此但豕鉶，祭之、嘗之亦用柶。泰羹湇自門入，設于鉶南。胾四豆，設于左。博異味也。湇，肉汁也。胾，切肉也。○鉶南觶北，初設時，留空處以待泰羹。胾設于左，正豆之北也。尸飯，播餘于篚。不反餘也。古者飯用手，吉時播餘于會。古文「播」爲「半」。三飯，佐食舉幹，尸受，振祭，嚌之，實于篚。飯間啗肉，安食氣。○幹，脅也。○啗，大敢反。又三飯，舉胳，祭如初。佐食舉魚腊，實于篚。尸不受魚腊，以喪不備味。又三飯，舉肩，祭如初，後舉肩者，貴要成也。○周人貴肩，故以後舉爲貴要成。舉魚腊俎，俎釋三个。釋，猶遺也。遺之者，君子不盡人之歡，不竭人之忠。个，猶枚也。今俗或名「枚」曰「個」，音相近。此腊亦七體，如其牲也。○牲七體，魚腊各七，佐食所舉以授尸者，皆盛於篚，所餘每俎三个，將以改饌於西北隅也。○个，古貨反。尸卒食。佐食受肺脊，實于篚；反黍，如初設。九飯而已，士禮也。篚猶吉祭之有肵俎。○《特牲》、《少牢》有肵俎，以盛尸所舉牲體，此篚亦盛尸所舉牲體。○肵音祈。

右饗尸，尸九飯。

主人洗廢爵，酌酒，酳尸。尸拜受爵，主人北面答拜。尸祭酒，嘗之。爵無足曰廢爵。酳，安食也。主人北面以酳酢，變吉也。凡異者皆變吉。古文「酳」作「酌」。○疏云：「《特牲》、《少牢》『尸拜受，主人西面拜送』，與北面相反。」○酳，以刃反。賓長以肝從，實于俎，縮，右鹽。縮，從也，從實肝炙於俎也。喪祭進柢，右鹽，於俎近北，便尸取之也。縮執俎，言右鹽，則肝鹽併也。○註「右鹽，於俎近北」，據執俎者而言，左肝右鹽，西面向尸，則鹽在肝之北，併於俎上，故云「於俎近北」。尸右取肝，左擩鹽爲便也。○柢，丁計反。**尸左執爵，右取肝，擩鹽，振祭，嚌之，加于俎。賓降，反俎于西塾，復位。**取肝，右手也。加于俎，從其牲體也，以喪不志於味。○加于俎，盛牲體之俎；賓所反，則肝俎也。復位，復西階前衆兄弟之南東面位。**尸卒爵，祝受，不相爵。**不相爵，喪祭於禮略。相爵者，《特牲》曰：「送爵，皇尸卒爵。」**祝酌授尸，尸以醋主人；主人拜受爵，尸答拜。**醋，報。○醋，才各反。**主人坐祭，卒爵，拜；尸答拜。**○主人受酢，當亦北面。**筵祝，南面。**祝接神，尊也。筵用萑席。**主人獻祝。祝拜，坐受爵；主人答拜。**獻祝，因反西面位。**薦菹醢，設俎。祝左執爵，祭薦，奠爵，興取肺，坐祭，嚌之，興，加于俎；祭酒，嘗之。肝從。祝取肝擩鹽，振祭，嚌之，加于俎，卒爵，拜；主人答拜。祝坐授主人。**今文無「擩鹽」。○薦設皆執事者，祝俎不升鼎，詳見下記。授主人者，虚爵也。**主人酌獻佐食。佐食北面拜，坐受爵；主人答拜。佐食祭酒，卒爵，拜；主人答拜，受爵，出，實于篚，升堂，復位。**篚在庭。不復入，事已也。亦因取杖，乃東面立。○上文哭時，主人升堂，西序東面。至此獻尸畢，不復入室，故復東面位也。

右主人獻尸，并獻祝及佐食。

主婦洗足爵于房中，酌，亞獻尸，如主人儀。爵有足，輕者飾也。《昏禮》曰：「內洗在北堂，直室東隅。」○如主人儀，如上文主人酳尸之儀也。**自反兩籩棗栗，設于會南，棗在西。**尚棗，棗美。○自反者，自往取之而反也。此兩籩及下獻祝籩，即上饌時亞豆東四籩也。**尸祭籩，祭酒，如初。賓以燔從，如初。尸祭燔，卒爵，如初。酌獻祝，籩燔從。獻佐食，皆如初。以虛爵入于房。**初，主人儀。

右主婦亞獻。

賓長洗繶爵，三獻，燔從，如初儀。繶爵，口足之間有篆，又彌飾。○當亦兼獻祝及佐食。

右賓長三獻。

婦人復位。復堂上西面位。事已，尸將出，當哭踊。**祝出户，西面告利成。主人哭，**西面告，告主人也。利，猶養也。成，畢也，言養禮畢也。不言「養禮畢」，於尸間嫌。**皆哭。**丈夫婦人，於主人哭，斯哭矣。**祝入，尸謖。**祝入而無事，尸則知起矣。不告尸者，無遣尊者之道也。古文「謖」或爲「休」。○謖，所六反。**從者奉篚哭，如初。**初哭從尸。**祝前尸，出户，踊如初。降堂，踊如初。出門，亦如之。**前，道也。如初者，出如入，降如升，三者之節悲哀同。

右祝告利成，尸出。

祝反，入徹，設于西北隅，如其設也。几在南。厞用席。改設饌者，不知鬼神之節，改設之，庶幾歆饗，所以爲厭飫也。几在南，變「右」文，明東面不南面，漸也。厞，隱也，于厞隱之處，從其幽闇。○如其設，謂改設尸之薦、俎、敦于西北隅，次第一如陰厭時設法也。註「漸也」，以設几與吉祭同，爲向吉之漸。厞用席，疏以爲「以席爲障，使之隱」，較註有異。○厞，扶未反。厭，一豔反。**祝薦席徹入于房。祝自執其俎出。**徹薦席者，執事者。祝薦席則初自房來。**贊闔牖户。**鬼神尚居幽闇，或者遠人乎？贊，佐食者。

右改設陽厭

主人降，賓出。宗人詔主人降。賓則出廟門。**主人出門。哭止，皆復位。**門外未入位。**宗人告事畢。賓出，主人送，拜稽顙。**送拜者，明于大門外也。賓執事者皆去。即徹室中之饌者，兄弟也。

右禮畢送賓。

記：

虞，沐浴，不櫛職**。**沐浴者，將祭，自絜清。不櫛，未在於飾也。唯三年之喪不櫛，期以下櫛可也。今文曰「沐浴」。**陳牲于廟門外，北首，西上，寢右。**言牲，腊在其中。西上，變吉。寢右者，當升左胖也。腊用椴。《檀弓》曰：「既反哭，主人與有司視虞牲。」〇疏云：「案《少牢》二牲，『東上』，是吉祭東上。」**日中而行事。**朝葬，日中而虞，君子舉事，必用辰正也。再虞、三虞，皆質明。

記沐浴、陳牲及舉事之期。

殺于廟門西，主人不視，豚解。主人視牲不視殺，凡爲喪事略也。豚解，解前後脛脊脅而已。熟乃體解，升於鼎也。今文無「廟」。〇疏云：「特牲吉祭，故主人視牲又視殺。」**羹飪，升左肩、臂、臑、肫、胳、脊、脅，離肺。**膚祭三、**取諸左膉上，肺祭一，實于上鼎；**肉謂之羹。飪，熟也。脊脅，正脊正脅也。喪禮略，七體耳。離肺，舉肺也。《少牢饋食禮》曰：「舉肺一，長終肺，祭肺三，皆刌。」膉，脰肉也，古文曰「左股上」，字從肉從殳，「殳矛」之「殳」聲。〇士之正祭禮九體，此七體，故云「略」。引《少牢禮》，明此舉肺、祭肺之制亦然。膚祭，擇肉之美者以備祭。〇肫音純。膉音益。**升魚鱄鮒九，實于中鼎；**差減之。〇《特牲》：「魚十有五。」此略而用九。**升腊左胖，髀不升，實于下鼎，**腊亦七體，牲之類。**皆設扃鼏，陳之。**嫌既陳乃設扃鼏也。今文「扃」作「鉉」。古文「鼏」作「密」。**載猶進柢，魚進鬐。**猶，猶《士喪》、《既夕》，言未可以吉也。柢，本也。鬐，脊也。今文「柢」爲「眂」。古文「鬐」爲「耆」。○吉祭，牲進下，魚進腴，變於食生。此喪祭與吉反，是未異於生人也。**祝俎：髀、脰、脊、脅，離肺，陳于階間，敦東。**不升於鼎，賤也。統於敦，明神惠也。祭以離肺，下尸。○尸祭用刌肺。

記牲殺體數、鼎俎陳設之法。

淳尸盥。執槃西面；執匜東面；執巾在其北，東面；宗人授巾，南面。槃以盛棄水，爲淺汙人也。執巾不授巾，卑也。○淺，音義如濺。○淺音箭。

記沃尸面位。

主人在室，則宗人升，户外北面。當詔主人室事。○經唯言主人在堂宗人所詔之事。**佐食無事，則出户，負依南面。**室中尊，不空立。户牖之間謂之依。

記宗人佐食面位。

鉶芼，用苦，若薇，有滑。夏用葵，冬用荁，有柶。苦，苦荼也。荁，堇類也，乾則滑。夏秋用生葵，冬春用乾荁。古文「苦」爲「枯」，今文或作「芐」。○荁音丸。夏葵、冬荁，皆所以爲滑也。芼音毛。**豆實：**

葵菹，菹以西，蠃醢。❶ **籩：棗烝，栗擇。** 棗烝栗擇，則菹刌也。棗烝栗擇，則豆不楬，籩有縢也。

記鉶芼與豆籩之實。

尸入，祝從尸。 祝在主人前也，嫌如初時，主人倚杖入，祝從之。初時主人之心，尚若親存，宜自親之。今既接神，祝當詔侑尸也。**尸坐不説屨。** 侍神，不敢燕惰。**尸謖。** **祝前，鄉尸；** 前，道也。祝道尸，必先鄉之，爲之節。**還，出户，又鄉尸；還，過主人，又鄉尸；還，降階，又鄉尸；** 過主人，則西階上，不言及階，明主人見尸，有踧踖之敬。**降階，還，及門，如出户。** 及，至也，言還至門，明其間無節也。降階如升時，將出門如出户時，皆還向尸也。每將還，必有辟退之容。凡前尸之禮儀在此。○祝之道尸，必先以面鄉尸，乃轉身前行，謂之「還」。上「降階」，謂正降時，此時祝以面鄉尸；下「降階」，謂既降時，祝則轉身前行，直至及門，乃又鄉尸也。**尸出。** **祝反，入門左，北面復位，然後宗人詔降。** ○復位，上文「祝入門，左，北面」之位。詔降，詔主人降。**尸服卒者之上服。** 上服者，如《特牲》士玄端也。不以爵弁服爲上者，祭於君之服，非所以自配鬼神。士之妻，則宵衣耳。**男，男尸；女，女尸。** **必使異姓，不使賤者。** 異姓，婦也。賤者，謂庶孫之妾也。尸配尊者，必使適也。○喪祭男女别尸，吉祭則共尸。「必使異姓」，謂女尸以婦，不以族女。

記虞尸儀服與侍尸之儀、爲尸之人。

---

❶「蠃」，原作「羸」，據薈要本、文淵閣本改。

無尸，則禮及薦饌皆如初。無尸，謂無孫列可使者也，殤亦是也。禮，謂衣服即位升降。○喪祭而無尸者，其衣服、位面、升降之禮與薦饌之具，皆與有尸者同。**既饗，祭于苴，祝祝卒。**記異者之節。**不綏祭，無泰羹湆胾從獻。**不綏，言獻，記終始也。事尸之禮，始於綏祭，終於從獻。「綏」當爲「墮」。**主人哭，出復位。**於祝祝卒。○其不同者，當饗祝既卒，無墮祭以下事尸之禮。主人即哭出，復户外東面位。**祝闔牖户，降，復位于門西；**門西，北面位也。**男女拾踊三；**拾，更也。三更踊。○疏云：「凡言『更踊』者，主人踊，主婦踊，賓乃踊，三者三，爲拾也。」○拾，其業反。**如食間。**隱之，如尸一食九飯之頃也。**祝升，止哭，聲三，啓户。**聲者，噫歆也，將啓户，警覺神也。今文「啓」爲「開」。**主人入，**親之。**祝從，啓牖鄉，如初。**牖先闔後啓，扇在内也。鄉、牖一名也。如初者，主人入，祝從在左。**主人哭，出復位。**堂上位也。○仍前户外東面。**卒徹，祝佐食降復位。**祝復門西北面位，佐食復西方位。不復設西北隅者，重閉牖户，褻也。**宗人詔降如初。**初，贊闔牖户，宗人詔主人降之。○禮畢降堂，宗人詔之，亦如上經也。

右虞祭無尸者陰厭之儀。

始虞用柔日，葬之日，日中虞，欲安之。柔日，陰，取其静。○古人葬日例用柔日。**曰：「哀子某，哀顯相，夙興夜處不寧。**曰，辭也，祝祝之辭也。喪祭稱哀。顯相，助祭者也。顯，明也。相，助也。《詩》云：「於穆清廟，肅雍顯相。」不寧，悲思不安。**敢用絜牲剛鬣、**敢，昧冒之辭。豕曰剛鬣。**香合、**黍也。大夫士於黍稷之號，合言普淖而已，此言香合，蓋記者誤爾。辭次，黍又不得在薦上。○疏云：「《曲禮》所云黍稷別號，是人君法。」**嘉薦、普淖，**嘉薦，菹醢也。普淖，黍稷也。普，大也，淖，和也，德能大和，乃有黍稷，故以爲號云。○淖，若孝反，音鬧。**明齊溲酒，**明齊，新水也，言以新水溲釀此酒也。《郊特牲》曰：「明水涚齊，貴新也。」或曰當爲「明視」，謂兔腊也；今文曰「明粢」，粢，稷也，皆非其次。今文「溲」爲「醙」。**哀薦祫事，**始虞謂之祫事者，主欲合先祖也，以與先祖合爲安。今文曰「古事」。**適爾皇祖某甫，**爾，女也。女，死者。告之以適皇祖，所以安之也。皇，君也。某甫，皇祖字也，若言尼甫。**饗！」**勸强之也。**再虞，皆如初，曰：「哀薦虞事。」**丁日葬，則己日再虞。其祝辭，異者一言耳。○皆如初，謂用日、祝辭皆與初虞同。

三虞、卒哭、他，用剛日，亦如初，曰：「哀薦成事。」當祔於祖廟，爲神安於此。後虞改用剛日，剛日陽也，陽取其動也。士則庚日三虞，壬日卒哭。其祝辭，異者亦一言耳。他，謂不及時而葬者。《喪服小記》曰：「報葬者報虞，三月而後卒哭。」然則虞卒哭之間，有祭事者，亦用剛日。其祭無名，謂之「他」者，假設言之。文不在「卒哭」上者，以其非常也，令正者自相亞也。《檀弓》曰：「葬日中而虞，弗忍一日離也。是日也，以虞易奠。卒哭曰成事，是日也，以吉祭易喪祭。明日祔於祖父。」如是，虞爲喪祭，卒哭爲吉祭。今文「他」爲「它」。○愚按：鄭以經文「他」字爲有非常之祭，似涉强解。此殆羨文。不然，當在「亦」字上，謂他祝辭耳。○報，讀爲赴疾之赴。

記三虞、卒哭用日不同及祝辭之異者。

獻畢，未徹，乃餞。卒哭之祭，既三獻也。餞，送行者之酒。《詩》云：「出宿于泲，飲餞于禰。」尸旦將始祔于皇祖，是以餞送之。古文「餞」爲「踐」。○卒哭祭之明日，將祔于廟，故卒哭祭畢，餞之於寢門之外。

此下所記即其儀也。**尊兩甒于廟門外之右，少南。水尊在酒西，勺北枋。**少南，將有事於北。有玄酒，即吉也。此在西，尚凶也。言水者，喪質，無鼎，不久陳。古文「甒」爲「廡」也。○廟門，寢門也。**洗在尊東南，水在洗東，篚在西。**在門之左，又少南。**饌籩豆，脯四脡。**酒宜脯也。古文「脡」爲「挺」。○脯，以爲籩實也。**有乾肉折俎，二尹縮，祭半尹，在西塾。**乾肉，牲體之脯也，如今涼州烏翅矣，折以爲俎實，優尸也。尹，正也，雖其折之，必使正。縮，從也。古文「縮」爲「蹙」。○二正體縮陳俎上，又截正體之半，以備授祭。**尸出，執几從，席從。**祝入，亦告利成，入前尸，尸乃出。几席，素几葦席也。以几席從，執事也。**尸出門右，南面。**俟設席也。**席設于尊西北，東面，几在南。賓出，復位。**將入臨之位。《士喪禮》：「賓繼兄弟，北上；門東，北面西上；門西，北面東上；西方，東面北上。」**主人出，即位于門東，少南。婦人出，即位于主人之北。皆西面，哭不止。**婦人出者，重餞尸。○疏云：「婦人有事，自堂及房而已。今出寢門之外，故云『重餞尸』也。」**尸即席坐。唯主人不哭，洗廢爵，酌獻尸。尸拜受；主人拜送，哭，復位。薦脯醢，設俎于薦東，胊在南。**胊，脯及乾肉之屈也。屈者在南，變於吉。○《曲禮》云：「以脯脩置者，左胊右末。」是吉時屈者在左；今尸東面，而云「胊在南」，則屈在右，末在左，故云「變於吉」也。○胊，其俱反。**尸左執爵，取脯擩醢，祭之。佐食授嚌。**授乾肉之祭。**尸受，振祭，嚌，反之；祭酒，卒爵，奠于南方。**反之，反於佐食，佐食反之於俎。尸奠爵，禮有終。○爵不酢而奠之，是爲禮有終。**主人及兄弟踊，婦人亦如之。主婦洗足爵，亞獻，如主人儀，無從；踊如初。賓長洗繶爵，三獻，如亞獻；踊如初。佐食取俎，實于篚。尸謖；從者奉篚，哭從之；祝前，哭者皆從；及大門內，踊如初。**男女從尸，男由左，女由右。及，至也。從尸不出大門者，由廟門外無事尸之禮也。古文「謖」作「休」。**尸出門，哭者止。**以餞於外。大門猶廟門。**賓出，主人送，拜稽顙。**送賓，拜於大門外。○從尸不出大門者，有事尸限。送賓大門外，自是常禮，但禮有終，賓無答拜之禮也。**主婦亦拜賓。**女賓也。不言出，不言送，拜之於闈門之内。闈門，如今東西掖門。**丈夫説經帶于廟門外。**既卒哭，當變麻，受之以葛也。夕日，則服葛者爲祔期。今文「説」爲「税」。○是日之夕，主人因告賓祔期，則服葛帶也。**入徹，主人不與。**入徹者，兄弟大功以下。言主人不與，則知丈夫婦人在其中。古文「與」爲「豫」。**婦人説首經，不説帶。**不説帶，齊斬婦人帶不説也。婦人少變而重帶，帶，下體之上也。大功小功者葛帶，時亦不説者，未可以輕文變於主婦之質。至祔，葛帶以即位。《檀弓》曰：「婦人不葛帶。」○《檀弓》所言，亦謂婦人服齊斬者。大功以下，是日雖不説麻，明日祔祭則葛帶以即位矣。**無尸，則不餞，猶出几席，設如初，拾踊三。**以餞尸者本爲送神也。丈夫婦人，亦從几席而出。古文「席」爲「筵」。○雖無尸，送神不異，故云「如初」。**哭止，告事畢，賓出。**

記卒哭祭畢，餞尸與無尸可餞者送神之禮。

死三日而殯，三月而葬，遂卒哭。謂士也。《雜記》曰：「大夫三月而葬，五月而卒哭；諸侯五月而葬，七月而卒哭。」此記更從死起，異人之問，其義或殊。○疏云：「士三日殯、三月葬，皆通死日、死月數，是以士之卒哭在三月内；大夫以上殯葬除死日、死月數，大夫三月葬，除死月，則通四月，又有五虞，則卒哭在五月；諸侯以上可知。」註「異人」，謂記者不一人，故言有更端。**將旦而祔，則薦。**薦，謂卒哭之祭。○旦謂明日之旦。**卒辭曰：「哀子某，來日某，隮祔爾于爾皇祖某甫，尚饗！」**卒辭，卒哭之祝辭。隮，升也。

尚，庶幾也。不稱「饌」，明主爲告祔也。今文「隮」爲「齊」。○疏云：「迎尸之前，祝釋孝子辭云爾。」**女子，曰「皇祖妣某氏」。**女孫祔於祖母。**婦，曰「孫婦于皇祖姑某氏」。**不言「爾」，曰「孫婦」，差疏也。**其他辭，一也。**「來日某」、「隮祔」、「尚饗」。**饗辭，曰：「哀子某，圭爲而哀薦之，饗！」**饗辭，勸强尸之辭也。圭，絜也。《詩》曰：「吉圭爲饎。」凡吉祭饗尸，曰「孝子」。○疏云：「祔及練、祥，吉祭，其辭亦用此，但改『哀』爲『孝』耳。」

記卒哭祭告祔於神之辭與饗尸之辭。

明日，以其班祔。卒哭之明日也。班，次也。《喪服小記》曰：「祔必以其昭穆」，「亡，則中一以上」。凡祔已，復于寢，如既祫，主反其廟，練而後遷廟。古文「班」或爲「辨」，辨氏姓或然，今文爲「胖」。○疏云：「祔祭與練祭，祭在廟，祭訖，主反於寢；其大祥與禫祭，其主自然在寢祭之。案下文，禫月逢四時吉祭之月，即得在廟祭，但未配而已。」**沐浴、櫛，搔翦。**彌自飾也。搔當音爪。❶今文曰「沐浴搔翦」，或爲「蚤揃」，「揃」或爲「鬋」。○搔註音爪。翦，子淺反。**用專膚爲折俎，取諸脰膉。**專，猶厚也。折俎，謂主婦以下俎也。體盡人多，折骨以爲之。今以脰膉，貶於純吉。今文字爲「折俎」，而説以爲「肵俎」，亦甚誣矣。古文「脰膉」爲「頭益」也。○吉祭折俎用體骨，此用膚，爲不同。○膉音益。**其他如饋食。**如《特牲》饋食之事。或云：以左胖虞，右胖祔。今此如饋食，則尸俎肵俎皆有肩臂，豈復用虞臂乎？其不然明矣。○疏

❶「音」，薈要本改作「爲」。

云：「上文有俎，則夫婦致爵，以祔時變麻服葛，其辭稱『孝』，夫婦致爵，與《特牲》同。」註「或云」以下，鄭君以經文破當時「左胖虞右胖祔」之説也。**用嗣尸。**虞祔尚質，未暇筮尸。○用嗣尸者，從虞至祔，相繼嗣而用一尸也。**曰：「孝子某，孝顯相，夙興夜處，小心畏忌，不惰其身，不寧。**稱孝者，吉祭。**用尹祭、**尹，祭脯也。大夫士祭，無云「脯」者，今不言牲號，而云「尹祭」，亦記者誤矣。**嘉薦、普淖、普薦、溲酒，**普薦，鉶羹。不稱牲，記其異者。今文「溲」爲「醙」。**適爾皇祖某甫，以隮祔爾孫某甫。尚饗！」**欲其祔合，兩告之。《曾子問》曰：「天子崩，國君薨，則祝取群廟之主而藏諸祖廟，禮也。卒哭成事，而後主各反其廟。」然則士之皇祖，於卒哭，亦反其廟；無主，則反廟之禮未聞，以其幣告之乎？○上句告死者，下句謂皇祖。

記祔祭之禮與告祔之辭。

朞而小祥，小祥，祭名。祥，吉也。《檀弓》曰：「歸祥肉。」古文「朞」皆作「基」。**曰：「薦此常事。」**祝辭之異者。言常者，朞而祭，禮也。古文「常」爲「祥」。○此謂練祭。**又朞而大祥，曰：「薦此祥事。」**又，復也。○初喪至此，二十五月。**中月而禫，**中，猶間也。禫，祭名也。與大祥間一月，自喪至中，凡二十七月。禫之言澹，澹然平安意也。古文「禫」或爲「導」。○禫，徒感反。**是月也，吉祭，猶未配。**是月，是禫月也。當四時之祭月則祭，猶未以某妃配某氏，哀未忘也。《少牢饋食禮》：「祝祝曰：『孝孫某，敢用柔毛剛鬛、嘉薦普淖，用薦歲事于皇祖伯某，以某妃配某氏。尚饗！』」○疏云：「謂是禫月，得禫祭仍在寢；此月當四時吉祭之月，則於廟行四時之祭，於群廟而猶未得以某妃配。」註引《少牢》祝辭，明吉祭用配之常也。

記小祥、大祥、禫祭、吉祭之節與祝辭之異。

儀禮　鄭氏註

濟陽張爾岐句讀

特牲饋食禮第十五鄭《目録》云：「特牲饋食之禮，謂諸侯之士祭祖禰，非天子之士，而於五禮屬吉禮。」○註疏本不詳他書目次，吴氏補之云：大戴第七，小戴第十三，《别録》第十五。疏云：「案《曲禮》云『大夫以索牛，士以羊豕』，彼天子大夫、士；此《儀禮·特牲》《少牢》，故知是諸侯大夫、士也。」《祭法》云：「適士二廟，官師一廟。」官師謂中、下之士，祖禰共廟，亦兼祭祖，無問一廟二廟，皆先祭祖，後祭禰。若祭，無問尊卑廟數多少，皆同日而祭畢，以此及《少牢》惟筮一日。

特牲饋食之禮：

不諏日。祭祀自孰始，曰饋食。饋食者，食道也。諏，謀也。士賤職褻，時至事暇，可以祭則筮其日矣。不如《少牢》大夫，先與有司於廟門諏丁己之日。○「祭祀自孰始曰饋食」者，初祭即薦飪熟之牲體及黍稷，是用生人食道以事其親。若天子、諸侯之祭，先有灌鬯、朝踐、饋獻之事，至迎尸後，乃進熟體黍稷也。「不諏日」者，不預諏前月下旬之丁己，以筮來月上旬之丁己，但可以筮則筮而已。自此以下，筮日、筮尸、宿尸、宿賓、視濯與牲，凡五節，皆祭前戒備之事。○諏，子須反。**及筮日，主人冠端玄，即位于門外，西面。**冠端玄，玄冠玄端。下言「玄」者，玄冠有不玄端者。門，謂廟門。○「玄冠有不玄端者」，助祭者玄冠而著朝服是也。此則冠與端皆玄。**子姓兄弟，如主人之服，立于主人之南，西面，北上。**所祭者之子孫言「子姓」者，子之所生。小宗祭，而兄弟皆來與焉；宗子祭，則族人皆侍。**有司群執事，如兄弟服，東面，北上。**士之屬吏也。○疏云：「《左傳》云『士有隸子弟』，謂此。」**席于門中，闑西，閾外。**爲筮人設之也。古文「闑」作「槷」，❶「閾」作「蹙」。**筮人取筮于西塾，執之，東面受命于主人。**筮人，官名也。筮，問也。取其所用問神明者，謂蓍也。**宰自主人之左贊命，命曰：「孝孫某，筮來日某，諏此某事，適其皇祖某子。尚饗！」**宰，群吏之長。自，由也。贊，佐也，達也。贊命由左者，爲神求，變也。士祭曰「歲事」，此言「某事」，又不言妃者，容大祥之後，禫月之吉祭。皇，君也，言君祖者，尊之也。「某子」者，祖字也，伯子仲子也。尚，庶幾也。○疏云：「《少儀》曰『贊幣自左，詔辭自右』，此祭祀宰自左贊命，爲神求吉，故變於常禮也。」**筮者許諾，還即席，西面坐。卦者在左，卒筮，寫卦。筮者執以示主人。**士之筮者坐，蓍短，由便。卦者主畫地識爻，爻備，以方寫之。**主人受，視，反之。**反，還。**筮者還，東面，長占，卒，告于主人：「占曰吉。」**長占，以其年之長幼，旅占之。**若不吉，則筮遠日，如初儀。**遠日，旬之外日。**宗人告事畢。**

右將祭筮日。

❶「槷」，薈要本改作「槷」。

前期三日之朝，筮尸，如求日之儀。命筮曰：「孝孫某，諏此某事，適其皇祖某子。筮某之某爲尸。尚饗！」三日者，容宿賓視濯也。「某之某」者，字尸父而名尸。連言其親，庶幾其馮依之也。大夫士，以孫之倫爲尸。○云「三日者容宿賓視濯也」者，爲筮尸之後、祭日之前，有二日，容此二事也。必連言尸之父者，尸父與所祭者彌親，欲其神馮依之也。

右筮尸。

乃宿尸。宿讀爲「肅」。肅，進也。進之者，使知祭日當來。凡宿，或作「速」，記作「肅」，《周禮》亦作「宿」。**主人立于尸外門外。子姓兄弟立于主人之後，北面，東上。**不東面者，來不爲賓客。子姓立于主人之後，上當其後。○子姓東頭爲上者，立當主人之後，不得過主人也。**尸如主人服，出門左，西面。**不敢南面當尊。**主人辟，皆東面，北上。**順尸。○隨順尸意也。**主人再拜，尸答拜。**主人先拜，尊尸。○疏云：「此決下文宿賓，賓先拜，主人乃答拜；今此尊尸，是以主人先拜也。案《少牢》宿尸，祝先釋辭訖，尸乃拜；此尸答拜後，宗人乃擯辭者，士尸卑，大夫之尸尊。」**宗人擯辭如初，卒曰：「筮子爲某尸，占曰吉，敢宿。」**宗人擯者，釋主人之辭。如初者，如宰贊命筮尸之辭。卒曰者，著其辭所易也。○「如初」者，如初筮尸，曰「孝孫某，諏此某事，適其皇祖某子」，乃易去下二語而曰「筮子爲某尸，占曰吉，敢宿」。**祝許諾，致命。**受宗人辭，許之，傳命於尸。始宗人、祝北面，至於傳命，皆西面受命，東面釋之。**尸許諾，主人再拜稽首。**其許，亦宗人受於祝而告主人。**尸入，主人退。**相揖而去，尸不拜送，尸尊。

右宿尸。

宿賓。賓如主人服，出門左，西面再拜。主人東面答再拜。宗人擯曰：「某薦歲事，吾子將涖之。敢宿。」薦，進也。涖，臨也。言「吾子將臨之」，知賓在有司中，今特肅之，尊賓耳。○士前祭二日，選屬吏爲賓，特肅一人以備三獻，屬吏必來助祭，故云「吾子將涖之」。疏云：屬吏有公有司、有私臣，「若在門外時，同在門西，東面北上。及其入，爲賓及衆賓者，適西階以俟行事。公有司不選爲賓者，門西北面；私臣不選爲賓，門東北面。」**賓曰：「某敢不敬從。」主人再拜，賓答拜。主人退，賓拜送。**

右宿賓。

厥明夕，陳鼎于門外，北面，北上，有鼏。厥，其也，宿賓之明日夕。門外北面，當門也。古文「鼏」爲「密」。○宿賓之明日夕，祭前一日之夕也。《少牢》陳鼎在門東，此當門，士卑，辟大夫也。**棜在其南，南順，實獸于其上，東首。**順，猶從也。棜之制，如今大木轝矣，上有四周，下無足。獸，腊也。○特牲三鼎，有豕、魚、腊。腊，野獸之全乾者。○轝音預。**牲在其西，北首，東足。**其西，棜西也。東足者，尚右也。牲不用棜，以其生。○豕北首東足，寢其左，故云「尚右」。**設洗于阼階東南。壺禁在東序。豆籩鉶在東房，南上。几席兩敦在西堂。**東房，房中之東，當夾北。西堂，西夾室之前近南耳。○大夫、士直有東房西室，故他經直言「房」不言「東」，此經特言「東房」，故註知是房内近東。言「當夾北」者，兩夾皆堂半以南爲之，壁外相望，當夾之北也。「西堂，西夾室之前近南」亦謂堂上遥望夾室耳。**主人及子姓兄弟即位于門東，如初。**初，筮位也。**賓及衆賓即位于門西，東面，北上。**不蒙如初者，以賓在而宗人祝不在。❶○兼

❶「賓」，薈要本作「宰」。

之宰在門西，與賓同行，皆與筮位異也。**宗人、祝立于賓西北，東面，南上。**事彌至，位彌異。宗人、祝，於祭宜近廟。**主人再拜，賓答再拜。三拜衆賓，衆賓答再拜。**衆賓再拜者，士賤，旅之，得備禮也。○案《有司徹》「主人降，南面拜衆賓于門東，三拜，衆賓門東北面，皆答一拜」，是大夫尊，衆賓不得備禮。**主人揖入，兄弟從，賓及衆賓從，即位于堂下，如外位。**爲視濯也。**宗人升自西階，視壺濯、及豆籩，反降，東北面，告濯具。**濯，溉也。不言敦鉶者，省文也。東北面告，緣賓意欲聞也。言「濯具」，不言「絜」，以有几席。○主人在東階下，宗人降自西階，宜東面告，乃行至賓南而東北面告者，欲兼聞之於賓也。**賓出，主人出，皆復外位。**爲視牲也。**宗人視牲，告充。雍正作豕。**充，猶肥也。雍正，官名也。北面以策動作豕，視聲氣。○雍正，有司之主割烹者。**宗人舉獸尾，告備；舉鼎鼏，告絜。**備，具。**請期，曰「羹飪」。**肉，謂之羹。飪，熟也。謂明日質明時，而曰肉熟，重豫勞賓。宗人既得期，西北面告賓有司。**告事畢。賓出，主人拜送。**

右視濯、視牲。

夙興，主人服如初，立于門外東方，南面，視側殺。夙，早也。興，起也。主人服如初，則其餘有不玄端者。側殺，殺一牲也。○自此至「立于中庭」，言祭日陳設及位次之事。主人服如初，謂玄端也。案下記唯尸、祝、佐食與主人同服，賓及兄弟筮日、筮尸、視濯，亦玄端，至祭日則皆朝服、玄冠、緇帶、緇韠。**主婦視饎爨于西堂下。**炊黍稷曰饎，宗婦爲之。爨，竈也。西堂下者，堂之西下也，近西壁，南齊于坫。古文

「譆」作「糦」，《周禮》作饎。**亨，于門外，東方，西面，北上。**亨，煑也。煑豕魚腊以鑊，各一爨。《詩》云：「誰能亨魚，溉之釜鬵。」○鬵音尋。**羹飪，實鼎，陳于門外，如初。**初視濯也。**尊于户東，玄酒在西。**户東，室户東。玄酒在西，尚之。凡尊，酌者在左。○鄭註云：「凡尊酌者在左。」玄酒不酌，故在右，是以東西爲左右。《少儀》云：「尊者以酌者之左爲上尊。」又據酌者北面臨尊而言左右，以西爲左，其位置雖同而言有殊也。**實豆籩鉶，陳于房中，如初。**如初者，取而實之，既而反之。**執事之俎，陳于階間，二列，北上。**執事，謂有司及兄弟。二列者，因其位在東西，祝主人主婦之俎，亦存焉。不升鼎者，異於神。**盛兩敦，陳于西堂。藉用萑。几席陳于西堂，如初。**盛黍稷者，宗婦也。萑，細葦。古文「用」爲「于」。○藉，慈夜反。萑音丸。**尸盥匜水，實于槃中，簞巾，在門内之右。**設盥水及巾，尸尊，不就洗，又不揮。門内之右，象洗在東，統于門東，西上。凡鄉内，以入爲左右；鄉外，以出爲左右。○以匜貯水而置之槃，待尸盥，則執匜沃水而槃承之。簞巾，簞中貯巾也。門内之右，門東也。**祝筵几于室中，東面。**爲神敷席也，至此使祝接神。**主婦纚笄，宵衣，立于房中，南面。**主婦，主人之妻，雖姑存，猶使之主祭祀。纚笄，首服。宵，綺屬也。此衣染之以黑，其繒本名曰「宵」，《詩》有「素衣朱宵」，記有「玄宵衣」。凡婦人助祭者同服也。《内則》曰：「舅没則姑老，冢婦所祭祀賓客，每事必請於姑。」○註引《内則》者，證主婦爲主人之妻也。○纚，山買反。**主人、及賓、兄弟、群執事，即位于門外，如初。宗人告：「有司具。」**具，猶辦也。**主人拜賓如初，揖入即位如初。**初，視濯也。**佐食北面立于中庭。**佐食，賓佐尸食者。立于宗人之西。○疏云：「案下記云：『佐食，當事則户外南面，無事則中庭北面。』此經謂無事時也。」又云：「主人行事阼階，

宗人亦在阼階，南擯主人。佐食北面於中庭，明在宗人之西可知。」❶

右祭日陳設及位次。

主人、及祝，升。祝先入，主人從，西面于户内。祝先入，接神宜在前也。《少牢饋食禮》曰：「祝盥于洗，升自西階；主人盥，升自阼階。祝先入，南面。」○自此至「主人再拜稽首」，言主人、主婦、祝、佐食初行陰厭之祭。註引《少牢》者，明此經主人及祝盥升面位，亦與彼同也。**主婦盥于房中，薦兩豆：葵菹、蝸醢，醢在北。**主婦盥，盥於内洗。《昏禮》：「婦洗在北堂，直室東隅。」○蝸，力禾反。**宗人遣佐食及執事盥，出。**命之盥出，當助主人及賓舉鼎。**主人降，及賓盥，出。主人在右，及佐食舉牲鼎；賓長在右，及執事舉魚腊鼎，除鼏。**及，與也。主人在右，統於東。主人與佐食者，賓尊，不載。《少牢饋食禮》：「魚用鮒，腊用麋。」士腊用兔。○疏云：「鼎在門外，北上。東爲右人，西爲左人。右人尊，入時在鼎前，左人卑，入時在鼎後。又載牲體于俎，又設俎神坐前，主人升，乃以東爲主。今在堂下，主人在右，故云『統於東』也。」賓主當相對爲左右，以賓尊不載牲體，故使佐食對主人，使賓爲右人，而使執事在左而載也。○鮒音附。**宗人執畢，先入，當阼階，南面。**畢，狀如叉，蓋爲其似畢星，取名焉。主人親舉，宗人則執畢導之，既錯，又以畢臨匕載，備失脱也。《雜記》曰：「朼用桑，長三尺」，「畢用桑，長三尺，刊其本與末」。朼畢同材明矣。今此朼用棘心，則畢亦用棘心。舊説云：畢似御他神物，神物惡桑叉。則《少牢饋食》及《虞》，無叉，

❶「西」，原作「北」，據疏改。

何哉？此無叉者，乃主人不親舉耳。《少牢》大夫祭，不親舉；《虞》喪祭也。主人未執事，祔練祥執事用桑叉。自此純吉用棘心叉。〇朼音匕。**鼎西面錯，右人抽扃，委于鼎北。**右人，謂主人及二賓。既錯，皆西面俟也。**贊者錯俎，加匕。**贊者，執俎及匕從鼎入者。其錯俎，東縮，加匕，東柄，既則退。而左人北面也。〇《少牢》云：「俎皆設于鼎西，西肆。」又云：「匕皆加于鼎，東枋。」**乃朼。**右人也。尊者於事，指使可也。左人載之。**佐食升肵俎，鼏之，設于阼階西。**肵，謂心舌之俎也。《郊特牲》曰：「肵之爲言敬也。」言主人之所以敬尸之俎。古文「鼏」皆作「密」。〇肵音「祈」。**卒載，加匕于鼎。**卒，已也。已載，畢亦加焉。**主人升，入復位。俎入，設于豆東，魚次，腊特于俎北。**入設俎，載者腊特，饌要方也。凡饌必方者，明食味，人之性所以正。〇「俎入，設于豆東」，豕俎當菹豆之東也。「魚次」，魚又次豕東也。腊特俎北，則與醢相直而正方。**主婦設兩敦黍稷于俎南，西上，及兩鉶芼設于豆南，南陳。**宗婦不贊敦鉶者，以其少，可親之。芼，菜也。**祝洗，酌奠，奠于鉶南，遂命佐食啓會。佐食啓會，卻于敦南。出立于户西，南面。**酌奠，奠其爵觶。《少牢饋食禮》啓會乃奠之。〇會，古外反。**主人再拜稽首，祝在左。**稽首，服之甚者。祝在左，當爲主人釋辭於神也。祝祝曰：「孝孫某，敢用剛鬣、嘉薦、普淖，用薦某事於皇祖某子。尚饗！」〇淖，女孝反。**卒祝，主人再拜稽首。**

右陰厭。

祝迎尸于門外。尸自外來，代主人接之。就其次而請，不拜，不敢與尊者爲禮。《周禮》「掌次」：凡祭祀，張尸次。〇自此以下，言迎尸入行正祭，初尸食九飯、次主人酳尸、次主婦亞獻尸、次賓長三獻尸、次獻賓及兄弟、次長兄弟爲加爵、次衆賓長爲加爵、次嗣舉奠、次旅酬、次佐食獻尸，凡十節。事尸者八節，其獻賓及兄弟、與旅酬，皆承尸意而行神惠者也。此九飯節内，有妥尸祝饗，有挼祭，有初三飯，有再三飯，有終三飯，有盛肵俎，又其六細節。**主人降，立于阼階東。**主人不迎尸，成尸尊。尸，所祭者之孫也。祖之尸，則主人乃宗子；禰之尸，則主人乃父道。事神之禮，廟中而已，出迎則爲厭。〇厭，一葉反。**尸入門，左，北面盥。宗人授巾。**侍盥者，執其器就之。執簞者不授巾，賤也。宗人授巾，庭長尊。《少牢饋食禮》曰：「祝先入門右。尸入門左。」〇盥器設門右，今尸入門左，各執器就尸盥也。**尸至于階。祝延尸，尸升，入。祝先，主人從。**延，進，在後詔侑曰延，《禮器》所謂「詔侑武方」者也。《少牢饋食禮》曰：「尸升自西階，入，祝從。主人升自阼階，祝先入，主人從。」〇「詔侑武方」，彼註：「武，無也。」引《少牢》者，見此經尸入次序，與彼同法也。〇武音無。**尸即席坐。主人拜妥尸。**妥，安坐也。**尸答拜，執奠。祝饗。主人拜如初。**饗，勸彊之也。其辭，取于《士虞記》，則宜云「孝孫某，圭爲孝薦之，饗」。舊説云：明薦之。〇以上妥尸祝饗。〇彊，其丈反。**祝命挼祭。尸左執觶，右取菹，擩于醢，祭于豆間。**命，詔尸也。挼祭，祭神食也。《士虞禮》古文曰「祝命佐食墮祭」，《周禮》曰「既祭則藏其墮」，「墮」與「挼」讀同耳。「擩醢」者，染於醢。〇鄉者設饌陰厭以飫神，今尸來，當食神食，故先挼祭之也。挼，陸氏作許恚反，註云「墮」、「挼」讀同，墮亦作呼回反。墮取降下，挼取切摩，各於祭義有似也。〇挼，註音墮。擩，如悦反。**佐食取黍稷肺祭授尸。尸祭之，祭酒，啐酒，告旨。主人拜。尸奠觶答拜。**肺祭，刌肺也。旨，美也。祭酒，穀味之芬芬者。齊敬共之，惟恐不美，告之美，達其心，明神享之。**祭鉶。嘗之，告旨。主人拜。尸答拜。**鉶，肉味之有菜和者。《曲禮》：「客絮羹，主人辭不能亨。」○以上尸綏祭。**祝命爾敦，佐食爾黍稷于席上。**爾，近也。近之，便尸之食也。**設大羹湆于醢北，**大羹湆，煮肉汁也。不和，貴其質，設之所以敬尸也。不祭不嚌，大羹不爲神，非盛者也。《士虞禮》曰：「大羹湆自門入。」今文「湆」皆爲「汁」。○疏曰：「云『醢北』者，爲薦左。案《公食大夫》、《昏禮》，大羹湆皆在薦右，此在左者，神禮變於生人。」**舉肺脊以授尸。尸受，振祭，嚌之，左執之。**肺，氣之主也。脊，正體之貴者，先食，啗之，所以導食通氣。**乃食，食舉。**舉言食者，明凡解體皆連肉。○舉，肺脊也。從俎舉向口，因名爲舉。**主人羞肵俎于腊北。**肵俎主於尸，主人親羞，敬也。神俎不親設者，貴得賓客以神事其先。**尸三飯，告飽。祝侑，主人拜。**三飯告飽，禮一成也。侑，勸也，或曰又，勸之使又食。《少牢饋食禮》侑辭曰：「皇尸未實，侑」也。○尸三飯。**佐食舉幹，尸受，振祭，嚌之。佐食受，加于肵俎，舉獸幹、魚一，亦如之。**幹，長脅也。獸腊，其體數與牲同。**尸實舉于菹豆。**爲將食庶羞。舉謂肺脊。**佐食羞庶羞四豆，設于左，南上，有醢。**庶，衆也，衆羞以豕肉，所以爲異味。四豆者，膮、炙、胾、醢。南上者，以膮炙爲上，以有醢，不得綪也。**尸又三飯，告飽。祝侑之，如初。**禮再成也。○尸又三飯。**舉骼、及獸、魚，如初。尸又三飯，告飽。祝侑之，如初。**禮三成。獸魚如初者，獸骼、魚一也。**舉肩、及獸、魚，如初。**不復飯者，三「三」者，士之禮大成也。舉，先正脊，後肩，自上而卻下，綪而前，終始之次也。○尸又三飯，不復飯。**佐食盛肵俎，俎釋三个。**佐食取牲魚腊之餘，盛於肵俎，將以歸尸。俎釋三个，爲改饌於西北隅，遺之。所釋者，牲腊則正脊一骨、長脅一骨及臑也；魚則三頭而已。个，猶枚也。今俗言物數，有若干個者，此讀然。**舉肺脊加于肵俎，反黍稷于其所。**尸授佐食，佐食受而加之反之也。肺脊初在菹豆。○佐食盛肵俎。

右尸入九飯。

主人洗角，升酌，酳尸。酳，猶衍也，是獻尸也。云「酳」者，尸既卒食，又却頤衍養樂之。不用爵者，下大夫也。因父子之道質，而用角，角加人事略者。今文「酳」皆爲「酌」。○此初獻節内，有主人獻尸，有尸酢主人、且親嘏，有主人獻祝，主人獻佐食，凡四細節。**尸拜受，主人拜送。尸祭酒，啐酒。賓長以肝從。**肝，肝炙也。古文無「長」。❶○疏云：「此直云『肝從』，亦當如《少牢》『賓長羞牢肝，用俎，縮執俎，肝亦縮。進末，鹽在右』。」**尸左執角，右取肝，擩于鹽，振祭，嚌之，加于菹豆，卒角。祝受尸角，曰「送爵，皇尸卒爵」。主人拜，尸答拜。**「曰送爵」者，節主人拜。○主人獻尸。**祝酌授尸，尸以醋主人。**醋，報也。祝酌不洗，尸不親酌，尊尸也。古文「醋」作「酢」。❷**主人拜受角，尸拜送。主人退，佐食授挼祭。**退者，進受爵，反位，尸將嘏主人，佐食授之挼祭，亦使祭尸食也。其授祭亦取黍稷肺祭。古文「挼」作「綏」。❸**主人坐，左執角，受祭祭之，祭酒，啐酒，進聽嘏。**聽，猶待也。受福曰嘏，嘏，長也，大也，待尸授之以長大之福也。○嘏，古雅反。**佐食摶黍授祝，祝授尸。尸受以菹豆，執以親嘏主人。**獨用黍者，

❶ 原無句讀，今補。
❷ 原無句讀，今補。
❸ 原無句讀，今補。

食之主。其辭，則《少牢饋食禮》有焉。○《少牢》云：「祝以嘏于主人，曰：『皇尸命工祝，承致多福無疆，于女孝孫，來女孝孫，使女受祿于天，宜稼于田，眉壽萬年，勿替引之。』」彼命祝致嘏，故云「皇尸命工祝」。此尸親嘏，當省去此語，直用「承致多福」以下。○摶，大官反。**主人左執角，再拜稽首受，復位，詩懷之，實于左袂，挂于季指，卒角，拜。尸答拜。**詩，猶承也，謂奉納之懷中。季，小也。實于左袂，挂袪以小指者，便卒角也。《少牢饋食禮》曰：「興受黍，坐振祭，嚌之。」○引《少牢》文，明此亦當興，受坐祭，復嚌之也。○挂，俱賣反。**主人出，寫嗇于房。祝以籩受。**變黍言嗇，因事託戒，欲其重稼嗇。嗇者，農力之成功。○尸醋主人，且親嘏。**筵祝南面，**主人自房還時。**主人酌獻祝。祝拜受角，主人拜送。設菹醢，俎。**行神惠也。先獻祝，以接神，尊之。菹醢皆主婦設之，佐食設俎。**祝左執角，祭豆，興取肺，坐祭，嚌之，興加于俎，坐祭酒，啐酒，以肝從。祝左執角，右取肝擩于鹽，振祭，嚌之，加于俎，卒角，拜。主人答拜，受角。**○主人獻祝。**酌獻佐食。佐食北面拜受角。主人拜送。佐食坐祭，卒角，拜。主人答拜，受角，降，反于篚，升，入復位。**○疏云：「下記云：『佐食俎，觳折脊脅。』」○主人獻佐食。

右主人初獻。

主婦洗爵于房，酌，亞獻尸。亞，次也，次猶貳。主婦貳獻，不俠拜者，士妻儀簡耳。○此下主婦亞獻節內，有獻尸，有尸醋，有獻祝，有獻佐食，亦四節。**尸拜受。主婦北面拜送。**北面拜者，辟內子也。大夫之妻，拜於主人北，西面。**宗婦執兩籩，户外坐。主婦受，設于敦南。**兩籩，棗栗，棗在西。**祝贊籩祭。尸受，祭之，祭酒，啐酒。**籩祭，棗栗之祭。其祭之，亦於豆祭。**兄弟長以燔從。尸受，振祭，嚌之，反**

之。燔，炙肉也。○反之，謂反燔于長兄弟。**羞燔者受，加于肵，出。**出者，俟後事也。○俟後事，謂俟主婦獻祝，更當羞燔于祝。**尸卒爵。祝受爵，命送如初。**送者，送卒爵。○主婦獻尸。**酢，如主人儀。**尸酢主婦，如主人儀者，自祝酌至尸拜送，如酢主人也。不易爵，辟内子。○《少牢》尸酢主婦則易爵也。**主婦適房，南面。佐食挼祭。主婦左執爵，右撫祭，祭酒，啐酒，入，卒爵，如主人儀。**撫挼祭，示親祭。佐食不授而祭於地，亦儀簡也。入室卒爵，於尊者前成禮，明受惠也。○尸酢主婦。**獻祝，籩燔從，如初儀。及佐食，如初。卒，以爵入于房。**及佐食如初，如其獻佐食，則拜主人之北，西面也。○如初，如主人獻佐食之拜位。獻尸、獻祝，皆北面，此獨西面者，以佐食北面，不宜同面拜送也。○主婦獻祝，獻佐食。

右主婦亞獻。

賓三獻，如初，燔從如初，爵止。初，亞獻也。尸止爵者，三獻禮成，欲神惠之均於室中，是以奠而待之。○此下言賓長三獻。疏云：「此一科之内，乃有十一爵：賓獻尸，一也；主婦致爵于主人，二也；主人酢主婦，三也；主人致爵于主婦，四也；主婦酢主人，五也；尸舉奠爵酢賓長，六也；賓長獻祝，七也；又獻佐食，八也；賓又致爵于主人，九也；又致爵于主婦，十也；賓受主人酢，十一也。」愚案：自「主婦致爵主人」以下，皆所謂均神惠於室中者，約略分之爲六節。○賓獻尸，尸暫止爵。**席于户内。**爲主人鋪之，西面。席自房來。**主婦洗爵，酌，致爵于主人。主人拜受爵，主婦拜送爵。**主婦拜，拜於北面也。今文曰「主婦洗酌爵」。**宗婦贊豆如初。主婦受，設兩豆兩籩。**初，贊亞獻也。主婦薦兩豆籩，東面也。**俎入設。**佐食設之。**主人左執爵，祭薦。宗人贊祭，奠爵，興取肺，坐絕祭，嚌之，興加于俎。坐挩手，祭**

酒，啐酒，絶肺祭之者，以離肺長也。《少儀》曰：「牛羊之肺，離而不提心。」豕亦然。挩，拭也。挩手者，爲絶肺染汙也。刌肺不挩手。古文「挩」皆作「説」。**肝從。左執爵，取肝擩于鹽，坐振祭，嚌之。宗人受，加于俎，燔亦如之。興，席末坐卒爵，拜。**於席末坐卒爵，敬也。一酌而備再從而次之，亦均。**主婦答拜，受爵，酌醋，左執爵，拜。主人答拜。坐祭，立飲，卒爵，拜。主人答拜。**○主婦致爵于主人，因自酢。**主婦出，反于房。主人降，洗，酌，致爵于主婦。席于房中，南面。主婦拜受爵。主人西面答拜。宗婦薦豆。俎、從獻，皆如主人。主人更爵酌醋，卒爵，降，實爵于篚，入復位。**主人更爵自酢，男子不承婦人爵也。《祭統》曰：「夫婦相授受，不相襲處，酢必易爵，明夫婦之别。」今文「授」爲「受」。❶○主人致爵于主婦，更爵自酢。**三獻作止爵。**賓也，謂三獻者，以事命之。作，起也。舊説云：賓入户，北面，曰：「皇尸請舉爵。」**尸卒爵，酢。**○賓作爵。尸酢賓，其酢當亦祝酌尸拜送。**酌獻祝，及佐食。**○賓獻祝及佐食。**洗爵，酌致于主人主婦。燔從皆如初。更爵，酢于主人。卒，復位。**洗乃致爵，爲異事新之。「燔從皆如初」者，如亞獻及主人主婦致爵也。凡獻佐食皆無從。其薦俎，獻兄弟以齒設之，賓更爵自酢，亦不承婦人爵。○賓致爵主人主婦，更爵自酢。

右賓三獻。

主人降阼階，西面拜賓，如初，洗。拜賓而洗爵，爲將獻之。如初，視濯時「主人再拜，賓答拜；三拜

---

❶「授」，薈要本改作「更」，是。

衆賓，衆賓答再拜」者。〇此下獻賓，獻衆賓，設尊酬賓，獻長兄弟，獻衆兄弟，獻内兄弟，凡六節。以三獻尸訖，事神禮成，順神意以達惠，六節共爲一科。其設尊兩階，先以酬賓，又所以爲旅酬發端也。**賓辭洗，卒洗，揖讓，升。酌，西階上獻賓。賓北面，拜，受爵，主人在右，答拜。**就賓拜者，此禮不主於尊也。賓卑則不專階，主人在右，統於其位。**薦脯醢，設折俎。**凡節解者，皆曰「折俎」。不言其體，略云「折俎」，非貴體也。上賓骼，衆賓儀，公有司設之。**賓左執爵，祭豆，奠爵，興取肺，坐絶祭，嚌之，興加于俎，坐挩手，祭酒，卒爵，拜。主人答拜，受爵，酌酢，奠爵，拜。賓答拜。**主人酌自酢者，賓不敢敵主人。主人達其意。**主人坐祭，卒爵，拜。賓答拜，揖，執祭以降，西面奠于其位，位如初。薦俎從設。**位如初，復其位東面。《少牢饋食禮》：「宰夫執薦以從，設于祭東；司士執俎以從，設于薦東。」是則皆公有司爲之與？〇賓位在西階下東面，今受獻于西階上，言「位如初」，明復西階下東面位也。**衆賓升，拜受爵，坐祭，立飲。薦俎設于其位，辯。主人備答拜焉。降，實爵于篚。**衆賓立飲，賤不備禮。《鄉飲酒·記》曰：「立卒爵者，不拜既爵。」備，盡，盡人之答拜。〇獻賓及衆賓。**尊兩壺于阼階東，加勺，南枋，西方亦如之。**爲酬賓及兄弟。行神惠不酌上尊，卑異之，就其位尊之。兩壺皆酒，優之，先尊東方，示惠由近。《禮運》曰：「澄酒在下。」**主人洗觶，酌于西方之尊，西階前北面酬賓。賓在左。**先酌西方者，尊賓之義。**主人奠觶拜。賓答拜。主人坐祭，卒觶，拜。賓答拜。主人洗觶，賓辭，主人對。卒洗，酌，西面。賓北面拜。**西面者，鄉賓位，立於西階之前，賓所答拜之東北。**主人奠觶于薦北。**奠酬於薦左，非爲其不舉，行神惠，不可同於飲酒。**賓坐取觶，還，東面拜。主人答拜。賓奠觶于薦南，揖復位。**還東面，就其位薦西。奠觶薦南，明將舉。○疏曰：「云『揖復位』者，則初奠時，少南於位可知。云『還東面』者，則初賓坐取觶，薦東西面可知，故鄭註云『還東面，就其位薦西』也。」○設尊酬賓，以啓旅酬。**主人洗爵，獻長兄弟于阼階上，如賓儀。**酬賓乃獻長兄弟者，獻之禮成於酬，先成賓禮，此主人之義。亦有薦脅設于位，私人爲之與？○疏云：「長兄弟初受獻于阼階上時，亦薦脯醢，設折俎，於阼階上。祭訖，乃執以降，設于下位，皆當如賓儀。」愚案：註疏皆不言酢，既云「如賓儀」，當亦主人自酢也。**洗獻衆兄弟，如衆賓儀。**獻卑而必爲之洗者，顯神惠。此言「如衆賓儀」，則如獻衆賓洗，明矣。○獻長兄弟及衆兄弟。**洗獻内兄弟于房中，如獻衆兄弟之儀。**内兄弟，内賓宗婦也。如衆兄弟，如其拜受、坐祭、立飲、設薦俎於其位而立。内賓位在房中之尊北，不殊其長，略婦人也。《有司徹》曰：「主人洗獻内賓於房中。南面拜受爵。」○下記云：「尊兩壺于房中西墉下，南上。内賓立于其北，東面南上。宗婦北堂，東面北上」。註引《有司徹》，見拜受爵面位，與彼同也。**主人西面答拜，更爵酢，卒爵，降實爵于篚，入復位。**爵辯乃自酢，以初不殊其長也。内賓之長，亦南面答拜。○獻内兄弟。

右獻賓與兄弟。

長兄弟洗觚爲加爵，如初儀，不及佐食。洗致如初，無從。大夫士三獻而禮成，多之，爲加也。不及佐食，無從，殺也。致，致於主人主婦。○此三獻之外復爲加爵，云「如初儀」者，如賓長三獻之儀。但賓長獻十一爵，此長兄弟加獻唯六爵：洗觚獻尸，一也；尸酢長兄弟，二也；獻祝，三也；致爵主人，四也；致爵主婦，五也；受主人酢，六也。

右長兄弟加爵。

衆賓長爲加爵，如初，爵止。尸爵止者，欲神惠之均於在庭。○此衆賓長爲加爵。云「如初」，亦如賓長三獻，但尸受爵祭啐之後，即止而不飲，待旅酬西階一觶畢，加爵者乃請尸舉爵。衆賓長非三獻之賓，在庭衆賓中之長者也。

右衆賓長加爵。

嗣舉奠，盥入，北面再拜稽首。嗣，主人將爲後者。舉，飲酒也。使嗣子飲奠者，將傳重累之者。大夫之嗣子不舉奠，辟諸侯。○此下言主人嗣子飲奠獻尸。舉奠者，舉前陰厭時祝所奠於鉶南之爵而飲之。舉奠本言其事，下文遂以目其人，謂嗣爲舉奠。**尸執奠，進受，復位，祭酒，啐酒。尸舉肝，舉奠左執觶，再拜稽首，進受肝，復位，坐食肝，卒觶，拜。尸備答拜焉。**食肝，受尊者賜，不敢餘也。備，猶盡也。每拜答之，以尊者與卑者爲禮，略其文耳。古文「備」爲「復」。**舉奠洗酌入，尸拜受，舉奠答拜。尸祭酒，啐酒，奠之。舉奠出復位。**「啐之」者，答其欲酢己也。「奠之」者，復神之奠觶。嗣齒於子姓，凡非主人，升降自西階。

右嗣舉奠獻尸。

兄弟弟子洗酌于東方之尊，阼階前、北面，舉觶于長兄弟，如主人酬賓儀。弟子，後生也。○此下言旅酬。前主人酬賓，已舉西階一觶。此弟子復舉東階一觶，皆爲旅酬啓端，因於此時告祭設羞。先旅西階一觶，加爵者即作止爵，次旅東階一觶，又次並旅東西二觶，而神惠均於在庭矣。凡六節。○兄弟弟子舉觶。**宗人告祭脀。**脀，俎也。所告者，衆賓、衆兄弟、内賓也。獻時設薦俎于其位，至此禮又殺。告之祭，使成禮也。其祭皆離肺，不言祭豆可知。**乃羞。**羞，庶羞也。下尸，胾醢豆而已。此所羞者，自祝、主人至於内賓，無内羞。○告賓祭設庶羞。**賓坐取觶，阼階前北面酬長兄弟。長兄弟在右。**薦南奠觶。○賓所取者，主人所用酬賓，賓奠于薦南者也。疏曰：「賓主相酬，主人常在東；其同在賓中，則受酬者在左。」**賓奠觶拜，長兄弟答拜。賓立卒觶，酌于其尊，東面立。長兄弟拜受觶，賓北面答拜，揖復位。**其尊，長兄弟尊也。此受酬者拜，亦北面。○長兄弟尊，阼階東之尊也。疏云：「旅酬、無算爵，以飲者酬己尊，酬人之時酌彼尊。」**長兄弟西階前北面，衆賓長自左受旅，如初。**旅，行也，受行酬也。初，賓酬長兄弟。**長兄弟卒觶，酌于其尊，西面立。受旅者拜受，長兄弟北面答拜，揖復位。衆賓及衆兄弟，交錯以辯，皆如初儀。**交錯，猶言東西。○旅西階一觶。**爲加爵者作止爵，如長兄弟之儀。**於旅酬之間，言作止爵，明禮殺並作。○「如長兄弟之儀」，其受尸酢，獻祝，致爵主人主婦，受主人酢，皆同也。前作止爵，待致爵訖；此作止爵，在旅酬之間，故註云「禮殺並作」。○作止爵。**長兄弟酬賓，如賓酬兄弟之儀，以辯。卒受者實觶于篚。**長兄弟酬賓，亦坐取其奠觶。此不言「交錯以辯」，賓之酬不言「卒受者實觶于篚」，明其相報，禮終於此，其文省。○此所舉「奠觶」，即上弟子舉於其長者也。○旅阼階一觶。**賓弟子、及兄弟弟子，洗，各酌于其尊，中庭北面西上，舉觶于其長，奠觶拜。長皆答拜。舉觶者祭，卒觶，拜。長皆答拜。舉觶者洗，各酌于其尊，復初位。長皆拜。舉觶者皆奠觶于薦右。**奠觶進奠之于薦右，非神惠也。今文曰「奠于薦右」。○賓弟子、兄弟弟子，各舉觶於其長，將交相酬爲無算爵也。**長皆執**

以興，舉觶者皆復位答拜。長皆奠觶于其所，皆揖其弟子。弟子皆復其位。「復其位」者，東西面位。弟子舉觶於其長，所以序長幼，教孝弟。凡堂下拜，亦皆北面。**爵皆無算。**算，數也。賓取觶酬兄弟之黨，長兄弟取觶酬賓之黨，唯己所欲，亦交錯以辯，無次第之數。因今接會，使之交恩定好，優勸之。○二觶並舉爲無算爵。

右旅酬。

利洗散，獻于尸，酢，及祝，如初儀。降，實散于篚。利，佐食也。言「利」，以今進酒也。更言「獻」者，以利待尸禮將終，宜一進酒，嫌於加爵，亦當三也。不致爵，禮又殺也。○以進酒名利，利者，養也。

右佐食獻尸。

主人出，立于户外西南。事尸禮畢。**祝東面告利成。**利，猶養也。供養之禮成，不言禮畢，於尸聞之，嫌。○疏曰：「《少牢》云：『主人出立于阼階上，南面，祝出立于西階上，東面。祝告曰「利成」。』此户外告利成，彼階上告利成，以尊者稍遠於尸。若天子諸侯禮畢，於堂下告利成。」**尸謖，祝前，主人降。**謖，起也。前，猶導也。《少牢饋食禮》曰：「祝入，尸謖，主人降，立于阼階東，西面。祝先，尸從，遂出于廟門。」前尸之義，《士虞禮》備矣。○《士虞禮》有室中、出户、降階、出廟前尸之事，故云「備矣」。**祝反，及主人入，復位。命佐食徹尸俎，俎出于廟門。**俎所以載肵俎。《少牢饋食禮》曰：「有司受，歸之。」**徹庶羞，設于西序下。**爲將餕，去之。庶羞主爲尸，非神饌也。《尚書傳》曰：「宗室有事，族人皆侍終日。大宗已侍於賓奠，然後燕私。燕私者何也？已而與族人飲也。」此徹庶羞置西序下者，爲將以燕飲與？然則自尸祝至於兄弟之庶羞，宗子以與族人燕飲於堂；内賓宗婦之庶羞，主婦以燕飲於房。

右尸出歸尸俎徹庶羞。

筵對席，佐食分簋鉶。爲將餕，分之也。分簋者，分敦黍於會，爲有對也。敦，有虞氏之器也。周制，士用虞，變敦言簋，容同姓之士，得從周制耳。《祭統》曰：「餕者，祭之末也，不可不知也。是故古之人有言曰：『善終者如始，餕其是已。』是故古之君子曰：『尸亦餕鬼神之餘也，惠術也，可以觀政矣。』」○此下言嗣子共長兄弟對餕。「筵對席」者，對尸席而設筵，以待下餕也。上餕坐尸席，東向，此在其東，西向。**宗人遣舉奠及長兄弟盥，立于西階下，東面北上。祝命嘗食。籑者舉奠許諾，升，入，東面，長兄弟對之，皆坐。佐食授舉，各一膚。**命，告也。士使嗣子及兄弟籑，其惠不過族親。古文「籑」皆作「餕」。○《少牢》大夫，則二佐食及二賓長餕。命嘗食，即命餕也。○籑，子峻反。**主人西面再拜。祝曰：「籑，有以也。」兩籑奠舉于俎，許諾，皆答拜。**以，讀如「何其久也，必有以也」之「以」。祝告籑，釋辭以戒之，言女籑此，當有所以也。以先祖有德而享于此祭，其坐籑其餘，亦當以之也。《少牢饋食禮》不戒者，非親昵也。舊説曰：主人拜下籑席南。**若是者三。**丁寧戒之。○謂告者三，諾者三，拜者三。**皆取舉，祭食，祭舉。乃食，祭鉶，食舉。**食乃祭鉶，禮殺。○前正祭之時，尸祭鉶乃爾黍食之。○籑食。**卒食。主人降洗爵，宰贊一爵。主人升酌，酳上籑，上籑拜受爵，主人答拜。酳下籑，亦如之。**《少牢饋食禮》曰：「贊者洗三爵，酌。主人受于户内，以授次籑。」舊説云：主人北面授下籑爵。○引《少牢》者，欲見此亦主人受于户内，以授下籑。**主人拜，祝曰：「酳，有與也。」如初儀。**主人復拜，爲戒也。與，讀如「諸侯以禮相與」之

「與」，言女酳此，當有所與也。「與」者，與兄弟也。既知似先祖之德，亦當與女兄弟，謂教化之。○「諸侯以禮相與」，《禮運》文。彼言諸侯會同聘問，一德以尊天子；此戒嗣子與長兄弟及衆兄弟相教化，相與以尊先祖之德也。**兩籑執爵拜**，答主人也。○上文曰「如初儀」，當亦三告三諾，則拜亦當三拜也。**祭酒，卒爵，拜。主人答拜。兩籑皆降，實爵于篚。**○酳籑。**上籑洗爵，升酌，酢主人。主人拜受爵。**下籑復兄弟位，不復升也。**上籑即位坐，答拜。**既授爵户内，乃就坐。**主人坐祭，卒爵，拜。上籑答拜，受爵，降，實于篚。**○上籑酢主人。**主人出立于户外，西面。**事餕者禮畢。

右嗣子、長兄弟籑。愚於此節不能無疑：嗣子，子也。主人拜祝、拜酳、拜受酢，如事嚴賓然。爲之子者，何以安乎？

祝命徹阼俎、豆籩，設于東序下。命，命佐食。阼俎，主人之俎。宗婦不徹豆籩，徹禮略，各有爲而已。設于東序下，亦將燕也。○此下言徹薦俎，改設饌爲陽厭。**祝執其俎以出，東面于户西。**俟告利成。《少牢》下篇曰：「祝告利成，乃執俎以出。」**宗婦徹祝豆籩入于房，徹主婦薦俎。**宗婦既並徹，徹其卑者。《士虞禮》曰：「祝薦席徹入于房。」**佐食徹尸薦、俎、敦，設于西北隅，几在南，厞用筵，納一尊。佐食闔牖户，降。**厞，隱也。不知神之所在，或諸遠人乎？尸謖而改饌爲幽闇，庶其饗之，所以爲厭飫。《少牢饋食禮》曰：「南面，如饋之設。」此所謂「當室之白」，陽厭也，則尸未入之前爲陰厭矣。《曾子問》曰：「殤不備祭，何謂陰厭陽厭也？」○室中未籑前先已徹去庶羞，此時佐食又徹阼俎豆籩，祝自執其俎出，宗婦又徹祝豆籩入房，唯餘尸兩薦豆、三俎各三个，兩敦、兩鉶，自西南隅改饌於西北隅，爲陽厭也。疏云：「引《少牢》

者，見彼大夫禮，陽厭南面；此士禮東面，雖面位不同，當室之白則同。」又云：「祭于奧中，不得戶明，故名陰厭。改饌西北隅，以向戶明，故爲陽厭。」○厭，一豔反。**祝告利成，降，出。主人降，即位。宗人告事畢。**

右改饌陽厭。

賓出，主人送于門外，再拜。 拜，送賓也。凡去者不答拜。**佐食徹阼俎，堂下俎畢出。** 記俎出節。兄弟及衆賓，自徹而出；唯賓俎，有司徹歸之，尊賓者。○方祝命佐食徹阼俎之時，堂下衆俎畢出，先徹室中，乃徹堂下，故云「記俎出節」也。

右禮畢送賓。

記：

特牲饋食，其服皆朝服、玄冠、緇帶、緇韠。 於祭，服此也。「皆」者，謂賓及兄弟。筮日筮尸視濯亦玄端，至祭而朝服。朝服者，諸侯之臣，與其君，日視朝之服。大夫以祭，命賓兄弟，緣孝子欲得嘉賓尊客以事其祖禰，故服之。緇韠者，下大夫之臣。夙興主人服如初，則固玄端。**唯尸、祝、佐食，玄端，玄裳黃裳雜裳可也，皆爵韠。** 與主人同服。《周禮》，士之齊服，有玄端素端，然則玄裳上士也，黃裳中士，雜裳下士。

記祭時衣冠。

設洗，南北以堂深，東西當東榮。 榮，屋翼也。**水在洗東。** 祖天地之左海。**篚在洗西，南順，實二爵、二觚、四觶、一角、一散。** 順，從也。言南從，統於堂也。二爵者，謂賓獻爵止，主婦當致也。二觚，長兄弟酌衆賓長爲加爵，二人班同，迎接並也。四觶，一酌奠，其三，長兄弟酬賓、卒受者、與賓弟子兄弟弟子舉觶於其長，禮殺事相接。《禮器》曰：「貴者獻以爵，賤者獻以散。尊者舉觶，卑者舉角。」舊説云：爵一升，觚二升，觶三升，角四升，散五升。**壺、棜禁，饌于東序，南順。覆兩壺焉，蓋在南。明日卒奠，冪用綌，即位而徹之，加勺。**覆壺者，盝瀝水宜，爲其不宜塵。冪用綌，以其堅潔。禁言棜者，祭尚厭飫，得與大夫同器，不爲神戒也。○覆壺者，謂倒置其壺，口下腹上，以漉滌濯之水，且免塵坋。至明日尊于户東時，始注酒其中。蓋在南，蓋即綌冪，未奠不設冪，卒奠乃設之，奠者祝洗酌奠鉶南也。即位，尸即席也。**籩，巾以綌也，纁裏，棗烝，栗擇。**籩有巾者，果實之物多皮核，優尊者可烝裹之也。「烝」、「擇」互文。舊説云：纁裏者皆玄被。**鉶芼，用苦、若薇，皆有滑，夏葵，冬荁**桓。苦，苦荼也。荁，堇屬，乾之，冬滑於葵。《詩》云：「周原膴膴，堇荼如飴。」云今文「苦」爲「芐」，芐乃地黄，非也。**棘心匕，刻。**刻，若今龍頭。**牲爨在廟門外東南，魚腊爨在其南，皆西面。饎爨在西壁。**饎，炊也。西壁，堂之西牆下。舊説云：南北直屋梠，稷在南。**肵俎：心舌皆去本末，午割之，實于牲鼎，載，心立，舌縮俎。**午割，從横割之。亦勿没，立、縮，順其牲。心舌知食味者，欲尸之饗此祭，是以進之。**賓與長兄弟之薦，自東房。其餘，在東堂。**東堂，東夾之前，近南。○疏曰：「其餘，謂衆賓兄弟之薦也。」

記器具品物陳設之法。

沃尸盥者一人。奉槃者東面，執匜者西面。淳沃。執巾者在匜北。匜北，執匜之北，亦西面。每事各一人。淳沃，稍注之。今文「淳」作「激」。❶**宗人東面取巾，振之三，南面授尸。卒，執巾者受。**宗

❶ 原無句讀，今補。

人代授巾，庭長尊。**尸入，主人及賓皆辟位。出亦如之。**辟位，逡遁。

記事尸之禮。

嗣舉奠，佐食設豆鹽。肝宜鹽也。**佐食當事則户外南面，無事則中庭北面。**當事，將有事而未至。**凡祝呼，佐食許諾。**呼，猶命也。**宗人獻與旅齒於衆賓，**尊庭長。齒，從其長幼之次。**佐食於旅齒於兄弟。**

記佐食所事，因及宗人、佐食齒列。

尊兩壺于房中西墉下，南上。爲婦人旅也。其尊之節，亞西方。〇尊之亞西方者，謂設尊兩階時，先阼階，次西方，又次乃於房中，故云「亞」也。**內賓立于其北，東面，南上。宗婦北堂東面，北上。**二者所謂內兄弟。內賓，姑姊妹也。宗婦，族人之婦，其夫屬，于所祭爲子孫。或南上，或北上，宗婦宜統於主婦。主婦南面。北堂，中房而北。〇姑姊妹，賓類，自取《曲禮》云「東鄉西鄉，以南方爲上」，宗婦取統於主婦，主婦北堂、南面故也。**主婦、及內賓宗婦，亦旅，西面。**西面者，異於獻也。男子獻於堂上，旅於堂下。婦人獻於南面，旅於西面。內賓象衆賓，宗婦象兄弟，其節與其儀，依男子也。主婦酬內賓之長，酌奠于薦左；內賓之長，坐取奠於右。宗婦之娣婦，舉觶於其姒婦，亦如之。內賓之長，坐取奠觶，酬宗婦之姒，交錯以辯；宗婦之姒，亦取奠觶，酬內賓之長，交錯以辯。內賓之少者、宗婦之娣婦，各舉觶於其長，並行交錯，無算。其拜及飲者，皆西面主婦之東南。**宗婦贊薦者，執以坐于户外，授主婦。**

記設內尊與內兄弟面位、旅酬、贊薦諸儀。

尸卒食，而祭饎爨雍爨。雍，孰肉，以尸享祭，竈有功也。舊説云：宗婦祭饎爨，亨者祭雍爨，用黍肉而已，無籩豆俎。《禮器》曰「燔燎於爨」，夫爨者，老婦之祭，盛於盆，尊於瓶。

記祭竈之節。

賓從尸，俎出廟門，乃反位。賓從尸，送尸也。士之助祭，終其事也。俎，尸俎也。賓既送尸，復入反位者，宜與主人爲禮，乃去之。

記賓送尸反位之節。

尸俎：右肩、臂、臑、肫、胳，正脊二骨，横脊，長脅二骨，短脅。尸俎，神俎也。士之正祭禮，九體，貶於大夫，有併骨二，亦得十一之名。合少牢之體數，此所謂「放而不致」者。凡俎食之數奇，脊無中，脅無前，貶於尊者，不貶正脊，不奪正也。正脊二骨、長脅二骨者，將舉於尸，尸食未飽，不欲空神俎。〇「放而不致」，《禮器》文。**膚三，**爲養用二，厭飫一也。**離肺一，**離，猶挂也。小而長，午割之，亦不提心，謂之舉肺。**刌肺三，**爲尸、主人、主婦祭。今文「刌」爲「切」。**魚十有五。**魚，水物，以頭枚數。陰中之物，取數於月，十有五日而盈。《少牢饋食禮》亦云「十有五而俎」，尊卑同，此所謂「經而等」也。〇「經而等」，亦《禮器》文。**腊如牲骨。**不但言體，以有一骨二骨者。**祝俎：髀，脡脊二骨，脅二骨。**凡接於神及尸者，俎不過牲三體，以特牲約，加其可併者二，亦得奇名。《少牢饋食禮》羊豕各三體。〇疏云：「加其可併者二骨者，是尊祝也。」**膚一，離肺一。阼俎：臂，正脊二骨，横脊，長脅二骨，短脅。**主人尊，欲其體得祝之加數。五體，又於可併者二，亦得奇名。臂，左體臂。**膚一，離肺一。主婦俎：豰折，**豰，後足。折，分後右足以爲佐食俎。不分左臑折，辟大夫妻。**其餘如阼俎。**餘，謂脊脅膚肺。**佐食俎：豰折，脊，脅。**三體，卑者，從正。**膚一，離肺一。賓骼。長兄弟及宗人：折。其餘如佐食俎。**骼，左骼也。賓俎全體，尊賓。不用尊體，爲其已甚，卑而全之，其宜可也。「長兄弟及宗人折」，不言所分，略之。**衆賓、及衆兄弟、內賓、宗婦，若有公有司、私臣，皆殽脅，**又略。此所折骨，直破折餘體可殽者，升之俎，一而已。不備三者，賤。祭禮，接神者貴。凡骨有肉曰殽。《祭統》曰：「凡爲俎者，以骨爲主。貴者取貴骨，賤者取賤骨。貴者不重，賤者不虛，示均也。俎者，所以惠之必均也。❶善爲政者如此，故曰『見政事之均焉。』」公有司，亦士之屬，命於君者也。私臣，自己所辟除者。**膚一，離肺一。**

記諸俎牲體之名數。

公有司，門西，北面，東上，獻次衆賓。私臣，門東，北面，西上，獻次兄弟。升受，降飲。獻在後者，賤也。祭祀有上事者，貴之，亦皆與旅。○「上事」，堂上之事。群吏中擇取爲賓、爲衆賓，是皆有上事者。在門外時，同在門西，東面北上；及其入，賓與衆賓適西階以俟行事。其不在選中者，則北面，如此記所陳其得獻之序，或次衆賓、或次兄弟也。「亦皆與旅」，謂此二等得獻雖後，與旅則同也。

記群吏面位獻法。

---

❶「以」字下，薈要本據《祭統》增「明」字。

儀禮　鄭氏註

濟陽張爾岐句讀

少牢饋食禮第十六鄭《目録》云：「諸侯之卿大夫，祭其祖禰於廟之禮。羊豕曰少牢。少牢於五禮屬吉禮。大戴第八，小戴第十一，《别録》第十六。」○疏曰：「鄭知諸侯之卿大夫者，《曲禮下》云：『大夫以索牛，用太牢』，是天子卿大夫。明此用少牢，爲諸侯之卿大夫可知。賓尸是卿，不賓尸爲下大夫，爲異也。」

少牢饋食之禮：禮，將祭祀，必先擇牲，繫於牢而芻之。羊豕曰少牢，諸侯之卿大夫祭宗廟之牲。○疏曰：「自此盡『如初』，論卿大夫祭前十日先筮日之事。」又云：「羊豕曰少牢者，對三牲具爲太牢。但非一牲即得牢稱，一牲即不得牢名。」可言特牲也。○少，詩召反。**日用丁己**，内事用柔日。必丁己者，取其令名，自丁寧，自變改，皆爲敬謹。必先諏此日，明日乃筮。○己音紀。**筮旬有一日**。旬，十日也。以先月下旬之己，筮來月上旬之己。○註言己以例丁，言上旬者，先近日也。**筮於廟門之外。主人朝服，西面于門東。史朝服，左執筮，右抽上韇，兼與筮執之，東面受命于主人**。史，家臣主筮事者。○疏云：「主人朝服者，爲祭而筮，還服祭服。」〇朝，直遥反。韇，徒木反。**主人曰：「孝孫某，來日丁亥，用薦歲事、于皇祖伯某，以某妃配，某氏。尚饗！」**丁未必亥也，直舉一日以言之耳。《禘于太廟禮》曰：「日用丁亥。」不得丁亥，則己亥、辛亥亦用之；無則苟有亥焉可也。薦，進也，進歲時之祭事也。皇，君也。伯某，且字也。大夫或因字爲謚，《春秋傳》曰「魯無駭卒，請謚與族，公命之以字爲展氏」是也。若仲叔季，亦曰仲某叔某季某。某妃，某妻也。合食曰配。某氏，若言姜氏、子氏也。尚，庶幾。饗，歆也。〇疏云：《禘于太廟》「日用丁亥」，《大戴禮》文。「不得丁亥則己亥辛亥亦用之」者，以吉事先近日，惟用上旬。若上旬内不得丁、己配亥，苟有亥焉可也。若並無亥，則餘陰辰亦用之。《春秋》所書有事太廟，固不盡丁、己配亥也。經云「伯某」，是正祭之稱。若時有告請而非常祭祀，則去「伯」，直云且字，言「某甫」。卿大夫無謚，正祭與非常祭，一皆言五十字在「子」上，與士正祭禮同，直云「某子」。《聘禮・記》「皇考某子」是也。若士告請之祭，則稱且字。〇註「伯某且字也」，以其字無可指，故且言某以擬之。且者，聊且解經言某之意也，非謂人之字爲且字也。疏乃云如何祭則直云且字、如何祭則言五十字，似人之字有且有不且，大失註意矣。此其立言之未善也。《士喪禮》筮宅，註云「某甫，且字也，若言山甫孔甫矣」，彼處疏云「『孔甫』之等是實字，以『某甫』擬之是且字」，却甚分明，可以證此處之失。註又云「大夫或因字爲謚」，未聞其説。顧炎武云：謚乃氏之譌。鄭君因《左氏傳》而誤耳。經文「某氏」在「某妃配」之下，文義亦未詳。**史曰：「諾。」西面于門西，抽下韇，左執筮，右兼執韇以擊筮。**將問吉凶焉，故擊之以動其神。《易》曰「蓍之德圓而神」。〇疏云：「筮者是蓍，以其用蓍爲筮，故名蓍爲筮。」**遂述命曰：「假爾大筮有常，孝孫某，來日丁亥，用薦歲事于皇祖**

伯某，以某妃配，某氏。尚饗！」述，循也，重以主人辭告筮也。假，借也，言因蓍之靈以問之。常，吉凶之占繇。〇註以常爲吉凶占繇，謂《易》卦爻之辭。愚詳文義，似謂蓍有常德，即知吉知凶之德，所謂「圓而神」者也。顧炎武云：假，大也。「大筮」之「大」音太。〇繇，直又反。**乃釋韇，立筮。**卿大夫之蓍長五尺，立筮由便。〇對士蓍三尺，則坐筮爲便。**卦者在左坐，卦以木。卒筮，乃書卦于木，示主人，乃退占。**卦者，史之屬也。卦以木者，每一爻，畫地以識之，六爻備，書於板，史受以示主人。退占，東面旅占之。**吉，則史韇筮，史兼執筮與卦以告于主人：「占曰從。」**從者，求吉得吉之言。**乃官戒。宗人命滌，宰命爲酒。乃退。**官戒，戒諸官也。當共祭祀事者，使之具其物，且齊也。滌，溉濯祭器，埽除宗廟。**若不吉，則及遠日，又筮日如初。**及，至也。遠日，後丁若後己。

右筮祭日。

宿。宿讀爲「肅」，肅，進也。大夫尊，儀益多。筮日既戒諸官以齋戒矣，至前祭一日，又戒以進之，使知祭日當來。古文「宿」皆作「羞」。〇疏曰：「自此盡『改筮尸』，論筮尸、宿尸、及宿諸官之事。云『大夫尊儀益多』者，大夫宿戒兩有，士有宿而無戒，是儀略。」**前宿一日，宿戒尸。**皆肅諸官之日。又先肅尸者，重所用爲尸者，又爲將筮。〇當祭前二日，先戒當爲尸者。**明日，朝服筮尸，如筮日之儀，命曰：「孝孫某，來日丁亥，用薦歲事于皇祖伯某，以某妃配，某氏。以某之某爲尸。尚饗！」筮、卦、占，如初。**某之某者，字尸父而名尸也。字尸父，尊鬼神也。不前期三日筮尸者，大夫下人君，祭之朝乃視濯，與士異。**吉，則乃遂宿尸。祝擯。**筮吉又遂肅尸，重尸也。既肅尸，乃肅諸官及執事者。祝爲擯者，尸神象。**主人再**

拜稽首。祝告曰：「孝孫某，來日丁亥，用薦歲事于皇祖伯某，以某妃配，某氏。敢宿。」告尸以主人爲此事來。**尸拜，許諾；主人又再拜稽首。主人退，尸送，揖，不拜。**尸不拜者，尸尊。**若不吉，則遂改筮尸。**即改筮之，不及遠日。

右筮尸、宿尸、宿諸官。

既宿尸，反，爲期于廟門之外。爲期，肅諸官而皆至，定祭早晏之期。爲期亦夕時也。言既肅尸反爲期，明大夫尊，肅尸而已，其爲賓及執事者使人肅之。○疏曰：「自此盡『曰諾乃退』，論宗人請祭期之事。」**主人門東南面。宗人朝服北面，曰：「請祭期。」主人曰：「比於子。」**比次早晏，在於子也。主人不西面者，大夫尊，於諸官有君道也。爲期，亦唯尸不來也。○比，推量也。推量祭時之早晚，唯在於子。子謂宗人。**宗人曰：「旦明行事。」主人曰：「諾。」乃退。**旦明，旦日質明。

右爲祭期。

明日，主人朝服即位于廟門之外，東方南面。宰宗人西面，北上。牲北首東上。司馬刲羊，司士擊豕，宗人告備，乃退。刲、擊，皆謂殺之。此實既省「告備乃殺之」。文互者，省文也。《尚書傳》：「羊屬火，豕屬水。」○疏曰：「自此盡『東榮』，論視殺、視濯之事。」又云：人君視牲視殺別日，大夫視牲視殺同日；人君殺牲于門內，大夫士殺于門外。○刲，苦圭反。**雍人概鼎匕俎于雍爨，雍爨在門東南，北上。**雍人，掌割亨之事者。爨，竈也。在門東南，統於主人，北上。羊豕魚腊皆有竈，竈西有鑊。凡概者，皆陳之而後告絜。○概，濯拭之也。**廩人概甑甗匕與敦于廩爨，廩爨在雍爨之北。**廩人，掌米入之藏者。甗如甑，一孔。匕所以匕黍稷者也。古文「甑」爲「烝」。○雍爨以亨牲，廩爨以熟黍稷。○甑，子孕反。甗，魚展反。敦音對。**司宮概豆籩勺爵觚觶几洗篚于東堂下，勺爵觚觶實于篚。卒概，饌豆籩與篚于房中，放于西方。設洗于阼階東南，當東榮。**放，猶依也。大夫攝官，司宮兼掌祭器也。○司宮概此九種祭器，其酌酒之器，則實之於篚。西方，房中近西處也。篚，謂實酒器者。○放，方往反。

右祭日視殺視濯。

羹定，雍人陳鼎五，三鼎在羊鑊之西，二鼎在豕鑊之西。魚腊從羊，膚從豕，統於牲。○疏曰：「自此盡『簞巾于西階東』，論鼎及豆、籩盤匜等之事。」**司馬升羊右胖，髀不升，肩、臂、臑、膊、胳、正脊一、脡脊一、横脊一、短脅一、正脅一、代脅一，皆二骨以並；腸三、胃三、舉肺一、祭肺三，實于一鼎。**升，猶上也。上右胖，周所貴也。髀不升，近竅賤也。肩、臂、臑，肱骨；膊、胳，股骨。脊從前爲正，脅旁中爲正；脊先前，脅先後，屈而反，猶器之綪也。並，併也。脊脅骨多，六體各取二骨併之，以多爲貴。舉肺一，尸食所先舉也；祭肺三，爲尸主人主婦。古文「胖」皆作「辯」，「髀」皆作「脾」。今文「並」皆爲「併」。○膊音純，又《説文》之允反。**司士升豕右胖，髀不升，肩、臂、臑、膊、胳、正脊一、脡脊一、横脊一、短脅一、正脅一、代脅一，皆二骨以並；舉肺一、祭肺三，實于一鼎。**豕無腸胃，君子不食溷腴。**雍人倫膚九，實于一鼎。**倫，擇也。膚，脅革肉。擇之取美者。**司士又升魚腊，魚十有五而鼎，腊一純而鼎，腊用麋。**司士又升，副倅者。合升左右胖曰純，純，猶全也。○此司士與前升豕者非一人，故註云是其副貳也。**卒脀，皆設扃鼏，乃舉，陳鼎于廟門之外，東方，北面，北上。**北面北上，鄉内相隨。古文「鼏」皆爲「密」。

○脀，以牲體實鼎也。○脀，之承反。**司宮尊兩甒于房户之間，同棜，皆有冪，甒有玄酒。**房户之間，房西，室户東也。棜無足，禁者，酒戒也，大夫去足改名，優尊者，若不爲之戒然。古文「甒」皆作「廡」，今文「冪」作「鼏」。**司宮設罍水于洗東，有枓；設篚于洗西，南肆。**枓，𣂏水器也。凡設水用罍，沃盥用枓，禮在此也。○篚中實勺爵觚觶，鄭云「禮在此」者，謂全經中言設水之法，其文詳於此也。○枓音主。𣂏，九于反。**改饌豆籩于房中，南面，如饋之設，實豆籩之實。**改，更也。爲實之更之，威儀多也。如饋之設，如其陳之左右也。饋設東面。○此承上文，亦司宮爲之。前饌豆籩房中，依於西方，今欲實之，乃更陳如饋時之次第也。豆籩之實，謂菹醢等。**小祝設槃匜與簞**丹**巾于西階東。**爲尸將盥。

右羹定，實鼎、饌器。

主人朝服即位于阼階東，西面。爲將祭也。○疏曰：「自此盡『革順』，論祭時將至，布設、舉鼎、上載之事。」**司宮筵于奥，祝設几于筵上，右之。**布陳神坐也。室中西南隅謂之奥。席東面，近南爲右。**主人出迎鼎，除鼏。士盥，舉鼎，主人先入。**道之也，主人不盥、不舉。○士禮，自舉鼎，則盥。**司宮取二勺于篚，洗之，兼執以升，乃啓二尊之蓋冪，奠于棜上，加二勺于二尊，覆之，南柄。**二尊，兩甒也。今文「柄」爲「方」。○勺，以挹酒者。**鼎序入，雍正執一匕以從，雍府執四匕以從，司士合執二俎以從，司士贊者二人皆合執二俎以相，從入。**相，助。**陳鼎于東方，當序，南于洗西，皆西面，北上，膚爲下。匕皆加于鼎，東枋。**膚爲下，以其加也。南于洗西，陳于洗西南。○既有豕鼎，復取膚，別爲一鼎，故謂之加也。**俎皆設于鼎西，西肆。肵俎在羊俎之北，亦西肆。**肵俎在北，將先載也。異其設文，不當鼎。**宗人**

遣賓就主人，皆盥于洗，長朼。長朼者，長賓先，次賓後也。主人不朼，言就主人者，明親臨之。古文「朼」作「匕」。**佐食上利升牢心舌，載于肵俎。心皆安下切上，午割勿没，其載于肵俎，末在上。舌皆切本末，亦午割勿没，其載于肵，横之。皆如初爲之于爨也。**牢，羊豕也。安，平也。平割其下，於載便也。凡割本末，食必正也。午割，使可絶；勿没，爲其分散也。肵之爲言敬也，所以敬尸也。周禮：祭尚肺，事尸尚心舌，心舌知滋味。今文「切」皆爲「刌」。**佐食遷肵俎于阼階西，西縮，乃反。佐食二人。上利升羊，載右胖，髀不升。肩、臂、臑、膞、胳、正脊一、脡脊一、横脊一、短脅一、正脅一、代脅一，皆二骨以並。腸三、胃三、長皆及俎拒。舉肺一，長終肺，祭肺三，皆切。肩臂臑膞胳在兩端，脊脅肺肩在上。**升之以尊卑，載之以體次，各有宜也。拒，讀爲「介距」之「距」。俎距，脛中當横節也。凡牲體之數、及載，備於此。○「脊脅肺肩在上」，「肩」字殆誤。唐石本、吴澄本並同。今按上文已言肩，不當重出，且遺胃，則「肩」字即「胃」字之誤可知。**下利升豕，其載如羊，無腸胃，體其載于俎，皆進下。**進下，變於食生也，所以交於神明，不敢以食道，敬之至也。《鄉飲酒禮》：進腠，羊次其體。豕言「進下」，互相見。○食生人之法，進腠。腠，骨之本。下，骨之末。進下者，以骨之末向神也。○腠，千候反。**司士三人，升魚腊膚。魚用鮒，十有五而俎，縮載，右首，進腴。**右首進腴，亦變於食生也。《有司》載魚横之。《少儀》曰：「羞濡魚者進尾。」○「《有司》載魚横之」，即下篇《有司徹》，引此及《少儀》，欲見正祭與「儐尸」載魚禮異。**腊一純而俎，亦進下，肩在上。**如羊豕。凡腊之體載，禮在此。**膚九而俎，亦横載，革順。**列載於俎，令其皮相順。亦者，亦其骨體。○「亦横載」，上牲體横載，此膚亦然。革順者，膚相次而作行列，則其皮順也。

右將祭即位、設几、加勺、載俎。

卒晉，祝盥于洗，升自西階。主人盥，升自阼階。祝先入，南面，主人從，户内西面。將納祭也。○疏曰：「自此盡『主人又再拜稽首』，論先設置爲陰厭之事也。」○載牲於俎，亦謂之晉。主婦被錫，衣侈袂，薦自東房，韭菹、醓醢，坐奠于筵前。主婦贊者一人，亦被錫，衣侈袂，執葵菹蠃醢，❶以授主婦。主婦不興，遂受，陪設于東，韭菹在南，葵菹在北。主婦興，入于房。被錫，讀爲「髲鬄」。古者或剔賤者刑者之髮，以被婦人之紒，爲飾，因名髲鬄焉。此《周禮》所謂「次」也。不纚笄者，大夫妻尊，亦衣綃衣而侈其袂耳。侈者，蓋半士妻之袂以益之。袂三尺三寸，袪尺八寸。韭菹醓醢，朝事之豆也，而饋食用之，豐大夫禮。葵菹在綪。今文「蠃」爲「蝸」。❷○《周禮》：「追師掌王后以下副編次」，鄭彼註云：「副，首飾，若今步摇。編，編列髮爲之，若今假紒。次，次第髮長短爲之，所謂髲鬄。」髲鬄者，即此文也。《特牲》，主婦士妻，纚笄而綃衣；此大夫妻，則首服次，亦綃衣而侈其袂。侈袂者，士妻綃衣，袂二尺二寸，袪尺二寸；此大夫妻綃衣則三分益一，袂三尺三寸，袪尺八寸。故註云：「半士妻之袂以益之。」韭菹醓醢，本天子祭祀薦腥所用之豆，共有八種，此用其二以饋食，故註云「豐大夫禮」。韭菹在醓醢之南，葵菹在蠃醢之北。菹醢錯對，是「在綪」也。○髲，皮義反。鬄，大計反。醓，他感反。佐食上利執羊俎，下利執豕俎，司士三人執

❶「蠃」，原訛「蠃」，據薈要本、文淵閣本改。
❷「蠃」，原訛「蠃」，據薈要本、文淵閣本改。

魚腊膚俎，序升自西階。相，從入。設俎：羊在豆東，豕亞其北，魚在羊東，腊在豕東，特膚，當俎北端。相，助也。○特膚者，膚俎單設在四俎之北也。主婦自東房，執一金敦黍，有蓋，坐設于羊俎之南。婦贊者執敦稷以授主婦。主婦興受，坐設于魚俎南；又興受贊者敦黍，坐設于稷南；又興受贊者敦稷，坐設于黍南。敦皆南首。主婦興，入于房。敦有首者，尊者器飾也。飾蓋象龜，周之禮，飾器各以其類，龜有上下甲。今文曰：「主婦入于房。」○設黍稷，亦綪也。祝酌奠，遂命佐食啓會。佐食啓會蓋，二以重，設于敦南。酌奠，酌酒爲神奠之。後酌者，酒尊，要成也。《特牲饋食禮》曰：「祝洗酌奠，奠于鉶南。」重，累之。主人西面，祝在左，主人再拜稽首。祝祝曰：「孝孫某，敢用柔毛剛鬣、嘉薦普淖，用薦歲事于皇祖伯某，以某妃配，某氏。尚饗！」主人又再拜稽首。羊曰柔毛，豕曰剛鬣。嘉薦，菹醢也。普淖，黍稷也。普，大也；淖，和也。德能大和，乃有黍稷。《春秋傳》曰：「奉粢以告曰：『潔粢豐盛。』謂其三時不害，而民和年豐也。」○牲物異號，以殊人用也。《春秋傳》桓六年隨季梁之言。引之者，以證「普淖」之義。

右陰厭。

祝出迎尸于廟門之外。主人降立于阼階東，西面。祝先，入門右；尸入門左。主人不出迎尸，伸尊也。《特牲饋食禮》曰：「尸入，主人及賓皆辟位，出亦如之。」祝入門右者，辟尸盥也。既則後尸。○疏曰：「自此盡『牢肺正脊加于肵』，論尸入正祭之事。」愚案此正祭內尸入妥尸、尸十一飯，又自二節。宗人奉槃，東面于庭南。一宗人奉匜水，西面于槃東。一宗人奉簞巾，南面于槃北。乃沃尸，盥于槃上。

卒盥，坐奠簞，取巾，興，振之三，以授尸，坐取簞，興，以受尸巾。庭南，没霤。〇疏曰：「庭南者，於庭近南，是没盡門屋霤，近門而盥也。」**祝延尸。尸升自西階，入，祝從。**由後詔相之曰延，延，進也。《周禮》曰：「大祝相尸禮。」祝從，從尸升自西階。**主人升自阼階，祝先入，主人從。**祝接神，先入宜也。**尸升筵，祝主人西面立于户内，祝在左。**主人由祝後而居右，尊也。祝從尸，尸即席，乃卻居主人左。**祝主人皆拜妥尸。尸不言，尸答拜，遂坐。**拜妥尸，拜之使安坐也。尸自此答拜，遂坐而卒食。其間有不啐奠、不嘗鉶、不告旨，大夫之禮，尸彌尊也。不告旨者，爲初亦不饗，所謂「曲而殺」。〇《特牲》有啐酒嘗鉶告旨、主人拜、尸答拜，不得遂坐。鄭解此經「遂坐而卒食」，以其間皆無此禮。又《特牲》有祝饗之禮，士賤不嫌與君同，故尸亦告旨。此經初不祝饗，故尸亦不告旨，是殺於君禮也。「曲而殺」，《禮器》文。**祝反南面。**未有事也。墮祭，爾敦，官各肅其職，不命。〇方陰厭之初，祝入南面。此既無事，故反其位。〇墮，許規反。

右迎尸入，妥尸。

尸取韭菹辯擩于三豆，祭于豆間。上佐食取黍稷于四敦。下佐食取牢一切肺于俎，以授上佐食。上佐食兼與黍以授尸。尸受，同祭于豆祭。牢，羊豕也。同，合也，合祭於菹豆之祭也。黍稷之祭爲墮祭。將食神餘，尊之而祭之。今文「辯」爲「徧」。〇合祭于豆祭，豆祭即韭菹之祭于豆間者。祭黍稷者，就器減取而祭，故名墮祭。祭畢斂而藏之。肺與黍稷皆名爲墮，《周禮·守祧職》「既祭則藏其墮」是也。先陳設爲陰厭，尸後來即席食，是尸餕鬼神之餘，故尊而祭之，非盛主人之饌而祭也。**上佐食舉尸牢肺正脊以授尸。上佐食爾上敦黍于筵上，右之。**爾，近也，或曰移也。右之，便尸食也。重言「上佐食」，明更起不相因。〇吴氏云：「授尸下有『尸受祭肺』四字。」今案唐石本亦無四字，唯下文「食舉」疏云：「云『舉牢肺正脊也』者，上文云『上佐食舉尸牢肺正脊以授尸，尸受祭肺』，明今食先云『食舉』，是上牢肺正脊也。」據此文，則賈作疏時，經文尚有「尸受祭肺」四字，故吴云然也。**主人羞肵俎，升自阼階，置于膚北。**羞，進也。肵，敬也。親進之，主人敬尸之加。**上佐食羞兩鉶，取一羊鉶于房中，坐設于韭菹之南。下佐食又取一豕鉶于房中以從。上佐食受，坐設于羊鉶之南，皆芼，皆有柶。尸扱以柶，祭羊鉶，遂以祭豕鉶，嘗羊鉶。**芼，菜也。羊用苦，豕用薇，皆有滑。〇芼，亡報反。**食舉。**舉，牢肺正脊也。先食啗之，以爲道也。**三飯。**食以黍。〇疏云：「以前文先言『爾黍』，故知先食黍。」上「爾黍」條下疏云：「《特牲》『黍稷』，此及《虞》皆不云『稷』者，文不具也。其實亦爾之，不虚陳而不食也。」**上佐食舉尸牢幹。尸受，振祭，嚌之。佐食受，加于肵。**幹，正脅也。古文「幹」爲「肝」。**上佐食羞胾兩瓦豆。有醢，亦用瓦豆。設于薦豆之北。**設于薦豆之北，以其加也。四豆亦綪，羊胾在南，豕胾在北。無膷臐膮者，尚牲不尚味。**尸又食，食胾。上佐食舉尸一魚。尸受，振祭，嚌之。佐食受，加于肵，横之。**又，復也。或言食，或言飯，食大名，小數曰飯。魚横之者，異於肉。〇疏云：「一口謂之一飯，故云『小數曰飯』。大夫不儐尸者，於此時亦當設大羹。」〇數，所角反。**又食，上佐食舉尸腊肩。尸受，振祭，嚌之。上佐食受，加于肵。**腊魚皆一舉者，《少牢》二牲，略之。腊必舉肩，以肩爲終也。别舉魚腊，崇威儀。〇「《少牢》二牲略之」者，對《特牲》三舉獸魚。「别舉魚腊崇威儀」者，對《特牲》魚獸常一時同舉。「以肩爲終」者，牲體貴肩，以所貴者終也。

又食。上佐食舉尸牢骼，如初。如舉幹也。**又食。**不舉者，鄉大夫之禮，❶不過五舉，須侑尸。○疏曰：「云五舉者：舉牢肺，一也；又舉牢幹，二也；又舉一魚，三也；又舉腊肩，四也；又舉牢骼，五也。」**尸告飽。祝西面于主人之南，獨侑不拜。侑曰：「皇尸未實，侑。」**侑，勸也。祝獨勸者，更則尸飽。實猶飽也。祝既侑，復反南面。○祝獨侑者，不與主人共侑也。疏曰：「云『祝既侑復反南面』者，户内，主人及祝有事之位；尸席北，祝無事之位。今侑訖，亦復尸北南面位也。」**尸又食。上佐食舉尸牢肩。尸受，振祭，嚌之。佐食受加于肵。**四舉牢體，始於正脊，終於肩，尊於終始。○正脊及肩，皆牲體之貴者。**尸不飯，告飽。祝西面于主人之南。**祝當贊主人辭。**主人不言，拜侑。**祝言而不拜，主人不言而拜，親疏之宜。**尸又三飯。**爲祝一飯，爲主人三飯，尊卑之差。尸十一飯，下人君也。**上佐食受尸牢肺正脊，加于肵。**言「受」者，尸授之也。尸受牢幹而實舉于菹豆，食畢，操以授佐食焉。○牢肺正脊，即上文所云「食舉」也。❷初食舉，不言置舉之所，至此十一飯後，乃言上佐食受尸牢肺正脊加于肵，以《特牲》禮約推之，方尸三飯、上佐食舉牢幹時，尸蓋置舉於菹豆，至此食畢，尸乃於菹豆上取而授上佐食也。

右尸十一飯，是謂正祭。

主人降洗爵，升，北面酌酒，乃酳尸。尸拜受，主人拜送。酳，猶羨也。既食之而又飲之，所以樂

❶「鄉」，薈要本、文淵閣本作「卿」。

❷「上」，原作「土」，據薈要本改。

之。古文「醑」作「酌」。○疏曰：「自此盡『折一膚』，論主人酳尸之事。云『酳猶羨也』者，取饒羨之義，故以爲樂之也。」愚案：此初獻禮：主人獻尸，尸醋主人遂致嘏，主人獻祝，主人獻佐食，凡四節。**尸祭酒，啐酒。賓長羞牢肝，用俎，縮執俎，肝亦縮，進末，鹽在右。**羞，進也。縮，從也。鹽在肝右，便尸擩之。古文「縮」爲「蹙」。○疏云：「鹽在肝右，據賓長西面手執而言，若至尸前，鹽在尸之左，尸以右手取肝，向左擩之便也。」**尸左執爵，右兼取肝，擩于俎鹽，振祭，嚌之，加于菹豆，卒爵。主人拜。祝受尸爵。尸答拜。**兼，兼羊豕。

右主人獻尸。

祝酌授尸，❶尸醋主人。主人拜受爵。尸答拜。主人西面奠爵，又拜。主人受酢酒，俠爵拜，彌尊尸。○疏云：「祝代尸酌，已是尊尸。今拜受訖，又拜，是彌尊尸也。」**上佐食取四敦黍稷。下佐食取牢一切肺，以授上佐食。上佐食以綏祭。**綏，或作「挼」，挼讀爲墮。將受嘏，亦尊尸餘而祭之。古文「墮」爲「肵」。○取四敦黍稷，於四敦中各取少許也。上佐食以綏祭者，以此黍稷及切肺，授主人爲墮祭也。綏，許規反。挼及墮，讀並同。○綏，許規反。**主人左執爵，右受佐食，坐祭之，又祭酒，不興，遂啐酒。**右受佐食，右手受墮於佐食也。至此言「坐祭之」者，明尸與主人爲禮也。尸恒坐，有事則起，主人恒立，有事則坐。**祝與二佐食皆出，盥于洗，入。二佐食各取黍于一敦。上佐食兼受，摶之，以授尸，尸執以命**

❶ 原無句讀，今補。

祝。命祝以嘏辭。○命祝使出嘏辭也。**卒命祝，祝受以東，北面于户西，以嘏于主人，曰：「皇尸命工祝，承致多福無疆于女孝孫。來女孝孫，使女受祿于天，宜稼于田，眉壽萬年，勿替引之。」**嘏，大也，予主人以大福。工，官也。承，猶傳也。來，讀曰釐，釐，賜也。耕種曰稼。勿，猶無也。替，廢也。引，長也。言無廢止，時長如是也。古文「嘏」爲「格」，❶「祿」爲「福」，「眉」爲「微」，「替」爲「袂」，「袂」或爲「戴」。戴、替，聲相近。○女音汝。袂音決。戴，大結反。**主人坐奠爵，興，再拜稽首，興，受黍，坐振祭，嚌之，詩懷之，實于左袂，挂于季指，執爵以興，坐卒爵，執爵以興，坐奠爵，拜。尸答拜，執爵以興，出。宰夫以籩受嗇黍。主人嘗之，納諸内。**詩，猶承也。實於左袂，便右手也。季，猶小也。出，出户也。宰夫，掌飲食之事者。收斂曰嗇，明豐年乃有黍稷也。復嘗之者，重之至也。納猶入也。古文「挂」作「卦」。❷

右尸酢主人，命祝致嘏。

主人獻祝，設席南面。祝拜于席上，坐受。室中迫狹。○室中迫狹，故祝拜席上也。疏曰：「士大夫廟皆兩下五架，正中曰棟，棟南兩架，北亦兩架。棟南一架名曰楣，前承簷，以前名曰庪。棟北一架爲室，南壁而開户，即是一架之開廣爲室，故云『迫狹』也。」**主人西面答拜。**不言拜送，下尸。**薦兩豆菹醢。**葵菹、蠃醢。**佐食設俎：牢髀、横脊一、短脅一、腸一、胃一、膚三，魚一，横之，腊兩髀屬于尻。**皆升下

---

❶「古文」至「聲相近」，原無句讀，今補。

❷ 原無句讀，今補。

體，祝賤也。魚橫者，四物共俎，殊之也。腊兩髀屬于尻，尤賤，不殊。○註云「四物」，謂羊、豕、魚、腊也。腊用左右胖，故用兩髀。尻比髀爲尤賤，因不殊別之也。○尻，苦刀反。**祝取菹㨎于醢，祭于豆間。祝祭俎，**大夫祝俎無肺，祭用膚，遠下尸。不嚌之，膚不盛。○疏云：「《特牲》尸俎有祭肺、離肺，祝俎有離肺無祭肺，是下尸。今大夫祝祭肺離肺俱無，是遠下尸也。離肺祭訖嚌之加于俎，今以膚替肺，是不盛，故不嚌。」**祭酒，啐酒，肝牢從。祝取肝㨎于鹽，振祭，嚌之，不興，加于俎，卒爵，興。**亦如佐食授爵乃興，不拜既爵，大夫祝賤也。○疏云：「《特牲》祝卒爵則拜，士卑，祝不賤也。」

右主人獻祝。

主人酌獻上佐食。上佐食户内牖東北面拜，坐受爵。主人西面答拜。佐食祭酒，卒爵，拜，坐授爵，興。不啐而卒爵者，大夫之佐食賤，禮略。○疏云：「《特牲》士之佐食，亦啐。」**俎設于兩階之間，其俎：折，一膚。**佐食不得成禮於室中。折者，擇取牢正體餘骨，折分用之，有脀而無薦，亦遠下尸。○疏云：「有脀，即俎實是也。無薦，謂無菹醢也。無肺已是下尸，又無薦，是遠下尸也。」**主人又獻下佐食，亦如之。其脀亦設于階間，西上，亦折，一膚。**上佐食既獻，則出就其俎。《特牲記》曰：「佐食無事，則中庭北面。」謂此時。○西上者，上佐食俎在西，此在其東。

右主人獻兩佐食，初獻禮竟。

有司贊者取爵于篚以升，授主婦贊者于房户。❶ 男女不相因。《特牲饋食禮》曰：「佐食卒角，主人受角，降，反于篚。」○疏曰：「自此盡『入于房』，論主婦亞獻尸祝與佐食之事。」○此亞獻禮内：主婦獻尸、尸醋主婦、主婦獻祝、主婦獻佐食，亦四節。註引《特牲禮》者，見此亦主人受佐食爵，反于篚。贊者别取爵授主婦，是男女不因爵而用也。**婦贊者受，以授主婦。主婦洗于房中，出酌，入户，西面拜，獻尸。** 入户西面拜，由便也。下北面者，辟人君夫人也。拜而後獻者，當俠拜也。《婚禮》曰：「婦洗在北堂，直室東隅。」○引《昏禮》者，明此經婦洗所在，亦然也。**尸拜受。主婦主人之北，西面拜送爵。** 拜於主之北西面，婦人位在内。此拜於北，則上拜於南，由便也。**尸祭酒，卒爵。主婦拜。祝受尸爵。尸答拜。**

右主婦獻尸。

易爵，洗酌授尸。 祝出易爵，男女不同爵。**主婦拜受爵，尸答拜。上佐食綏祭。主婦西面于主人之北受祭，祭之，其綏祭如主人之禮，不嘏，卒爵拜。尸答拜。** 不嘏，夫婦一體。「綏」亦當作「挼」，❷ 古文爲「肵」。

右尸酢主婦。

主婦以爵出。贊者受，易爵于篚，以授主婦于房中。 贊者，有司贊者也。易爵，亦以授婦贊者。婦

---

❶ 「户」，文淵閣本作「中」。

❷ 「綏亦」至「爲肵」，原無句讀，今補。

贊者受房户外，入授主婦。主婦洗，酌，獻祝。祝拜，坐受爵。主婦答拜，于主人之北。卒爵，不興，坐授主婦。不俠拜，下尸也。今文曰「祝拜受」。

右主婦獻祝。

主婦受，酌，獻上佐食于户内。佐食北面拜，坐受爵。主婦西面答拜。祭酒，卒爵，坐授主婦。主婦獻下佐食，亦如之。主婦受爵以入于房。不言拜於主人之北，可知也。爵奠於内篚。

右主婦獻兩佐食，亞獻禮竟。

賓長洗爵獻于尸，尸拜受爵，賓户西北面拜送爵。尸祭酒，卒爵。賓拜。祝受尸爵。尸答拜。

右賓長獻尸。

○自此至于「其筵前」，論賓長終獻之禮：賓長獻尸、尸醋賓長、賓長獻祝，凡三節。

祝酌授尸。賓拜受爵。尸拜送爵。賓坐奠爵，遂拜，執爵以興，坐祭，遂飲，卒爵，執爵以興，坐奠爵，拜。尸答拜。

右尸醋賓長。

賓酌獻祝。祝拜，坐受爵。賓北面答拜。祝祭酒，啐酒，奠爵于其筵前。啐酒而不卒爵，祭事畢，示醉也。不獻佐食，將儐尸，禮殺。○疏曰：「案《特牲》，賓長獻，『爵止』，註云『欲神惠之均于室中』，待夫婦致爵。此大夫禮，或有儐尸者，致爵在儐尸之上，故不致爵，爵不止也。若然，《有司徹》『尸作止爵』，三獻致爵於主人，主人不酢主婦，又不致爵於主婦；下大夫不儐尸，賓獻尸、止爵，主婦致爵於主人，酢主婦，主人不致於主婦。《特牲》主人與主婦交相致爵。參差不同者，此以尊卑爲差降之數，故有異也。上大夫得儐尸，故致爵上辟人君；下大夫不儐尸，故增『酢主婦』而已；士卑，不嫌與君同，故致爵具也。」

右賓長獻祝，終獻禮竟。

主人出立于阼階上，西面。祝出立于西階上，東面。祝告曰：「利成。」利，猶養也。成，畢也。孝子之養禮畢。**祝入。尸謖。主人降立于阼階東，西面。**謖，起也。謖，或作「休」。○謖，所六反。**祝先，尸從，遂出于廟門。**事尸之禮，訖於廟門外。

右祭畢，尸出廟。

祝反，復位于室中。主人亦入于室，復位。祝命佐食徹肵俎，降設于堂下阼階南。徹肵俎不出門，將儐尸也。肵俎而以儐尸者，其本爲不反魚肉耳。不云尸俎，未歸尸。○疏曰：「自此盡篇末，論徹肵俎行餕之事。」○肵俎之設，本爲尸食魚肉，不可反於俎，故加於肵俎。今擬儐尸，將更食魚肉，故留此肵俎以俟後加。儐尸訖，乃歸尸家也。**司宮設對席，乃四人餕。**大夫禮，四人餕，明惠大也。○設對席者，對尸席而設西向之席。四人餕，二在尸席，二在對席。凡餕之道，施惠之象，故四人餕爲惠大，對《特牲》二人餕爲惠小也。**上佐食盥升，下佐食對之，賓長二人備。**備，四人餕也。三餕亦盥升。○備者，兩佐食之外，又以賓二人充此數也。上佐食升居尸席，下佐食西向對之。疏云：「下佐食雖云西向對，實近北，不得東西相當，以其一賓長在上佐食之北，一賓長在下佐食之南也。」**司士進一敦黍于上佐食，又進一敦黍于下佐食，皆右之于席上。**右之者，東面在南，西面在北。**資黍于羊俎兩端，兩下是餕。**資，猶減也。減置於羊俎兩端，則一賓長在上佐食之北，一賓長在下佐食之南。今文「資」作「齋」。○「兩下是餕」者，二賓長在二佐食之左，於位爲下，故云「兩下」。分減敦黍，置羊俎兩端，二賓於此取食也。**司士乃辯舉。養者皆祭黍祭舉。**舉，舉膚。今文「辯」爲「徧」。○司士遍授養者，各一膚也。疏云：「養者下尸，不舉肺，當舉膚。」**主人西面三拜養者。養者奠舉于俎，皆答拜，皆反，取舉。**三拜，旅之，示徧也。言反者，拜時或反其席。在東面席者，東面拜；在西面席者，皆南面拜。**司士進一鉶于上養，又進一鉶于次養，又進二豆湇于兩下。乃皆食，食舉。**湇，肉汁也。○疏云：「神坐止有二鉶，分進兩佐食。兩下無鉶，故進湇也。」**卒食，主人洗一爵，升酌，以授上養。贊者洗三爵，酌。主人受于户內，以授次養。若是以辯。皆不拜，受爵。主人西面三拜養者。養者奠爵，皆答拜，皆祭酒，卒爵，奠爵，皆拜。主人答壹拜。**不拜受爵者，大夫餕者賤也。答一拜，略也。古文「壹」爲「一」也。○《特牲》嗣子與兄弟餕，故拜受爵。**養者三人興，出。**出降實爵于篚，反賓位。**上養止。主人受上養爵，酌以醋于户內，西面坐奠爵，拜。上養答拜。坐祭酒，啐酒。**主人自酢者，上養獨止當尸位，尊不酌也。○疏云：「上餕將嘏主人，故在尸位，不可親酌。」**上養親嘏，曰：「主人受祭之福，胡壽保建家室。」**親嘏，不使祝授之，亦以黍。○亦摶黍以授主人而致辭也。**主人興，坐奠爵，拜，執爵以興，坐卒爵，拜。上養答拜。上養興，出。主人送，乃退。**送佐食不拜，賤。○退，謂主人退。

右餕。

儀禮　鄭氏註

濟陽張爾岐句讀

有司徹第十七

鄭《目録》云：「《少牢》之下篇也，上大夫既祭，儐尸於堂之禮。若下大夫，祭畢，禮尸於室中，無别行儐尸於堂之事。天子諸侯之祭，明日而繹。《有司徹》，於五禮屬吉，大戴第九，小戴第十二，《别録》『《少牢》下篇第十七』。」○疏曰：「言『大夫既祭儐尸於堂之禮』者，謂上大夫室中事尸，行三獻禮畢，别行儐尸於堂之禮。又云『祭畢禮尸於室中』者，據下大夫室内事尸，行三獻，無别行儐尸於堂之事，即於室内爲加爵禮尸，即下文云『若不儐尸』以下是也。」

有司徹。 徹室中之饋及祝佐食之俎。卿大夫既祭而儐尸，禮崇也。儐尸則不設饌西北隅，以此薦俎之陳，有祭象，而亦足以厭飫神。天子諸侯，明日祭於祊而繹，《春秋傳》曰「辛巳，有事于大廟，仲遂卒于垂。壬午，猶繹」是也。《爾雅》曰：「繹，又祭也。」○疏曰：「自此盡『如初』，論徹室内之饋，并更整設及温尸俎之事。」○有司，謂司馬、司士、宰夫之屬。徹，徹去祭時之饌。不儐尸者，尸出之後，設饌於西北隅，以厭飫神，謂之「陽厭」。此既儐尸，有祭象，故不設饌西北隅爲陽厭也。此儐尸與祭同日，天子、諸侯則明日爲之，名曰「繹」；繹之禮，設祭於廟門外之西室，謂之「祊」；而事尸於堂，則爲「繹」。故註曰：「天子諸侯，明日祭于祊而繹。」祊、繹同時，而大名曰繹。又正祭時亦有祊祭，但正祭之祊在廟門內，明日又祭之祊於廟門外。○徹，直列反。祊，百庚反。**埽堂。**爲儐尸新之。《少儀》曰：「汎埽曰埽，埽席前曰拚。」○拚，方問反。**司宮攝酒。**更洗益整頓之。今文「攝」爲「聶」。○疏云「洗益」當作「橈益」，謂「橈擾添益之」。**乃爇尸俎。**爇，温也。温尸俎於爨，肵亦温焉。獨言温尸俎，則祝與佐食不與儐尸之禮。古文「爇」皆作「尋」，《記》或作「燖」。《春秋傳》曰：「若可燖也，亦可寒也。」○《春秋傳》哀十二年子貢對吳大宰嚭語，鄭引之，證爇尸俎是重温之義。今《左傳》本「燖」作「尋」。○爇音尋。**卒爇，乃升羊豕魚三鼎，無腊與膚。乃設扃鼏，陳鼎于門外，如初。**腊爲庶羞，膚從豕，去其鼎者，儐尸之禮殺於初。如初者，如廟門之外東方北面北上。今文「扃」爲「鉉」。古文「鼏」爲「密」。

右將儐尸整設。

乃議侑于賓，以異姓。議，猶擇也。擇賓之賢者，可以侑尸。必用異姓，廣敬也。是時主人及賓有司已復內位。古文「侑」皆作「宥」。❶ ○疏曰：「自此盡『侑答拜』，論選侑并迎尸及侑之事。」**宗人戒侑。**戒，猶告也。南面告於其位，戒曰：「請子爲侑。」○疏曰：「知『南面告於其位』者，以賓位在門東，北面，請以爲侑，明面鄉其位可知。」**侑出，俟于廟門之外。**俟，待也。待於外，當與尸更入。主人興禮事尸，極敬心也。

❶ 原無句讀，今補。

右選侑以輔尸。

司宮筵于户西，南面。爲尸席也。**又筵于西序，東面。**爲侑席也。**尸與侑，北面于廟門之外，西上。**言「與」，殊尊卑。北面者，賓尸而尸益卑。西上，統於賓客。**主人出迎尸。宗人擯。**賓客尸而迎之，主人益尊。擯，贊。**主人拜，尸答拜。主人又拜侑，侑答拜。主人揖，先入門，右。**道尸。**尸入門，左；侑從，亦左。揖，乃讓。**没霤相揖，至階又讓。**主人先升自阼階。尸侑升自西階，西楹西，北面，東上。**東上，統於其席。○疏云：「賓席以東爲上故也。」**主人東楹東，北面拜至；尸答拜。主人又拜侑，侑答拜。**拜至，喜之。

右迎尸及侑。

乃舉。舉，舉鼎也。舉者不盥，殺也。○自此盡「西枋」，論門外舉鼎匕俎入陳之事。**司馬舉羊鼎，司士舉豕鼎、舉魚鼎，以入，陳鼎如初。**如初，如阼階下西面北上。○疏云：「『如初』者，如上經正祭時陳鼎之事也。」**雍正執一匕以從，雍府執二匕以從，司士合執二俎以從，司士贊者亦合執二俎以從。匕皆加于鼎，東枋。二俎設于羊鼎西，西縮。二俎皆設于二鼎西，亦西縮。**雍正，群吏掌辨體名肉物者。府，其屬。凡三匕，鼎一匕。四俎，爲尸、侑、主人、主婦。其二俎設于豕鼎魚鼎之西，陳之宜具也。古文「縮」皆爲「蹙」。❶ **雍人合執二俎陳于羊俎西，並，皆西縮；覆二疏匕于其上，皆縮俎，西枋。**並，并

❶ 原無句讀，今補。

也。其南俎，司馬以羞羊匕湆、羊肉湆；其北俎，司士以羞豕匕湆、豕肉湆、豕脀、湆魚。疏匕，匕柄有刻飾者。古文「並」皆作「併」。❶ ○此二俎以爲益送之用。匕湆，無肉，直汁，注于疏匕，故爲匕湆。肉湆則肉之從湆中出者，實無汁也。

右陳鼎階下，設俎俟載。

主人降，受宰几。尸侑降。主人辭。尸對。几，所以坐安體。《周禮》：「大宰掌贊玉几玉爵。」○自此盡「主人及尸侑皆升就筵」，言主人初獻之儀：獻尸、獻侑、受酢，凡三大節。此獻尸一節內，授几、獻爵、主婦薦豆籩、司馬載羊俎、賓長設羊俎、次賓進匕湆、司馬羞肉湆、次賓羞燔，又自有八細節。主人拜送爵而主婦薦，賓長設正俎而尸祭薦，司馬挹匕湆而尸祭俎，次賓授匕湆而尸啐酒告旨，司馬羞肉湆而尸嚌肺，次賓羞燔而尸卒爵，此其相承相應之次，有不容稍紊者。若司馬載羊俎之下，並列十一俎，則欲以類從著諸俎之差等耳，不以其次也。**宰授几。主人受，二手橫執几，揖尸。**獨揖尸，几禮主於尸。**主人升。尸侑升，復位。**位，阼階賓階上位。○即上文東楹東、西楹西之位也。**主人西面，左手執几，縮之，以右袂推拂几三，二手橫執几，進授尸于筵前。**衣袖謂之袂。推拂，去塵示新。**尸進，二手受于手間。**受從手間，謙也。**主人退。尸還几，縮之，右手執外廉，北面奠于筵上，左之，南縮，不坐。**左之者，異於鬼神。生人陽長左，鬼神陰長右。不坐奠之者，几輕。**主人東楹東，北面拜；**拜，送几也。**尸復位，尸與侑皆北**

❶ 原無句讀，今補。

面答拜。侑拜者，從於尸。○以上授尸几。

主人降洗，尸侑降。尸辭洗，主人對。卒洗，揖，主人升，尸侑升。尸西楹西北面拜洗。主人東楹東北面奠爵答拜，降盥。尸侑降。主人辭。尸對。卒盥，主人揖，升；尸侑升。主人坐取爵，酌獻尸。尸北面拜受爵，主人東楹東北面拜送爵。降盥者，爲土污手不可酌。○以上獻爵。

主婦自東房薦韭菹醓，坐奠于筵前，菹在西方。婦贊者執昌菹醓，以授主婦。主婦不興，受，陪設于南，昌在東方；興，取籩于房，麷蕡，坐設于豆西，當外列，麷在東方。婦贊者執白黑，以授主婦。主婦不興，受，設于初籩之南，白在西方；興，退。昌，昌本也。韭菹、醓醢、昌本、麋臡。麷，熬麥也。蕡，熬枲實也。白，熬稻。黑，熬黍。此皆朝事之豆籩。大夫無朝事，而用之儐尸，亦豐大夫之禮。主婦取籩興者，以饌異，親之。當外列，辟鉶也。退，退入房也。○疏云：正祭先薦後獻，若繹祭，則先獻後薦。此儐尸禮，與天子、諸侯繹祭同，故亦先獻後薦也。天子、諸侯之祭，坐尸於堂，北面而事之，謂之「朝事」。《特牲》、《少牢》正祭無朝事於堂，直有室中之事。儐尸用韭菹等，皆朝事所用，是謂「豐大夫之禮」，然八籩八豆之中，各取其四耳。○以上主婦薦豆籩。○麷，方中反。

乃升。升牲體於俎也。司馬朼羊，亦司馬載，載右體：肩、臂、肫、骼、臑、正脊一、脡脊一、橫脊一、短脅一、正脅一、代脅一、腸一、胃一、祭肺一，載于一俎。言燅尸俎，復序體者，明所舉肩骼存焉，亦著脊脅皆一骨也。臑在下者，折分之以爲肉湆俎也。一俎，謂司士所設羊鼎西第一俎。○此尸正俎，載已，即當設之豆南者。羊肉湆：臑折、正脊一、正脅一、腸一、胃一、嚌肺一，載于南俎。肉湆，肉在汁中者，以增俎實，爲尸加也。必爲臑折，上所折分者。嚌肺，離肺也。南俎，雍人所設在南者。此以下十一俎，俟時而載，於此歷説之爾。今文「湆」爲「汁」。○疏曰：「十一俎者，即尸之羊肉湆，一也；豕脀俎，二也；侑之羊俎，三也；豕俎，四也；主人羊俎，五也；羊肉湆俎，六也；豕脀，七也；主婦羊俎，八也；尸、侑、主人三者，皆有魚俎，是其十一。通尸羊正俎，爲十二俎。其四俎，尸、侑、主人、主婦載羊體俎，皆爲正俎；其餘八俎，雍人所執二俎，益送往還，故有八，其實止二俎也。」**司士朼豕，亦司士載，亦右體：肩、臂、肫、骼、臑、正脊一、脡脊一、横脊一、短脅一、正脅一、代脅一、膚五、嚌肺一，載于一俎。**臑在下者，順羊也。俎，謂雍人所設在北者。○此與上羊肉湆並事尸加俎，用雍人所設二俎傳送之者。**侑俎：羊左肩、左肫、正脊一、脅一、腸一、胃一、切肺一，載于一俎。侑俎：豕左肩折、正脊一、脅一、膚三、切肺一，載于一俎。**侑俎用左體，侑賤。其羊俎過三體，有肫，尊之，加也。豕左肩折，折分爲長兄弟俎也。切肺，亦祭肺，互言之爾。無羊湆，下尸也。豕又祭肺不嚌肺，不備禮。俎，司士所設羊鼎西之北俎也。豕俎與尸同。○羊左肩一俎是侑正俎，豕俎則加俎。註云「豕俎與尸同」，謂亦用雍人所設俎加之也。**阼俎：羊肺一、祭肺一，載于一俎。羊肉湆：臂一、脊一、脅一、腸一、胃一、嚌肺一，載于一俎。豕脀：臂一、脊一、脅一、膚三、嚌肺一，載于一俎。**阼俎，主人俎。無體，遠下尸也。以肺代之，肺尊也。加羊肉湆而有體，崇尸惠，亦尊主人。臂，左臂也。侑用肩，主人用臂，下之也。不言左臂者，大夫尊，空其文也。降於侑羊體一，而增豕膚三，有所屈，有所申，亦所謂「順而摭」也。阼俎，司士所設豕鼎西俎也。其湆俎與尸俎同，豕俎又與尸豕俎同。○羊肺一俎，主人正俎。其下二俎，皆加俎，亦皆用雍人所設俎益送之，故註云「與尸俎同」。**主婦俎：羊左臑、脊一、脅一、腸一、胃一、膚一、嚌羊肺一，載于一俎。**無豕體而有膚，以主人無羊體，不敢備也。無祭肺，有嚌肺，亦下侑也，祭肺尊。言嚌羊肺者，文承膚下，嫌也。膚在羊肺上，則羊豕之體名同，相亞也。其俎，司士所設在魚鼎西者。○主婦有正俎，無加俎。**司士朼魚，亦司士載。尸俎五魚，橫載之；侑主人皆一魚，亦橫載之。皆加膴祭于其上。**橫載之者，異於牲體，彌變於神。膴，讀如「殷哻」之「哻」，刳魚時，割其腹以爲大臠也，可用祭也。其俎又與尸豕俎同。○正祭升魚縮載，於俎爲縮，於尸爲橫，右首，進腴。若食生人，亦縮載，右首，但進鰭脊向人爲異。今儐尸，升魚乃橫載，於人爲縮，是不與正祭同，又與生人異也。魚三俎，皆用尸豕俎益送之，亦若侑、主人之豕脅，故註云「其俎又與尸豕俎同」。○以上言司馬載尸正俎，遂歷數十一俎體物，皆俟事至乃載，非此時遽已載也。○膴，火吳反。刳，空吳反。

卒升。卒，已也。已載尸羊俎。**賓長設羊俎于豆南。賓降。尸升筵自西方，坐，左執爵，右取韭菹擩于三豆，祭于豆間。尸取麷蕡，宰夫贊者取白黑以授尸。尸受，兼祭于豆祭。**❶賓長，上賓。○以上賓長設羊俎。

雍人授次賓疏匕與俎。受于鼎西，左手執俎左廉，縮之，卻右手執匕枋，縮于俎上；以東面受于羊鼎之西。司馬在羊鼎之東，二手執挑匕枋以挹湆，注于疏匕，若是者三。挑謂之歃，讀如「或舂

❶ 下「祭」字，原作「間」，據薈要本改。

或扰」之「扰」。字或作「挑」者，秦人語也。此二匕者，皆有淺升，狀如飯橾。❶挑長枋，可以抒物於器中者。注，猶瀉也。今文「挑」作「扰」，「挹」皆爲「扱」。❷○橾，七肖反。抒，食汝反。**尸興，左執爵，右取肺，坐祭之，祭酒；興，左執爵。**肺，羊祭肺。○「尸興」，承上文尸坐祭豆籩之節。**次賓縮執匕俎以升，若是以授尸。尸卻手受匕枋，坐祭，嚌之；興，覆手以授賓。賓亦覆手以受，縮匕于俎上以降。**嚌湆者，明湆肉加耳。嘗之以其汁，尚味。○將進湆肉，先進其湆嘗之。湆在鼎已調，故云「尚味」。若太羹，則不在鼎，不調也。以降者，以此匕俎而降。○覆，芳扶反。❸**尸席末坐啐酒；興，坐奠爵，拜告旨；執爵以興。主人北面于東楹東答拜。**旨，美也。拜告酒美，答主人意。古文曰「東楹之東」。○以上次賓授匕湆。

司馬羞羊肉湆，縮執俎。尸坐奠爵，興取肺，坐絕祭，嚌之；興，反加于俎。司馬縮奠俎于羊湆，俎南，乃載于羊俎；卒載，縮執俎以降。絕祭，絕肺末以祭。《周禮》曰：「絕祭。」湆使次賓，肉使司馬，大夫禮多，崇敬也。○司馬縮執縮奠之俎，羊肉湆俎也，即雍人所設益送之南俎也。「載于羊俎」者，載此羊肉湆於尸之正俎也。經文「司馬縮奠俎于羊湆俎南」疑誤，覲下受酢羞肉湆節，當是「縮奠湆俎于羊俎

❶「橾」，薈要本作「操」，下同。
❷「扱」，原作「扳」，據薈要本、文淵閣本改。
❸「扶」，薈要本、文淵閣本作「伏」。

南」。○以上司馬羞肉湆。

尸坐執爵以興。次賓羞羊燔，縮執俎，縮一燔于俎上，鹽在右。尸左執爵，受燔，㨎于鹽，坐振祭，嚌之；興，加于羊俎。賓縮執俎以降。燔，炙。尸降筵，北面于西楹西，坐卒爵；執爵以興，坐奠爵，拜；執爵以興。主人北面于東楹東答拜。主人受爵。尸升筵，立于筵末。○以上次賓羞燔。

右主人獻尸，從獻者凡五：豆籩、正羊俎、匕湆、羊肉湆、羊燔也。

主人酌獻侑。侑西楹西北面拜受爵。主人在其右，北面答拜。不洗者，俱獻，間無事也。主人就右者，賤不專階。○此下主人獻侑節，獻爵、薦豆籩、設羊俎、設羊燔，有四細節。疏云：「凡爵行，爵從尊者來向卑者，俱獻，間無事，則不洗爵；從卑者來向尊，雖獻，間無事，亦洗。賤不專階，對主人不就尸階者，尸尊，得專階也。」○獻侑爵。

主婦薦韭菹醓，坐奠于筵前，醓在南方。婦贊者執二籩麷蕡，以授主婦。主婦不興受之，奠麷于醓南，蕡在麷東。主婦入于房。醓在南方者，立侑爲尸，使正饌統焉。○薦侑豆籩。

侑升筵自北方。司馬横執羊俎以升，設于豆東。侑坐，左執爵，右取菹㨎于醓，祭于豆間；又取麷蕡同祭于豆祭；興，左執爵，右取肺，坐祭之，祭酒；興，左執爵。○設侑羊俎。

次賓羞羊燔，如尸禮。侑降筵自北方，北面于西楹西，坐卒爵；執爵以興，坐奠爵，拜。主人答拜。答拜，拜於侑之右。○設侑羊燔。

右主人獻侑，從獻之儀，降於尸者二：羊匕湆與肉湆也。

尸受侑爵，降洗。侑降，立于西階西，東面。主人降自阼階，辭洗。尸坐奠爵于篚，興對。卒洗，主人升，尸升自西階。主人拜洗。尸北面于西楹西坐奠爵，答拜，降盥。主人降。尸辭。主人對。卒盥，主人升，尸升，坐取爵，酌。酌者，將酢主人。○此下尸酢主人節，主人受爵、主婦薦豆籩、長賓設俎、次賓羞匕湇、司馬羞肉湇、次賓羞燔、主人拜崇酒，凡七細節。《特牲》、《少牢》主人獻尸，尸即酢主人，主人乃獻祝及佐食，此尸待主人獻侑乃酢主人不同者，此尸卑，達主人之意，欲得先進酒於侑；彼尸尊，欲自達己意，故先酢主人也。司宮設席于東序，西面。主人東楹東，北面拜受爵。尸西楹，西北面答拜。○主人受酢爵。

主婦薦韭菹醢，坐奠于筵前，菹在北方。婦贊者執二籩麷蕡。主婦不興，受，設麷于菹西北，蕡在麷西。主人升筵自北方。主婦入于房。設籩于菹西北，亦辟鉶。○疏云：《特牲》、《少牢》皆致爵乃設席，「此受酢即設席，以其儐尸，尸益卑，主人益尊故也」。○主婦薦主人豆籩。

長賓設羊俎于豆西。主人坐，左執爵，祭豆籩，如侑之祭；興，左執爵，右取肺，坐祭之，祭酒；興。○設主人羊俎。

次賓羞匕湇，如尸禮，席末坐啐酒；執爵以興。○羞主人匕湇。

司馬羞羊肉湇，縮執俎。主人坐奠爵于左；興，受肺，坐絕祭，嚌之；興，反加于湇俎。司馬縮奠湇俎于羊俎西，乃載之；卒載，縮執虛俎以降。奠爵于左者，神惠變於常也。言「受肺」者，明有授。言「虛俎」者，羊湇俎訖於此，虛不復用。○羞主人肉湇。

主人坐取爵以興。次賓羞燔。主人受，如尸禮。○羞主人燔。

主人降筵自北方，北面于阼階上，坐卒爵；執爵以興，坐奠爵，拜；執爵以興。尸西楹西答拜。主人坐奠爵于東序南。不降奠爵於篚，急崇酒。

侑升。尸侑皆北面于西楹西。見主人不反位，知將與己爲禮。主人北面于東楹東，再拜崇酒。崇，充也。拜謝尸侑，以酒薄充滿。尸侑皆答再拜。主人及尸侑，皆升就筵。○拜崇酒。

右主人受尸酢，薦設亦有五事，尊主人，故與尸同也。主人初獻禮竟。

司宮取爵于篚，以授婦贊者于房東，以授主婦。房東，房户外之東。○自此至「尸主人及侑皆就筵」，凡四節，皆主婦亞獻之事：獻尸，一也；獻侑，二也；致爵於主人，三也；受尸酢，四也。主婦洗爵于房中，出實爵，尊南西面拜獻尸。尸拜于筵上受。尊南西面拜，由便也。○疏曰：「賓主獻酢，無在筵上受法。今尸於筵上受者，以婦人所獻，故尸不與行賓主之禮，故不得各就其階。」主婦西面于主人之席北，拜送爵；入于房，取一羊鉶，坐奠于韭菹西。主婦贊者執豕鉶以從。主婦不興，受，設于羊鉶之西；興，入于房，取糗與腶脩，執以出，坐設之，糗在蕡西，脩在白西；興，立于主人席北，西面。飲酒而有鉶者，祭之餘鉶，無黍稷，殺也。糗，糗餌也。腶脩，擣肉之脯。今文「腶」爲「斷」。○腶，丁亂反。尸坐，左執爵，祭糗脩，同祭于豆祭；以羊鉶之柶挹羊鉶，遂以挹豕鉶，祭于豆祭，祭酒。次賓羞豕匕湆，如羊匕湆之禮。尸坐啐酒，左執爵，嘗上鉶；執爵以興，坐奠爵，拜。主婦答拜。執爵以興。司士羞豕脀。尸坐奠爵，興受，如羊肉湆之禮；坐取爵興。次賓羞豕燔。尸左執爵，受燔，如羊燔之禮；坐卒爵，拜。主婦答拜。

右主婦獻尸，從獻亦五。主婦既獻爵，設兩鉶，又設糗脩，次賓羞豕匕湆，司士羞豕脀，次賓羞豕燔，儀節與主人獻尸並相當。

受爵，酌獻侑。侑拜受爵。主婦主人之北，西面答拜。酌獻者主婦。今文無「西面」。主婦羞糗脩，坐奠糗于麷南，脩在蕡南。侑坐，左執爵，取糗脩兼祭于豆祭。司士縮執豕脀以升。侑興取肺，坐祭之。司士縮奠豕脀于羊俎之東，載于羊俎；卒，乃縮執俎以降。侑興。豕脀無湆，於侑禮殺。次賓羞豕燔。侑受如尸禮，坐卒爵，拜。主婦答拜。

右主婦獻侑，其從獻同於尸者亦三，主婦既獻爵，羞糗脩，司士羞豕脀，次賓羞豕燔；降於尸者二，無鉶羹與豕匕湆。

受爵，酌以致于主人。主人筵上拜受爵。主婦北面于阼階上答拜。主婦易位拜于阼階上，辟併敬。主婦設二鉶與糗脩，如尸禮。主人其祭糗脩，祭鉶，祭酒，受豕匕湆，拜啐酒，皆如尸禮。嘗鉶不拜。主人如尸禮，尊也。其異者，不告旨。○疏云：「按前主婦獻尸，尸啐酒，嘗鉶，拜。彼拜雖在嘗鉶下，其拜仍爲啐酒，是以《特牲》、《少牢》尸嘗鉶皆不拜。或此經啐酒之上無『拜』文；有者，衍字也。」○愚按疏言，謂經嘗鉶不拜，正謂啐酒不拜耳。「啐酒」上「拜」字衍。又註云「其異者，不告旨」，其意亦然。主婦獻尸，尸啐酒拜，亦告旨之意也。其受豕脀，受豕燔，亦如尸禮；坐卒爵，拜。主婦北面答拜，受爵。

右主婦致爵于主人，從設並與尸同。

尸降筵，受主婦爵以降。將酢主婦。主人降。侑降。主婦入于房。主人立于洗東北，西面。侑東面于西階西南。俟尸洗。尸易爵于篚，盥洗爵。易爵者，男女不相襲爵。主人揖尸侑。將升。主人升。尸升自西階。侑從。主人北面立于東楹東。侑西楹西北面立。俟尸酌。尸酌。主婦出于房，西面拜，受爵。尸北面于侑東答拜。主婦入于房。司宮設席于房中，南面。主婦立于席西。設席者，主婦尊。今文曰「南面尸于席西」。❶婦贊者薦韭菹醢，坐奠于筵前，菹在西方。婦人贊者執麷蕡以授婦贊者。婦贊者不興，受，設麷于菹西，蕡在麷南。婦人贊者，宗婦之少者。主婦升筵。司馬設羊俎于豆南。主婦坐，左執爵，右取菹揳于醢，祭于豆間；又取麷蕡兼祭于豆祭。主婦奠爵；興取肺，坐絕祭，嚌之；興加于俎，坐挩手，祭酒，啐酒。挩手者于帨。帨，佩巾，《内則》曰：婦人亦左佩紛帨。古文「挩」作「説」。○挩，申鋭反。❷次賓羞羊燔。主婦興受燔，如主人之禮。主婦執爵以出于房，西面于主人席北，立卒爵，執爵拜。尸西楹西北面答拜。主婦入立于房。尸主人及侑皆就筵。出房立卒爵，宜鄉尊。不坐者，變於主人也。執爵拜，變於男子也。○鄉尊，謂對尸而卒爵。

右主婦受尸酢，從獻亦三，與侑同等。主婦亞獻禮竟。

❶「尸」，薈要本作「立」。

❷「申」，原訛「由」，據薈要本改。

上賓洗爵以升，酌，獻尸。尸拜，受爵。賓西楹西北面拜送爵。尸奠爵于薦左。賓降。上賓，賓長也。謂之上賓，以將獻，異之，或謂之長賓。奠爵，爵止也。

右上賓三獻尸，尸奠爵不舉，欲神惠均于庭，待徧得獻，乃舉之。

主人降，洗爵。尸侑降。主人奠爵于篚，辭。尸對。卒洗，揖。尸升。侑不升。侑不升，尸禮益殺，不從。主人實爵酬尸，東楹東北面坐奠爵，拜。尸西楹西北面答拜。坐祭，遂飲。卒爵拜。尸答拜。降洗。尸降辭。主人奠爵于篚對。卒洗，主人升，尸升。主人實爵。尸拜受爵。主人反位答拜。尸北面坐奠爵于薦左。降洗者主人。

右主人酬尸。○《特牲》及下「不儐尸」，皆無酬尸之事。此特有之，奠而不舉。

尸侑主人皆升筵。乃羞，宰夫羞房中之羞于尸侑主人主婦，皆右之；司士羞庶羞于尸侑主人主婦，皆左之。二羞所以盡歡心。房中之羞，其籩則糗餌粉餈，其豆則酏食糝食。庶羞，羊臐豕膮，皆有胾醢。房中之羞，内羞也。内羞在右，陰也。庶羞在左，陽也。○内羞是穀物，穀本地産，故爲陰；庶羞是牲物，牲本天産，故爲陽。

右羞于尸、侑、主人、主婦。

主人降，南面拜衆賓于門東，三拜。衆賓門東北面，皆答壹拜。拜于門東，明少南就之也。言「三拜」者，衆賓賤，旅之也。衆賓一拜，賤也。卿大夫尊，賓賤，純臣也，位在門東。今文「壹」爲「一」。○衆賓，自長賓而下也。自此至「主人就筵」，皆主人酌獻外庭、内庭之事，所謂「均神惠」也。凡七節：獻長賓，一也；獻衆賓，二也；主人自酢于長賓，三也；酬長賓，四也；獻兄弟，五也；獻内賓，六也；獻私人，七也。**主人洗爵。長賓辭。主人奠爵于篚，興對。卒洗，升酌，獻賓于西階上。長賓升，拜受爵。主人在其右，北面答拜。宰夫自東房薦脯醢，醢在西。司士設俎于豆北：羊骼一、腸一、胃一、切肺一、膚一。**羊骼，羊左骼。上賓一體，賤也。薦與設俎者，既則俟于西序端。古文「骼」爲「胳」。**賓坐，左執爵，右取脯擩于醢，祭之；執爵興，取肺，坐祭之，祭酒，遂飲，卒爵；執爵以興，坐奠爵，拜；執爵以興。主人答拜，受爵。賓坐取祭以降，西面坐委于西階西南。**成祭於上，尊賓也。取祭以降，反下位也。反下位而在西階西南，已獻，尊之。祭，脯肺。**宰夫執薦以從，設于祭東。司士執俎以從，設于薦東。**

右主人獻長賓。

衆賓長升，拜受爵。主人答拜。坐祭，立飲，卒爵，不拜既爵。既，盡也。長賓升者，以次第升受獻。言衆賓長拜，則其餘不拜。**宰夫贊主人酌。若是以辯。**主人每獻一人，奠空爵于棜，宰夫酌授於尊南。今文「若」爲「如」，❶「辯」皆作「徧」。**辯受爵。其薦脯醢與脀，設于其位。其位，繼上賓而南，皆東面。其脀體，儀也。**偏獻乃薦，略之。亦宰夫薦，司士脀。儀者，尊體盡，儀度餘骨，可用而用之，尊者用尊體，卑者用卑體而已。亦有切肺膚。今文「儀」皆爲「曦」，❷或爲「議」。

---

❶ 「今文」至「作偏」，原無句讀，今補。

❷ 「今文」至「作偏」，原無句讀，今補。

右辯獻衆賓。

乃升長賓。主人酌，酢于長賓，西階上北面。賓在左。主人酌自酢，序賓意。賓卑不敢酢。主人坐奠爵拜，執爵以興。賓答拜，坐祭，遂飲，卒爵；執爵以興，坐奠爵拜。賓答拜。賓降。降反位。

右主人自酢于長賓。

宰夫洗觶以升。主人受酌，降酬長賓于西階南，北面。賓在左。主人坐奠爵拜。賓答拜。坐祭，遂飲，卒爵拜。賓答拜。宰夫授主人觶，則受其虛爵奠于篚。○註「受其虛爵」，指上文酢爵也。主人洗。賓辭。主人坐奠爵于篚，對。卒洗，升酌，降復位。賓拜受爵。主人拜送爵。賓西面坐奠爵于薦左。○按此爵，至旅酬後與兄弟之長交酬爲無算爵。

右主人酬賓。

主人洗，升酌，獻兄弟于阼階上。兄弟之長，升，拜受爵。主人在其右答拜。坐祭，立飲，不拜既爵。皆若是以辯。兄弟長幼立飲，賤不別。大夫之賓，尊於兄弟。宰夫不贊酌者，兄弟以親昵來，不以官待之。辯受爵，其位在洗東，西面北上。升受爵，其薦脀設于其位。亦辯獻乃薦。既云「辯」矣，復言「升受爵」者，爲衆兄弟言也。衆兄弟升不拜受爵，先著其位於上，乃後云「薦脀設于其位」，明位初在是也。位不繼於主人而云「洗東」，卑不統於尊。此薦脀皆使私人。○疏云：「先著其位於上乃云『升受爵』者，謂發此位升堂受爵。又云『薦脀設於其位』者，謂受爵時，設薦脀於洗東西面位。」其先生之脀，折，脅一、膚一。先生，長兄弟。折，豕左肩之折。其衆，儀也。

右主人獻兄弟。

主人洗獻内賓于房中。南面拜受爵。主人南面于其右答拜。内賓，姑姊妹及宗婦。獻于主婦之席東，主人不西面，尊不與爲賓主禮也。南面于其右，主人之位恒左人。**坐祭，立飲，不拜既爵。若是以辯，亦有薦脀。**亦設薦脀於其位。《特牲饋食禮記》曰：内賓立于房中西墉下，東面南上。宗婦北堂，東面北上。

右主人獻内賓。

主人降洗，升獻私人于阼階上。拜于下，升受。主人答其長拜。乃降，坐祭，立飲，不拜既爵。若是以辯。宰夫贊主人酌。主人於其群私人不答拜。其位繼兄弟之南，亦北上，亦有薦脀。私人，家臣，己所自謁除也。大夫言私人，明不純臣也。士言私臣，明有君之道。北上，不敢專其位。亦有薦脀。初亦北面在衆賓之後爾，言「繼」者，以爵既獻爲文。凡獻，位定。**主人就筵。**古文曰「升就筵」。❶

右主人獻私人，均神惠徧。

尸作三獻之爵。上賓所獻爵，不言三獻作之者，賓尸而尸益卑，可以自舉。○自此盡「降實于篚」，尸舉所奠上賓之爵以成三獻之禮。以上賓舉三獻，因號上賓爲「三獻」，是以事名官。此一禮内，凡有四節：尸作爵，一也；獻侑，二也；致爵于主人，三也；受尸酢，四也。**司士羞湆魚，縮執俎以升。尸取膴祭祭**

❶ 原無句讀，今補。

之，祭酒，卒爵。不羞魚匕湆，略小味也。羊有正俎，羞匕湆肉湆。豕無正俎，魚無匕湆，隆汚之殺。司士縮奠俎于羊俎南，横載于羊俎；卒，乃縮執俎以降。尸奠爵拜。三獻北面答拜，受爵。○尸作賓爵。

酌獻侑。侑拜受。三獻北面答拜。司馬羞湆魚一，如尸禮；卒爵拜。三獻答拜，受爵。司馬羞湆魚變於尸。○賓獻侑。

酌致主人。主人拜受爵。三獻東楹東北面答拜。賓拜於東楹東，以主人拜受於席，就之。司士羞一湆魚，如尸禮；卒爵拜。三獻答拜，受爵。○賓致爵主人。

尸降筵，受三獻爵，酌以酢之。既致主人，尸乃酢之，遂賓意。三獻西楹西北面拜受爵。尸在其右以授之。尸升筵，南面答拜。坐祭，遂飲，卒爵，拜。尸答拜。執爵以降，實于篚。○賓受酢。

右上賓三獻禮成。

二人洗觶，升實爵，西楹西北面東上，坐奠爵拜；執爵以興。尸侑答拜。坐祭，遂飲，卒爵；執爵以興，坐奠爵拜。尸侑答拜。皆降，三獻而禮小成。使二人舉爵，序殷勤於尸侑。○自此以下，言旅酬及無算爵。二人舉觶爲旅酬；兄弟後生舉觶于長；賓長加獻尸；次賓舉爵又旅酬；兄弟舉止爵，賓舉奠觶，交錯爲無算爵，又凡五節，而儐尸之禮畢矣。洗升酌，反位。尸侑皆拜受爵。舉觶者皆拜送。侑奠觶于右。奠于右者，不舉也。神惠右不舉，變於飲酒。❶ ○雖二爵並舉，止用尸一爵酬於下。尸遂執觶以

---

❶「酒」，原作「食」，據文淵閣本改。

興，北面于阼階上酬主人。主人在右。尸拜於阼階上，酬禮殺。坐奠爵拜。主人答拜。不祭，立飲，卒爵，不拜既爵；酌，就于阼階上酬主人。言「就」者，主人立待之。主人拜受爵。尸拜送。酬不奠者，急酬侑也。尸就筵。主人以酬侑于西楹西。侑在左。坐奠爵拜，執爵興。侑答拜。不祭，立飲，卒爵，不拜既爵；酌，復位。侑拜受。主人拜送。言「酌復位」，明授於西階上。主人復筵，乃升長賓。侑酬之，如主人之禮。遂旅也。言「升長賓」，則有贊呼之。至于衆賓，遂及兄弟，亦如之，皆飲于上。上，西階上。遂及私人。拜受者升受，下飲，私人之長，拜於下，升受兄弟之爵，下飲之。卒爵，升酌，以之其位。相酬辯。其位，兄弟南位。亦拜受拜送，升酌由西階。○私人位在兄弟之南，其長飲於西階下，餘私人皆飲於其位。卒飲者實爵于篚。末受酬者，雖無所旅，猶飲。乃羞庶羞于賓、兄弟、內賓、及私人。無房中之羞，賤也。此羞同時羞，則酌房中亦旅。其始主婦舉觶於內賓，遂及宗婦。

右二人舉觶爲旅酬。

兄弟之後生者，舉觶于其長，後生，年少也。古文「觶」皆爲「爵」，延熹中詔校書，定作「觶」。洗，升酌，降，北面立于阼階南。長在左。坐奠爵拜，執爵以興。長答拜。長在左，辟主人。坐祭，遂飲，卒爵；執爵以興，坐奠爵拜；執爵以興。長答拜。洗，升酌，降。長拜受于其位。舉爵者東面答拜。爵止。拜受答拜不北面者，儐尸禮殺。長賓言「奠」，兄弟言「止」，互相發明，相待也。○前主人酬賓，賓奠爵薦左；此後生舉觶，長亦暫止不舉，待後面旅酬畢，乃與賓所奠之爵交錯爲無算爵，故註曰「相待」。

右兄弟後生舉觶。

賓長獻于尸，如初，無湆，爵不止。賓長者，賓之長。次上賓者，非即上賓也。如初，如其獻侑、酌致主人、受尸酢也。無湆、爵不止，别不如初者，不使兄弟，不稱加爵，大夫尊也。不用觚，大夫尊者也。○衆賓之長獻尸，其儀節與上賓獻尸同，但無魚湆與既獻即飲二者爲異耳。前上賓獻尸，待獻堂下畢乃舉觶，是其止爵也。註「不使兄弟」三句，言其與《特牲》禮異。《特牲》云：「長兄弟洗觚爲加爵。」

右賓長加獻于尸。

賓一人舉爵于尸，如初，亦遂之于下。一人，次賓長者。如初，如二人洗觶之爲也。遂之于下者，遂及賓兄弟，下至於私人，故言「亦遂之于下」也。上言「無湆爵不止」，互相發明。○之，適也，往也，謂行此爵于堂下爲旅酬也。

右次賓舉爵于尸，更爲旅酬。

賓及兄弟，交錯其酬，皆遂及私人，爵無算。算，數也。長賓取觶，酬兄弟之黨。長兄弟取觶，酬賓之黨。唯己所欲，無有次第之數也。○長賓所取者，主人酬賓、賓奠薦左之觶。長兄弟所取者，後生所舉之觶也。

右二觶交錯，爲無算爵。

尸出。侑從。主人送于廟門之外，拜。尸不顧。拜送之。**拜侑與長賓，亦如之。衆賓從。**從者，不拜送也。**司士歸尸侑之俎。**尸侑尊，送其家。**主人退。**反於寢也。**有司徹。**徹堂上下之薦俎也。

外賓尸，雖堂上，婦人不徹。

右儐尸禮畢。

若不賓尸，不賓尸，謂下大夫也。其牲物則同，不得備其禮耳。舊說云：謂大夫有疾病，攝昆弟祭。《曾子問》曰：「攝主不厭祭，不旅，不假，不綏祭，不配，布奠于賓，賓奠而不舉。」而此備有，似失之矣。○自此至終篇，皆言下大夫不賓尸之事。○綏，許恚反。**則祝侑亦如之。**謂尸七飯時。○下大夫之不賓尸者，自祝侑以前，皆與上大夫賓尸者同，此下乃陳其異者。祝侑，《少牢》篇尸七飯告飽，祝侑曰「皇尸未實，侑」是也。**尸食，**八飯。○祝既侑而尸又飯也。**乃盛俎：臑、臂、肫、脡脊、橫脊、短脅、代脅，皆牢；**盛者，盛於肵俎也。此七體，羊豕，其脊脅皆取一骨也。與所舉正脊、幹、骼，凡十矣。肩未舉，既舉，而俎猶有六體焉。○盛音成。盛於肵俎，將以歸尸。《特牲》尸食訖乃盛；賓尸則不盛，全以歸尸故也。「皆牢」者，謂此七體皆羊豕而非腊也。註「俎猶有六體」，謂三脊、三脅，各有一骨在俎，不取以備陽厭也。**魚七；**盛半也。魚十有五而俎，其一已舉。必盛半者，魚無足翼，於牲象脊脅而已。**腊辯，無髀。**亦盛半也。所盛者右體也，脊屬焉。言「無髀」者，云一純而俎，嫌有之。古文「髀」作「脾」。❶**卒盛，乃舉牢肩。尸受，振祭，嚌之。佐食受，加于肵。**舉七。○❷前此舉牢肺，舉正脊，舉牢幹，舉魚，舉腊肩，舉牢骼，已六舉，至此舉

❶ 原無句讀，今補。

❷ 「○」，原闕，據薈要本補。

牢肩，故云「舉七」也。

右不賓尸者，尸八飯後事。

佐食取一俎于堂下，以入，奠于羊俎東；不言魚俎東，主於尊。**乃摭于魚腊俎，俎釋三个，其餘皆取之，實于一俎以出。**个猶枚也。魚摭四枚，腊摭五枚。其所釋者，腊則短脅正脅代脅，魚三枚而已。今文「摭」爲「揲」。○所釋三个，亦備陽厭也。**祝主人之魚腊取于是。**祝主人主婦俎之魚腊取于此者，大夫之禮，文，待神餘也。三者各取一魚；其腊，主人臂，主婦臑，祝則骼也與？此皆於鼎側更載焉。不言主婦，未聞。**尸不飯，告飽。主人拜侑，不言。尸又三飯。**凡十一飯。士九飯，大夫十一飯，其餘有十三飯十五飯。**佐食受牢舉，如儐。**舉，肺脊。○「如儐」者，與《少牢》篇所載上大夫儐尸者儀節同也。

右不賓尸者，尸十一飯時事。

主人洗酌醋尸，賓羞肝，皆如儐禮。卒爵，主人拜，祝受尸爵，尸答拜。祝酌授尸，尸以醋主人，亦如儐。其綏祭，其嘏，亦如儐。肝，牢肝也。綏，皆當作「挼」，挼，讀爲「藏其隋」之「隋」，古文爲「挾」。**其獻祝與二佐食，其位，其薦脀，皆如儐。**

右不儐尸者，主人初獻與儐尸者正祭初獻同。

主婦其洗獻于尸，亦如儐。自尸侑不飯告飽，至此，與儐同者在上篇。**主婦反取籩于房中，執棗糗，坐設之，棗在稷南，糗在棗南。婦贊者執栗脯。主婦不興，受，設之，栗在糗東，脯在棗東。主婦興，反位。**棗，饋食之籩。糗，羞籩之實。雜用之，下賓尸也。栗、脯，加籩之實也。反位，反主人之北拜送爵位。尸左執爵，取棗糗。祝取栗脯以授尸。尸兼祭于豆祭，祭酒，啐酒。次賓羞牢燔，用俎，鹽在右。尸兼取燔㨎于鹽，振祭，嚌之。祝受，加于肵。卒爵。主婦拜。祝受尸爵。尸答拜。自主婦反籩，至祝受加于肵，此異於儐。○賓尸者，方其正祭，主婦獻尸於室，無籩燔從之事。此有籩有燔爲異，以不賓尸，故加厚耳。祝易爵洗，酌授尸。尸以醋主婦。主婦主人之北拜受爵，尸答拜。主婦反位，又拜。上佐食綏祭，如儐。卒爵拜。尸答拜。主婦俠爵拜，爲不賓尸，降崇敬。今文「醋」曰「酢」。○儐尸者正祭，主婦受酢不俠拜爵，此俠拜爲異。主婦獻祝，其酌如儐。拜，坐受爵。主婦主人之北答拜。自尸卒爵至此，亦與儐同者，亦在上篇。○謂同上篇正祭亞獻之節。宰夫薦棗糗，坐設棗于菹西，糗在棗南。祝左執爵，取棗糗祭于豆祭，祭酒，啐酒。次賓羞燔，如尸禮。卒爵。內子不薦籩，祝賤，使官可也。自宰夫薦，至賓羞燔，亦異于賓。❶○自此下，註「異於賓」，「賓」皆當讀作「儐」。主婦受爵，酌獻二佐食，亦如儐。主婦受爵，以入于房。

右不賓尸，主婦亞獻。

賓長洗爵獻于尸。尸拜受。賓户西北面答拜。爵止。尸止爵者，以三獻禮成，欲神惠之均於室中，是以奠而待之。○賓尸者正祭，賓三獻，尸即卒爵酢賓，並不止爵，至事尸於堂，賓三獻，尸乃止爵，待神惠均於庭，乃作三獻之爵。此不賓尸者，亦三獻止爵，待神惠均于室，蓋略倣其儀也。此一節之內，賓獻尸

❶「賓」，原作「儐」，據文義改。

爵既止，主婦致爵于主人，主婦自酢，尸作止爵，尸酢賓，賓獻祝及佐食，賓致爵主人，致爵主婦，賓自酢，乃設羞，亦十小節而禮成。○賓獻尸止爵。

主婦洗于房中，酌，致于主人。主人拜受。主婦戶西北面拜送爵。司宮設席。拜受乃設席，變於士也。○《特牲禮》未致爵已設席。**主婦薦韭菹醢，坐設于席前，菹在北方。婦贊者執棗糗以從。主婦不興，受，設棗于菹北，糗在棗西。佐食設俎：臂脊脅肺皆牢，膚三，魚一，腊臂。**臂，左臂也。《特牲》五體，此三者，以其牢，與腊臂而七。牢腊俱臂，亦所謂「腊如牲體」。○牢，謂羊豕也。「腊如牲體」，《特牲記》文。**主人左執爵，右取菹擩于醢，祭于豆間；遂祭籩，奠爵；興，取牢肺，坐絕祭，嚌之；興，加于俎，坐挩手，祭酒；執爵以興，坐卒爵，拜。**無從者，變於士也，亦所謂「順而摭」也。○《特牲》主婦致爵主人，肝燔並從。**主婦答拜。**○主婦致爵于主人。

受爵，酌以醋，戶內北面拜。自酢不更爵，殺。**主人答拜。卒爵拜。主人答拜。主婦以爵入于房。**○主婦自酢。

尸作止爵，祭酒，卒爵。賓拜。祝受爵。尸答拜。作止爵，乃祭酒，亦變於士。自爵止，至作止爵，亦異於賓。○士禮，祭酒訖，乃止爵。○尸作止爵。

祝酌授尸。賓拜受爵。尸拜送。坐祭，遂飲，卒爵拜。尸答拜。○尸酢賓。

獻祝、及二佐食。○賓獻祝與佐食。

洗，致爵于主人。洗致爵者，以承佐食，賤，新之。**主人席上拜受爵。賓北面答拜。坐祭，遂飲，**

卒爵拜。賓答拜，受爵。○賓致爵主人。

酌，致爵于主婦。主婦北堂。司宮設席，東面。北堂，中房以北。東面者，變於士妻。賓尸不變者，賓尸禮異矣。內子東面，則宗婦南面西上，內賓自若東面南上。○士禮，宗婦北堂東面北上，主婦南面。主婦席北東面拜受爵。賓西面答拜。席北東面者，北爲下。婦贊者薦韭菹醢，菹在南方。婦人贊者執棗糗，授婦贊者。婦贊者不興，受，設棗于菹南，糗在棗東。婦人贊者，宗婦之弟婦也。佐食設俎于豆東：羊臑、豕折、羊脊、脅、祭肺一、膚一、魚一、腊臑。豕折，豕折骨也。不言所折，略之。《特牲》，主婦觳折，豕無脊脅，下主人。羊豕四體，與腊臑而五。主婦升筵，坐，左執爵，右取菹擩于醢，祭之，祭籩，奠爵；興取肺，坐絕祭，嚌之；興加于俎，坐挩手，祭酒；執爵興，筵北東面立卒爵，拜。立飲拜既爵者，變於大夫。賓答拜。賓受爵。○賓致爵主婦。

易爵于篚，洗酌，醋于主人，户西北面拜。主人答拜。卒爵拜。主人答拜。賓以爵降奠于篚。自賓獻及二佐食，至此，亦異於賓。○賓自酢。

乃羞，宰夫羞房中之羞；司士羞庶羞，于尸祝主人主婦。內羞在右，庶羞在左。○設羞。

右不賓尸者，賓長三獻。

主人降拜衆賓，洗獻衆賓，其薦脀、其位、其酬醋，皆如儐禮。○衆賓，謂自上賓而下。

主人洗獻兄弟、與內賓、與私人，皆如儐禮，其位、其薦脀，皆如儐禮。

卒，乃羞于賓、兄弟、內賓、及私人，辨。自「乃羞」，至私人之薦脀，此亦與儐同者，在此篇。不儐尸，則祝猶侑耳。卒，已也。乃羞者，羞庶羞。

右不賓尸者，三獻後，主人徧獻堂下并内賓之事。

賓長獻于尸。尸醋。獻祝。致。醋。賓以爵降，實于篚。致，謂致爵于主人主婦。不言「如初」者，爵不止，又不及佐食。

右不賓尸者，次賓長爲加爵。

賓、兄弟，交錯其酬，無算爵。此亦與儐同者，在此篇。〇主人獻賓時，賓亦奠酬薦左。主人徑獻堂下及内賓後，兄弟後生亦舉觶于長，至此交錯爲無算爵。然闕旅酬，直行無算爵，是其與賓尸者異，故經不言「如儐」也。

右不賓尸，無算爵。

利洗爵，獻于尸。尸醋。獻祝。祝受，祭酒，啐酒，奠之。利獻不及主人，殺也。此亦異於儐。

右不賓尸，佐食爲加爵。

主人出，立于阼階上，西面。祝出，立于西階上，東面。祝告于主人曰：「利成。」祝入。主人降，立于阼階東，西面。尸謖。祝前，尸從，遂出于廟門。祝反，復位于室中。祝命佐食徹尸俎。佐食乃出尸俎于廟門外。有司受歸之。徹阼薦俎。自「主人出」至此，與賓雜者也。先養徹主人薦俎者，變于士。《特牲饋食禮》曰：「徹阼俎豆籩，設于東序下。」〇疏云：「與賓雜」，謂與賓尸者有同有不同。士禮既餕乃徹阼俎，此餕前徹阼俎，故云「變於士」。引《特牲》者，證徹阼俎所置之處。

右不賓尸者，禮終尸出。

乃養，如儐。謂上篇自「司宮設對席」，至「上餕興出」也。❶ 古文「養」作「餕」。

右養。

卒養，有司官徹饋，饌于室中西北隅，南面，如饋之設，右几，厞用席；官徹饋者，司馬司士舉俎，宰夫取敦及豆。此於尸謖改饌，當室之白，孝子不知神之所在，庶其饗之於此，所以爲厭飫。不令婦人改徹饌敦豆，變於始也，尚使官也。佐食不舉羊豕俎，親餕，尊也。厞，隱也。古文「右」作「侑」，「厞」作「茀」。**納一尊于室中。**陽厭殺，無玄酒。**司宮埽祭。**埽豆間之祭。舊説云：埋之西階東。**主人出，立于阼階上，西面。祝執其俎以出，立于西階上，東面。司宮闔牖户。**閉牖與户，爲鬼神或者欲幽闇。**祝告利成，乃執俎以出于廟門外，有司受歸之。衆賓出。主人拜送于廟門外，乃反。**拜送賓也者，亦拜送其長。不言長賓者，下大夫無尊賓也。○疏云：「下大夫賤，無尊賓，故不別其長也。」**婦人乃徹，**徹祝之薦、及房中薦俎。不使有司者，下上大夫之禮。○上大夫祭畢，則有司徹。**徹室中之饌。**有司饌之，婦人徹之。外內相兼，禮殺。

右不賓尸者，爲陽厭。

---

❶ 「上」，文淵閣本作「此」。

儀禮監本正誤附

十三經監本，讀書者所考據。當時較勘非一手，疎密各殊。至《儀禮》一經脱誤特甚，豈以罕習故，忽不加意耶？《易》、《書》、《詩》、《春秋》、《論語》、《孟子》、《禮記》充滿天下，固不容或誤；《周禮》、《孝經》、《爾雅》、三《傳》，人間猶多善本，即有誤，亦易見。《儀禮》既不顯用於世，所賴以不至墜地者，獨此本尚在學宮耳，顧不免脱誤至此。坊間所刻，如《三禮解詁》之類，皆踵襲其訛，無所是正，而補石經闕字者，不知以彼正此，反以此本爲據，竊恐疑誤方來，大爲此經累者，未必非監本也。予既僭定《儀禮鄭註句讀》，乃取石本、吴澄本與監本較，摘其脱者、誤者、羨者、倒置者、經註互淆者，録之以質同志如左。

士冠禮

士昏禮

「婦説服于室御受」，「受」誤作「授」。❶ 第二十七紙。

「毋違命」，「毋」誤作「母」。第五十紙。

---

❶「授」旁原脱「。」，依例補。

「視諸衿鞶」下脱「壻授綏姆辭曰未教不足與爲禮也」十四字。第五十一紙。

「主人對曰某以得爲外昏姻之數」，「昏」從女，誤。第五十三紙。

「某得以爲昏姻之故」作「某以得爲昏姻之故」。第五十三紙。

士相見禮

「若嘗爲臣者」，「嘗」誤作「常」。第八紙。

「毋」誤作「母」，凡三見。第十三、十四紙。

鄉飲酒禮

「尊兩壺于房户之間」、「加二勺于兩壺」，「壺」並誤作「壼」。第六紙。

「司正升立于序端」，「序」誤作「席」。第三十九紙。

「遵者降席席東南面」，脱一「席」字。第三十九紙。

「介俎脊脅肫胳肺」，脱「肫」字。第四十八紙。

鄉射禮

「主人實觶賓之席前北面」，「北」誤作「不」。第十一紙。

「樂正告于賓乃降」，「樂」字誤細書，混疏文内。第十八紙。

「適堂西改取一个挾之」，「取」誤作「作」。第三十紙。

「以耦告于大夫」，脱「以耦」二字。第三十五紙。
「與進者相左相揖退反位」，脱「退」字。第三十九紙。
「適左个中皆如之」，「皆如」作「亦如」。第五十紙。
「賓與大夫坐反奠于其所」，脱「坐」字。第六十一紙。
「遂西取弓矢」，「遂」誤作「送」。第七十六紙。
「各以其物獲」下脱「士鹿中翿旌以獲」七字。第八十七紙。

燕禮

「兩圜壺」，「壺」誤作「壼」。第四紙。
「主人盥洗象觚升實之」，「實」誤作「賓」。第十四紙。
「媵爵者洗象觶升實之」，「實」誤作「賓」。第十九紙。
「降奠于篚易觶洗」，「篚易」二字之間誤用圈隔。第二十紙。
「射人乃升大夫大夫皆升就席」，脱下「升」字。第二十七紙。
「鵲巢采蘩采蘋」，「蘩」誤作「繁」。第三十二紙。
「大師告于樂正」，脱「于」字。第三十三紙。
「士長升拜受觶主人拜送觶」，「送」誤作「受」。第三十八紙。

「大夫立卒爵不拜實之」，「實」誤作「賓」。第四十二紙。

「亨于門外東方」上脱「其牲狗也」四字。第四十九紙。

大射儀

「大射儀第七」，脱「儀」字。第一紙。

「兩方壺」、「兩圜壺」、「兩壺獻酒」，三「壺」字并誤作「壼」。第十一、十二紙。

「大史在干侯之東北」，「大史」誤作「大夫」。❶第十四紙。

「主人洗觚升實散」，「觚」誤作「酬」。第二十四紙。

「命去侯」，「侯」誤作「俟」。第三十七紙。

「司射進與司馬正交于階前」，「于」誤作「與」。第三十八紙。

「上射降三等」，「三」誤作「二」。第三十九紙。

「中等並行上射於左」，「於」誤作「與」。第三十九紙。

「司馬師坐乘之卒」，脱「卒」字。第四十紙。

「司射東面于大夫之西比耦」，「比」誤作「北」。第四十一紙。

「梱之」與「梱復」，二「梱」字俱誤作「梱」。第四十三、四十五紙。

---

❶「夫」旁原脱「。」，依例補。

「退者與進者相左相揖退」，「揖退」二字之間羡一「還」字。第四十四紙。

「司射作射如初」，「射」誤作「揖」。第四十四紙。

「由阼階下北面告于公」，脱「告」字。第五十一紙。

「司射遂袒執弓」，脱「遂」字。第五十二紙。

「僕人師洗升實觶以授」，「實」誤作「賓」。第五十四紙。

「司馬師受虚爵奠于篚」，脱「師」字。第五十九紙。

「公答拜賓反位」，脱「賓」字。第六十九紙。

聘禮

「門外米禾皆二十車」，「二」誤作「一」。第二十八紙。

「賓辟不答拜」，「賓」誤作「客」。第三十四紙。

「坐啐醴」，誤作「啐酒」。第四十八紙。

「君貺寡君延及二三老拜」、「又拜送」，誤以「又拜送」句倒置「君貺」句之上。第百二十八紙。

公食大夫禮

「衆人騰羞者盡階不升堂授以蓋降出」，註云「授授先者一人」。誤以「一人」二字大書，同經文，連下「贊者」句。第十八紙。

「賓北面自間坐左擁簠粱」，「左」誤作「右」，「簠」誤作「簋」。第十九紙。

「庶羞西東毋過四列」，「毋」誤作「母」。第二十五紙。

「卿擯由下」，「擯」誤作「賓」。第三十三紙。

覲禮

「侯氏裨冕」，「裨」誤從示。第八紙。

「坐奠圭」，「圭」誤作「主」。第十三紙。

「王受之玉」，「玉」缺一點。第十三紙。另本不缺。

「伯父無事歸寧乃邦」，「邦」誤作「拜」。第十八紙。

「天子乘龍載大旂」，「旂」誤作「旆」。第二十八紙。

喪服

「妾爲君」，「爲」誤作「謂」。第二十紙。

「持重於大宗者降其小宗也」，「持重」誤作「特重」。第四十三紙。

「適子不得後大宗」，「子」誤作「人」。第四十四紙。

「異居則服齊衰三月也」，脱「也」字。第四十八紙。

「大夫去君埽其宗廟」，「埽」誤作「歸」。第六十三紙。

「不滿八歲以下皆爲無服之殤」，脱「皆」字。第六十五紙。

「小功布衰裳牡麻絰即葛五月者」，脱「者」字。第八十五紙。

「㛿傳曰何以緦也」，唐石經無「也」字。第九十七紙。

士喪禮

「有大夫則特拜之即位于西階下」，「于」誤作「如」。第十紙。

「櫛於簞」，「於」誤作「用」。第二十一紙。

「巾待於阼階下」，「待」誤作「侍」。第四十三紙

「其實葵菹芋」，「芋」字誤，少趯勾。第四十七紙。

「卜人先奠龜于西塾上」，「塾」誤作「塹」。第六十九紙。

「哀子某來日某卜葬其父某甫」，脱第二「某」字。第七十二紙。

既夕

「衆主人東即位」，脱「主」字。第七紙。

「兩杅」，誤缺「杅」字趯勾。第十九紙。

「擯者出請入告」，脱「出」字。第二十六紙。

「藏苞筲於旁」，「苞」誤從竹。第四十二紙。

「外内皆埽」，作「内外」。第四十六紙。

「設握裹親膚」，「裹」誤作「褁」。第五十三紙。

「不説經帶」，「説」誤作「設」。第五十九紙。

「主人降即位徹乃奠升降自西階」，脱下「降」字。第六十六紙。

「亦可張也」，唐石經、吴氏木、俱「亦張可也」。第七十三紙。

士虞禮

「簞巾在其東」，「巾」誤作「布」。第五紙。

「祝饗」，「饗」誤作「響」。第九紙。

「卒徹祝佐食降復位」，脱「復」字。第二十八紙。

「適爾皇祖某甫饗」，「饗」誤作「響」。第三十一紙。

「尸即席坐唯主人不哭」，「唯」誤作「帷」。第三十四紙。

「尸受振祭」，「受」誤作「授」。第三十四紙。

「無尸則不餞猶出几席設如初拾踊三」下脱「哭止告事畢賓出」七字。第三十七紙。唐石經剥蝕，尚有「賓出」二字脚可辨。補字闕，或亦承監本之誤。

「搔」誤從木。第四十紙。

特牲饋食禮

「壺禁在東序」,「壺」誤作「壼」。第十紙。

「主人再拜賓答再拜」,誤作「賓再答拜」。第十一紙。

「視壺濯」,「壺」誤作「壼」。第十一紙。

「主人服如初立于門外東方南面」,「方」誤作「房」。第十二紙。

「佐食啓會郤于敦南出立于户西南面」,脱「户」字。第二十紙。

「洗獻衆兄弟如衆賓儀」,脱上「衆」字。第三十七紙。

「尸祭酒啐酒奠之」,脱「尸」字。第三十九紙。

「賓立卒觶酌于其尊」,「卒」誤作「干」。第四十二紙。

「衆賓長自左受旅如初」,脱「自」字。第四十二紙。

「長皆答拜」下脱「舉觶者祭卒觶拜長皆答拜」十一字。第四十三紙。

「舉觶者洗各酌于其尊」,「尊」誤作「奠」。第四十三紙。

「主人出立於户外西面」,「外」誤作「内」。第四十八紙。

「纚裹」,「裹」誤作「裹」。第五十三紙。

「祝俎髀脡」,「髀」誤作「脾」。第五十八紙。

少牢饋食禮

「明日朝服筮尸」，脱「服」字。第六紙。

「用薦歲事」，「薦」誤作「爲」。第六紙。

「取巾興振之三」下脱「以授尸坐取簞興」七字。第二十二紙。

「尸受同祭于豆祭」，誤倒作「同受」。第二十四紙。

「賓户西北面拜送爵」，「户」誤作「尸」。第三十四紙。

「尸謖主人降立于阼階東」，「降」誤作「祭」。第三十五紙。

有司徹

「匕皆加于鼎東枋」，「枋」誤作「祊」。第六紙。

「覆二疏匕于其上皆縮俎西枋」，「枋」誤作「祊」。第六紙。

「司士枇豕亦司士載亦右體」，作「載右體」。第十一紙。

「尸郤手受匕枋」，「受」誤作「授」。第十六紙。

「賓亦覆手以受」，「受」誤作「授」。第十六紙。

「乃載于羊俎卒載」下羨一「俎」字。第十七紙。

「立于主人席北西面」，「西面」誤作「面西」。第二十一紙。

「主人其祭糗脩」，「其」誤作「共」。第二十三紙。

「賓坐左執爵右取脯擩于醢祭之」，「脯」誤作「肺」。第二十八紙。

「遂飲卒爵執爵以興」，脱下「爵」字。第二十八紙。

「宰夫執薦以從」，「薦」誤作「爵」。第二十八紙。

「其先生之脀折脅一膚一」，脱「其」字。第三十一紙。

「受爵酌獻侑侑拜受三獻北面答拜」，重出此十四字。第三十四紙。

「尸降筵受三獻爵酌以酢之」，脱「爵」字。第三十四紙。

「祝易爵洗酌授尸」，「授」誤作「受」。第四十四紙。

「主婦受爵酌獻二佐食」，「婦」誤作「人」。第四十五紙。

「賓户西北面答拜」，「户」誤作「尸」，第四十五紙。

「賓兄弟交錯其酬無算爵」，「錯」誤作「醋」。第五十紙。

共脱八十字，誤八十八字，羨十七字，倒置者六處計十三字，經文誤細書一字，註文誤大書混經文二字，誤隔一圈。他如壹一、貳二、參三、廟庿、醋酢、弃棄、于於、視眂、嫂嫂、摯贄、唯惟、大太、廿之爲二十、卅之爲三十，義既不殊，文難畫一，與夫點畫小誤者，槩置之。

儀禮石本誤字附

唐石經，當時學者以爲蕪累，至於今日已爲老成典型矣。乃《儀禮》亦不免多誤，逮補字承譌，則又魯魚莫辨。兹因校正監本誤字，❶遂並及之。

士冠禮

「啐醴捷柶興」，作「建柶」。醴冠者節。○捷，初洽反。

士昏禮

「降階受笲腶脩」，「腶」誤作「股」。❷婦見舅姑節。

「某得以爲昏姻之故」，監本作「某以得爲昏姻之故」。記文。監本似長。

士相見禮

鄉飲酒禮

「執觶興盥洗北面坐奠觶于其所」，疏云：「案《鄉射》、《大射禮》皆直云『取觶洗南面反奠于其

❶ 「魯魚莫辨兹因校正監」九字原闕，據文淵閣本補。

❷ 「腶」，原誤作「暇」，據薈要本、文淵閣本改。

所』，不云『盥』。此俗本有「盥」者誤。」司正表位節。

「若有諸公大夫則使人受俎如賓禮」，「受」誤作「授」。徹俎節。

鄉射禮

「司射適堂西袒決遂」，「袒」誤作「祖」。補字。請射節。

「楅髤横而奉之」，「奉」誤作「拳」。記。

「大夫與士射袒纁襦」，「纁」誤作「薰」。記。

燕禮

「司宮筵賓于户西東上」，「筵」誤作「之」。陳饌節。

「卿升席坐左執爵右祭脯醢」，「脯」誤作「醢」。獻卿節。

「小臣又請媵爵者二大夫大夫媵爵如初」，監本、吴本俱不再出「大夫」二字。再媵爵節。

「闇人爲大燭於門外」，無「大」字。終燕節。

大射儀

「兩圜壺」、「兩壺獻酒」，「俱」誤作「壺」。陳饌節。

「主人卒洗賓揖升」，監本、吴氏本俱「賓揖乃升」。獻賓節。

「賓升成拜」，「拜」誤作「敗」。補字。公酬賓節。

「坐授瑟乃降」，「授」誤作「受」。補字。席工節。
「主人洗升實爵」，「實」誤作「賓」。補字。獻工節。
「南面坐奠觶興」，「奠」誤作「取」。補字。司正表位節。
「司射適次袒決遂」，「袒」誤作「祖」。補字。請射節。
「南揚弓命去侯」，「侯」誤作「俟」。補字。三耦射節。

聘禮

「夫人使下大夫勞以二竹簠方」，「簠」作「簋」。郊勞節。《釋文》云「簠，音甫，或作『簋』」，固已疊簋，不從。
「若賓死未將命」，「未」誤作「來」。賓介死節。
「使者既受行日」，脱「既」字。記。
「繅三采六等朱白蒼」，「蒼」誤作「倉」。記。
「又齎皮馬」，「齎」誤作「賫」。記。
「對曰非禮也敢」，誤作「敢辭」。記。
「賓既將公事復見訝以其摯」，「訝」誤作「之」。記。
「自西階升受」，「階」誤作「門」。記。

「公答再拜」，「再」誤作「爯」。記。
「聘日致饔」，「日」誤作「自」。記。

公食大夫禮

「陳鼎于碑南南面西上」，脱一「南」字。載俎節。
「如受饔禮無儐」，「儐」誤作「擯」。若不親食節。

覲禮

「侯氏亦皮弁迎于帷門之外」，「帷」誤作「惟」。補字。郊勞節。
「天子賜舍曰伯父」，脱「曰」字。賜舍節。
「天子曰非他伯父實來」，脱「曰」字。補字。入覲節。
「几俟于東箱」，「俟」誤作「侯」。記。補字。

喪服

「若是則生養之終其身如母」，「如」誤作「慈」。齊衰三年章。補字。

士喪禮

「祭服不倒」，「倒」誤作「到」。小斂節。
「若不從卜擇如初儀」，「擇」誤作「宅」。卜日節。

既夕

「御者四人皆坐持體」之下，脱「男女改服」四字。記。

「鹿淺幦干笮」，「干」誤作「于」。記。補字。

士虞禮

特牲饋食禮

「主婦設兩敦黍稷于俎南西上及兩鉶鉶芼設于豆南」，監本、吴氏本止一「鉶」字。陰厭節。

少牢饋食禮

「明日朝服筮尸」，脱「服」字。筮尸節。

「如筮日之儀」，「儀」作「禮」。筮尸節。

「司宫概豆籩勺爵觚觶几洗篚于東堂下」，「几」誤作「凡」。視濯節。

「主婦被錫衣移袂」、「主婦贊者一人亦被錫衣移袂」，監本作「侈袂」，當從。陰厭節。

「祝延尸」，「延」誤作「筵」。尸入節。

有司徹

「有司徹第十七」，脱「徹」字。篇目。

「二手執挑匕枋以挹湆」，「挑」誤作「桃」。薦尸節。

「尸卻手受匕枋」，「受」誤作「授」。薦尸節。
「主婦洗爵于房中」，脱「爵」字。主婦獻尸節。
「主婦北面答拜受爵尸降筵受主婦爵以降」，誤作「受尸爵」。主婦致爵于主人節。
「主人降洗爵」，作「洗觶」；「主人實爵」，作「實觶」。主人酬尸節。
「賓坐左執爵右取脯擩于醢祭之」，「脯」誤作「肺」。主人獻賓節。
「主人降洗升獻私人于阼階上」，「阼」誤作「降」。補字。獻私人節。
「主人拜受爵尸拜送」，脱「爵」字。旅酬節。
「主婦受爵酌獻二佐食」，「婦」誤作「人」。不賓尸主婦亞獻節。
「佐食設俎于豆東羊臑豕折羊脊脅祭肺一」，脱「祭」字。不賓尸賓致主婦節。

馮秉仁識語[1]

蒿菴先生閉户窮經，究心《儀禮》者三十餘年，克成《儀禮鄭註句讀》一書。同時東吴顧寧人先生偕修《東誌》，見而好之，曾手録以歸。厥後徐章仲、黄崑圃兩先生次第視學山左，俱購求是書，急爲表章。自是東士漸知讀《儀禮》。顧七十年來，未獲鋟板以傳，士林憾之。我國家重熙累洽，敦崇禮教，特命儒臣纂修三《禮》，爰時有以是書聞於上者。歲辛酉，部文到濟，開列書名，檄取家藏抄本以去。癸亥春，同學諸君子因艾大司寇家所藏原本謀付剞劂，五閱月而告成。噫，功亦偉矣！諸君子或以德行著，或以文學著，或以光明磊落著，要皆以禮自持者也。是書一行，四海之内循誦習傳，俾古遺經不致廢墜，於以助流聖教，誠非小補，千百世下，《儀禮》不磨，諸君子亦不磨也。蒿菴者，固姬公之功臣，諸君子得非蒿菴之功臣也歟？乾隆八年癸亥秋八月，後學静山馮秉仁謹識。

[1] 此題原無，依文義擬。

儀禮鄭註句讀跋

韓退之猶云《儀禮》難讀，是以古今習者，視《周禮》、《禮記》爲罕。明王平仲《二禮註疏删翼》，最便學者，惜惟《周禮》盛行，而《儀禮》未之見。竊謂《儀禮》之學，國朝最盛，如丹陽姜氏上均、錢唐吴氏廷華、秀水盛氏世佐，接踵而出，皆蒿菴之書爲之前導也。先是，堂邑張蓬元有《禮經》一書，會通鄭、賈，不復分别，令學者昧於本原，不如蒿菴矣。兩漢講經家每失之煩説，「春王」五字之文，至於數萬，學者童而習之，白首茫然。故康成之註，專崇簡要，正以救前此之失，庶幾三年而可通一藝乎。乃唐時《正義》之作，不免泛濫，仍蹈前失。則蒿菴是書，洵鄭氏之功臣、學者之津筏也！其同較閲之功者爲劉果菴、李貞菴二先生，今卷首惟果菴一序而已。壬辰，余被採訪遺書之任，閲淄川張篤慶《崑崙集》，始知貞菴亦有序，殁後失之，康熙癸未，蒿菴之子請崑崙補作者也。於時學使徐公章仲欲刻之未果，❶故此序復佚矣。余方校刻《蒿菴文集》，遂爲補刊而書其後。雖非貞菴真跡，不可不存此一段佳話也。乾隆癸巳夏，桂林胡德琳竇書敬跋。

❶「章仲」，原誤倒，今乙正。

「《儒藏》精華編選刊」選目

經部

周易鄭注
漢魏二十一家易注
周易注
周易正義
周易口義（與《洪範口義》合册）*
温公易説（與《司馬氏書儀》《孝經注解》《家範》合册）
漢上易傳
誠齋先生易傳
易學啓蒙
周易本義
楊氏易傳
易學啓蒙通釋
周易本義附録纂注
周易啓蒙翼傳
易纂言
周易本義通釋
易經蒙引
周易述
周易述補（江藩）（與李林松《周易述補》合册）
周易述補（李林松）
易漢學
御纂周易折中
周易虞氏義
雕菰樓易學
周易集解纂疏
周易姚氏學
尚書正義
鄭氏古文尚書
洪範口義
書傳（與《書疑》《尚書表注》合册）
書疑
尚書表注
書纂言
尚書全解（全二册）
尚書要義

讀書叢説
書傳大全（全二册）
古文尚書攷（與《九經古義》合册）
尚書集注音疏（全二册）
尚書後案
毛詩注疏
詩本義
吕氏家塾讀詩記
慈湖詩傳
詩經世本古義（全四册）
毛詩稽古編
毛詩説
毛詩後箋（全二册）
詩毛氏傳疏（全三册）
詩三家義集疏（全三册）
儀禮注疏

儀禮集釋（全二册）
儀禮圖
儀禮鄭註句讀
儀禮章句
儀禮正義（全六册）
禮記正義
禮記集説（衛湜）
禮記集説（陳澔）（全二册）
禮記集解
禮書
五禮通考
禮經釋例
禮經學
司馬氏書儀
春秋左傳正義
左氏傳説

左氏傳續説
左傳杜解補正
春秋左氏傳賈服注輯述
春秋左氏傳舊注疏證（全四册）
春秋左傳讀（全二册）
公羊義疏
春秋穀梁傳注疏
春秋集傳纂例
春秋權衡（與《七經小傳》合册）
春秋集注
春秋經解
春秋胡氏傳
春秋尊王發微（與《孫明復先生小集》合册）
春秋本義
春秋集傳

春秋集傳大全（全三册）
孝經注解
孝經大全
白虎通德論
七經小傳
九經古義
經典釋文
群經平議（全二册）
新學僞經考
論語集解（正平版）
論語義疏
論語注疏
論語全解
論語學案
孟子注疏
孟子正義（全二册）

四書集編（全二册）
四書纂疏（全三册）
四書集註大全（全三册）
四書蒙引（全二册）
四書近指
四書訓義
四書賸言
四書改錯
四書説
廣雅疏證（全三册）
説文解字注

史部

逸周書
國語正義（全二册）
貞觀政要

歷代名臣奏議
御選明臣奏議（全二册）
孔子編年
孟子編年
陳文節公年譜
慈湖先生年譜
宋名臣言行録
伊洛淵源録
道命録
考亭淵源録
道南源委
聖學宗傳
元儒考略
理學宗傳
明儒學案
宋元學案

四先生年譜
洛學編
儒林宗派
程子年譜
學統
伊洛淵源續録
豫章先賢九家年譜
閩中理學淵源考（全三册）
清儒學案
經義考
文史通義

子　部

孔子家語（與《曾子注釋》合册）
曾子注釋
孔叢子

新書
鹽鐵論
新序
説苑
太玄經
論衡
昌言
傅子
大學衍義
大學衍義補
朱子語類
龜山先生語録
胡子知言（與《五峰集》合册）
木鐘集
西山先生真文忠公讀書記
性理大全書（全四册）

居業録
困知記
思辨録輯要
家範
小學集註
曾文正公家訓
勸學篇
仁學
習學記言序目
日知録集釋（全三册）

集　部

蔡中郎集
李文公集
孫明復先生小集
直講李先生文集

歐陽脩全集
伊川擊壤集
元公周先生濂溪集
張載全集
温國文正公文集
公是集（全二册）
游定夫先生集
和靖尹先生文集
豫章羅先生文集
梁溪先生文集
斐然集（全二册）
五峰集
文定集
渭南文集
誠齋集（全四册）
晦庵先生朱文公文集

東萊吕太史集
止齋先生文集
攻媿先生文集
象山先生全集（全二册）
陳亮集（全二册）
絜齋集
文山先生文集
勉齋先生黄文肅公文集
北溪先生大全文集（全二册）
西山先生真文忠公文集
鶴山先生大全文集
閑閑老人滏水文集
郝文忠公陵川文集
仁山金先生文集
静修劉先生文集
雲峰胡先生文集

許白雲先生文集
吴文正集（全三册）
道園學古録　道園遺稿
師山先生文集
曹月川先生遺書
康齋先生文集
敬齋集
涇野先生文集（全三册）
重鐫心齋王先生全集
雙江聶先生文集
歐陽南野先生文集（全二册）
念菴羅先生文集（全二册）
正學堂稿
敬和堂集
涇皋藏稿
馮少墟集

高子遺書
劉蕺山先生集（全二册）
霜紅龕集
南雷文定
桴亭先生文集
西河文集（全六册）
曝書亭集
三魚堂文集外集
紀文達公遺集
考槃集文録
復初齋文集
述學
揅經室集（全三册）
劉禮部集
籀廎述林
左盦集

出土文獻

郭店楚墓竹簡十二種校釋
上海博物館藏楚竹書十九種校釋（全二册）
秦漢簡帛木牘十種校釋
武威漢簡儀禮校釋

*合册及分册信息僅限已出版文獻。